Environmental Pollution Liability
Controversies and Cases

总主编：吴汉东

· 南湖法学文库编辑委员会 ·

主　任：吴汉东
副主任：陈景良　刘　笋　张　红
委　员：吴汉东　陈景良　刘　笋　张　红
　　　　王广辉　郑祝君　张继成　赵家仪
　　　　胡开忠　樊启荣　詹建红　邓　烈

南湖法学文库

环境污染责任

争点与案例

余耀军 张 宝 张敏纯 著

图书在版编目(CIP)数据

环境污染责任：争点与案例/余耀军，张宝，张敏纯著．—北京：北京大学出版社，2014.10
（南湖法学文库）
ISBN 978-7-301-25095-2

Ⅰ.①环… Ⅱ.①余…②张…③张… Ⅲ.①环境保护法—民法—研究—中国 Ⅳ.①D922.684②D923.04

中国版本图书馆 CIP 数据核字(2014)第 282081 号

书　　　名	环境污染责任：争点与案例
著作责任者	余耀军　张　宝　张敏纯　著
责 任 编 辑	郭薇薇
标 准 书 号	ISBN 978-7-301-25095-2
出 版 发 行	北京大学出版社
地　　　址	北京市海淀区成府路 205 号　100871
网　　　址	http://www.pup.cn
电 子 信 箱	law@pup.pku.edu.cn
新 浪 微 博	@北京大学出版社　@北大出版社法律图书
电　　　话	邮购部 62752015　发行部 62750672　编辑部 62752027
印 刷 者	北京溢漾印刷有限公司
经 销 者	新华书店
	965 毫米×1300 毫米　16 开本　20 印张　328 千字
	2014 年 10 月第 1 版　2014 年 10 月第 1 次印刷
定　　　价	46.00 元

未经许可，不得以任何方式复制或抄袭本书之部分或全部内容。
版权所有，侵权必究
举报电话：010-62752024　电子信箱：fd@pup.pku.edu.cn
图书如有印装质量问题，请与出版部联系，电话：010-62756370

总　　序

　　历经几回寒暑,走过数载春秋,南湖畔的中南法学在不断精心酿造中步步成长。中南法学的影响与日俱增,这离不开长江边上这座历史悠久、通衢九州的名城武汉,更离不开中南法律人辛勤耕耘、励精图治的学术精神,中南学子源于各地聚集于此,又再遍布大江南北传播法学精神,砥砺品格、守望正义的同时也在法学和司法实践部门坚持创新、止于至善,作出了卓越的贡献。

　　纵观中南法学的成长史,从1952年9月成立中原大学政法学院,到1953年4月合并中山大学、广西大学、湖南大学的政法系科,成立中南政法学院,后至1958年成为湖北大学法律系,1977年演变为湖北财经学院法律系,转而于1984年恢复中南政法学院,又经2000年5月的中南财经大学与中南政法学院合并至今,中南财经政法大学法学院已然积攒了50年的办学历史。虽经几度分合,但"博学、韬奋、诚信、图治"的人文精神经过一代又一代中南学人的传承而日臻完善,笃志好学的研习氛围愈发浓厚。中南法学经过几十年的积累,其学术成果屡见丰硕。"南湖法学文库"这套丛书的编辑出版,就是要逐步展示中南法学的学术积累,传播法学研究的中南学派之精神。

　　中南法学经过数十载耕耘,逐渐形成了自成一格的中南法学流派。中南法律人在"为学、为用、为效、为公"教育理念的引导下,历练出了自有特色的"创新、务实"的学术精神。在国际化与跨地区、跨领域交流日益频繁的今天，中南法学以多位中南法学大家为中心，秉承多元化的研究模式与多样性的学术理念，坚持善于批判的学术精神，勇于探讨、无惧成论。尤其是年轻的中南法学学子们，更是敢于扎根基础理论的研习，甘于寂寞；同时也关注热点，忧心时事，活跃于网络论坛，驰骋于法学天地。

从历史上的政法学院到新世纪的法学院，前辈们的学术积淀影响深远，至今仍为中南法学学子甚至中国法学以启迪；师承他们的学术思想，沐浴其熠熠生辉的光泽，新一辈的中南法律人正在法学这片沃土上默默耕耘、坚忍不拔。此次中南财经政法大学法学院推出这套"南湖法学文库"，作为中南法学流派的窗口，就是要推出新人新作，推出名家精品，以求全面反映法学院的整体科研实力，并使更多的学者和学子得以深入了解中南法学。按照文库编委会的计划，每年文库将推出5到6本专著。相信在中南法律人的共同努力下，文库将成为法学领域学术传播与学术交流的媒介与平台，成为中南法律人在法学研习道路上的阶梯，成为传承中南法学精神的又一个载体，并为中国法学研究的理论与实践创新作出贡献。

晓南湖畔书声朗，希贤岭端佳话频。把握并坚守了中南法学的魂，中南法律人定当继续开拓进取，一如既往地迸发出中南法学的铿锵之声。

是为序。

吴汉东

2010年12月1日

前　言

得益于持续的经济增长,我国的社会面貌发生了巨大变化,成就了举世瞩目的"中国奇迹"。与此同时,"奇迹"所倚附的高污染、高能耗的经济发展方式也给生态环境带来了空前压力,环境污染事故频发,生态环境整体恶化的趋势仍未得到根本遏制,持续影响着人民群众身体健康和区域社会稳定,因此亟需实行最严格的源头保护、损害赔偿和责任追究制度,为生态文明和美丽中国建设提供可靠保障。在环境保护的各种手段中,基于环境问题强烈的"风险性格",行政管制逐渐在20世纪70年代以后取代侵权法成为环境法的重心,侵权机制则渐次退守为"拾遗"的角色。但是,这并不意味着侵权法在应对环境问题上的作用日益式微。由于环境行政管制主要是标准管制,如果缺乏相应的管制标准或者管制标准不科学,行政管制便很难发挥作用;即便管制标准科学合理,由于行政管制权限、资源、能力有限,仍需发挥侵权法的补充和兜底功能。

2010年开始施行的《侵权责任法》专章规定了"环境污染责任",对环境污染责任的归责原则、举证责任、责任划分等基本问题进行了规定,回应了环境时代法律的"绿化"需求。但该法实际上并未对已有的环境(污染)侵权规则进行变更,本质上仍是对《民法通则》以降环境民事责任立法和法律解释的沿袭与守成,也未解决长久以来环境侵权在原因行为、归责原则、举证责任、数人侵权、责任形式、纠纷解决诸方面存在的争议。有鉴于此,本书在对环境侵权责任立法进行回顾的基础上,撷取《侵权责任法》生效前后三十余起典型案例展开深度分析,试图梳理与归纳司法实践对上述争议的立场与态度,探寻立法与司法之间出现冲突与抵牾的症结与根源,并尝试从立法论上提出相应的对策与建议,从而为司法审判和学理研究提供参考和借鉴。

目 录

第一章　我国环境污染责任立法概览 / 1
　　第一节　我国环境污染责任立法的
　　　　　　前世今生 / 1
　　第二节　我国环境污染侵权立法资料 / 32
第二章　环境污染侵权的责任主体 / 51
　　第一节　环境污染责任主体的类型 / 51
　　第二节　数人环境侵权 / 75
第三章　环境污染侵权的类型化 / 92
　　第一节　《物权法》与《侵权责任法》的
　　　　　　类型化缺失 / 92
　　第二节　拟制型污染侵权 / 100
　　第三节　实质型污染侵权 / 123
　　第四节　生态破坏造成损害是否构成
　　　　　　环境侵权 / 151
第四章　环境污染侵权的构成 / 165
　　第一节　污染侵权的归责原则 / 165

第二节　环境侵权的因果关系 / 187
　　第三节　不承担责任和减轻责任的情形 / 213

第五章　环境污染侵权的责任方式 / 223
　　第一节　侵权责任方式概述 / 223
　　第二节　预防性责任方式 / 227
　　第三节　补救性责任方式 / 233
　　第四节　精神损害赔偿与惩罚性赔偿 / 249

第六章　环境侵权纠纷解决机制 / 266
　　第一节　非诉讼解决方式 / 266
　　第二节　传统环境民事诉讼 / 277
　　第三节　环境民事公益诉讼 / 290

第一章 我国环境污染责任立法概览

第一节 我国环境污染责任立法的前世今生

环境污染责任,是指由于行为人向环境排放污染物质,导致其化学、物理、生物或放射性等方面特性发生不良变化,进而造成他人人身或财产损害或者有损害之虞,依法应当承担的民事责任。环境污染责任是污染侵权行为所导致的后果,属于现代侵权法所调整的特殊侵权类型之一,具有不同于传统侵权行为的诸多特征,因而,很多国家都制定了专门的环境责任立法加以应对,如《德国环境责任法》《芬兰环境损害赔偿法》《墨西哥环境损害民事责任法》《捷克环境责任法》《瑞典环境损害赔偿法》等即为适例。在我国,以1982年《海洋环境保护法》为起点,立法中开始对环境污染侵权做出应对,但最有影响的当属1986年颁布的《民法通则》,该法首次在基本民事法律中规定了环境污染致人损害的法律责任,其第6章"民事责任"第3节"侵权的民事责任"第124条规定:"违反国家保护环境防止污染的规定,污染环境造成他人损害的,应当依法承担民事责任。"之后,我国又在《环境保护法》《大气污染防治法》《水污染防治法》《固体废物污染防治法》《环境噪声污染防治法》《海洋环境保护法》等环境立法以及《最高人民法院关于适用〈中华人民共和国民事诉讼法〉若干问题的意见》《最高人民法院关于民事诉讼证据的若干规定》等司法解释中对环境污染责任的相关问题进一步作出规定，这些规定构成了我国在司法实践中处理环境污染侵权责任的主要法律依据。

一、《侵权责任法》的立法背景

（一）我国环境污染责任立法的沿革

我国环境立法发端于20世纪70年代。1973年8月，国务院在北京召开了第一次环境保护工作会议，制定了中国第一部关于环境保护的法规性文件——《关于保护和改善环境的若干规定（试行）》；1974年10月，经国务院批准，国务院环境保护领导小组正式成立，由国家计委、工业、农业、交通、水利、卫生等有关部委领导人组成，下设办公室负责处理日常工作。在此前后，我国先后发布了《关于保护和改善环境的若干规定》《工业"三废"排放试行标准》《关于停止珍贵野生动物收购和出口的通知》《防治沿海水域污染暂行规定》等规范性文件，拉开了我国环境立法的帷幕，但由于受到当时政治、经济、法律环境的影响，环境污染在国家层面上尚未得到重视，存在于民事法律关系中的环境污染责任更不可能出现。

1978年，我国《宪法》进行了修订，该法第11条第3款规定，"国家保护环境和自然资源，防治污染和其他公害"，这是我国历史上首次将环境保护写入宪法，并确定了环境保护的两大领域，即自然资源保护和污染防治，奠定了我国环境法体系的基本构架和主要内容。据此，1979年9月13日，第五届全国人民代表大会常务委员会第十一次会议原则通过了《环境保护法（试行）》，我国第一部环境法律正式问世。此后，全国人大常委会相继制定了《海洋环境保护法》（1982年）、《水污染防治法》（1984年）等污染防治立法，国务院也陆续制定了《防止船舶污染海域管理条例》（1983年）、《海洋石油勘探开发环境保护管理条例》（1983年）、《农药登记规定》（1982年）、《海洋倾废管理条例》（1985年）等行政法规，污染防治法律体系初步成型。其中，1982年8月23日由第五届全国人民代表大会常务委员会第二十四次会议通过的《海洋环境保护法》首次涉及了环境污染民事责任的承担。该法第42条规定："因海洋环境污染受到损害的单位和个人，有权要求造成污染损害的一方赔偿损失。赔偿责任和赔偿金额纠纷，可以由有关主管部门处理，当事人不服的，依照《中华人民共和国民事诉讼法（试行）》规定的程序解决；也可以直接向人民法院起诉"，不仅确立了环境民事纠纷的解决机制，更为重要的是确立了海洋环境污染侵权的无过错原则。第43条进一步规定了海洋环境污染责任的免责事由："完全属于下列情形之一，经过及时采取合理措施仍然不能避免对海洋环境造成污染损害的，免予承担赔偿责任：(1)战争行为；(2)不可抗拒的自然灾害；(3)负责灯塔或者其他助航设备的主管部门在执行职责时的疏忽或者其他过失行为。完全是由于第三者的故意或者过失造成污染损害海洋环境的，由第三者承担赔偿责任。"1984年通过的《水污染防治法》第5条第2款、第41条、第42条也作出了类似规定。

1986年4月12日，第六届全国人民代表大会第四次会议通过了《民法通则》，将环境污染作为一项特殊的侵权形式加以规定，该法第124条规定："违反国家保护环境防止污染的规定，污染环境造成他人损害的，应当依法承担民事责任。"鉴于《民法通则》被视为中国的"权利宣言"[1]，具有民事基本法的地位，从而取代《海洋环境保护法》《水污染防治法》等成为环境污染侵权责任的基本规则。但是，该法关于"违反国家保护环境防止污染的规定"的措辞则引发争议，环境污染侵权究竟是过错责任还是无过错责任以及达标排放是否阻却违法，成为理论和实践争论不休的话题。

《民法通则》之后，环境立法继续对环境污染侵权的归责原则、赔偿形式、免责事由等作出规定。1987年9月通过的《大气污染防治法》沿袭《水污染防治法》的规定，在第36条第1款规定："造成大气污染危害的单位，有责任排除危害，并对直接遭受损失的单位或者个人赔偿损失。"1989年12月26日，《环境保护法》通过，该法第41条规定："造成环境污染危害的，有责任排除危害，并对直接受到损害的单位或者个人赔偿损失"，可见其仍然与1982年《海洋环境保护法》的规定一脉相承。尽管《环境保护法》被视为"环境保护领域的基本法"[2]，但从形式上看，其在环境污染侵权方面与《民法通则》的矛盾并没能够解决。即使随着《固体废物污染环境防治法》(1995年制定，2004年修订)、《环境噪声污染防治法》(1996年制定)、《大气污染防治法》(2000年修订)、《海洋环境保护法》(1999年修订)、《水污染

---

[1] 柴春元：《民法通则：中国的民事权利宣言》，载《检察日报》2009年8月31日。
[2] 《环境保护法(试行)》的定位即已经是环境保护基本法。时任城乡建设环境保护部部长李伯超所作法律草案说明报告中指出，制定该法的设想是将环境保护法作为环境保护领域的基本法，主要是规定国家在环境保护方面的基本方针和基本政策，而一些具体的规定，则将在大气保护法、水质保护法等具体法规和实施细则中去解决。参见李伯超：《关于中华人民共和国环境保护法(试行草案)的说明》，载《国家环境保护法规文件汇编》，中国环境科学出版社1983年版，第49页。

防治法》(1996年、2008年两次修订)、《放射性污染防治法》(2003年制定)等一系列环境单行立法的制定,环境立法与《民法通则》在违法性方面的争议也未得到消弭。并且,由于司法实践中处理侵权纠纷多以《民法通则》为法源依据,环境立法除《环境保护法》外则很少为法院援引,这种争议已实际影响到法院对于环境侵权责任规则的适用。

我国秉承大陆法系传统,有着浓厚的"法典情结"。在《合同法》统一之后,民法典的制定也提上议事日程。在民法典制定过程中,关于民法的"绿化"一时成为热议。作为调整人身、财产关系的基本立法,民法的人文关怀和环境关怀成为学界和立法者的共识,《物权法》首先做出应对,对相邻不动产之间基于环境而产生的相邻关系问题作出了规定,主要体现在该法第90条:"不动产权利人不得违反国家规定弃置固体废物,排放大气污染物、水污染物、噪声、光、电磁波辐射等有害物质。"

2002年12月23日,全国人大法工委提交全国人大常委会审议了《中华人民共和国民法(草案)》(下称"《民法(草案)》"),"侵权责任法"是作为草案第8编,并在该编第5章专章规定了"环境污染责任",分别对环境污染侵权的适用范围、归责原则、达标排放、因果关系、数人侵权的情形作了规定,这是环境污染侵权首次作为专章进入立法程序。其后,鉴于民法典牵涉甚广,一揽子审议通过诚有困难,故立法机关采用了分编审议、分编通过的方法,因而,在《物权法》通过后,《侵权责任法》的制定进入立法议程,在2002年《民法(草案)》审议的基础上,全国人大常委会分别于2008年12月22日、2009年10月28日、2009年12月22日进行了第二次、第三次、第四次审议,最终由第十一届全国人民代表大会常务委员会第十二次会议于2009年12月26日通过,自2010年7月1日起施行。

2014年4月24日,第十二届全国人民代表大会常务委员会第八次会议四读通过了新修订的《环境保护法》,该法第64条规定,"因污染环境和破坏生态造成损害的,应当依照《中华人民共和国侵权责任法》的有关规定承担侵权责任。"就其内容观之,该条实际上属于导向其他法律规则的引致性条款,并未对环境污染责任作出进一步规定,而是将其委任于《侵权责任法》处理,从而使得《侵权责任法》在应对环境侵权问题上仍占据核心地位。

(二) 我国当前的环境法律实践状况

截至目前,全国人大常委会制定了环境保护法律10件、资源保护法律20件。此外,刑法、侵权责任法设立专门章节,分别规定了"破坏环境资源保护罪"和"环境污染责任"。国务院颁布了环保行政法规25件。地方人大和政府制定了地方性环保法规和规章 700 余件,国务院有关部门制定环保规章数百件,其中环境保护部的部门规章 69 件。国家还制定了 1000 余项环境标准。全国人大常委会和国务院批准、签署了《生物多样性公约》等多边国际环境条约 50 余件。最高人民法院和最高人民检察院还分别作出了关于惩治环境犯罪法律适用的司法解释。可以说,我国环境法律制度的框架已经基本形成,各环境要素监管主要领域已得到基本覆盖,环境保护主要领域已经基本实现有法可依。

根据公开材料显示,从 20 世纪 80 年代中期到 90 年代中后期,我国的环境纠纷一直保持在每年 10 万件左右。进入 21 世纪以来,环境纠纷数量迅速增加,2003 年突破了 50 万件,2002 年至 2006 年对于环境问题的举报平均年增长率约为 87%。表 1-1 即反映了 2004—2013 年环境保护主管部门受理的环境信访以及实际进入到法院层面的环境民事案件的增长趋势。

表 1-1 环境民事案件与相关数据对比

年份	突发环境污染事故次数	环境来信来访数量	环境民事一审案件	民事一审案件总数
2004	1441	611016	4453	4303744
2005	1406	696482	1545	4360184
2006	842	678288	2146	4382407
2007	462	167266	1085	4682737
2008	474	748989	1509	5381185
2009	418	738304	1783	5797160
2010	420	735756	暂缺	6090622
2011	542	1107836	暂缺	6614049
2012	542	1043088	暂缺	7316463
2013	712	1262110	2464	7781972

注 1:环境污染事故包括水污染、大气污染、海洋污染、固体废物污染、噪声与振动危害及其他,2007 年以后仅统计水污染、大气污染、海洋污染、固体废物污染。数据来源于该年度《全国环境状况公报》。

注 2:环境信访数量是指向环保系统来信来访数量,2011 年以后新增电话/网络投诉分类。数据来源于该年度《环境统计年报》。

注 3:民事案件总数数据参见各年度全国法院司法统计公告,由于法院在案件统计中是适用案由归类,此处统计的仅是环境污染损害赔偿的纠纷,不包括相邻关系及海事海商案件。

注 4:各项统计数据未包括香港和澳门特别行政区以及台湾省。

【图表来源:作者自制】

通过表 1-1 可以看出,从 2004 年到 2009 年,全国仅水污染、大气污染和海洋污染突发事故的数量约为每年 500 起左右,考虑到突发事故的统计通常是已经造成重大损害,这一数字意味着每天约有两起左右重大环境事故发生;环境信访数量自 2011 年起每年已超过 100 万件。① 而具体来看,大气污染的投诉平均递增了 26%,水污染的投诉平均递增 18.7%,噪声污染的投诉平均增长了 22.7%,固体废物的投诉增长 15.4%,其他公害 18.7%。根据官方说法,我国已经进入"环境污染事故的高发期"②,目前正处于环境压力最大的时期,"三个高峰"同时到来:一是环境污染最为严重的时期已经到来,未来 15 年将持续存在;二是突发性环境事件进入高发时期,特别是污染严重时期与生产事故高发时期重叠,环境风险不断增大,国家环境安全受到挑战;三是群体性环境事件呈迅速上升趋势,污染问题成为影响社会稳定的"导火索"。③ 我们的环境容量已经达到了支撑经济发展的极限,环境问题已经成为制约中国经济和社会发展的主要瓶颈之一。④ 尽管我国政府采取种种措施保护环境,但从全国范围来看,我国的环境质量只是"局部有所改善,总体仍在恶化"。⑤

这种状况出现的原因,大致可以归结为以下几方面:一是中国经济的高速增长,环保投入不足,导致污染物排放居高不下。中国污染治理的投资占 GDP 的比重,在 2000 年之前不到 1.0%,2001 年的时候是 1.15%,到 2004 年占到 1.4%,2005 年是 1.31%。目前也只是 1.5% 左右。按照专家测算,中国环保投入必须达到 2.0%,环境才能保持现状;3.0% 以上,才能有所改善。二是环境保护在与经济利益权衡的过程中处于失利地位,粗放型的经济发展模式、唯 GDP 是尊的发展理念,使得环境保护常常让位于经济发展,环境法律无法得到切实执行。三是随着居民生活水平的提高,对环境健康

---

① 值得注意的是,环境突发事故和信访数量均是在环保机关职能范围内统计的数字,并未包括生态破坏的纠纷。同时,进入本表统计的环境突发事故均为具有一定影响的突发性事件,并未包括日常的污染事件,加之各地基于种种原因未予报告或未予受理者,这两个因素的数字应该还会增加。
② 《环保总局:我国已进入环境污染事故高发期》,载 http://www.zj.xinhuanet.com/news-center/2006-11/13/content_8502158.htm,访问日期:2014 年 11 月 11 日。
③ 《周生贤:三项制度应对"三个高峰"》,载 http://business.sohu.com/20060215/n241837476.shtml,访问日期:2014 年 11 月 11 日。
④ 《潘岳:中国环保已到了最紧要关头》,载《中国新闻周刊》2005 年 1 月 24 日。
⑤ 《环保部:中国环境仅是局部改善总体还在恶化》,载 http://news.qq.com/a/20100310/004204.htm,访问日期:2014 年 11 月 11 日。

的要求也越来越高。而近年来,重大水污染、大气污染、重金属污染事故频发,农村生态环境急剧恶化,环境问题成为影响人们生存和发展的基本问题,纠纷也随之激增。

层出不穷的环境纠纷亦影响到审判领域。表 1-2 列出了 2004 年至 2008 年全国法院审结的三大诉讼案件的数量。①

表 1-2　人民法院审结各类环境案件统计表(2004—2010)

年份	环境民事案件数量	环境行政案件数量	环境刑事案件数量	环境案件总数	三大案件总数
2004	4453	698	5331	10482	5723340
2005	1545	1220	6176	8941	5139888
2006	2146	1183	7885	11214	5178838
2007	1085	2584	9175	12844	5504086
2008	1509	1601	10204	13314	6258400
2009	1783	2647	10767	15197	6684436
2010	2033	1894	9985	13912	10999420

【图表来源:根据公开资料整理】

从上表可以看出,环境资源刑事案件的数量稳步增长,这与在严峻环境形势下政府加大对环境犯罪的打击力度密切相关,但是,从案源看,刑事案件主要集中在盗伐、滥伐林木罪、非法占用农地罪、非法采矿罪的附带民事赔偿等方面,重大环境事故罪和环境监管失职罪的数量仍然有限。环境行政案件和民事案件则起伏较大,主要集中在大气污染和水污染方面(参加表1-3:2004—2009 年全国法院受理环境类案件走势图)。但是,从表 1-1、表 1-2 来看,与民事一审案件总数五六百万的总数相比,环境污染损害赔偿纠纷几乎可以忽略不计,2004 年至 2009 年环境损害赔偿案件占民事一审案件的比例分别为 0.103%、0.035%、0.049%、0.023%、0.028%、0.003%;而环境类案件占三大案件总数的比例亦极其微小,分别为 0.183%、0.174%、

---

① 2004 年和 2005 年数据来自最高法院法院办公厅副主任孙军工:《循环经济法治化探析》,法律出版社 2008 年版,第 93 页;2006—2008 年的数据来源于 2009 年度环境司法(天津)论坛上最高法院领导的发言,参见窦玉梅:《环境司法:保护青山绿水的正义之剑》,载《人民法院报》2009 年12 月 12 日;2009 数据参见孙佑海:《保障经济转型 维护环境权益——从我国环境司法的进展解读最高法院〈意见〉》,http://www.envir.gov.cn/info/2010/8/827888.htm,访问日期:2014 年 11 月11 日。

0.217%、0.233%、0.213%与0.227%。

表1-3 2004—2009年全国法院受理环境类案件走势图

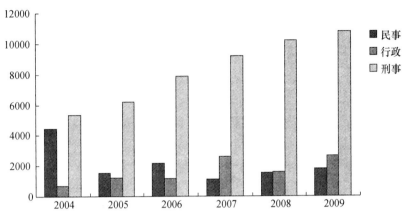

与环境信访数量相比,环境污染损害赔偿案件的比例仍然非常低,从2004—2009年度的数据来看,环境污染损害赔偿案件分别仅占信访总量的0.729%、0.222%、0.316%、0.649%、0.201%、0.241%。由此可见,与进入到环境保护主管机关信访的环境纠纷数量相比,进入到司法审判环节的环境纠纷数量比例非常稀少,表明司法对环境纠纷的化解作用并没有得到很好发挥。这一现象,即便在目前环保法庭蓬勃发展的情况下亦无大的改观。从2013年数据来看,法院受理的环境民事案件数量仍仅占到环境信访数量的0.195%。

这种状况在很大程度上反映出环境污染的受害者起诉难、举证难、获得司法救济难、执行难的现实情况,当然也与司法机关在损害赔偿范围、赔偿责任确定等方面亟待进一步完善司法标准有一定关系。总体来说,在环境司法实践中,主要存在以下几方面的问题:

第一,环境纠纷处理难度大,取证难,法官审判水平差异大,各地法院之间、同一法院不同法官之间的审判尺度不尽统一,导致当事人不服裁判。作为一个司法统一的国家,相同情况相同对待是司法的基本要求,但是对于基本相同的案件判决的结果差异很大,这其实是对司法公信力的巨大损害。这种状况,与法官对于环境资源保护法律的熟悉度不够密切相关。从已有的环境裁判文书来看,判决援引的法律非常少,由全国人大常委会制定的有关环境资源的法律要现在为止已经接近30部,但在司法文书、裁判文书里鲜见援引这些法律,事实上也说明了现行司法实践中对环境资源法律非常陌生。

第二，影响环境案件审判的案外因素多，政府尤其是地方政府的地方保护主义、环境资源管理部门的部门保护主义倾向严重，环境案件审理困难，当事人的合法权益得不到有效的救济。

第三，涉及环境资源案件的鉴定机构、鉴定资质、鉴定程序混乱，多头鉴定、重复鉴定现象普遍，鉴定结论相互矛盾。环境司法鉴定可以用于损害后果估算、因果关系判定、损害赔偿范围认定等多个方面，这与环境案件的技术性密切相关，但是，目前的鉴定体制难以为环境案件提供支撑。

第四，法院和法官对于环境司法保护意识不足，环境保护理念尚未真正变成法官的"内心确信"。审理水平和能力不足以应对解决环境纠纷的需要，一些环境资源案件的定性、审判程序运用、法律适用等方面出现偏差。

可以说，我国环境法律实践中出现的上述困境，与我国目前环境立法、执法和司法中出现的问题都是密切相关的。尽管目前环境损害案件的数量还非常少，但随着环境健康损害的日趋增加，以及法律供给的加大、公民环境意识的提高和司法状况的改善等因素，公民诉诸司法的数量将会有所增长。作为"全面保护私权的法，是对民事主体的各项民事权利或者说基本人权在受到侵害时提出救济的法"[1]，《侵权责任法》专章规定环境污染责任亦是顺理成章之义，接下来的关键点是，如何使《侵权责任法》关于环境污染责任的规定落到实处。

二、环境损害救济与《侵权责任法》制定

（一）《侵权责任法》制定过程中的主要争议

1. 关于调整范围

目前，各国对环境侵权的认识多停留在污染行为造成的人身、财产损害，我国环境立法上也大多使用"环境污染和其他公害""环境污染损害""环境污染危害"等术语，其共同点均在于将环境侵权的原因行为限定于环境污染行为。我国出现的几个侵权法学者建议稿[2]，也多采用"环境污染侵权""污染环境致人损害""环境污染致人损害"等表述。

---

[1] 全国人大常委会法工委副主任王胜明在中国人民大学民商事法律科学研究中心举办的"《侵权责任法》通过研讨会"上的发言，载 http://www.enlaw.org/sxkj/201003/t20100314_21593.htm，访问日期：2014 年 11 月 11 日。

[2] 详见本章第二节。

《侵权责任法》因袭这一普遍做法,以"环境污染责任"作为章节标题,且四个条文均采用"污染环境"的称谓,从文义看,其并未对"污染"和"环境"作出定义,但根据我国已有立法来看,环境污染主要是指大气、水、固体废物、环境噪声、放射性等污染类型。

在人大常委会审议过程中,有委员指出,《侵权责任法》所列条款,是否能够覆盖各种侵权行为有疑问,除了环境污染,环境破坏也会导致侵权行为,如采矿、取水、工程建设等人为活动常常会因为违规操作或防范不力等引发滑坡、泥石流、地裂缝、地面塌陷、地面沉降等灾害,导致生命财产的损失。如违规采矿,可能导致地面塌陷、水源破坏;超采地下水,会导致地面沉降,引起地面建筑物的破坏;筑坝不当,可能会导致地下水位抬高,地下建筑物进水……这些都是因为环境破坏而导致的侵权行为。而第8章只列举了环境污染造成的侵权行为,并没有包含因为环境破坏而导致的侵权行为。因而,第65条"因污染生活、生态环境造成损害的……",应该相应改为"因污染、破坏生态、生活环境造成损害的……";第8章的标题应改成"环境侵权责任","环境侵权"包括由于环境破坏引起的侵权行为和环境污染导致的侵权行为。①

根据全国人大常委会法工委民法室对于《侵权责任法》的解读,本章所指的环境污染,既包括对生活环境的污染,也包括对生态环境的污染。对大气、水体、海洋、土地等生活环境的污染属于环境污染,对生物多样性的破坏、破坏生态环境和自然资源造成水土流失等生态环境的污染也属于环境污染。环境污染的形式既包括水污染、大气污染、噪音污染等传统的污染形式,还包括光污染、辐射污染等新型的污染形式。总之,因污染者的行为污染生活、生态环境造成损害的,污染者应当承担侵权责任。②

说大气污染、水体污染、海洋污染、土壤污染、噪声污染、光污染、辐射等属于环境污染并无问题,但将生物多样性破坏、水土流失等对生态环境的破坏也纳入环境污染的范畴,从解释学上看,难以站得住脚。

其一,按照学理解释,法律上的环境问题可以分为两类,一是当人类排

---

① 全国人大常委会索丽生委员在第十一届全国人大常委会第十二次会议分组会议上的发言,载 http://www.npc.gov.cn/huiyi/cwh/1112/2009-12/23/content_1531607.htm,访问日期:2014年11月11日。
② 全国人大常委会法制工作委员会民法室编:《中华人民共和国侵权责任法解读》,中国法制出版社2010年版,第324页。

放到环境中的废弃物超过生态系统的自净(纳污)能力即环境容量时,就会造成环境污染,主要表现为大气污染、水污染、土壤污染、噪声污染、固体废弃物污染、有毒危险品污染等,其典型特征是"过度排放";当人类从自然界索取资源的速度和强度超过资源本身及其替代品的再生增殖能力即生态承载力时就会造成资源枯竭和生态破坏,也称环境破坏,主要表现为水土流失、土壤沙漠化、动植物资源和渔业资源枯竭、气候变化异常等,其典型特征是"过度索取"。将环境问题区分为环境污染和生态破坏,无论是在环境科学上,还是各国的研究和实践中,都取得了广泛认同。将破坏生态环境的行为认定为"污染",从学理上难以融通,从而导致认识上的混乱。

其二,依照体系解释,《环境保护法》第2条采取概括加列举的方式对环境作出了定义,即环境是指影响人类生存和发展的各种天然的和经过人工改造的自然因素的总体,具体包括大气、水、海洋、土地、矿藏、森林、草原、湿地、野生生物、自然遗迹、人文遗迹、自然保护区、风景名胜区、城市和乡村等。但是,这一定义并不意味着上述所有环境要素的所有层面均要由环境法来调整。环境法调整的,仅仅是可能因产业活动或者其他人为原因导致上述环境要素可能受到影响或者有影响之虞的情形。而影响的方式,既可能是排放各种污染物,也可能是破坏生态环境,这种分类方法,从1978年《宪法》到1982年《宪法》,从1979年《环境保护法(试行)》到1989年《环境保护法》再到2014年新修订的《环境保护法》,都得到了一脉相承的沿袭。①遍寻实证法上对"污染"类型的规定,主要体现在《环境保护法》第4章"防治环境污染和其他公害",该章第42条第1款规定,"排放污染物的企业事业单位和其他生产经营者,应当采取措施,防治在生产建设或者其他活动中产生的废气、废水、废渣、医疗废物、粉尘、恶臭气体、放射性物质以及噪声、振动、光辐射、电磁辐射等对环境的污染和危害。

由此可见,依据《侵权责任法》的现行规定,生态破坏并不能纳入环境侵权的调整范围,在出现相关案例时,通过解释学的方式,将可能产生较大争议,从而使生态破坏行为得不到有效规制。

因而,只有将生态破坏行为也纳入侵权责任法的救济范围,才能构建统一完整的环境侵权体系,其原因在于:第一,在环境保护发展初期,各国的重心是污染防治,生态保护立法发展得比较晚,但实践已经证明生态破坏所导

---

① 以下对《环境保护法》条文的引用,除特别说明外,均是指2014年修订的《环境保护法》。

致的后果并不比环境污染轻,它们同样具有污染型侵权所具备的间接性、持续性、广泛性和复杂性等特征,后果也无实质差异。既然污染防治和生态保护构成环境法律体系的两大支柱,有必要使生态破坏造成的损害与环境污染享有"国民待遇";第二,生态破坏损害与环境污染损害的作用机理是相同的。环境污染通常是由于人类活动直接或间接向环境排入了超过环境自净能力的物质和能量,导致环境发生危害人类生存和发展的事实;而生态破坏则表现为人类过度地向自然索取物质和能量或者不合理的使用自然环境,使得生态平衡受到破坏而危及人类生存和发展。二者基本上都是通过环境这一媒介所发生的法律关系,同时也都会使环境受到不同程度的破坏。因而,将生态破坏排除在环境侵权以外,使性质相同的损害不能得到相同的救济,不仅割裂法律体系的完整性,也有违损害救济的理念。

事实上,在学者起草的建议稿中,曾出现生态破坏侵权的雏形。如徐国栋教授主持的《绿色民法典草案》第1602条规定了环境责任,该条第1款规定,"破坏某一地区的环境要素,包括空气、水、土壤、植物群或动物群的,行为人应对受破坏地区的居民承担赔偿责任",第2款、第3款则是对于污染侵权的规定[①];中国人民大学民商事法律科学研究中心的《"中国民法典·侵权行为法编"草案建议稿》虽以"环境污染致人损害"为名,但其内容远已突破《环境保护法》第24条的范围,涉及大量生态破坏侵权的类型。[②] 尽管有人主张将"污染"扩大解释,但根据文义解释和体系解释,尚难以得出《侵权责任法》包含生态破坏型环境侵权的结论。[③]

2. 关于归责原则

环境污染责任作为一种特殊的侵权责任,其特殊性首先表现在归责原

[①] 徐国栋主编:《绿色民法典草案》,载http://www.civillaw.com.cn/qqf/weizhang.asp?id=34473,访问日期:2014年11月12日。

[②] 王利明主编:《中国民法典"侵权行为法编"草案建议稿》,载http://www.civillaw.com.cn/qqf/weizhang.asp?id=10714,访问日期:2014年11月12日。

[③] 环境法学界系统对环境侵权进行统一体系建构的是吕忠梅教授,其在多篇著述中提及构建完整的环境侵权体系,使之涵盖环境污染型侵权和生态破坏型侵权两种类型,参吕忠梅:《环境侵权的遗传与变异——论环境侵害的制度演进》,载《吉林大学社会科学学报》2010年第1期,以及《论环境法上的环境侵权——兼论〈侵权责任法(草案)〉的完善》,载《清华法治论衡》2009年卷。民法学者明确提出生态破坏侵权的是张新宝教授,在其对《侵权责任法草案(二次审议稿)》的修改建议中,明确将第八章修改为"污染环境和破坏生态责任",并规定"破坏生态造成他人损害的,参照本章的规定承担侵权责任"。参张新宝:《侵权责任法立法研究》,中国人民大学出版社2009年版,第89—90页。

则上采用了无过错责任原则,这一原则体现在《侵权责任法》第65条:"因污染环境造成损害的,污染者应当承担侵权责任。"依该条规定,在受害人有损害,污染者的行为与损害有因果关系的情况下,不论污染者有无过错,都应对其污染造成的损害承担侵权责任。

在《侵权责任法》审议过程中,对于环境污染实行无过错责任存在争议。有代表认为,对环境污染实行无过错责任过于苛求,会造成对企业的不公平,可能会影响企业创新的积极性,阻碍企业的发展。[1]也有代表认为,草案与《民法通则》第124条关于"违反国家保护环境、防治污染的规定,污染环境造成他人损害的,应当依法承担民事责任"的规定相矛盾,《民法通则》的规定以不符合国家规定为承担责任的前提较为合理。[2] 还有代表认为,企业排污符合规定的标准时应减轻或者免除企业的侵权责任。如果符合规定的标准也应承担侵权责任,会削弱企业的环保意识,加重企业的负担,就有经营困难甚至破产的可能,如果符合排放标准仍造成损害,应由国家出台更高的标准,否则应由国家承担相应的责任。[3]

在民法学界,也一直存在着环境污染侵权应当适用过错责任原则的看法。有学者认为,应当坚持《民法通则》第124条的规定,坚持环境侵权行为的过错责任,过失认定应当客观化,只有在行为违反国家防止污染、保护环境的规定的情况下,才有侵权行为的构成。在没有国家保护环境、防止污染的相关规定时,应采用一般过失的认定方法,此时可以借鉴忍受限度理论所参考的各项指标。若行为虽符合保护环境、防止污染的规定,但依然造成重大损失时,则应由行为人依据公平原则承担责任。[4]

出现这种论争的根源,从形式上看,在于对《民法通则》确立的"违反国家保护环境、防治污染的规定"理解适用问题;从实质上看,则是对无过错责

---

[1] 第十一届全国人大常委会第十一次会议分组审议《中华人民共和国侵权责任法(草案二审稿)》时陈家宝代表的审议意见,参《关于环境污染责任——侵权责任法(草案)审议摘登(八)》,载http://www.npc.gov.cn/huiyi/cwh/1111/2009-11/12/content_1526506.htm,访问日期:2014年11月12日。

[2] 第十一届全国人大常委会第十一次会议分组审议《中华人民共和国侵权责任法(草案二审稿)》时罗范椒芬代表的审议意见,参《关于环境污染责任——侵权责任法(草案)审议摘登(八)》,载http://www.npc.gov.cn/huiyi/cwh/1111/2009-11/12/content_1526506.htm,访问日期:2014年11月12日。

[3] 全国人大常委会法制工作委员会民法室编:《中华人民共和国侵权责任法解读》,中国法制出版社2010年版,第322页。

[4] 王成:《环境侵权行为构成的解释论与立法论之考察》,载《法学评论》2008年第6期。

任原则适用于环境侵权的法理基础缺乏了解。

关于对《民法通则》第124条的理解,主要有以下几种观点:

第一,对《民法通则》第124条扩大解释。

该条所称的"国家保护环境防止污染的规定"是指我国《环境保护法》及相关法律法规所确定的基本原则、规则和制度,而不是指具体的某项排污标准。① 第124条所解决的是法律适用问题而不是行为标准问题,即凡污染环境致人损害之案件,应首先适用《环境保护法》等专门法律法规。排污超过标准污染环境致人损害,无疑应当承担民事责任并承担相应之行政责任和刑事责任,因为即使加害人的排污没有违反环境保护方面的法律规定,但是其排污行为污染环境造成他人损害,也违反了保护他人生命健康权的法律规定。

第二,特别法优于普通法或后法优于前法。

这一观点认为,《民法通则》是普通法,而《环境保护法》等是特别法,根据特别法优于普通法的原则,应优先适用《环境保护法》的规定。② 但是,根据我国《立法法》第83条规定,同一机关制定的法律、行政法规、地方性法规、自治条例和单行条例、规章,特别规定与一般规定不一致的,适用特别规定;新的规定与旧的规定不一致的,适用新的规定。可见,特别法优先适用于一般法以及新法优于旧法的前提在于,两个规定皆由同一机关制定。但全国人大与全国人大常委会是否属于同一机关,值得疑问。③ 如不属于,则此处不存在特别法与普通法或者新法优于旧法的问题。由于《侵权责任法》是全国人大常委会通过的法律,这一争议仍然会持续下去。④

第三,《民法通则》确立的是环境侵权的构成,而《环境保护法》确立的

---

① 张新宝:《侵权责任法原理》,中国人民大学出版社2007年版,第375—376页。
② 汪劲:《环境法学》,北京大学出版社2006年版,第569—579页。
③ 韩大元:《全国人大常委会新法是否由于全国人大旧法》,载《法学》2008年第10期。
④ 本书论证均不考虑《民法通则》和相关立法在"特别法优于普通法"或者"后法优于前法"上的冲突,而直接将《侵权责任法》视为可以取代《民法通则》的立法。否则,《侵权责任法》将无法适用。事实上,《律师法》与《刑事诉讼法》存在相同问题,对此问题,《全国人民代表大会常务委员会法制工作委员会对政协十一届全国委员会第一次会议第1524号(政治法律类137号)提案的答复》中说:"依照宪法规定,全国人大常委会对于全国人民代表大会制定的法律,在不与其基本原则相抵触的情况下,可以进行修改和补充。新修订的律师法,总结实践经验,对刑事诉讼法有关律师在刑事诉讼中执业权利的有些具体问题作了补充完善,实际上是以新的法律规定修改了刑事诉讼法的有关规定,对此应按修订后的《律师法》的规定执行。"因此,全国人大常委会对全国人大制定的法律进行修订只能是不违背基本原则的"补充完善",但事实上,无论《侵权责任法》之于《民法通则》、《律师法》之于《刑事诉讼法》,都存在实质上不同的情形,对此,该答复事实上也并未涉及。

是责任形式。

第 124 条和第 41 条第 1 款不是一般法和特别法的关系,而是侵权行为构成和责任形式的衔接关系。"违反国家保护环境防止污染的规定",正好是过失客观化的表现,因此,环境侵权行为是过失责任。[①]

尽管面临争议,环境侵权适用无过错原则获得理论和实践的普遍认同却是不争的事实。无论是对无过错责任适用的根源进行目的解释,还是对《民法通则》以降的环境侵权立法进行历史考察,无过错责任适用于环境侵权都有着深刻的依据。事实上,1989 年以后的每一部环境立法和法律解释以及《侵权责任法》历次审议稿和学者建议稿均未将过错或者违法性作为环境侵权的构成要件。全国人大常委会法制工作委员会民法室编著的《中华人民共和国侵权责任法解读》则列出了实行无过错原则的三个原因[②]:

(1) 环境污染已经成为我国发展中的突出问题

环境问题关系到人民群众切身利益,关系到人与自然和谐相处和经济社会永续发展,我国目前正处于工业化中期,重工业比重高,原材料消耗高,污染风险也高。由于国际经济结构的变化,西方发达国家已经完成了经济结构的调整,第二产业比重下降,第三产业比重大幅提升。我国有些企业一方面大量开发和利用资源,以获取利润,另一方面为节省处理成本大量排污,造成他人人身、财产和公共环境的损害。无过错责任原则有利于追究侵权人的责任,促使其积极治理污染,预防和减少污染,保护环境和救济受害人。

(2) 与现行的环境保护法律中归责原则的规定一致

我国现行的《民法通则》和环境保护法律中对环境污染侵权都规定了无过错责任的归责原则。《民法通则》《环境保护法》《海洋环境保护法》《水污染防治法》《大气污染防治法》《固体废物污染环境防治法》《环境噪声污染防治法》《放射性污染防治法》都作出了无过错责任的规定,《侵权责任法》规定环境污染责任采用无过错责任的归责原则与这些法律的规定是一致的。

---

① 王成:《环境侵权行为构成的解释论及立法论之考察》,载《法学评论》2008 年第 6 期。
② 全国人大常委会法制工作委员会民法室编:《中华人民共和国侵权责任法解读》,中国法制出版社 2010 年版,第 320—323 页。

(3) 符合国际上通行的做法

对于环境污染侵权,是适用一般的过错原则还是无过错原则,不同国家针对不同情况在立法上也有所不同,大多区分不同环境侵权的类型,分别采用过错责任和无过错责任。大多数国家对企业生产等危害较大的环境污染采用无过错责任的归责原则。如日本的环境立法中对一般的环境侵权依据其《民法典》第 709 条承担过错责任,但在公害事件中适用无过错原则;德国法对于一般性的环境侵害实行过错责任,而对于经政府许可的营业活动,也即企业的产业活动所引起的特殊类型的环境侵害则通过《公害防治法》《水利法》《环境责任法》和《联邦固体废弃物防治和固体废弃物管理法》等确立无过错责任。英美法系的干扰妨害和严格责任在环境侵权救济中运用比较普遍。自 1970 年以来,美国逐渐采取以环境专门立法的形式来确立严厉的行政控制制度以及损害赔偿的严格责任原则,如《综合环境治理损害赔偿法》(或称《1980 年超级基金法》)《安全饮用水法》《清洁空气法》和《清洁水法》等,均以严格责任为原则。

关于过错与违法性的关系,也一直存在争论。在法国法系和英美法系,由于采用客观过错说和侵权三要件说,客观违法性已包含于客观过错之中,因此谈不上二者的关系,而在德国法系的德、奥、日,以及我国大陆和台湾地区,都相继出现了有关过错和违法性纠缠不清的复杂问题,导致了传统侵权行为理论上的危机,但在趋势上,过错的客观化以及违法性的扩大化使得两者已近于融合,环境立法上也是如此。①

从我国的法律实践来看,将违法性排除在环境侵权构成要件之外、实行无过错责任是司法和执法中的普遍认识。原国家环境保护局《关于确定环境污染损害赔偿责任问题的复函》(1991 年 10 月 10 日(91)环法函字第 104 号)中认为,"按照法律规定,环境污染损害赔偿纠纷,可以根据当事人的请求,由环保部门处理。各级环保部门在处理赔偿纠纷、确定赔偿责任时,应当准确理解并严格执行法律法规的规定。根据《中华人民共和国环境保护法》第 41 条第 1 款的规定:'造成环境污染危害的,有责任排除危害,并对直接受到损害的单位或者个人赔偿损失。'其他有关污染防治的法律法规,也有类似的规定。可见,承担污染赔偿责任的法定条件,就是排污单位造成环境污染危害,并使其他单位或者个人遭受损失。现有法律法规并未将有无

---

① 马特:《从历史与社会的角度看过错和违法性的融合》,载杨立新主编:《侵权法热点法律问题适用》,人民法院出版社 2000 年版,第 272 页。

过错以及污染物的排放是否超过标准,作为确定排污单位是否承担赔偿责任的条件。至于国家或者地方规定的污染物排放标准,只是环保部门决定排污单位是否需要缴纳超标排污费和进行环境管理的依据,而不是确定排污单位是否承担赔偿责任的界限。《中华人民共和国水污染防治法实施细则》第36条还明确规定,缴纳排污费、超标排污费的单位或者个人,并不免除其赔偿损失的责任。"虽然超标排污费作为一个历史概念已经被新近立法所摒弃,但该实施细则的规定无疑具有重要的参考价值。

事实上,环境侵权领域实行无过错责任原则并不仅是逻辑的推演和立法的强制,而是有着深刻的价值支撑。随着社会化大工业发展,环境污染的范围和程度均日益严重,为平衡当事人利益,维护社会稳定,无过错责任开始适用于环境侵权领域。其价值正当性在于:首先,无过错责任符合"利之所附,损之所归"的原则,加害人因其生产、生活或经营行为获得了收益,理应承担其行为引发的负外部性。其次,实行无过错责任有利于强化企业责任,促进其履行法定义务,严格控制和积极治理污染,合理利用环境资源;再次,实行无过错责任符合法律保护弱者的趋势,由于现代工业生产的复杂性和污染过程的错综复杂,环境污染涉及复杂的科技问题,受害者难以证明加害人有无过错。实行无过错责任原则,有利于加强对受害人利益的保护,减轻受害人证明加害人过错的举证责任。最后,实行无过错责任,加大对弱者的保护并不会对侵害人造成特别的负担,譬如原告可以通过环境责任保险等制度分散和化解风险,从而也体现了救济社会化的趋势。《侵权责任法》确立的无过错责任原则,正是因应这一理念的体现。

需要指出的是,无过错责任原则的适用,是对无辜受害人的损害补偿,但法律只能明确损害赔偿的责任,不能保证损害赔偿的完全实现。无过错责任的公平性不能以对加害人的不公平和损害社会秩序为代价。因此,在适用无过错责任的同时,应发展环境责任保险、环境补偿和整治基金,促进损害赔偿的社会化,实现加害人和受害人利益的合理平衡,发挥责任的预防功能。

3. 举证责任倒置

《侵权责任法》沿袭2008年《水污染防治法》和2004年《固体废物污染防治》等法律以及1992年7月14日《最高人民法院关于适用〈中华人民共和国民事诉讼法〉若干问题的意见》和2001年12月21日《最高人民法院关于民事诉讼证据的若干规定》等司法解释的做法,在第66条明确规定"因污染环境发生纠纷,污染者应当就法律规定的不承担责任或者减轻责任的情形及其行为与损害之间不存在因果关系承担举证责任"。综观《侵权责任法》不同阶段的草案,除了用语上的个别变更使表述更为科学外,其实质并未发生变更。在审议过程中,有代表认为,由于危害环境的行为与损害之间的因果关系,具有复杂性和特殊性,有很多化学物质的属性现在还不为我们所知,污染物和损害结果之间的因果联系,是目前有些科学手段所无法确认的,因而,建议增加"限于目前科学发展水平无法证明污染物和损害之间存在因果联系的,污染者可以减轻或者免除责任"的规定。①

所谓举证责任,是指法律要求诉讼当事人对自己所主张的事实,提出证据加以证明的责任。举证责任分配实际上是指这种证明责任在当事人之间如何配置的问题,一般而言,承担较重举证责任的当事人在诉讼中将处于更为不利的地位,因此,举证责任的分配与当事人利益保护直接相关。而举证责任倒置,则是指基于法律规定,将通常情形下本应由提出主张的一方当事人(一般是原告)就某种事由不负担举证责任,而由他方当事人(一般是被告)就某种事实存在或不存在承担举证责任,如果该方当事人不能就此举证证明,则推定原告的事实主张成立的一种举证责任分配制度。

在环境污染侵权中确立举证责任倒置与确立无过错责任的理由是大致相当的,均是因应风险社会下环境侵权的特殊性对受害人利益的倾斜保护。

在现代社会,随着生产力的高度发展以及科学技术的进步,环境污染和生态破坏日益严峻,水污染、大气污染和重金属污染等对人体健康的危害日益严重,但受害人在诉讼中经常遇到举证的困难。因为有些事故的发生原因十分复杂,技术性强,而且行为人常常处于持有或垄断案件主要证据的地位。在此情况下,如果固守传统侵权法的过错责任和"谁主张,谁举证"的举证责任规则,确实不能为当事人的权利提供充分的救济,这就在侵权法和证据法上都提出了一个如何对危险责任以及事故责任中的受害人进行有效地救济和全面地保护问题,无过错责任原则和举证责任倒置正是适应这一需要而产生的。无过错责任不考虑加害人的主观过错和违法性,降低了受害人的举证责任,但由于因果关系的复杂性,对因果关系承担举证责任仍是受

---

① 第十一届全国人大常委会第十一次会议分组审议《中华人民共和国侵权责任法(草案二审稿)》时陈家宝代表的审议意见,参《关于环境污染责任——侵权责任法(草案)审议摘登(八)》,载http://www.npc.gov.cn/huiyi/cwh/1111/2009-11/12/content_1526506.htm,访问日期:2014年11月12日。

害人不可承受之重。若不实行举证责任倒置,可能会造成极不公正、极不合理的结果,也不符合"享受特殊权利的权利人应当承担因之产生的不幸结果"的法律理念。尤其应当看到,实行举证责任倒置,通过将因果关系的举证负担于接近事故源的一方承担,也能够有效地促使举证责任被倒置的当事人一方积极采取措施,预防和控制损害的发生。从诉讼的角度看,举证责任倒置的适用为法官查清案件事实真相并在此基础上作出公正的裁判提供了制度保障。因此,在证据法上,举证责任倒置制度的作用逐渐扩张,适用范围越来越宽泛。举证责任倒置的运用不仅关系到诉讼中权利实现的问题,更关系到实体权利的实现,不论在证据法上还是实体法中均有重要的意义。

将"科学手段无法证明"作为否定举证责任倒置的理由,正是忽略了环境侵权的特殊性。科学不确定性正是环境法的最大特点,正是由于环境问题经常无法通过科学予以确定证明,而一旦发生将导致不可逆转的危害,因而,各国均将预防原则作为环境法的首要原则。根据1992年《里约宣言》的规定,所谓风险预防,是"为了保护环境,各国应按照本国的能力,广泛适用预防措施。遇有严重或不可逆转损害之威胁时,不得以缺乏科学充分确实证据为由,延迟采取符合成本效益的措施防止环境恶化"。风险预防原则要求立法在进行环境规制时应当考虑损害预防、举证责任倒置(reverse onus)、危害消除(elimination)、公众导向(community orientation)、替代方法评价(alternative assessment)、不确定性即是有威胁(uncertainty is a threat)、技术、科学上无害(technically/scientifically sound)、自由充分的信息(information unrestricted)、公开(open)等要素。[①] 风险预防原则内含了不是由潜在的受害人而是由从事这种可能带来危害的行动人承担证明安全或无害的责任。

值得注意的是,举证倒置在某些方面(特别是因果关系)减轻了污染受害人的举证责任,但并未完全免除受害人的举证责任。根据现有规定,污染受害人仍然必须就以下事项举证:(1)自身遭受了污染损害,并因此承受了直接损失。"直接损失"应当包括已经遭受的实际损失和必然遭受的损失,如合理预期收益的丧失。(2)加害人存在污染损害行为,而且该污染损害行为是其指控的加害人实施。这些事项都需要受害人提供充分的人证、物证、书证等证据加以证明。同时,在环境侵权中,举证责任往往与因果关系

---

① 朱建庚:《风险预防原则与海洋环境保护》,人民法院出版社2006年版,第167—168页。

推定相联系[①],而因果关系的判定,则存在着相当因果关系说、必然因果关系说、疫学因果关系说等不同标准。

(二)《侵权责任法》关于环境责任立法的得与失

因应环境时代法律的"绿化"需求,《侵权责任法》首次专章规定"环境污染责任",体现了环境时代法律应对环境污染、保障人民生命财产安全的决心和勇气。首先,《侵权责任法》提升了环境侵权救济规范的地位。尽管《侵权责任法》是由全国人大常委会通过,但其作为民事基本法律的地位得到学者的普遍承认。《侵权责任法》将先前分散在各环境立法和法律解释中的环境民事规范予以整合,方便了法官在实践中的适用。其次,《侵权责任法》确认了环境侵权的特殊性,通过专章规范的形式,使环境侵权的基本规范容易为各界所熟知,对于法官来说,可以改善先前对环境侵害救济的陌生度;对于公民来说,可以为其维护自身权益提供指引;对于企业来说,通过无过错责任和举证责任倒置等规范,可以对其形成威慑,促进其改善污染治理状况,提升社会责任。

但是,环境议题有它本身的特殊性,这个特殊性使其迥异于传统的侵权行为,随着环境议题涉及的利益越来越复杂对立、科技不确定性不断升高、因果关系认定愈发困难,期冀完全解决环境侵权造成的损害问题是《侵权责任法》不可承受之重,尤其是侵权法的基本理念是救济受害人因侵权行为而生的人身、财产损害,简单说即环境侵害"对人的损害",而对于环境侵害造成的生态环境本身的损害,即"对环境的损害",实非以"权利本位"(意为救济需以权利的被侵害为前提)为根基的侵权法所能承担。退一步说,即便是对人的损害,《侵权责任法》亦未周全保护。综观该法条文,其虽然对污染侵权问题作出了回应,但基本上是对已有规定的简单罗列,并没有进行制度创新。而且,该法本身的规定也存在一些不足之处。

首先,《侵权责任法》未对生态破坏型环境侵权作出回应,已如前述。其次,《侵权责任法》未对不同样态的污染类型以及精神损害赔偿的适用原则予以区分,将可能造成违背法律的公平正义精神,并造成适用上的争议。再次,《侵权责任法》对不承担责任和减轻责任的情形规定过于笼统,不利于对环境损害的预防。最后,对于数人侵害环境的责任划分不明确,难以适应环

---

① 关于举证责任倒置与因果关系推定的区别与适用,详见本书第四章的论述。

境侵权的特殊性。① 这些问题将在本书相关章节予以详述。

法律是高度抽象化和体系化的产物,牵一发而动全身。《侵权责任法》将污染侵权作为独立的特殊侵权类型加以规定,体现了民法应对环境问题的回应和努力,但囿于环境侵权的特殊性,这种回应和努力效果注定是有限的。

从立法史上考察,传统侵权法是对人与人之间直接侵害的救济,而环境侵害则较为复杂。一般来说,环境侵害主要有以下特征:(1) 主体的不平等性:加害人往往是具有特殊经济地位、科技与信息能力及法律地位的工商企业,而受害人多为普通公众尤其是弱势群体,从而导致作为近现代民法基石的平等性和互换性的丧失;(2) 原因行为的多样性:包含了环境污染行为和生态破坏行为;(3) 侵害状态的媒介性:除拟制型污染外,环境侵害的成立均需以环境要素为媒介;(4) 侵害对象的不特定性:受害人群通常为不特定的多数人;(5) 因果关系的复杂性:污染通常经过多种因素的复合累积后逐渐形成并显现出来,潜伏期较长;(6) 侵害利益的多元性:在造成人身、财产损害的通常,亦造成了环境本身的损害,或者只造成了环境的损害;(7) 价值判断的非责难性:除违法行为外,环境损害多伴随着正常生产、生活活动而产生,是维护社会正常运行所必须付出的代价,因而在价值判断上不具有非难性,由谁来承担责任是一种利益衡量的结果。

由此可见,环境侵害在主体、构成、因果关系、损害后果、可归责性等诸多方面均与传统侵害有较大差异,已突破单纯的私益侵害的范畴。传统侵害的私法属性与环境侵害的社会法属性在有些地方和时候无法完全相融,或者说人身权、财产权的私益性与环境资源的公益性的冲突客观存在,必然导致民法与环境法在价值取向、立法目的上的巨大差异。②《侵权责任法》固然可以解决一部分环境侵害形式,但对于环境侵害的全面救济,则需通过专门立法来实现。很多国家(地区)如德国、芬兰、丹麦、墨西哥、瑞典乃至欧盟都制定了专门的《环境责任法》或者《环境损害赔偿法》作为该国(地区)民法典或债法的特别法,我国台湾地区目前也正着手起草融合环境损害赔偿、环境责任保险以及环境损害赔偿暨整治基金的综合环境责任法。

---

① 参见张宝、张敏纯:《环境侵权的微观与宏观:以〈侵权责任法〉为样本》,载《中国地质大学学报(社科版)》2010年第3期。
② 吕忠梅:《环境侵权的遗传与变异:论环境侵害的制度演进》,载《吉林大学社会科学学报》2010年第1期。

因而,考虑到环境侵害面临公益与私益的交融,单一部门法难以提供完整救济,为使环境侵害救济更具有可操作性,并通过明确责任影响各方行为,制定专门的《环境侵害救济法》尤为必要,对环境公益和私益、民事和行政、实体和程序等作出规范,通过合理的程序及机制分配环境议题的责任和风险,从而更好地因应环境议题的特点,保护和改善我国的环境,维护公民的合法权益,促进社会的稳定和谐。

三、实例解析:"前立法时代"的环境污染责任

王某诉某化工厂氯气污染损害赔偿案①

(一)案情简介

1978年7月1日晚,沿海某市天降大雨,电闪雷鸣。该市化工厂的电器设备因遭雷击毁坏,不能正常工作,从而造成该厂大量氯气外溢,污染了周围的大气环境。该厂附近居民10余人因吸入氯气中毒,当晚送往医院抢救。其中该市某工厂女工王某,因住所距本次氯气外溢事故发生地大约100米处,故中毒症状较重,在医院住院观察及治疗共计384天,其间,王某花费的住院费、医疗费及误工工资、生活补贴等费用全部由化工厂承担,二者之间此时并无纠纷。

王某中毒病情好转之后办理出院,医院在为其办理出院检查时诊断王某还患有"过敏性支气管哮喘",建议其出院后继续服药治疗。然而,市化工厂拒绝为王某的继续服药治疗继续承担医疗及其他相关费用,其理由是,王某的"过敏性支气管哮喘"与氯气中毒无关,与氯气中毒无关也就是与该厂的氯气外溢事故无关。

同时,王某本人所在的工厂也拒绝发放其在继续治疗期间的工资和支付继续治疗的医药费用,其理由为,王某的病乃市化工厂的氯气污染所造成的,故其误工工资和医疗费用理应由该市化工厂承担。

面对这种情况,王某多次找有关行政管理部门处理解决,但均无结果。在万般无奈之下,王某于1980年5月13日以市化工厂为被告,向市中级人民法院提起诉讼,要求市化工厂赔偿其因受氯气污染患过敏性支气管哮喘

---

① 案例来源:参见张一粟:《环境立法不可承受之重:中国环境民事诉讼第一案的启示》,载《绿叶》2006年第11期。

疾病而受到的各种损失。市中级人民法院依法受理了此案。在审理该案过程中,法院调查了王某的病史,走访了有关的医疗卫生部门并收集了大量的医学旁证。

(二) 审理结果

市中级人民法院经审理查明:(1)原告王某在此次患病以前从未患过过敏性支气管哮喘,并且其本人无此类疾病之家族病史;(2)医学证明氯气中毒可致人患过敏性支气管哮喘疾病;(3)王某患过敏性支气管哮喘疾病的时间正是在市化工厂发生氯气外溢污染事故以后。

综合考虑上述各种情况,市中级人民法院认定,原告王某患过敏性支气管哮喘疾病系市化工厂氯气外溢污染事故所致,故市化工厂应对王某因患病所遭受的各种财产损失负赔偿责任。1980年6月3日,市化工厂与王某之间达成调解,由市中级人民法院正式制成民事调解书,确认市化工厂赔偿王某的医疗费、营养费和误工工资等损失共计人民币500元。

(三) 案例评析

本案发生在1980年,是《环境保护法(试行)》实施后最高人民法院公布的第一个环境民事诉讼案件,同时也是我国最早一起在环境民事诉讼中采用推定方法认定污染损害行为与污染损害结果之间的因果关系的环境污染损害赔偿案件。当时,我国环境立法刚刚起步,只有《宪法》和《环境保护法(试行)》作出了框架性规定,而关于环境民事责任的规定则付之阙如,直到1982年,《海洋环境保护法》才在新中国历史上首次规定了"因海洋环境污染受到损害的单位和个人,有权要求造成污染损害的一方赔偿损失"。但是,本案已经涉及了环境侵权的几个核心问题。

1. 关于环境污染损害赔偿的归责原则

表面来看,本案中适用了无过错责任理念,但仔细考察则值得疑问。雷击属于不可抗力,根据各国通例,不可抗力不承担责任,我国立法也均将不可抗力表述为"完全不可抗拒的自然灾害,并经采取合理措施仍不能避免损失",而本案中,化工厂因雷击造成氯气泄漏,造成周围居民中毒,法院判决化工厂应当责任,则并未将不可抗力作为免责事由。从归责原则上来看,更类似于结果责任。

所谓结果责任,是指只要行为人造成损害结果,行为人即应承担的责任,这种责任不问行为人有无过错,而以行为人的行为是损害原因作为其承担责任的唯一根据,故又称"原因责任"。① 因而,在结果责任中,因果关系是否成立,才是判定是否承担责任的关键。由于无过错责任也不以加害人的过错为责任根据,所以也有人把它称为结果责任。如史尚宽先生认为,"古代法律,采用原因主义,以有因果关系之存在即是发生赔偿损害之责任,就因极端无过失责任之负担,反促使责任心薄弱,不适合实际生活之需求。罗马法遂采用过失主义。现今除苏俄民法外,各国民法,原则上多依之。就近世因火车、电车、汽车、飞机及其他大企业之发达,危险大为增加,古代无过失责任渐有复活之趋势。行为人或法定为义务之人,虽无故意可言,亦不免负赔偿之责任,此责任谓之无过失赔偿责任亦称结果责任或危险责任"。② 实际上,无过错责任与结果责任有着本质区别,正如王泽鉴教授所言,无过错和结果责任"理念完全不同,即无过失责任系指补救过失主义的弊端所创设的制度,而结果责任系初民时代,人类未能区别故意过失时的产物,二者不易混淆"。③ 作为法律公平正义理念指导下的利益衡平机制,无过错责任与结果责任的重要区别即是设置了法定条件下的免责事由。完全否定免责事由的存在,将使无过错责任有陷入结果责任的危险。

2. 关于环境侵权的因果关系认定

从损害赔偿的角度来看,更为主要而且难以克服的问题在于环境侵权中因果关系的判定,倘若因果关系无法判定,无过失责任只不过是纸上谈兵。环境侵权作为现代社会特殊的侵权现象表现得非常复杂,正如我国台湾学者邱聪智所指出的:"传统之侵权行为,其加害之原因事实,与受害人受损害之内容、程度、经过,均甚为单纯具体、直接而确定,当事人对此等事实,亦有较深切之认识。因此,在实体法上,以事实与结果间具有相当因果关系为责任成立要件,并且在诉讼上,要求受害人就此等事实之存在,负担严格之举证责任。但是,环境侵权之原因事实与危害发生之程度内容及经过之关系,往往甚不明确,欲就其彼此间寻求单纯,直接具体之关系锁链,甚为困难。"④此外,环境侵权通常涉及物理、化学、生物、地理、医学等专业知识,受害人往往难以举证;甚至在现有科技条件下,某些环境侵权的因果关系根本

---

① 魏振瀛、徐学鹿、郭明瑞主编:《北京大学法学百科全书·民法学》,北京大学出版社 2004 年版,第 539 页。
② 史尚宽:《债法总论》,中国政法大学出版社 2000 年版,第 104 页。
③ 王泽鉴:《民法学说与判例研究》(第 1 册),中国政法大学出版社 1997 年版,第 9 页。
④ 邱聪智:《公害法原理》,台湾三民书局股份有限公司 1984 年版,第 20—21 页。

无法认定,如果仍然坚持按照传统的因果关系理论进行认定,显然不利于对受害人的保护,有悖于法律的公平和正义。因而,在环境侵权领域,各国通常对因果关系进行推定,并发展出优势证据说、比例规则说、盖然性说、疫学因果关系理论、间接反证说等各种判定因果关系的标准。而我国目前在侵权领域的指导思想仍然是必然因果关系说,只有当行为者的行为与损害结果之间具有内在的、本质的、必然的联系的时候,才具有法律上的因果关系。

从本案来看,尽管法官可能并未经受环境侵权的专门训练,但却相当超前地适用了疫学因果关系的原理。所谓疫学原理又称流行病学原理,是因果关系推定的一种方式。其主要内容是运用流行病统计学的方法来证明侵权行为与损害结果之间的因果关系。具体做法是,用医学实验的方法确定一定区域内流行疾病发生与该区域存在的某些污染物质的概率:(1)该区域有致该疾病产生的某因子存在;(2)某因子在该流行疾病产生前已在区域内存在;(3)某因子在环境中的存在完全可能引发该流行疾病的产生;(4)某因子的作用程度与流行疾病的患病率成正比:某因子的存在量愈多,则患者的患病率愈高、病情愈严重;反之,患者的患病率就低,病情则轻;(5)一定区域内有一定数量的患者患同一疾病;(6)某因子作为某流行疾病的致病原因,其机理基本上能与生物学上的说明相一致。满足以上的条件,并有一定的统计数据说明,便可推定某因子与某流行疾病之间的因果关系成立。本案判决虽然并未完全对应这些标准,但无疑已经具备疫学因果关系推定的基本原理,显示了相当的先进性。

3. 如果本案发生在今天

直到1986年后,明确环境侵权归责原则、免责事由、举证责任等具体制度的立法才逐渐出现。1986年《民法通则》确立了存在争议的归责原则,1987年《大气污染防治法》确立了较无争议的无过错原则表述以及特殊形态的不可抗力免责,并为之后的立法直至《侵权责任法》所沿袭。如果依据目前的环境侵权责任制度,本案会产生不同的处理结果。

根据2000年修订的《大气污染防治法》第36条规定,"造成大气污染危害的单位,有责任排除危害,并对直接遭受损失的单位或者个人赔偿损失",确立了大气污染造成人身、财产损害时适用无过错责任。为防止无过错责任沦为结果责任,第37条规定了相应的免责事由,即"完全由于不可抗拒的自然灾害,并经及时采取合理措施,仍然不能避免造成大气污染损失的,免于承担责任"。雷击显然属于不可抗拒的自然灾害,并且在事件发生后,化工厂采取了相关的抢险措施,并全额负担了王某在医院住院观察及治疗384天所花费的住院费、医疗费及误工工资、生活补贴等费用,具备了《大气污染防治法》规定的免责事由;如果化工厂证明了自己具备免责事由,也就无需再证明因果关系是否成立。因而,根据今日法律,王某最终所能获得的,可能只是化工厂出于"道义"所给予的象征性补贴。

当然,我们不能以今日之法溯及适用彼时案例。本案法官在当时社会情况下,基于弱者保护理念作出如此判决,维护社会稳定,无可厚非。重要的是,本案能够为我们提供一个了解环境侵权发展脉络的极好素材。

4. 一点余论

本案审判过程并不完全符合我们今天所说无过错责任,而且举证责任分配上也未运用责任倒置原则。事实上,我们很难完全将本案完全归入今天的某些原则或制度,而如果用今天法律的条条框框来看,本案还存在种种不合法的地方,甚至原告根本就不可能胜诉。但我们并不能因此否认本案的价值,本案中某些方式如因果关系推定的方式甚至可以说是未来环境侵权发展的方向。在那个刚刚走出"砸烂公检法"的年代,在法律人才匮乏的年代,法官能作出这样的判决,其中的不易尤其值得我们深深地思考。本书将之作为第一个案例选入,也正是希冀通过这个"中国环境民事诉讼第一案"来把握我国环境侵权法律实践发展的社会脉络。

四、实例解析:采矿造成损害是否构成法律规定的环境侵权

刘某等 26 户村民与陆某、杨某环境侵权纠纷案①

(一) 案情简介

原告刘某等26户系L县龙胜乡双凤村二组村民,被告陆某经营的双龙煤矿和被告杨某经营的双凤煤矿跨经该组地域。2004年5月前,原等人生活用水的水井断水,即向相关部门反映并请求解决。2004年4月3日,双龙煤矿委托C市高新岩土工程勘察设计院(下称"设计院")对矿山开采适宜性作出评估。4月21日,设计院作出《L县双龙煤矿矿山地质灾害危险性评估报告》,对矿山防治费用及补偿费用估算为"矿山开采影响农田灌溉和村民生活用水。该项目工程费用达200万元,其防治费用约40万元(主要

---

① 案例来源:重庆市第二中级人民法院(2009)渝二中法民终字第3号民事判决。

影响14户民房,常住人口47人),占工程费用的20%"。被告陆某分别于2004年6月5日、7月12日与原告自愿达成补偿协议,由被告修建人畜饮水设施,每年补贴农田补助1.88万元并一次性出资1万元修建微型蓄水池解决农田灌溉等。同年4月22日,被告杨某与原告签订水渠堰沟修复补偿协议,由被告一次性支付修复渠堰费用2万元并在采矿期间每年补贴农田损失1万元。原被告均按协议履行完毕。

2005年4月13日,二组所在地园角寺发生滑坡,房屋、晒坝及田地遭到不同程度的滑坡和裂缝。原告等人为此多次逐级向乡、县及市人民政府信访办反映,要求双龙煤矿因采矿引发的地质灾害予以赔偿。6月28日,L县国土资源和房屋管理局(下称"国土局")接到县信访办转办的信访批函后,于6月30日委托市地质矿产勘查开发局205地质队(下称"地质队")对园角寺14户房屋发现裂缝部分地面开裂的地质灾害现象进行调查,并对其诱因进行科学分析鉴定,地质队于7月8日作出《龙胜乡双凤村园角寺地面变形调查报告》,初步认为其变形区与双龙煤矿采煤无直接因果关系。该意见经专家作出审查意见后,国土局于9月15日作出《关于黄某等3人反映龙胜乡双龙煤矿采矿诱发地质灾害信访事项的处理意见》(下称"处理意见"),认为"园角寺地带滑坡应属自然因素引发的地质灾害"。原告不服,申请县人民政府复议,县人民政府信访办作出维持的处理意见。原告即于2006年2月20日提起民事诉讼,同时于4月27日向C市W区人民法院提起行政诉讼,W区人民法院于8月15日作出(2005)万行初字第32号行政判决书,判决撤销被告国土局作出的《处理意见》。2007年5月15日,经原告申请,一审法院委托C市大唐建设工程咨询有限公司(下称"大唐公司")对原告房屋损失进行鉴定,该公司于2008年6月24日作出《关于C市L县龙胜乡十二户农居房的房屋损失司法鉴定意见书》,对13户居民损失作出了认定。一审法院为原告垫交鉴定费49500元。双方当事人对该鉴定结论虽有异议,但均未申请重新鉴定。

原告诉称,因煤价暴涨,被告为暴利进行过度开采,致使自然生态环境遭到毁灭性的破坏:原告多年饮用的水井干涸,耕种的田地开裂,四季长流的小溪断流,居住的房屋倾斜倒塌,墙壁和地坝出现巨大裂缝……被告曾委托设计院鉴定,其结论为恢复正常的生态环境需要200余万元。原告为此事曾进京上访,陆某却利用部分村民的恐惧心理强迫与其签订了人畜饮水协议和田土赔偿协议,企图以不足10万元的现金来抵消其给原告等人造成

500余万元巨额损失,显失公平。现请求撤销双方达成的人畜饮水协议和田土赔偿协议;判令被告立即停止采煤行为,排除妨碍、消除危险,并赔偿原告恢复生产生产生活用水等所需费用150万元,赔偿原告为此遭受的经济损失100万元(包括房屋损失50万元、农作物损失22万元、林木损失20万元、增加劳动力损失6万元、交通费3万元等);判令陆某赔偿刘某、童某、李某等人精神抚慰金26万元。

被告陆某辩称:本案属于地质灾害,应由地质灾害行政管理部门处理,不应由人民法院受理,故应驳回起诉;原告诉请混同了几个法律关系,第一个诉请是请求撤销赔偿协议,不属于侵权之诉;第二个诉请又是侵权之诉,且26户受害程度不一致,故不构成共同诉讼。被告系合法开采,不构成对原告的侵权,原告也未提供证据证实其主张,故其不应承担赔偿责任。

被告杨某辩称:原告主张缺乏事实依据。原告诉讼请求混杂,既有撤销之诉,又有侵权之诉,不能在本案中一并解决,且原告行使撤销权的期限已过。被告的煤矿与原告诉称的事实无必然联系,原告应举证证实开采行为的非法性。

(二)一审审理结果

一审认为,本案系环境侵权损害赔偿,根据最高人民法院《关于民事诉讼证据的若干规定》第4条第1款第3项之规定,被告应就法律规定的免责事由及其行为与损害后果之间不存在因果关系承担举证责任;被告在本院限期内未申请鉴定,应承担举证不能的责任,故推定原告的房屋受损与被告的开采行为存在因果关系,被告应承担相应的民事责任。根据最高人民法院《关于民事诉讼证据的若干规定》第2条之规定,原告应对其主张的损害事实和损害后果承担举证责任。诉讼中,原告提供的设计院作出的双龙煤矿矿山地质灾害危险性评估报告和房屋出现裂缝、田地开裂的照片等证据材料,仅是对双方协议前损害的一个估算,且各项费用的数额也不明确,其他证据材料也只能证明房屋受到损害的事实,而不能确定其损失的具体数额,故原告举证不到位,应继续举证证明其损失金额。经原告申请,一审委托大唐公司作出的司法鉴定明确了各户损失,并由一审法院垫交鉴定费49500元。经庭审质证,双方当事人对该鉴定结论虽有异议,但均未申请重新鉴定,故被告对原告的以上房屋损失应承担赔偿责任。

原告主张被告停止采煤行为的诉讼请求,因被告系合法开采,是否停止采煤行为不属于本案调整范围,应由相关行政部门处理。原告主张的其余请求,因未提供充分证据予以证明,故不予支持。被告的侵权责任大小原因双方均未向法庭提供证据予以证明,故应共同承担赔偿责任。

根据最高人民法院《关于民事诉讼证据的若干规定》第2条、第4条和《民法通则》第59条、第85条、第124条、第130条之规定判决:

1. 13户房屋损失共计178219.71元(每户具体数额由本书略去),由陆某、杨某分别赔偿89109.86元,陆某、杨某互负连带责任。

2. 驳回刘某等人的其他诉讼请求。

案件受理费15000元,鉴定费49500元,共计64500元,由陆某、杨某分别负担32250元。

宣判后,原、被告均不服,分别提起上诉。

(三)二审审理结果

二审经查明确认了一审对事实的认证,并围绕以下讼争焦点,作出如下总结和评判:

1. 本案是否属于法院主管问题。依照原《环境保护法》第2条之规定:"本法所称环境,是指影响人类生存和发展的各种天然的和经过人工改造的自然因素的总体,包括大气、水、海洋、土地、矿藏、森林、草原、野生生物、自然遗迹、人文遗迹、自然保护区、风景名胜区、城市和乡村等。"刘某等26户村民认为因双龙煤矿、双凤煤矿的采煤行为改变了当地的生态环境,影响到当地村民生产生活而向人民法院提起的诉讼,属于人民法院受案范围。陆某上诉称本案不属人民法院主管的理由不成立。

2. 刘某等26户村民要求撤销补偿协议的问题。依照《合同法》第55条之规定"有下列情形之一的,撤销权消灭:(一)具有撤销权的当事人自知道或者应当知道撤销事由之日起一年内没有行使撤销权",刘某等与双龙煤矿和双凤煤矿分别于2004年6月5日和2004年4月22日签订有补偿协议,且该协议已实际履行至今,应当于2005年6月5日和2005年4月22日之前行使,刘某等于2006年2月20日起诉申请撤销该协议,已超过法定申请期限,其撤销权已消灭,对其撤销协议的主张不予支持。

3. 损害原因及责任的问题。因本案系环境侵权损害赔偿,陆某、杨某应就法律规定的免责事由及其行为与损害后果之间不存在因果关系承担举证责任。陆某、杨某在一审法院限期内未申请鉴定,应承担举证不能的责任,故一审法院推定刘某等房屋受损与陆某、杨某的开采行为存在因果关系,陆某、杨某对其损害后果承担相应的赔偿责任正确。

4. 损害范围的问题。根据最高人民法院《关于民事诉讼证据的若干规定》第2条之规定:"当事人对自己提出的诉讼请求所依据的事实或者反驳对方诉讼请求所依据的事实有责任提供证据加以证明。没有证据或者证据不足以证明当事人的事实主张的,由负有举证责任的当事人承担不利后果。"刘某等应对其主张的250万元的损害事实和损害后果承担举证责任。诉讼中,刘某等提供的设计院作出的评估报告和房屋出现裂缝、田地开裂的照片等证据材料作为损害后果客观存在的依据,本院认为,评估报告所评估的目的是为矿山开采适宜性和主管部门审批项目提供环境地质依据,评估的主要任务是:初步查明矿区地质环境条件;对矿区的地质灾害进行现状和预测评价;对地质灾害提出防治措施建议,防治工程经费估算等;对矿山采矿的适宜性进行评价。此报告并不是对刘某等所提出的损害后果的鉴定。评估报告仅仅是对煤矿开采可能对其周边环境造成损害的一个预测,且各项费用的数额也不明确,也不能确定其损失的具体数额,不能作为请求赔偿的依据。房屋损失的问题,一审中26户村民的诉讼代表人黄某在一审法官与鉴定人员到实地核实房屋损害情况时明确表示只有11户村民的房屋受到损害,其余村民的房屋损害不明显,影响不大,一审对受损11户的房屋委托大唐公司作出的鉴定双方虽有异议,但均不申请重新鉴定。一审参照该鉴定结论判决陆某、杨某承担赔偿责任恰当。

刘某等上诉要求陆某、杨某赔偿恢复治理生态环境所需费用150万元,经济损失100万元,其中房屋损失50万元,农作物损失22万元,林木损失20万元,额外增加劳动力损失6万元,交通费3万元的请求,因无相关证据和事实佐证而不能成立。

综上,一审判决认定事实清楚,证据充分,适用法律正确,责任划分恰当。依照《民事诉讼法》第153条第1款第1项之规定,作出终审判决判决如下:

驳回上诉,维持原判。

(四)案例评析

本案是采矿权人因开采矿山造成人身、财产损害的责任问题,就环境侵权的相关规则尤其是举证责任分配问题,本案运用得极为熟稔。就本案着力论证的几个问题,可以说都较为出色。但是,恰恰在本案一语带过的地方,涉及了环境侵权的核心问题。

一是本案认定为环境侵权纠纷是否具有法律依据。

我们知道,环境领域的因果关系尤其复杂,因其涉及高度技术性和不确定性,举证责任赋予谁,往往意味着谁将要承担败诉的风险。因而,举证责任分配尤其重要。在本案中,之所以适用举证责任倒置,在于法院将案件归类为环境侵权纠纷。但是,是否涉及生态环境的破坏就属于环境侵权?因采矿造成生态破坏,导致人身、财产受损归入环境侵权是否具有法律上的支撑?

考察该案审理时的法律,《矿产资源法》并没有对采矿而生的民事责任问题作出特别规定,关于环境侵权的规定,主要是《民法通则》、《环境保护法》等立法。从本案列明的依据来看,主要是《民法通则》第124条的规定,即"违反国家保护环境防止污染的规定,污染环境造成他人损害的,应当依法承担民事责任",1989年《环境保护法》第41条也是采用"造成环境污染危害"的用语,由此可见,我国立法关于环境侵权是指污染造成人身、财产损害而应承担的责任。因而,对于环境侵权的认定,关键在于"污染"的范围如何界定。对此,《民法通则》并没有作出规定,唯一的限定是当时《环境保护法》第24条关于"防治在生产建设或者其他活动中产生的废气、废水、废渣、粉尘、恶臭气体、放射性物质以及噪声、振动、电磁波辐射等对环境的污染和危害"的规定。而由该条可以看出,因采矿等造成生态破坏的情形并未包含在内。

如果以《侵权责任法》以及修订后的《环境保护法》的规定加以考察,仍然是得出同样的结论。《侵权责任法》同样笼统规定"环境污染责任",并未对这一不确定概念作出细化。新《环境保护法》第42条虽对原第24条的部分措辞进行了修改,但对污染类型的列举仍未包括采矿行为。既然无法认定为环境侵权责任,也就无从适用举证责任倒置。从严格意义上来说,只能认为是一般侵权,适用"谁主张,谁举证",从而可能使本案的结果发生逆转。

由此可见,尽管生态破坏造成的环境侵权在学理上受到越来越多的认同,但现行立法仍未能纳入,只能寄望于未来修改《侵权责任法》或者由最高人民法院作出司法解释扩大本法的适用范围加以实现。事实上,在另一起类似案例[①]中,法院则否定了生态破坏致人损害的情形属于环境侵权。法院认为,污染是指自然环境中混入了对人类或其他生物有害的物质,其数量或程度达到或超出环境承载力,从而改变环境正常状态的现象。本案中土地

---

① 贵州省遵义市中级人民法院(2014)遵市法环民终字第15号民事判决。

垮塌导致耕地不能耕种,侵犯了杨发均依法享有的承包土地的用益物权,属于耕地环境物理毁损行为,而非环境污染行为。因此,一审判决将本案毁损耕地定性为环境污染行为不当。但一审认定金鑫煤业因侵权应当承担民事赔偿责任的判决结果正确,应当予以维持。

二是对环境的损害如何得到救济。

法院最终判决认定了因被告的开采行为导致的房屋质量问题等直接财产损失,但是,对于由于地表水疏干、地下水漏失、水井干枯、人畜饮水困难、农田不能蓄水等间接损失则没有作出认定。从更大范围看,采矿行为更可能造成地质环境的破坏,法院对于恢复治理生态环境所需费用亦没有作出认定。

事实上,环境作为公共品,在很多时候即使受到破坏,由于没有直接的受害人存在,无人主张权益,或者虽有人主张权益,但是由于缺乏现行法上的支撑,使得对于环境本身的损害难以得到救济,这是造成我国生态环境恶化的重要原因。因而,有必要考虑到环境侵害的特殊性,将对人的救济和对环境的救济结合起来,这是值得理论研究和实践探索的重大问题。单纯依靠《侵权责任法》解决复杂的环境问题,是《侵权责任法》不可承受之重。

此外,本案还涉及了鉴定的效力、损失的认定、精神损害赔偿、集团诉讼等相关问题,本书将在相关部分予以详述。

第二节 我国环境污染侵权立法资料

一、《侵权责任法》关于环境污染侵权的立法资料

(一)《侵权责任法》各阶段审议稿

1. 2002年12月23日《民法(草案)》(第一次审议稿)

第8编 "侵权责任法"

第5章 "环境污染责任"

第31条 因污染环境侵害他人人身、财产的,有关单位或者个人应当承担侵权责任,但法律规定有免责情形,依照其规定。

第32条 排污符合规定的标准,但给他人造成明显损害的,有关单位或者个人应当承担侵权责任。

第33条 导致污染的单位或者个人不能证明污染行为与损害后果没有因果关系的,视为因果关系存在。

第34条　因污染环境对他人造成损害,不能确定具体的加害人的,由与损害后果具有联系的排污单位或者个人根据其排放量的比例承担相应的侵权责任。

2. 2008年12月22日《侵权责任法(草案)》(第二次审议稿)

第8章　"环境污染责任"

第67条　因污染环境造成他人损害的,排污者应当承担侵权责任,但法律规定免责事由的,依照其规定。

第68条　排污符合规定的标准,但给他人造成损害的,排污者应当承担相应的赔偿责任。

第69条　因环境污染发生纠纷,排污者应当就法律规定的免责事由及其行为与损害结果之间不存在因果关系承担举证责任。

第70条　两个以上排污者污染环境,除能够证明与损害不存在因果关系的外,应当承担赔偿责任。排污者承担责任的大小,根据根污染物据排放量等情形确定。

第71条　因第三人的过错污染环境造成损害的,受害人可以向排污者请求赔偿,也可以向第三人请求赔偿。排污者赔偿后,有权向第三人追偿。

3. 2009年10月28日《侵权责任法(草案)》(第三次审议稿)

第8章　"环境污染责任"

第65条　因污染生活、生态环境造成损害的,污染者应当承担侵权责任。法律规定不承担责任或者减轻责任的,依照其规定。

第66条　因环境污染发生纠纷,污染者应当就法律规定的不承担责任或者减轻责任的情形及其行为与损害之间不存在因果关系承担举证责任。

第67条　两个以上污染者污染环境,除能够证明与损害不存在因果关系的外,应当承担侵权责任。污染者承担责任的大小,根据污染物的种类、排放量等因素确定。

第68条　因第三人的过错污染环境造成损害的,被侵权人可以向污染者请求赔偿,也可以向第三人请求赔偿。污染者赔偿后,有权向第三人追偿。

4. 2009年12月22日《侵权责任法(草案)》(第四次审议稿)

第8章　"环境污染责任"

第65条　因污染环境造成损害的,污染者应当承担侵权责任。

第66条　因污染环境发生纠纷,污染者应当就法律规定的不承担责任或者减轻责任的情形及其行为与损害之间不存在因果关系承担举证责任。

第67条 两个以上污染者污染环境,污染者承担责任的大小,根据污染物的种类、排放量等因素确定。

第68条 因第三人的过错污染环境造成损害的,被侵权人可以向污染者请求赔偿,也可以向第三人请求赔偿。污染者赔偿后,有权向第三人追偿。

(二)《侵权责任法》的规定

(2009年12月26日第十一届全国人民代表大会常务委员会第十二次会议通过,自2010年7月1日起施行)

第8章 "环境污染责任"

第65条 因污染环境造成损害的,污染者应当承担侵权责任。

第66条 因污染环境发生纠纷,污染者应当就法律规定的不承担责任或者减轻责任的情形及其行为与损害之间不存在因果关系承担举证责任。

第67条 两个以上污染者污染环境,污染者承担责任的大小,根据污染物的种类、排放量等因素确定。

第68条 因第三人的过错污染环境造成损害的,被侵权人可以向污染者请求赔偿,也可以向第三人请求赔偿。污染者赔偿后,有权向第三人追偿。

二、相关立法和法律解释中关于环境污染侵权的规定

(一)民事立法

1.《民法通则》

(1986年4月12日第六届全国人民代表大会第四次会议通过)

第124条 违反国家保护环境防止污染的规定,污染环境造成他人损害的,应当依法承担民事责任。

2.《物权法》

(2007年3月16日第十届全国人民代表大会第五次会议通过,自2007年10月1日起施行)

"所有权"之"相邻关系"

第89条 建造建筑物,不得违反国家有关工程建设标准,妨碍相邻建筑物的通风、采光和日照。

第90条 不动产权利人不得违反国家规定弃置固体废物,排放大气污

染物、水污染物、噪声、光、电磁波辐射等有害物质。

（二）环境立法

1.《环境保护法》

（1）1989年12月26日第七届全国人民代表大会常务委员会第十一次会议通过

第24条　产生环境污染和其他公害的单位,必须把环境保护工作纳入计划,建立环境保护责任制度;采取有效措施,防治在生产建设或者其他活动中产生的废气、废水、废渣、粉尘、恶臭气体、放射性物质以及噪声、振动、电磁波辐射等对环境的污染和危害。

第41条　造成环境污染危害的,有责任排除危害,并对直接受到损害的单位或者个人赔偿损失。

赔偿责任和赔偿金额的纠纷,可以根据当事人的请求,由环境保护行政主管部门或者其他依照法律规定行使环境监督管理权的部门处理;当事人对处理决定不服的,可以向人民法院起诉。当事人也可以直接向人民法院起诉。

完全由于不可抗拒的自然灾害,并经及时采取合理措施,仍然不能避免造成环境污染损害的,免予承担责任。

第42条　因环境污染损害赔偿提起诉讼的时效期间为三年,从当事人知道或者应当知道受到污染损害时起计算。

（2）2014年4月24日第十二届全国人民代表大会常务委员会第八次会议修订通过

第64条　因污染环境和破坏生态造成损害的,应当依照《中华人民共和国侵权责任法》的有关规定承担侵权责任。

第65条　环境影响评价机构、环境监测机构以及从事环境监测设备和防治污染设施维护、运营的机构,在有关环境服务活动中弄虚作假,对造成的环境污染和生态破坏负有责任的,除依照有关法律法规规定予以处罚外,还应当与造成环境污染和生态破坏的其他责任者承担连带责任。

第66条　提起环境损害赔偿诉讼的时效期间为三年,从当事人知道或者应当知道其受到损害时起计算。

2.《水污染防治法》

（1）1984年5月11日第六届全国人民代表大会常务委员会第五次会议通过

第41条　造成水污染危害的单位,有责任排除危害,并对直接受到损失的单位或者个人赔偿损失。

赔偿责任和赔偿金额的纠纷,可以根据当事人的请求,由环境保护部门或者交通部门的航政机关处理;当事人对处理决定不服的,可以向人民法院起诉。当事人也可以直接向人民法院起诉。

水污染损失由第三者故意或者过失所引起的,排污单位不承担责任。

第42条　完全由于不可抗拒的自然灾害,并经及时采取合理措施,仍然不能避免造成水污染损失的,免予承担责任。

(2) 1996年5月15日第八届全国人民代表大会常务委员会第十九次会议第一次修订

第5条　一切单位和个人都有责任保护水环境,并有权对污染损害水环境的行为进行监督和检举。

因水污染危害直接受到损失的单位和个人,有权要求致害者排除危害和赔偿损失。

第55条　造成水污染危害的单位,有责任排除危害,并对直接受到损失的单位或者个人赔偿损失。

赔偿责任和赔偿金额的纠纷,可以根据当事人的请求,由环境保护部门或者交通部门的航政机关处理;当事人对处理决定不服的,可以向人民法院起诉。当事人也可以直接向人民法院起诉。

水污染损失由第三者故意或者过失所引起的,第三者应当承担责任。

水污染损失由受害者自身的责任所引起的,排污单位不承担责任。

第56条　完全由于不可抗拒的自然灾害,并经及时采取合理措施,仍然不能避免造成水污染损失的,免予承担责任。

(3) 2008年第十届全国人民代表大会常务委员会第三十二次会议第二次修订

第85条　因水污染受到损害的当事人,有权要求排污方排除危害和赔偿损失。

由于不可抗力造成水污染损害的,排污方不承担赔偿责任;法律另有规定的除外。

水污染损害是由受害人故意造成的,排污方不承担赔偿责任。水污染损害是由受害人重大过失造成的,可以减轻排污方的赔偿责任。

水污染损害是由第三人造成的,排污方承担赔偿责任后,有权向第三人追偿。

第 86 条 因水污染引起的损害赔偿责任和赔偿金额的纠纷,可以根据当事人的请求,由环境保护主管部门或者海事管理机构、渔业主管部门按照职责分工调解处理;调解不成的,当事人可以向人民法院提起诉讼。当事人也可以直接向人民法院提起诉讼。

第 87 条 因水污染引起的损害赔偿诉讼,由排污方就法律规定的免责事由及其行为与损害结果之间不存在因果关系承担举证责任。

第 88 条 因水污染受到损害的当事人人数众多的,可以依法由当事人推选代表人进行共同诉讼。

环境保护主管部门和有关社会团体可以依法支持因水污染受到损害的当事人向人民法院提起诉讼。

国家鼓励法律服务机构和律师为水污染损害诉讼中的受害人提供法律援助。

第 89 条 因水污染引起的损害赔偿责任和赔偿金额的纠纷,当事人可以委托环境监测机构提供监测数据。环境监测机构应当接受委托,如实提供有关监测数据。

3.《大气污染防治法》

(1) 1987 年 9 月 5 日第六届全国人民代表大会常务委员会第二十二次会议通过

第 36 条 造成大气污染危害的单位,有责任排除危害,并对直接遭受损失的单位或者个人赔偿损失。

赔偿责任和赔偿金额的纠纷,可以根据当事人的请求,由环境保护部门处理;当事人对处理决定不服的,可以向人民法院起诉。当事人也可以直接向人民法院起诉。

第 37 条 完全由于不可抗拒的自然灾害,并经及时采取合理措施,仍然不能避免造成大气污染损失的,免于承担责任。

(2) 1995 年 8 月 29 日第八届全国人民代表大会常务委员会第十五次会议第一次修订

第 41 条 造成大气污染危害的单位,有责任排除危害,并对直接遭受损失的单位或者个人赔偿损失。

赔偿责任和赔偿金额的纠纷,可以根据当事人的请求,由环境保护部门处理;当事人对处理决定不服的,可以向人民法院起诉。当事人也可以直接向人民法院起诉。

第 46 条　完全由于不可抗拒的自然灾害,并经及时采取合理措施,仍然不能避免造成大气污染损失的,免于承担责任。

(3) 2000 年 4 月 29 日第九届全国人民代表大会常务委员会第十五次会议通过

第 62 条　造成大气污染危害的单位,有责任排除危害,并对直接遭受损失的单位或者个人赔偿损失。

赔偿责任和赔偿金额的纠纷,可以根据当事人的请求,由环境保护行政主管部门调解处理;调解不成的,当事人可以向人民法院起诉。当事人也可以直接向人民法院起诉。

第 63 条　完全由于不可抗拒的自然灾害,并经及时采取合理措施,仍然不能避免造成大气污染损失的,免于承担责任。

4.《固体废物污染环境防治法》

(1) 1995 年 10 月 30 日第八届全国人民代表大会常务委员会第十六次会议通过

第 71 条　受到固体废物损害的单位和个人,有权要求依法赔偿损失。

赔偿责任和赔偿金额的纠纷,可以根据当事人的请求,由环境保护行政主管部门或者其他固体废物污染环境防治工作的监督管理部门调解处理;调解不成的,当事人可以向人民法院提起诉讼。当事人也可以直接向人民法院提起诉讼。

(2) 2004 年 12 月 29 日第十届全国人民代表大会常务委员会第十三次会议修订

第 84 条　受到固体废物污染损害的单位和个人,有权要求依法赔偿损失。

赔偿责任和赔偿金额的纠纷,可以根据当事人的请求,由环境保护行政主管部门或者其他固体废物污染环境防治工作的监督管理部门调解处理;调解不成的,当事人可以向人民法院提起诉讼。当事人也可以直接向人民法院提起诉讼。

国家鼓励法律服务机构对固体废物污染环境诉讼中的受害人提供法律援助。

第 85 条　造成固体废物污染环境的,应当排除危害,依法赔偿损失,并采取措施恢复环境原状。

第 86 条　因固体废物污染环境引起的损害赔偿诉讼,由加害人就法律规定的免责事由及其行为与损害结果之间不存在因果关系承担举证责任。

第87条　固体废物污染环境的损害赔偿责任和赔偿金额的纠纷,当事人可以委托环境监测机构提供监测数据。环境监测机构应当接受委托,如实提供有关监测数据。

5.《海洋环境保护法》

(1) 1982年8月23日第五届全国人民代表大会常务委员会第二十四次会议通过

第42条　因海洋环境污染受到损害的单位和个人,有权要求造成污染损害的一方赔偿损失。赔偿责任和赔偿金额纠纷,可以由有关主管部门处理,当事人不服的,依照《中华人民共和国民事诉讼法(试行)》规定的程序解决;也可以直接向人民法院起诉。

第43条　完全属于下列情形之一,经过及时采取合理措施仍然不能避免对海洋环境造成污染损害的,免予承担赔偿责任:

(1)战争行为;

(2)不可抗拒的自然灾害;

(3)负责灯塔或者其他助航设备的主管部门在执行职责时的疏忽或者其他过失行为。

完全是由于第三者的故意或者过失造成污染损害海洋环境的,由第三者承担赔偿责任。

(2) 1999年12月25日第九届全国人民代表大会常务委员会第十三次会议修订

第90条　造成海洋环境污染损害的责任者,应当排除危害,并赔偿损失;完全由于第三者的故意或者过失,造成海洋环境污染损害的,由第三者排除危害,并承担赔偿责任。

对破坏海洋生态、海洋水产资源、海洋保护区,给国家造成重大损失的,由依照本法规定行使海洋环境监督管理权的部门代表国家对责任者提出损害赔偿要求。

第92条　完全属于下列情形之一,经过及时采取合理措施,仍然不能避免对海洋环境造成污染损害的,造成污染损害的有关责任者免予承担责任:

(一)战争;

(二)不可抗拒的自然灾害;

（三）负责灯塔或者其他助航设备的主管部门,在执行职责时的疏忽,或者其他过失行为。

(3) 2013年12月28日第十二届全国人民代表大会常务委员会第六次会议修改通过,相关条文未修改。

6.《环境噪声污染防治法》

1996年10月29日第八届全国人民代表大会常务委员会第二十二次会议通过

第61条　受到环境噪声污染危害的单位和个人,有权要求加害人排除危害;造成损失的,依法赔偿损失。

赔偿责任和赔偿金额的纠纷,可以根据当事人的请求,由环境保护行政主管部门或者其他环境噪声污染防治工作的监督管理部门、机构调解处理;调解不成的,当事人可以向人民法院起诉。当事人也可以直接向人民法院起诉。

7.《放射性污染防治法》

2003年6月28日第十届全国人民代表大会常务委员会第三次会议通过

第59条　因放射性污染造成他人损害的,应当依法承担民事责任。

8.《水土保持法》

(1) 1991年6月29日第七届全国人民代表大会常务委员会第二十次会议通过

第39条　造成水土流失危害的,有责任排除危害,并对直接受到损害的单位和个人赔偿损失。赔偿责任和赔偿金额的纠纷,可以根据当事人的请求,由水行政主管部门处理;当事人对处理决定不服的,可以向人民法院起诉。当事人也可以直接向人民法院起诉。由于不可抗拒的自然灾害,并经及时采取合理措施,仍然不能避免造成水土流失危害的,免予承担责任。

(2) 2010年12月25日第十一届全国人民代表大会常务委员会第十八次会议修订通过

第58条　违反本法规定,造成水土流失危害的,依法承担民事责任;构成违反治安管理行为的,由公安机关依法给予治安管理处罚;构成犯罪的,依法追究刑事责任。

（三）法律解释

1. 立法解释

全国人大常委会法制工作委员会《关于正确理解和执行〈环境保护法〉第41条第2款的答复》(1992年1月31日)①

国家环境保护局：

你局(91)环法字第440号来函收悉，现答复如下：

我们同意你们的意见。因环境污染损害引起的赔偿责任和赔偿金额的纠纷属于民事纠纷，环境保护行政主管部门依据《中华人民共和国环境保护法》第41条第2款规定，根据当事人的请求，对因环境污染损害引起的赔偿责任和赔偿金额的纠纷所作的处理，当事人不服的，可以向人民法院提起民事诉讼，但这是民事纠纷双方当事人之间的民事诉讼，不能以作出处理决定的环境保护行政主管部门为被告提起行政诉讼。

附：国家环境保护局关于如何正确理解和执行《环境保护法》第41条第2款的请示

全国人大常委会法制工作委员会：

根据《中华人民共和国环境保护法》第41条第2款的规定，因环境污染损害引起的赔偿责任和赔偿金额的纠纷，可以根据当事人的请求，由环境保护行政主管部门处理；当事人对处理决定不服的，可以向人民法院起诉。其他环境保护法律、法规也多有类似规定。各级环保部门对如何理解法律所指"处理"的含义，以及应以什么方式处理这类纠纷等问题存在很大的争议。因此，各地环保部门具体处理这类纠纷的方式各异，在由此引起的诉讼活动中，地方人民法院的做法也不尽一致，有的地方法院作为民事案件，也有相

---

① 对于这一答复的性质，学理上存在争议。《立法法》第42条规定法律解释权专属于全国人大常委会；第55条规定"全国人民代表大会常务委员会工作机构可以对有关具体问题的法律询问进行研究予以答复，并报常务委员会备案"，但并不属于法律解释。本答复发生在1992年，不适用《立法法》的规定，而应当适用1981年全国人大常委会《关于加强法律解释工作的决议》，该决议规定，"凡关于法律、法令条文本身需要进一步明确界限或做补充规定的，由全国人民代表大会常务委员会进行解释或用法令加以规定"。从国家环保局请示关于"法律条文需要进一步明确界限"的行文来看，其是请求作出立法解释的，同时，答复也是经由全国人大常委会进行公布，而且，当时大量的立法解释均由法工委进行答复。因而，基本可以明确答复的立法解释性质。实际上，答复的影响也是非常明显的，此后法院基本依据答复进行案件审理，立法也秉承这一精神进行了修改。

当多的地方法院作为行政案件受理和审判。地方环保部门对此反应强烈,普遍要求对这个问题进行解释。

关于这个问题,我们的意见是:

1. 由于这类纠纷是当事人之间因环境污染损害引起的有关赔偿问题的民事纠纷,环保部门对这类纠纷的处理,在性质上属于行政机关居间对当事人之间民事权益争议的调解处理。环保部门根据当事人的请求,在具体处理这类纠纷时,应当认真调查,在查明事实,分清责任的基础上,通过调解的方式,合理确定赔偿金额,并促成当事人自愿达成协议,解决纠纷。

2. 根据最高人民法院《关于贯彻执行〈中华人民共和国行政诉讼法〉若干问题的意见(试行)》(以下简称《意见》),第1条、第4条和第5条的有关规定,环保部门根据当事人的请求,对污染赔偿纠纷所作的处理决定,不同于环保部门依职权主动作出,并体现环保部门单方意志的具体行政行为;它与其他行政部门就赔偿问题所作的裁决和强制性补偿决定在性质上也是有区别的。根据前述《意见》第6条的明确规定,行政机关居间对当事人之间的民事权益争议作调解处理,当事人对调解处理不服,向人民法院起诉的,人民法院不作为行政案件受理。因此,当事人对环保部门就赔偿纠纷所作的调解处理不服而向人民法院起诉的,不应以环保部门作被告提起行政诉讼,而应就原污染赔偿纠纷提起民事诉讼,人民法院也不应作为行政案件受理和审判。

对《中华人民共和国环境保护法》第41条第2款关于环保部门处理污染赔偿纠纷的规定,究竟应当如何准确理解和正确执行,我们认为属于"法律条文需要进一步明确界限"的问题,特此请示全国人大常委会法制工作委员会答复。

2. 司法解释

(1) 1992年7月14日《最高人民法院关于适用〈中华人民共和国民事诉讼法〉若干问题的意见》

74. 在诉讼中,当事人对自己提出的主张,有责任提供证据。但在下列侵权诉讼中,对原告提出的侵权事实,被告否认的,由被告负责举证:(1)因产品制造方法发明专利引起的专利侵权诉讼;(2)高度危险作业致人损害的侵权诉讼;(3)因环境污染引起的损害赔偿诉讼;(4)建筑物或者其他设施以及建筑物上的搁置物、悬挂物发生倒塌、脱落、坠落致人损害的侵权诉讼;(5)饲养动物致人损害的侵权诉讼;(6)有关法律规定由被告承担举证责任的。

(2) 2001年12月21日《最高人民法院关于民事诉讼证据的若干规定》

第4条 下列侵权诉讼,按照以下规定承担举证责任:

(一)因新产品制造方法发明专利引起的专利侵权诉讼,由制造同样产品的单位或者个人对其产品制造方法不同于专利方法承担举证责任;

(二)高度危险作业致人损害的侵权诉讼,由加害人就受害人故意造成损害的事实承担举证责任;

(三)因环境污染引起的损害赔偿诉讼,由加害人就法律规定的免责事由及其行为与损害结果之间不存在因果关系承担举证责任;

(四)建筑物或者其他设施以及建筑物上的搁置物、悬挂物发生倒塌、脱落、坠落致人损害的侵权诉讼,由所有人或者管理人对其无过错承担举证责任;

(五)饲养动物致人损害的侵权诉讼,由动物饲养人或者管理人就受害人有过错或者第三人有过错承担举证责任;

(六)因缺陷产品致人损害的侵权诉讼,由产品的生产者就法律规定的免责事由承担举证责任;

(七)因共同危险行为致人损害的侵权诉讼,由实施危险行为的人就其行为与损害结果之间不存在因果关系承担举证责任;

(八)因医疗行为引起的侵权诉讼,由医疗机构就医疗行为与损害结果之间不存在因果关系及不存在医疗过错承担举证责任。

有关法律对侵权诉讼的举证责任有特殊规定的,从其规定。

3. 行政解释

国家环境保护局关于确定环境污染损害赔偿责任问题的复函

【1991年10月10日(91)环法函字第104号】

湖北省环保局:

你局鄂环管字(1991)第69号请示收悉,经研究,函复如下:

按照法律规定,环境污染损害赔偿纠纷,可以根据当事人的请求,由环保部门处理。各级环保部门在处理赔偿纠纷、确定赔偿责任时,应当准确理解并严格执行法律法规的规定。

根据《中华人民共和国环境保护法》第41条第1款的规定:"造成环境

污染危害的,有责任排除危害,并对直接受到损害的单位或者个人赔偿损失。"其他有关污染防治的法律法规,也有类似的规定。可见,承担污染赔偿责任的法定条件,就是排污单位造成环境污染危害,并使其他单位或者个人遭受损失。现有法律法规并未将有无过错以及污染物的排放是否超过标准,作为确定排污单位是否承担赔偿责任的条件。

至于国家或者地方规定的污染物排放标准,只是环保部门决定排污单位是否需要缴纳超标排污费和进行环境管理的依据,而不是确定排污单位是否承担赔偿责任的界限。《中华人民共和国水污染防治法实施细则》第36条还明确规定,缴纳排污费、超标排污费的单位或者个人,并不免除其赔偿损失的责任。

三、学者建议稿关于环境污染侵权的规定

(一)"中国民法典·侵权行为法编草案建议稿"[①]

第3章第9节 "环境污染致人损害"

第120条 【概念】

因从事生产、生活等活动致使环境发生化学、物理、生物等特征上的不良变化,破坏生态和资源,直接或间接侵害国家、集体的财产,侵害他人的人身、财产的,为环境污染侵权。

第121条 【责任主体】

造成环境污染损害的,污染者应当承担侵权责任。

污染源来自于两个以上的原因的,应当由排放污染源的行为人根据排放量承担相应的侵权责任。

第122条 【赔偿权利人】

因环境损害直接或间接受到侵害的民事主体,均可提起环境侵权诉讼。

检察机关或者公益团体可以代表公众提起环境公益诉讼。

第123条 【替代赔偿和特殊原因】

对于环境污染,如果不能采取排除危害措施的,原告应得到替代赔偿;

[①] 中国人民大学民商事法律科学研究中心"中国民法典·侵权行为法编"草案建议稿课题组。负责人:王利明;撰稿人:王利明、郭明瑞、杨立新、房绍坤、王轶、郭峰、姚辉、周珂、姚欢庆、王成、程啸、尹飞;统稿人:王利明、杨立新、郭明瑞、房绍坤、王轶。建议稿全文参见 http://www.civil-law.com.cn/qqf/weizhang.asp? id=10714,访问日期:2014年11月12日。

人民法院也可以就原告请求的一部分,准许部分排除危害,而就请求的其余部分,准许替代赔偿。

不具有特殊原因,不得对经许可的营业设备请求营运停止,而仅得请求其设置环境保护设施。但如果主管部门证明环境保护设施因技术水平无实施可能,或者在经济上具有困难者,则仅得请求损害赔偿。

前款规定的特殊原因,是指污染严重的情形和法律规定的其他情形。

第 124 条 【转基因农产品污染】

因转基因农产品污染致人损害的,污染者应当承担损害赔偿责任。

第 125 条 【水污染环境责任】

向水体中排放或者向地下渗透污水或废液污染水环境,对他人的人身、财产造成损害的,排放者有责任消除危害,并对直接受害人赔偿损失。

水资源受到污染,给国家造成环境损害,由行政主管部门代表国家对责任者提出损害赔偿要求。

第 126 条 【大气污染环境责任】

向大气中排放或者飞散有害物质污染大气环境,排放者有责任消除危害;对他人的人身、财产造成直接损害的,应当承担赔偿损失责任。

第 127 条 【固体废物污染环境责任】

向环境中排放或者堆放固体废物污染环境,对他人的人身、财产造成损害的,排放者有责任排除危害,并对直接受害人赔偿损失。

固体废弃物污染国有土地资源,给国家造成环境损害,由行政主管部门代表国家对责任者提出损害赔偿要求。

第 128 条 【海洋污染环境责任】

向海洋中排放或者倾倒有害物质污染海洋环境,并对他人的人身、财产造成损害的,排放者有责任消除危害,并对直接受害人赔偿损失。

破坏海洋生态、海洋水产资源、海洋保护区,给国家造成的环境损害,由行政主管部门代表国家对责任者提出损害赔偿要求。

第 129 条 【能量污染环境责任】

违反法律规定,向环境中排放噪声、电磁波、光波、热能等能量,对他人人身、财产造成损害的,排放者有责任消除危害,并对直接受害人赔偿损失。

向环境中排放的能量未超过国家规定标准,但受害人证明其正常的生活、工作和学习受到严重干扰的,排放者有责任消除危害。

第 130 条 【危险品污染环境责任】

向环境中排放放射性物品、有毒化学品、农药等危险品污染环境,并对他人人身、财产造成损害的,排放者有责任消除危害,并对直接受害人赔偿损失。

第 131 条 【采矿环境损害责任】

开采矿产资源,造成耕地、草原、林地破坏的,矿山企业应当因地制宜地采取复垦利用、植树种草或者其他利用、改良措施。

开采矿产资源对他人合法权益造成损失的,无论采矿人在矿业作业时或者在发生损害时是否具备采矿权,均应负责赔偿,并采取必要的补救措施。

损害发生后让渡采矿权时,由采矿权让渡和受让方连带承担赔偿责任。

第 132 条 【破坏矿产资源责任】

违反法律规定,破坏矿产资源,造成环境损害的,矿产资源的所有权人、使用权人有权要求侵权人消除危害、赔偿损失。

未取得采矿许可证擅自采矿的,擅自进入国家规划矿区、对国民经济具有重要价值的矿区范围采矿的,擅自开采国家规定实行保护性开采的特定矿种的,应当停止开采、赔偿损失。

单位和个人进入他人依法设立的国有矿山企业和其他矿山企业矿区范围内采矿的,依照前款规定处理。

超越批准的矿区范围采矿的,应退回本矿区范围内开采,并赔偿损失。

破坏矿产资源,给国家造成矿产资源损害,由行政主管部门代表国家对责任者提出损害赔偿要求。

第 133 条 【破坏土地资源责任】

违反法律规定,破坏、污染土地资源,造成环境损害的,土地所有权人、使用权人有权要求侵权人消除危害、恢复原状、赔偿损失。

破坏土地资源,给国家造成土地资源损害的,由行政主管部门代表国家对责任者提出损害赔偿要求。

第 134 条 【破坏生物资源责任】

违反法律规定,破坏森林、草原、渔业、野生动植物等生物资源,造成环境损害的,自然资源的所有权人、使用权人有权要求侵权人消除危害、恢复原状、赔偿损失。

破坏生物资源,给国家造成生物资源损害的,由行政主管部门代表国家对责任者提出损害赔偿请求。

第135条 【破坏特定环境区域责任】

违反法律规定,破坏自然保护区、风景名胜区、人文遗迹地、国家公园等特定环境区域,造成环境损害的,特定区域的所有权人或者使用权人有权要求侵权人消除危害、恢复原状、赔偿损失。

破坏国家特定环境区域,给国家造成特定环境区域资源损害的,由行政主管部门代表国家对责任者提出损害赔偿请求。

第136条 【因果关系推定】

因环境污染造成人身或者财产损害的,其污染行为与损害事实之间的因果关系可以实行推定。

污染环境的行为人能够证明损害事实与污染行为没有因果关系的,行为人不承担民事责任。

第137条 【免责事由】

具有下列情形之一的,免除行为人污染环境的民事责任:

(一)虽然有环境损害的行为,但受害人所受损害是由于第三人的过错或受害人自己的过错造成的,环境损害人不承担污染环境侵权责任,但环境损害人对第三人的过错或受害人的过错负有举证责任;

(二)完全由于不可抗拒的自然灾害原因,并已及时采取合理措施,仍然不能避免造成环境损害的,经有关部门认定,免予承担民事责任;

(三)法律规定的其他情形。

第138条 【时效】

因环境污染损害赔偿提起诉讼的时效期间为三年,从当事人知道或者应当知道损害是由污染行为所致时起计算。

(二)"中国民法典·侵权行为编草案建议稿"①

第4章 "准侵权行为:无过错责任"

第2节 "污染环境及危险作业等致人损害"

---

① 《中国民法典立法研究》是中国社会科学院法学研究所梁慧星研究员领导的一个国家社科基金项目,其最终成果是《中国民法典建议稿及立法理由书》,参加侵权行为法编起草的课题组成员有梁慧星研究员、张新宝教授、刘士国教授、于敏副研究员、龚赛红副教授。环境污染责任由刘士国教授和于敏副研究员起草。本全文参见 http://www.civillaw.com.cn/qqf/weizhang.asp?id=10897,访问日期:2014年11月12日。

第 64 条 【污染环境致人损害】

污染环境造成他人损害的,由排污者承担民事责任。排污者不得以排污符合有关标准而主张免责。

两个或者两个以上排污者污染环境造成他人损害的,适用本法第 10 条的规定。

第 10 条 【共同侵权行为与共同危险行为】

二人或者二人以上共同实施加害行为造成他人损害的,由共同侵权行为人承担连带责任。

二人或者二人以上共同实施危险行为而不能查明谁的行为造成受害人损害的,由共同危险行为人承担连带责任。

(三)"绿色民法典草案"①

第 1602 条 【环境责任】

破坏某一地区的环境要素,包括空气、水、土壤、植物群或动物群的,行为人应对受破坏地区的居民承担赔偿责任。

法律没有规定相应的标准,而损害确因环境污染造成的,制造污染源的人应承担损害赔偿责任。

符合国家规定的污染标准排污,仍然污染环境造成他人人身、财产损害的,环境污染人应首先向受害人承担损害赔偿责任。国家承担最终责任。

(四)"中华人民共和国侵权责任法草案专家建议稿"②

第 4 章 "无过错的侵权行为"

第 3 节 "环境侵权"

第 117 条 【环境污染致人损害】

因污染环境直接或间接造成他人损害的,排污者应当承担侵权责任。

两个以上排污者污染环境造成他人损害的,应当承担连带责任。

第 118 条 【环境污染诉讼的原告】

环境污染的直接或间接受害人,均可提起环境侵权诉讼。

检察机关或者公益团体可以代表受害人提起环境公益诉讼。

---

① 徐国栋教授主编的《绿色民法典草案》第二编财产关系法第八分编债法分则第三题为侵权行为之债,由麻昌华教授起草,该题内容参见 http://www.civillaw.com.cn/qqf/weizhang.asp? id = 34473,访问日期:2014 年 11 月 12 日。

② 课题负责人:杨立新;课题组成员:杨立新、袁雪石、王竹、陈龙业、马辉、张莉、蔡颖雯。

因污染环境给国家造成损害的,由相应行政主管部门代表国家对排污者提出损害赔偿要求。

第119条 【因果关系的推定】

因环境污染造成他人人身或者财产损害的,其污染行为与损害事实之间的因果关系可以实行推定。

污染环境的行为人能够证明损害事实与污染行为没有因果关系的,行为人不承担侵权责任。

第120条 【免责事由】

具有下列情形之一的,免除行为人污染环境的民事责任:

(一)虽然有环境损害的行为,但受害人所受损害是由于第三人的过错或受害人自己的过错造成的,环境损害人不承担污染环境的侵权责任;环境损害人对第三人的过错或受害人的过错负有举证责任;

(二)完全由于不可抗拒的自然灾害原因,并已及时采取合理措施,仍然不能避免造成环境损害,经有关部门确认的;

(三)法律规定的其他情形。

第121条 【时效】

环境污染侵权责任的诉讼时效期间为三年,从当事人知道或者应当知道损害是由污染行为所致时起计算。

(五)"《侵权责任法》司法解释草案建议稿"[①]

第八章 环境污染责任

第110条 【环境概念的界定】

侵权责任法第六十五条规定的"环境",包括生活环境和生态环境。

第111条 【环境污染责任的因果关系举证责任缓和】

依照侵权责任法第六十六条规定,由污染者承担举证责任的因果关系要件,被侵权人应当首先承担因果关系具有可能性的初步证明,未证明具有存在因果关系可能性的,不得进行因果关系推定。

第112条 【环境污染数人侵权行为责任份额的确定】

依照侵权责任法第六十七条规定,两个以上污染者污染环境,没有主观意思联络的,应当承担按份责任。

---

① 中国人民大学民商事法律科学研究中心"侵权责任法司法解释研究"课题组:《中华人民共和国侵权责任法司法解释草案建议稿》,载《河北法学》2010年第11期。

两个以上的污染者承担按份责任的具体比例,能确定原因力大小的,按照造成损害的原因力确定责任份额;不能确定原因力大小的,按照市场份额规则确定责任份额;不能通过前述方法确定责任份额的,平均分配责任份额。

第 113 条 【环境责任中的第三人过错及与其他法律的竞合】

环境污染责任中的第三人过错,不免除污染者的赔偿责任。

海洋环境保护法等法律、法规与侵权责任法第六十八条规定不一致的,按照新法优先适用原则,适用侵权责任法的规定。

第二章　环境污染侵权的责任主体

第一节　环境污染责任主体的类型

一、理论阐释

法律关系主体是法律关系的参加者,即法律关系中一定权利的享有者和一定义务的承担者。具体到环境侵权法律关系中来说,环境侵权责任的法律关系主体即环境污染的侵害人和受害人。环境侵权的侵害人是指因实施环境污染或者生态破坏的行为,导致他人人身、财产权益受到损害或者有损害之虞,依法应当承担相应法律责任的主体;因环境侵害行为造成人身、财产权益受到损害或者有损害危险的,为受害人。明确环境侵权的侵害人和受害人,是确定侵权责任承担的前提条件,对于侵害人来说,其需对自己的侵害行为产生的不利后果承担责任;对于受害人来说,只有其人身、财产权益受到损害或者有损害的危险,才能进入到司法救济的范畴,也就是说,侵害人的环境污染责任承担必须以受害人的权利受损为前提,即有救济必有权利。

在环境污染责任中,侵害人是指实施了排污行为的污染者。纵观我国环境污染责任的立法史,其称谓多有不同,如加害人、责任人、单位、排污方、排污者……不一而足。在《侵权责任法》制定过程中,对于环境污染侵权责任主体的称谓也有变化。2002 年《民法(草案)》采用

"有关单位或个人",2008年《侵权责任法》第二次审议稿采用"排污者",正式通过时则采纳了"污染者"的用语。但从其内容来看,并没有实质性区别。

从民事主体的范围来看,但凡自然人、法人和其他组织、国家都可以成为环境污染责任的主体。具体如下:

1. 企业。企业是环境污染责任的最主要的主体,现行环境民事责任立法基本上都是围绕着企业行为而展开。企业是出自经济学、经营学上的概念,是指"经营性的从事生产、流通或服务的某种主体,作为概括的资产或者资本和人员集合之经营体,企业也可以作为交易的客体"。目前,我国的企业类型具体有:有限责任公司(含国有独资)、股份有限公司、全民所有制企业、集体所有制企业、合伙企业、个人独资企业、中外合资经营企业(含港澳台资)、中外合作经营企业(含港澳台资)、外商独资企业(含港澳台资)等,这些企业类型均可能成为环境污染责任的承担者。企业造成的污染主要是工业污染,如造成大气污染、水污染、固体废物污染、放射性污染等。

2. 行政机关和事业单位。行政机关通常俗称"政府",是国家机构的基本组成部分,是依法成立的行使国家行政职权的行政组织,包括政府以及有关功能部门(官僚机构)。事业单位是指国家为了社会公益目的,由国家机关举办或者其他组织利用国有资产举办的,从事教育、科技、文化、卫生等活动的社会服务组织。行政机关和事业单位都是非营利主体,行使社会管理职能,如环境保护职能部门对于环境保护具有至关重要的作用。但是,这并不意味着行政机关和事业单位不会成为承担环境污染责任的主体。行政机关对于环境污染承担的责任类型主要有两类,一是由于行政机关和事业单位也要不断地从事相关民事活动,且其本身亦需要维持运转,即不可避免地会造成一定的污染,但这种污染主要集中在生活污染,比如,行政机关的办公设施可能造成光污染等;另一种是环境保护职能部门未能履行环境监管职能导致他人人身、财产损害而应当承担的赔偿责任。对于这一类责任的性质,究竟是行政侵权赔偿还是民事侵权赔偿,理论界一直存在争议。但实践中,这种类型通常被作为国家赔偿案件来处理。

3. 个人。个人包括普通的个人和由个体组成的家庭以及进行经营活动的个体工商户和农村承包经营户。个人造成的环境污染主要是生活污染和农业污染,如家庭装修造成噪声污染,家庭生活污染排放,过量施肥、喷药造成土壤污染,个体畜禽、水产养殖造成污染,汽车尾气排放等。个人排污总量虽然有限,但其累积量亦不容小觑,且在大部分场合,由于过于分散,往往难以追究其责任。

4. 国家。国家在一定层面上也可以成为环境污染责任的主体,但是国家责任主要体现在跨界损害中。

值得注意的是,由于侵害人的行为可能并未造成特定人直接的人身、财产损害,依据传统法律,无人可以要求其承担相应的民事责任,从而造成污染责任的"灰色地带"。因而,需要对"受害人"的范畴加以扩展,允许在这种情况下提起环境公益诉讼进行弥补。2012年修订的《民事诉讼法》第55条规定:"对污染环境、侵害众多消费者合法权益等损害社会公共利益的行为,法律规定的机关和有关组织可以向人民法院提起诉讼。"新《环境保护法》则进一步对原告资格进行了明确:"对污染环境、破坏生态,损害社会公共利益的行为,符合下列条件的社会组织可以向人民法院提起诉讼:(一)依法在设区的市级以上人民政府民政部门登记;(二)专门从事环境保护公益活动连续五年以上且无违法记录。符合前款规定的社会组织向人民法院提起诉讼,人民法院应当依法受理。提起诉讼的社会组织不得通过诉讼牟取经济利益。"目前,环境公益诉讼仍在不断探索之中。

二、实例解析:室内装修污染造成损害的责任承担

栗某与华彩建筑装饰工程公司环境污染损害赔偿纠纷案[①]

(一)案情简介

原告栗某系某书店职员,2001年10月,原告因结婚需要欲对其位于南京市峨嵋路12号403室的居室进行装修,由其姐栗乙找到其原先同事、华彩建筑装饰工程公司(下称华彩公司)总经理蒋某找人帮忙。蒋某找到个体装修户彭某,彭某与华彩公司之间不存在劳动合同,但双方长期有装修业务关系。11月初,蒋某带彭某和栗乙一起去看房,栗乙让彭某预算价格,并谈好大材料如瓷砖、板材等由原告和彭某一起买,小材料由彭某代买,后彭某报价为26000元。2002年1月上旬,装修结束,原告付清款项。1月中旬,原告搬入新房。4月份原告出现头晕、全身乏力等症状,到医院作为贫血治疗,后复诊时被诊断为血液病,住院治疗。同年8月,原告向南京市环境监

---

① 南京市玄武区人民法院(2002)玄民初字第1715号民事判决。

测中心站申请对新房进行检测,检测结果表明:尚在装修保质期内的新房甲醛超标21倍,氨超标12.6倍,TVOC超标3.3倍。同年11月,原告又委托南京市产品质量监督检验所对其送样的两块细木工板进行检测,结果为甲醛释放量的实测数据为13.9,超过国家规定的标准。原告认为,华彩公司在装修过程中使用劣质材料,使装饰材料释放出有毒气体,直接导致原告患上血液病,故诉至法院要求华彩公司赔偿医疗费17492.3元、护理费1650元、交通费500元、搬家费160元、营养费3599元、租房费6000元、误工费9948.78元、室内空气检测费1500元、板材检测费300元、精神损害抚慰金100000元,给付后期治疗费144000元、后期营养费11712元及后期误工费57772.8元,并停止污染,赔偿因此造成的财产损失24900元,共计379534.88元,并承担本案诉讼费用。

被告辩称,房屋装修的预算及具体细节均由彭某与栗乙商定,蒋某并未过问。其间,蒋某虽有两次代栗乙转交装修款和受彭某之托代购防盗门,但都是出于朋友帮忙,纯属个人行为,与被告公司无关。原、被告之间从未签订过任何装修合同,被告公司也未对原告的房屋实施过装修,更未向原告收取装修款,故被告公司不是本案当事人和责任人,不应承担本案法律责任。同时,彭某也仅对原告的房屋作了部分装修,原告房屋内原有的家具和地板也含有一定量的有害物质,本案的损害后果不仅仅是后期装修造成的。综上,原、被告之间没有法律关系,被告公司与本案无关,请求驳回原告的诉讼请求。

(二)审理结果

受案法院围绕以下争议焦点进行了阐述:

1. 装修行为的实施主体是华彩公司还是彭某个人?

原告认为对其居室实施装修的主体是被告公司,而非彭某个人。其理由是:(1)其三次给付装修款过程中,前两次均由其姐分别交付被告总经理蒋某各1万元;(2)2001年12月6日蒋某曾持被告公司的支票到三鑫门业商行购买一樘防盗门。被告则认为,装修事宜是原告与彭某商定的,彭某还应栗乙的要求预算出工程报价,而蒋某未参与商谈或定价。因彭某与原告不熟悉,故让蒋某代其向原告收取材料费,蒋某收到装修款后就转交给了彭某。防盗门系彭某委托蒋某代购,款项已从彭某在被告公司其他工程项目应得工程款中扣除,这些行为纯属蒋某个人帮忙性质,与被告公司无关,故为原告居室实施装修行为的主体是彭某个人,而非被告公司。彭某亦证实,买板材、瓷砖是原告与彭某同去,由彭某请蒋某派车运送。

　　法院认为,由于熟人介绍等因素,装修关系的双方未签订书面的装修合同来规范各自的权利和义务。诉讼中,无论是原告还是被告,对于装修主体、内容和过程,均只能以一些间接证据来支持自己的陈述。但在证据交换及开庭审理过程中,下列事实已被双方自认或被双方提交的证据所证明:第一,彭某与被告之间虽没有签订书面的劳动合同,但实际上存在着长期的业务关系;第二,是被告公司法定代表人蒋某带着彭某到原告家中看房,并商谈了有关装修事宜,同时被告公司未提供证据证明蒋某曾向原告明示过装修是由彭某个人实施,与被告公司无关;第三,原告支付前两次的装修款均通过其姐栗乙交给了被告公司法定代表人蒋某,虽然被告公司陈述蒋某两次收到装修款后均转交给了彭某,而这样给付装修款是因为彭某与原告不熟,而栗乙与蒋某更方便接触的原因,但按常理来看,如果是彭某个人为原告居室进行装修,彭某应经常到施工现场,原告在装修过程中与彭某应当已经熟悉,装修款理应由彭某直接向原告收取,而完全没有必要通过蒋某转交;第四,彭某为原告购买装饰材料时,被告公司曾派车协助;第五,原告居室装修需要的防盗门系蒋某持被告公司支票前去购买。上述事实,足以表明实施装修行为的主体是被告公司,而非彭某个人。被告公司抗辩称蒋某的行为属于个人行为,并提供了证据,但对于其主要证据即证人彭某的证词,因彭某与被告公司存在长期的利益关系,且这种关系今后仍可能长期存在,故本院不予采信。综上分析,法院认为对于装修行为的主体问题,原告的举证相对于被告公司的举证而言,已达到了高度盖然性的证明标准,因此法院确认装修行为的主体是被告公司。

　　2. 装饰材料是被告公司负责购买还是原告选定或者委托彭某购买?

　　原告陈述,与被告公司商谈装修事宜时,就讲好材料都由被告公司负责;施工中,蒋某持被告公司支票在三鑫门业购买了原告居室装修所需的防盗门;在装修工程结束后,彭某出具的决算单也表明总工程款24900元中包括了人工工资及购买材料的费用,上述事实都证明双方商谈装修的方式是包工包料,即由被告公司负责购买材料。被告公司则陈述,本案的装修工程,是彭某以包清工方式承接的,且板材等大材料都是由原告确认后选定。

　　法院认为,原、被告双方虽未签订书面装修合同,但是根据彭某在装修结束后出具给原告的决算单来看,报价中包括人工工资6350元、防盗门

1180元、木材板材面材3850元及墙砖地砖2380元等等,这表明被告公司实际向原告收取的装修款24900元中已包括装饰材料的费用,可以推定出必要的装饰材料系被告公司购买。对于材料是否是原告选定或系原告委托彭某购买,应由被告公司负担举证责任,而被告公司的举证,法院认为不足以证实其抗辩理由,故法院确认装饰材料是由被告公司负责购买的。

3. 装修结果是否造成法律上所称的"环境污染"?

原告陈述,因被告公司使用劣质材料为原告居室进行装修,经有关部门进行检测,装饰材料释放出有害气体,造成原告居室内空气污染,致原告身体受到损害,本案应当属于环境污染损害赔偿纠纷。原告提供了两份检验报告。被告公司则陈述,对两份检验报告的真实性不持异议,但首先报告中超标物质含有氨,而氨与本案没有任何关系,氨主要来源于建筑上的混凝土,而非装饰材料;其次,两个检验机构均是依据《民用建筑工程室内环境污染控制规范》进行检测,该规范是2002年才实施,而装修行为发生在2001年,故该规范在本案中不能适用,所以检验机构出具的报告,不具有证据效力。另外,被告公司不是本案当事人,故被告公司不负有举证责任。而彭某代购材料,也没有义务对材料进行验收和检测。

法院认为,通常所称的环境污染,大多是指对公共环境的"公害"性污染,而对于本案中个人家庭居室内"私人化"的小环境的污染,是否能构成法律意义上的"环境污染",目前的法律法规及司法解释并未予以释明。《环境保护法》第2条规定,环境是指影响人类生存和发展的各种天然的和经过人工改造的自然因素的总体,包括大气、水、海洋、土地、矿藏、森林、草原、野生生物、自然遗迹、人文遗迹、自然保护区、风景名胜区、城市和乡村等。本院认为该条指出的环境是各种自然因素的总体,应当既是各种因素综合的总体,同时也是由各个局部环境结合在一起的总体,而家庭居室内的小环境正是组成总体环境的一个部分。同时,"环境"也是一个发展的概念,随着人类社会的不断发展,它的含义也在不断扩展。从国家相关部门制定的、自2002年起实施的《民用建筑工程室内环境污染控制规范》来看,国家有关行政管理部门已开始将家庭居室内的私人区域纳入到环境这个范畴来进行管理了。而对于环境污染的概念,目前虽然在立法上尚无明确的定义,但学理界的通说是:因产业活动或其他人为原因,致生态自然环境因素的污染或破坏,并因而对他人人身权、财产权、环境权益或公共财产造成损害或有造成损害可能的事实。对于本案而言,从表象上看似乎仅仅是一个装修产品质量问题,但装修这一产业行为,若行为不当,首先导致的是空气这一生态自然环境因素被污染,然后被污染的空气又造成人体的生命健康受到危害。可见,原告人身受到的损害并非直接源于产品质量,而是源于成为媒介的、被污染的空气,这完全符合学理界对环境污染的定义。综上,法院认为本案属于环境污染侵权之诉,应当适用环境污染侵权的特殊规则。

法院认为,原告在诉讼中提供了南京市环境监测中心站的监测报告、南京市产品质量监督检验所的检验报告以及《民用建筑工程室内环境污染控制规范》等文件来证明被告公司的装修造成了严重的空气污染。被告除否认自己是装修的实施主体外,并没有直接的证据来证明装修没有产生污染。对于被告否认检验报告的证据效力,法院认为,环境污染造成的损害是在现代化工业急剧发展的情况下发生的,有一个逐步被人们所认识的过程,对某一种具体的污染,国家制定相应的控制标准必然存在时间上的滞后性,但这不等于说没有国家标准就不存在污染问题。《环境保护法》第41条第1款规定:"造成环境污染危害的,有责任排除危害,并对直接受到损害的单位或者个人赔偿损失。"其他有关污染防治的法律法规也有类似的规定。可见,承担污染损害赔偿责任的法定条件,就是加害人造成环境污染危害,并使他人遭受损失。环境保护法并没有将存在国家标准以及污染物的排放是否超标,作为确定排污单位是否承担赔偿责任的条件。国家或者地方规定的污染物排放标准,也只是环保部门决定排污单位是否需要缴纳超标排污费和进行环境管理的依据,而不是确定排污单位是否承担赔偿责任的前提或界限。同时,经法院审查,南京市环境监测中心站、南京市产品质量监督检验所具备相应的检验资质,两个检测机构出具的检验报告,符合作为证据的形式要件和实质要件。两份检验报告首先客观、科学地反映了原告居室内有害气体的实际含量,其次证明了居室内污染的严重程度。

4. 居室空气污染与疾病是否具有因果关系,被告是否存在免责事由?

原告陈述,其从未患过血液病,也无家族遗传史,2002年1月婚前检查时,各项血液指标都正常,但自从搬进新房后,4月份就出现头晕等症状,血液指标就不正常,因此原告患上血液病是由被告公司的侵权行为直接导致的。原告并提供相关医疗诊断予以证明。被告对原告提供的证据材料的真实性不持异议,但认为彭某仅对原告居室进行了部分装修,房屋内原有的家具、地板均含有一定量的有害物质,房屋内原有家装、原告自身体质等同样也是造成本案损害后果发生的重要诱因。对此抗辩理由,被告公司未提供相应的证据。

法院认为,原告关于被告公司是否有污染行为的举证,虽不能百分之百地排除被告公司所提出的某些异议,但其举证也已达到了高度盖然性的证明标准,故本院确认被告公司的装修造成了原告居室内的空气污染。审理中,原告提交的病历、医学资料等证据已证明其自身受到损害的事实以及污染与损害结果之间存在因果关系的可能性。在此情况下,被告想要免责,依据法律规定及学理解释,必须证明存在下列事由之一:一是装修行为没有产生环境污染,是其他原因造成了原告居室内的空气污染;二是原告居室内的空气污染是装饰材料本身质量问题造成,与装修行为无关,且被告在购买装饰材料时已履行合理审查义务但仍不能发现装饰材料存在质量问题;三是装修行为与损害结果之间不存在因果关系;四是有不可抗力等法定的免责事由存在。但被告公司在诉讼中的举证未能证实上述一种事由的存在,故被告公司应当承担环境污染损害赔偿责任。

5. 原告请求的赔偿项目和数额是否合理?

原告要求被告赔偿各类损失共计379534.88元。被告公司认为本案损害后果并非其造成,且原告要求的赔偿数额及提供的证据不符合法律规定,故对原告主张的上述赔偿项目及数额均不予认可。

法院认为,考虑到在装修结束后,让新房在一段合理期间内通风、透气后再入住,以避免受到不必要的损害,是一般人均知晓的常识。而原告在其居室装修刚刚结束后就搬入居住,对其自身损害后果的发生,具有一定影响。据此,法院认为应当适当减轻被告公司的赔偿责任。原告主张赔偿的损失中:搬家费160元、板材检测费300元、租房过渡费6000元以及拆除装修、消除污染的财产损失24900元,有相应的证据予以证实,且要求的数额符合法律规定,法院予以支持。原告主张赔偿的损失中:医疗费17492.3元、护理费1650元、交通费500元、营养费3599元、误工费9948.78元,虽属于合理的赔偿项目,但其计算方法及数额不符合法律规定,应按相关规定计算。同时,因存在减轻被告公司赔偿责任的事由,故法院认为被告公司应当承担原告合理损失总和90%的赔偿责任。因被告公司未举证证明具体的污染源,原告要求被告公司拆除全部装修,消除污染,合理合法,法院予以支持。被告公司的装修造成环境污染,致原告人身受到损害,根据最高人民法院《关于确定民事侵权精神损害赔偿责任若干问题的解释》之规定,被告公司应当向原告支付精神损害抚慰金,以抚慰原告精神上所受到的伤害。但综合考虑被告公司侵权的程度、后果、装修的获利情况和当地平均生活水平等因素,法院认为原告要求被告公司支付精神损害抚慰金100000元数额过高,被告公司支付精神损害抚慰金9000元较为适当。原告要求被告公司赔偿室内空气检测费1500元,因其未能提交检测费票据的原件,故对此项要求法院不予支持。对于原告主张的后期治疗费等后期费用,因此类费用尚未实际发生,且原告的病情目前尚处于不稳定状态,所需费用还无法确定,故在本案中不予处理,原告可在费用实际发生后另行主张。

综上,法院认为,本案系因口头装修合同引发的赔偿纠纷,当合同一方的行为侵害了对方的人身、财产权益时,其赔偿责任就存在着违约责任与侵权责任的竞合问题。依据《合同法》第122条之规定,当发生责任竞合时,原告既可以依合同之诉要求违约方承担违约责任,也可以依侵权之诉要求加害人承担损害赔偿责任。原告在本案诉讼中明确选择了侵权之诉,并主张本案属于特殊的侵权之诉即环境污染损害赔偿之诉。依据最高人民法院《关于民事诉讼证据的若干规定》第4条第1款第3项之规定,因环境污染引起的损害赔偿诉讼,由加害人就法律规定的免责事由及其行为与损害结果之间不存在因果关系承担举证责任。同时,根据《环境保护法》第41条第1款的立法精神,环境污染侵权责任适用无过错责任原则。据此,依照最高人民法院《关于民事诉讼证据的若干规定》第4条第1款第3项、第73条第1款,《民法通则》第124条,《环境保护法》第2条、第41条第1款,最高人民法院《关于确定民事侵权精神损害赔偿责任若干问题的解释》第1条第1款第1项、第10条之规定,判决如下:

1. 被告华彩公司于本判决生效之日起15日内拆除峨嵋路12号403室内其实施的装修,以消除污染。

2. 被告华彩公司于本判决书生效之日起15日内一次性赔偿原告医疗费、护理费、交通费、搬家费、营养费、租房过渡费、板材检测费、误工费、财产损失费等共计50065元。

3. 被告华彩公司于本判决书生效之日起15日内一次性支付原告精神损害抚慰金9000元。

原被告双方在规定期限内均未提出上诉,本案已发生法律效力。

(三)案例评析

从本案法院归纳的五个争议问题来看,主要涉及三个问题:一是本案责任主体的认定;二是本案诉由的认定;三是损害范围的认定。以下着重讨论前两个问题。

1. 室内装修产生有害气体是否属于环境污染?

由于环境污染侵权通过无过错责任和举证责任倒置等特殊规则对受害人利益进行倾斜保护,因而,一个案件是否被认定为环境污染侵权直接影响到案件的判决结果。如本案,如果由原告对其所患疾病与装修行为具有因果联系承担举证责任,其结果只能是原告败诉。因而,对案件性质的认定在本案中可以说至关重要。

当前,随着人民生活水平的提高,对不动产的占有度随之大为增加,为追求生活上的舒适度,对房屋的装修可以说是家家户户都要面临的过程。由于建筑、装饰装修、家具造成的室内环境污染,已成为影响人们健康的一大杀手。据中国室内环境监测中心提供的数据,我国每年由室内空气污染引起的超额死亡数可达 11.1 万人,超额门诊数可达 22 万人次,超额急诊数可达 430 万人次。严重的室内环境污染不仅给人们健康造成损失,而且造成了巨大的经济损失,仅 1995 年我国因室内环境污染危害健康所导致的经济损失就高达 107 亿美元。从目前检测分析,室内空气污染物的主要来源有以下几个方面:建筑及室内装饰材料、室外污染物、燃烧产物和人本身活动。其中室内装饰材料及家具的污染是目前造成室内空气污染的主要方面,而污染物主要是甲醛、苯、氡、氨、TVOC 等物质。

为保护环境、保障人民身体健康,我国已相继颁发了《民用建筑工程室内环境污染控制规范》《室内装饰装修材料有害物质限量标准》《室内空气质量标准》等一系列标准法规。其中,《室内装饰装修材料有害物质限量标准》对人造板及其制品中甲醛释放限量、溶剂型木器涂料、内墙涂料、胶粘剂、木家具、壁纸、聚氯乙烯卷材地板、地毯、地毯衬垫及地毯胶粘剂等中有害物质限量作出了具体规定。由此可见,如本案判决所言,环境污染是一个逐步被人们所认识的过程,对某一种具体的污染,国家制定相应的控制标准必然存在时间上的滞后性,但这不等于说没有国家标准就不存在污染问题。因而,本案法院将室内装修界定为环境污染,符合我国立法的发展趋势。目前,《大气污染防治法》正在修订过程中,关于室内污染和车内污染均成为修法关注的焦点之一。

尤其值得关注的是,法院采用目的解释、历史解释和学理解释的方式,对室内装修污染作为环境污染侵权之诉进行释明,在环境立法领域还较为少见。尤其是对于环境污染的学理解释,准确把握了环境污染的作用过程。当然,如果法院能够运用体系解释的方法,将《环境保护法》第 24 条关于污染类型化的规定进行阐述,则其说服力会更强。

此外需提及的是,实践中将室内污染作为环境污染侵权纠纷的案例也越来越多。建设部于 2005 年发布了《民用建筑工程室内环境污染控制规范》实施三年来的室内污染十大典型案例,分别是:(1)国内首例室内空气装修甲醛污染案:2001 年 12 月,北京市第一中级人民法院作出终审判决,由北京工美天成装饰公司赔偿原告陈颖 89000 元,并在 10 日内清除污染的装饰材料;(2)首例家具污染室内环境案:2001 年 9 月,朝阳区人民法院调解木器厂退货并一次性付给货款及连带损失共计 7000 元;(3)首例涉外室内环境甲醛污染案件:2000 年 7 月,中国国际经济贸易仲裁委员会裁决某装饰公司退还原告美国某律师事务所北京办事处 20% 的装修款和利息合计人民币 23 万元,并承担全部仲裁费和律师费,消除律师事务所北京办事处办公室的甲醛污染;(4)秦女士室内环境污染损害赔偿案:2000 年 4 月,北京市第一中级人民法院终审判决某装饰公司赔偿原告一家装修费、精神损失费等共计 119891 元;(5)国内首例胜诉的室内氨污染案:2002 年 12 月,天津市河东区人民法院判决某房地产开发公司对原告房屋的氨气污染进行无害处理,并赔偿原告经济损失和检测费共 1700 元;(6)国内首例新车内甲醛污染案:2003 年 3 月,朝阳区人民法院判决被告北京某汽车贸易有限公司返还卢先生购车价款、车辆购置费、养路损失费、保险损失费共计 75 万元;(7)南京装修污染母子同患血液性疾病案,即本案;(8)首例由室内甲醛超标引发的房屋租赁案:2003 年 5 月,上海市第二中级人民法院终审判决:房东返还房客租金 4813.48 元及保证金 7477 元;(9)广东新居装修污染导致孕妇流产赔偿案:2003 年 12 月,佛山市禅城区人民法院判决被告装修商对原告室内装修材料予以拆除,一次性返回原告装修费用 1.9 万元,支付原告医疗费、误工费、检测费、租房费 8791 元,并支付原告 2 万元精神损害赔偿金;(10)北京现代城氨气污染案:2004 年 2 月,北京市朝阳法院判决被告一次性补偿业主孙某、张某各 5 万元,并负担案件受理费、鉴定费。之后,该委员会又连续发布了 2006 年度和 2007 年度的室内环境污染维权案件。[1] 最

---

[1] 2006 年案件载 http://www.medste.gd.cn/Html/pubmed/Class1345/Class1348/Class1359/113620070425121000.html,访问日期:2014 年 11 月 12 日;2007 年案件参见 http://www.wxhjjc.com.cn/almingxi.aspx?id=9,访问日期:2014 年 11 月 12 日。

近的典型案例是,2009年12月,襄樊市樊城区人民法院一审判决安利公司、装饰公司连带赔偿安利公司罹患白血病女员工233.8万元,这是我国目前赔偿数额最大的一起室内环境污染损害赔偿案。[①]

2. 本案的责任主体是装饰公司还是彭某个人?

目前,大多数装饰公司接下装修业务后,都将具体的施工任务委托其他的施工队进行。一般来说,装饰公司和施工队之间的关系大致有以下五种:转包关系、临时关系、承包关系、合作关系和同体关系,其中最为常见的是合作关系。在合作关系中,装修公司与施工队应当承担连带责任。

在本案中,原告与华彩公司虽然没有签订书面合同,但根据双方提供的证据,法院认定属于口头装修合同,具体来看,应属于承揽合同。华彩公司与彭某又是事实上的装饰公司和施工队的关系。因而,华彩公司与彭某应当承担连带责任。本案原告只将华彩公司作为被告,对其诉讼请求存在不利影响。

目前,在造成室内环境污染时,受害人可以有以下途径维护自己的权益:(1)追究违约责任,但需证明自己的损害是由装修行为所造成,且只能主张实际损害,不能请求精神损害赔偿;(2)追究产品责任,根据《侵权责任法》规定,生产者的产品责任侵权实行无过错责任,在明知有缺陷仍然生产造成他人死亡或健康严重受损时,受害人可以请求惩罚性赔偿,但需证明自己的损害是由装修行为所造成;(3)追求环境污染责任,根据《侵权责任法》规定,实行无过错责任及举证责任倒置,由加害人对其行为与损害不具有因果联系或者存在免责事由承担举证责任。事实上,即使业主身体健康受到损害,也很难证明损害是由装修污染所造成,这一因果联系目前并无确切的科学证据能够确认,因而,在室内环境污染方面,通过追究环境污染责任的方式比较容易保护受害人。但是,由于《侵权责任法》对环境污染采取的概括性定义,仍有必要通过修订《大气污染防治法》的方式将室内或车内等小环境的污染界定为空气污染,才能满足法律确定性的要求,发挥法律的指引功能。

[①] 《国内赔偿数额最大的室内环境污染伤害案宣判》,载 http://rent.soufun.com/rent/news/2933486.htm,访问日期:2014年11月12日。

三、实例解析：企业变更的环境污染责任承担

雨润食品公司与张某等环境污染损害赔偿纠纷上诉案[①]

（一）案情简介

1998年11月15日，个体户张一与张二订立《合同承包张谷水库协议书》，约定合伙经营，由张一出面负责与D县粮食局签订承包合同。12月10日，D县粮食局与张一签订了《张谷水库水面渔业承包合同》，并由县公证处对该承包合同进行了公证，合同约定承包合同期限为1999年元月1日至2001年12月31日。合同订立后，张一与张二购买鱼苗投放到张谷水库进行养殖、管理。1999年9月22日开始发现死鱼，9月28日，县环境监测站选取原福润肉类加工厂污水流经的张谷村幸福北桥东及张谷水库拦水坝采样检验，认定原福润肉类加工厂排水沟的污水对水库拦水坝水质有一定影响。10月22日，县环境保护局就本次污染事故赔偿事宜组织张一、张二两人与原福润肉类加工厂调解，因原福润肉类加工厂不同意调解，调解无效，后两人诉请法院要求原福润肉类加工厂赔偿其经济损失6万元，并承担本案诉讼费用。D县人民法院作出（2000）东经初字第146号民事判决后，原告不服提起上诉，2005年3月25日，L市中级人民法院裁定发回重审。

重审查明，原福润肉类加工厂于2002年3月13日经县工商局核准注销，注销后企业的人员、设备、设施、物资、债权债务等，均由江苏雨润食品集团有限公司接管与承担。但是，将江苏雨润食品集团有限公司确定为该注销企业债务承担人，并未经过作为债权人的原告人同意。另经查明，原江苏福润肉类加工厂未经清算即被撤销，也无清算组织，而作出撤销决定的机构即为南京市雨润肉食品有限公司；又经查明：南京市雨润肉食品有限公司于2000年5月2日因企业改制经南京市工商局雨花台分局核准注销，变更为南京雨润肉食品有限公司，该企业的人员安置、设备、物资、债务、等全部由南京雨润肉食品有限公司接管和承当。而南京雨润肉食品有限公司又于2002年12月31日在南京市工商行政管理局登记变更为江苏雨润食品产业集团有限公司。

对于被告江苏雨润肉食品产业集团有限公司认为自己不应成为本案诉

[①] 江苏省连云港市中级人民法院（2005）连民一终字第1070号民事判决。

讼主体的陈述,原审法院认为,根据最高人民法院《关于适用中华人民共和国民事诉讼法若干问题的意见》第51条规定:"企业法人未经清算即被撤销,有清算组织的,以清算组织为当事人;没有清算组织的,以作出撤销决定的机构为当事人";《合同法》第84条规定:"债务人将合同义务全部或部分转移给第三人的,应当经债权人同意。"由原江苏福润肉类加工厂的企业历史沿革和企业资产转移情况,原告列江苏雨润肉食品产业集团有限公司为本案被告,并无不妥,本院予以支持。

原审法院认为,根据《民法通则》第124条规定:"违反国家保护环境防止污染的规定,污染环境造成他人损害的,应依法承担民事责任";《环境保护法》第41条规定:"造成环境污染危害的,有责任排除危害,并对直接受到损害的单位或个人赔偿损失。"《水污染防治法》第5条第2款规定:"因水污染危害直接受到损失的单位和个人,有权要求致害者排除危害和赔偿损失。"这是我国法律对因包括水污染在内的环境污染致人损害民事责任所作出的原则规定。由此,环境污染损害赔偿责任是一种特殊侵权的责任,适用无过错原则,即不以行为人的主观过错为承担责任的要件,只要行为人不能证明具有法律规定的免责事由存在,不论其有无过错,行为人即应承担责任。另外,人民法院审理环境污染损害赔偿纠纷案件,适用举证责任倒置原则。最高人民法院《关于民事诉讼证据的若干规定》第4条第3项规定:因环境污染引起的损害赔偿诉讼,由加害人就其法律规定的负责事由及其行为与损害结果之间不存在因果关系承担举证责任。据此,当事人具体的举证责任分配为:(1)受害人应证明自己受损害的事实,(2)加害人应就法律规定的负责事由及其损害行为与后果不存在因果关系承担举证责任。据此,原审法院判决:被告江苏雨润食品产业集团有限公司于本判决生效后十日内赔偿原告张一、张二人民币60000元,原一审案件受理费2410元,原二审上诉费2410元,共计4820元(本案原告已交纳),由被告江苏雨润食品产业集团有限公司负担。

被告不服,提出上诉认为:(1)上诉人不应成为本案的诉讼主体;(2)被上诉人主张的经济损失没有依据;(3)所谓经济损失与排污行为之间无因果关系;(4)即使有经济损失也应由其自行承担。请求二审法院依法改判。被上诉人张一、张二辩称,原审法院判决正确,请求二审法院维持原判。

(二)审理结果

二审法院认为,原江苏省福润肉类加工厂更及债权债务承担均有工商登记在案佐证。污染事故发生后,县环境监测站(1999)环监(水)字第63号监测报告证实了张谷水库受污染,导致养殖鱼不能存活的事实。被上诉人主张的经济损失有县价格事务所东价估字(2000)3号估价鉴定结论书。该鉴定程序合法,原审法院以该鉴定结论为依据,支持被上诉人主张的实际损失的27%比例赔偿数额并无不当。原审法院认定事实清楚,适用法律正确。依照《民事诉讼法》第153条第1款第1项之规定,作出终审判决如下:

驳回上诉,维持原判。

(三) 案例评析

本案属于因环境污染造成财产损害的案例,但法院的判决要点并不在于环境污染特殊规则的认定。从本案判决看,其对于环境污染侵权适用无过错责任和实行举证责任倒置并无疑问。但二审判决对于上诉人关于"经济损失与排污行为之间无因果关系"的理由并无评判,一审在这个问题上也只是简单列出了相关法律依据,并未根据本案的实际情况进行认定。我们认为,尽管本案结果并无疑问,但是判决从说理来看,仍有改进空间。

从判决要旨来看,其关注点主要在于企业经过连续变更后的责任承担问题。从本案来看,加害人经过了数次变更。在损害事实发生时,加害人为江苏福润肉类加工厂,后该加工厂为江苏雨润食品集团有限公司所合并,并被撤销。原审法院援引最高人民法院《关于适用中华人民共和国民事诉讼法若干问题的意见》第51条规定并无问题,但关键在于,根据1999年《公司法》第184条规定,公司合并时,合并各方的债权、债务,应当由合并后存续的公司承继。这才是由江苏雨润食品集团有限公司概括承受原肉类加工厂的法律依据所在。此后,江苏雨润食品集团有限公司的组织形式和名称虽经过几次变更,但根据公司法的相关规定,均不影响其债权债务的承担。这一点,也为原国家环保总局《关于企业改制后环境污染防治责任有关问题的复函》所印证,1999年1月29日,原国家环保总局在对广东省环保局《关于企业改制过程中适用法律问题的请示》的答复中认为,根据原《环境保护法》第24条的规定:产生环境污染的单位,必须采取措施,防治在生产建设或其他活动中对环境的污染。其他污染防治法律也有类似规定。另据《民法通则》第44条的规定:"企业法人分立、合并,它的权利和义务由变更后的法人享有和承担。"《公司法》第184条和第185条还分别规定:"公司合并时,合并各方的债权、债务,应当由合并后存续的公司或者新设的公司承继";"公司分立前的债务,按所达成的协议,由分立后的公司承担"。据此,企业因改制或合并、分立而发生变更的,原企业所承担的环境污染防治责任,依法应由变更后的企业承担。

本案一直有责任企业的存续,因而受害人的求偿权能够得以实现。由于环境侵害往往是透过广大的空间和长久的时间,经过多种因素的复合累积后,才逐渐形成和扩大的,因而其造成的侵害是持续不断的,往往在环境中持续作用一段时间,因而具有缓慢性。当环境侵害的后果显现时,已经时过境迁,当初的污染者和受害者都发生了很多变化,即使通过最先进的科学技术能够证明该后果是由该公司造成的,也很可能因为超过了诉讼时效而不能主张权利。更为严重的是,如果该公司在侵害后果显现时,已在几年前或十几年前终止,据法律规定,其作为独立承担责任的主体已经消灭,此时,受害人损害的承担是法律应着力解决的问题。在受害人无法查明、加害人死亡或者消灭、侵害人无力支付赔偿金或者逃匿时,受害人均难以得到救济。针对这一情况,各国可以探索环境侵权救济的社会化,通过环境责任保险、环境损害补偿基金等制度实现对受害人的救济。从各国的立法现状看,鉴于环境侵权的特殊性,各国往往通过特别立法实现对环境侵权的救济。这些经验,值得我国在未来立法时参考。

此外,在本案法律依据的援引方面亦存在疑问之处。原审法院援引《民法通则》第124条、原《环境保护法》第89条、《水污染防治法》第5条的规定。《民法通则》与《环境保护法》的矛盾已在第一章叙明,但是从其制定时间、立法精神以及随后相关的司法解释看,《环境保护法》关于民事责任的规定可以作为《民法通则》的特别法对待,二者不应当在同一法律文书中援引。又,本案属于水污染造成财产损害的场合,在水污染领域,1996年修订的《水污染防治法》也有民事责任的规范,因而应当作为《环境保护法》的特别法对待。本案虽然援引了《水污染防治法》的规定,但是其援引的只是第5条关于受害人请求权的规范,对于加害人侵权责任的构成规范,则是第55条规定:"造成水污染危害的单位,有责任排除危害,并对直接受到损失的单位或者个人赔偿损失。"尽管本条与原《环境保护法》第41条具有相同的效果,但是,既然有特别法的存在,只需引用特别法的规定即已足够,否则,特别法即没有存在的必要。事实上,从我们看到的大量判决书观察,援引《环境保护法》以外的污染防治单行法的判决极为鲜见,这与法官对环境法的熟悉度不够直接相关。

2008年修订的《水污染防治法》对环境民事责任的规定在现行立法中

最为详尽,该法不仅规定水污染损害的归责事由、不承担责任和减轻责任的情形、举证责任倒置,同时还规定共同诉讼、支持起诉、法律援助、监测数据的证据效力等。这些内容有些已经为《侵权责任法》吸收,有的则可以作为《侵权责任法》的补充。在当前的水污染损害赔偿案件中,援引《侵权责任法》和《水污染防治法》的规定,则较为适当。

四、实例解析:行政机关的环境污染侵权责任

宋某与三间房镇人民政府等环境污染损害赔偿纠纷上诉案[①]

(一)案情简介

宋某原审诉称,1997年5月13日,其与镇政府签订租赁经营南湖渔场合同,承租三个月后,发现湖内水质变臭,成鱼大量死亡,经调查得知镇政府提供的是污水。宋某提出立即停止侵害的请求,当时镇政府和宋某去齐齐哈尔市政府有关单位反映情况,但无结果。此后,宋某在经营期间发现每年有大量污水涌进南湖,投放湖内的鱼苗成活率极低,成鱼大量死亡。经多方调查并申请市环境监测中心对该湖水质进行监测,结果证实南湖水质中石油类、溶解氧和离子氨等严重超出国家标准,是养殖鱼类大量死亡的根本原因,省渔业环境监测站实地评估经济损失894万元。镇政府提供了养鱼致命的污染水,在租赁合同中是严重的违法行为。排水处直接造成水质污染也应当对宋某承担赔偿责任。宋某请求判令镇政府、排水处立即停止并消除水质污染,赔偿经济损失894万元。

原审法院经审理查明,镇政府企业办公室(甲方)与宋某(乙方)于1997年5月15日签订《南湖渔场经营租赁合同》,约定租赁范围为南湖渔场的10000亩水面、现有固定财产、部分生产工具等。租赁期限为1997年5月1日至2012年4月30日,共计15年。租赁费及交费办法为乙方每年上缴甲方租赁费25万元,每五年进一档,按租赁费额百分之五递增。合同签订后,宋某于1997年8、9月份,发现南湖有污染存在,湖内有水产品死亡,于同年10月中旬找镇政府要求解决污染问题。当时的乡长、乡水管站站长与宋某一同到齐市城建局上访,该局领导进行了接待,并表示派专人到现场调查,但没有结果。宋某向市环境检测中心提出申请,要求对南湖的水质进行

[①] 黑龙江省高级人民法院(2006)黑民一终字第235号民事判决。

监测,检测项目为溶解氧、高锰酸盐指数、非离子氨、石油类和 PH 值。该中心于 2001 年 5 月 21 日对南湖渔场水质进行采样,2001 年 5 月 24 日检测报告结论为:石油类、溶解氧和非离子氨超标。该中心于 2000 年 8 月 18 日和 8 月 21 日分别对龙沙乡三合村村东排污明渠和铁锋区炮台屯南排污明渠流量进行了测量。三合屯村东明渠的日排水量为 40446 立方米。炮台屯南明渠的日排水量为 5612.4 立方米。宋某又委托省渔业环境监测站对南湖渔场 1997 年—2000 年因污染造成养殖鱼类损失量进行评估。该站于 2001 年 6 月 30 日作出评估结论为:南湖渔场 1997 年—2000 年四年间只生产一定量的野生鲫鱼,放养鱼类没有产量。1997 年损失量为 52.5 万斤,价值为 157.5 万元;1998 年损失量为 73.5 万斤,价值为 220.5 万元;1999 年损失量为 70 万斤,价值为 210 万元;2000 年损失量为 30 万斤,价值为 90 万元。总计鱼类损失为:秋片鱼种 226 万斤,价值为 678 万元,成鱼 54 万斤,价值为 216 万元,合计 1997 年—2000 年南湖渔场鱼类损失为 894 万元。原审法院庭审中,宋某提供了 1997 年 7 月至 2000 年 5 月的购鱼苗票据,均为俗称的"白条子",并提供了卖鱼苗人的证人证言。排水处在庭审中提供光盘一份,证明宋某所承包的南湖渔场仍有存活的鱼类只有鲤鱼,并予以出售,宋某对此认可。另外,宋某提供了《污水排入雨水管线调查表》的复印件,称该调查表是从排水处复印的,排水处对此否认,宋某没有提供该证据来源的合法性。排水处为证明其不存在向南湖渔场排污的行为及污水管道没有泄露的情况,提供了齐齐哈尔市中心城区的排水系统图,该系统为污水、雨水两个系统,各自独立、封闭运行,证明排水处不存在直接排污行为。对宋某是否考虑南湖渔场上游除排水处管理的排水明渠造成污染外,还有其他部门管理的排水明渠造成污染,是否主张赔偿,宋某明确表示不再追究其他赔偿主体。原审法院于 2004 年 3 月现场勘察,南湖渔场上游的排水明渠属排水处的雨水排放明渠,在现场并未见有污水排放。因宋某坚持追究排水处没有尽到管理责任,请求排水处承担赔偿责任。经对宋某释明,依据《齐齐哈尔市排水设施管理条例》规定,排水处负责排水设施日常管理工作,并受市排水行政主管部门的委托,其行使的为公共管理职能,在履行行政职权过程中给相对人造成的侵害应承担行政侵权责任,宋某应提起行政诉讼。但宋某明确表示追究排水处的管理责任,要求排水处承担民事赔偿责任。关于宋某损失情况,宋某承认在承包 3 个月即知道有污染后,没有减少投入,却增加了鱼苗投入量。

原审法院判决认为,宋某请求排水处承担责任的理由为排水处没有尽到管理责任,而环境污染的赔偿责任人应为实际排污人。因排水处负责管理城市排水设施和污水处理设施,排水处行使的为公共管理职能。如果其在履行行政职权过程中给相对人造成了侵害,其应承担行政侵权责任。但宋某在庭审释明其如果追究排水处的管理责任,应提起行政诉讼的情况下,仍坚持由排水处承担民事责任,宋某的理由不能成立。本案为环境污染赔偿案件,依举证责任倒置的规定,排水处对其没有致害行为及与损害后果无因果关系负有举证责任。排水处提供了齐齐哈尔市中心区排水系统,排水处管理的污水与雨水系统各自独立,封闭运行。排水处既不存在"制污"行为,也不存在"排污"行为。污水与雨水管线没有混淆,污水管道又没有泄露,因此排水处已举证证明了不存在直接排污行为,举证责任已经完成。虽然排水处排放的水可能不完全为雨水,但由于宋某并不是在纯净的水中养鱼,其在承包南湖渔场时,对该水面的自然情况是知道的。由于湖面开放,水自周边地区流入,且1998年洪水灾害等原因,水质确实存在问题。对于鱼类死亡,水质不是唯一的原因,宋某亦未提供其他排污人向湖中排污的证据,因此,认定排水处承担责任证据不足。关于宋某提供的《环境监测报告》问题,该报告是2001年5月24日作出的,采样时间为2001年5月21日,不能完全证实1997—2000年水质情况,亦不能证明排水处是"制污人",该报告不予采信。宋某提供的《污水排入雨水管线调查表》,因该证据是复印件,且宋某不能提供该证据来源的客观真实性、合法性,对其不予认定。宋某提供的《鱼类损失评估报告》,因该报告认定从1997年—2000年四年间,只生产一定数量的野生鲫鱼,放养的鱼类没有产量,与宋某承认有一定的鲤鱼存活相矛盾,同时排水处提供的光盘证实宋某亦未停止经营。另外,宋某主张四年的损失894万元,而其在承包3个月就已经发现有污染发生并给其造成损失,应主动减少损失,控制鱼苗的投入,相反加大了鱼苗的投入量。2001年12月,榆树屯乡人民政府起诉宋某承包费纠纷一案时,宋某反诉停止并消除污染,赔偿由于污染造成的经济损失52万元,与现894万元损失差距较大,因此,该报告缺乏客观真实性,不能直接作为定案依据。由于宋某放养鱼的损失数额无法确定,故其诉讼请求无法支持。关于宋某要求镇政府承担赔偿责任的问题。因本案是环境污染赔偿纠纷,而宋某与镇政府是承包合同关系。承包时,宋某应知道水面的水质,镇政府没有对水质承诺,宋某认为水质存在问题是因污染造成的,应由制污人赔偿。因此,宋某要求镇政府赔偿的理由不能成立。综上,宋某要求排水处、镇政府赔偿损失的请求,因证据不足,不予支持。依据《民事诉讼法》第64条、《民法通则》第124条之规定,判决:驳回宋某的诉讼请求。一、二审案件受理费109420元,由宋某负担。

宋某不服该判决,提起上诉,请求撤销原判;改判镇政府、排水处赔偿经济损失894万元并负担案件受理费。主要理由是:镇政府对排入南湖渔场的工业污水,未能依法做到除去或防止的义务,造成租赁物瑕疵,应承担违约责任。排水处违法向南湖渔场排污,构成侵权。

镇政府答辩称,本案为侵权诉讼,镇政府与宋某的合同关系已经另案结案。宋某作为开发利用资源者,应承担对资源保管不善的责任。

排水处答辩称,原审判决认定事实清楚,适用法律正确,应予维持。

上诉审法院经审理查明的事实与原审法院一致。

另查明,1964年4月8日,市建设设计室作出《市东南雨水工程设计》方案,设计方案要求该工程在1964年10月完工。南湖渔场位于齐齐哈尔市南郊,原为灌溉区。1988年齐齐哈尔市对城市污水实行"东水西调",使南湖水质逐渐好转。1991年乡政府成立南湖渔场。南湖渔场分为上、中、下三湖,中湖和下湖的水来源于宋某承包的上湖。

还查明,1999年11月10日,宋某与镇政府签订《南湖渔场承包经营合同补充协议》约定:宋某在1999年11月30日前如不能交纳1999年承包费28万元,双方于1997年签订的合同自动终止。宋某按约定履行了该补充协议。2001年9月,镇政府起诉宋某,请求支付拖欠的承包费。宋某提出反诉,请求镇政府赔偿52万元污染损失。2002年12月18日,宋某增加诉讼请求为赔偿894万元。

(二) 审理结果

省高级人民法院认为,本案的处理涉及以下几个问题:

关于南湖渔场是否有污染发生及损失数额的认定问题。最高人民法院《关于民事诉讼证据的若干规定》的相关规定,因环境污染引起的损害赔偿诉讼,由加害人就法律规定的免责事由及其行为与损害后果之间不存在因果关系承担举证责任。但受害人作为原告仍需对受到污染及遭受损失承担举证责任。宋某主张有污染发生及有损失存在,曾到有关部门反映过情况,其举示了原乡长、乡经管站站长及附近居民的证言,证实南湖水质存在问题,但不能证明污染程度及实际损失。宋某举示的市环境监测中心监测结论虽证实水质超标,但监测抽取水样的时间为2001年,并非宋某主张赔偿的1997年—2000年期间,不能证实该四年的水质情况。宋某提供的《污水混入雨水管线调查表》,不能说明该证据的来源,亦无法证实南湖渔场在1997年至2000年连续受到污染。省渔业环境监测站评估报告结论为放养鱼类没有产量,该结论与双方共同认可的南湖渔场有放养鲤鱼存活的事实相矛盾,缺乏客观真实性,不能证明宋某主张的环境污染给其造成的实际损害。因上述证据不能证明污染程度及损失数额,宋某未完成作为原告应尽的举证责任。

关于镇政府应否承担赔偿责任的问题。镇政府作为合同发包方并非排污人,其与环境污染造成的损害后果不存在法律上的因果关系。宋某系通过竞标取得渔场的经营权利,该渔场在移交宋某经营前,能够正常生产经营。镇政府已经按照合同约定将渔场水面及固定资产移交给宋某,履行了合同义务。宋某在1999签订《南湖渔场承包经营合同补充协议》时承诺年底前交齐承包费,按照约定如期交纳当年承包费,并未提出存在污染。宋某在与镇政府承包合同纠纷一案中不同意解除合同,说明其经营南湖渔场能够获取利益,实现合同目的,其请求镇政府承担违约责任本院不予支持。

关于排水处应否承担赔偿责任的问题。依据《市城市排水设施管理条例》的相关规定,排水处受行政机关的委托,依法行使的为公共管理职能,并非直接的污染制造人。排水处提供了排水系统图、《市东南雨水工程设计》,证明其管理的污水与雨水排放系统各自独立、封闭运行,不存在排污行为,其完成了举证责任。因宋某通过招标投标取得南湖渔场的经营权,对南湖渔场的水质情况明知,排水明渠在1964年就已经形成,建成于南湖渔场成立之前,排水处向南湖渔场一直排放雨水,其自身不存在违法行为,并且宋某经营的为南湖渔场的卜湖,与其他两湖的水源相同,另两湖并未提出水质存在问题,现宋某主张排水处承担侵权赔偿责任无事实及法律依据,二审法院对此不予支持。

综上,原审法院判决认定事实清楚,适用法律正确。依据《民事诉讼法》第153条第1款第1项之规定,经二审法院审判委员会讨论决定,作出终审判决如下:

驳回上诉,维持原判。

(三)案例评析

本案涉及行政机关作为环境污染侵权被告的责任认定问题。在本案中,宋某因承包的渔场受到污染而起诉作为发包人的镇政府以及对负责管理向渔场排水的排水处,要求其承担民事赔偿责任。由于涉及多种法律关系,因而本案的处理较为复杂。

首先是镇政府与宋某之间的法律关系。双方于 1997 年 5 月 15 日签订《南湖渔场经营租赁合同》,1999 年又签订《南湖渔场承包经营合同补充协议》,由此可以认定,双方成立承包经营合同的关系,根据《合同法》《农村土地承包经营法》等规定,发包人应当按照约定将租赁物交付承包人,并在租赁期间保持租赁物符合约定的用途。同时,发包人负有瑕疵担保责任。所谓瑕疵担保责任,又称"担保责任",是指依法律规定,在交易活动中当事人一方移转财产(或权利)给另一方时,应担保该财产(或权利)无瑕疵,若移转的财产(或权利)有瑕疵,则应向对方当事人承担相当的责任,一般为有偿合同的当事人(如出卖人、出租人、承揽人、寄存人等)承担的责任,是一种法定责任。具体到本案来说,镇政府作为发包人,应当保证渔场在出租时符合渔业养殖的要求,并且在承包人承包期间不得干涉其经营。因而,如果镇政府在发包前明知污染的事实而故意隐瞒,即应当承担相应的责任;而根据本案情况,镇政府在发包时,渔场是能够正常生产经营的,镇政府也履行了合同义务。对于渔场承包期内,镇政府的主要义务是保障承包人的承包经营权和经营自主权,对于第三方造成的污染,并非由镇政府造成,因而,镇政府不应当承担责任,但有义务协助承包人进行索赔。

对于排水处是否应当承担责任,法院认为,排水处行使的是公共管理职能,并非直接的污染制造人;排水处管理的污水与雨水排放系统各自独立、封闭运行,不存在排污行为;排水明渠建成于南湖渔场成立之前,排水处向南湖渔场一直排放雨水,其自身不存在违法行为;原告经营的为南湖渔场的上湖,与其他两湖的水源相同,另两湖并未提出水质存在问题。因而,主张排水处承担侵权赔偿责任无事实及法律依据。

从判决要旨看,法院认为排水处排放的是雨水,没有直接的排污行为,因而不应当承担责任;排水处代理人更认为,即使有污染,也应由污染源的直接制造者负责,应当将其列为被告,而不应将排水设施的管理者列为被告,并要求其承担责任,即如在道路上有人违章行车,致他人损害的,不应将道路管理部门列为被告;在列车上,乘客致其他乘客人身损害的,不应将铁路局列为被告是同样道理。

本书认为,这一判决要旨并未涉及案件的核心。根据该市的有关规定,排水处是城市排水设施日常管理机构,主要职责是:(1)负责中心城区排水管道、检查井、雨水井、氧化塘,污雨水泵站的运行管理及维修养护任务;(2)负责全市排水设施巡视、管理和新建、改建、扩建排水支线入网的审批及排水许可证的发放工作;(3)负责对各区管排水支线进行监督、检查和指导;(4)负责城市清淤治涝和雨季抢险排涝工作;(5)负责并对入网污水实行水质、水量达标监测。而根据该市《城市排水设施管理条例》,排水处负责市政排水设施和集中污水处理设施,对于因管理不善,致使排水设施损害、堵塞、污水漫溢,造成损失的,应视损失程度,予以赔偿。条例同时规定,污水、废水必须进行综合处理,经环保部门检查同意,市排水设施管理部门批准后,方可排入城市排水管网。因而,排水处应当对经过其排水管线的出水水质负责。如果经过排水处同意的出水水质仍造成污染损害,排水处自应承担相应的责任。因此,本案的核心在于,经过处理后的污水是否经由排水处管理的管道排向南湖渔场?如果是,那么排水处就不再是仅需证明其没有排污行为,只要它无法证明鱼类死亡与河流污染不具有因果关系,就需要承担责任。但是,我们在本案中并没有发现对这个问题的争议。

另外,对于行政机关造成环境污染的性质同样在本案中有争议。行政机关造成环境污染损害时究竟是民事赔偿责任还是行政赔偿责任?抑或是二者的竞合?由于民事赔偿和行政赔偿的归责原则、举证责任、赔偿范围等具有显著区别,因而,厘清责任的性质对于本案也尤为关键。

通常认为,行政侵权是指我国行政机关和法律、法规授权的组织在行使国家行政职权过程中,侵犯公民、法人和其他组织的合法权益的违法行政行为和事实行为,具体来说是指国家行政机关及其工作人员等在行使行政职权的过程中不法侵害了行政相对人的合法权益,从而依法承担行政法律责任的一种行为。与民事侵权相比,行政侵权具有以下方面的特殊性:(1)行为人需为行政机关及其工作人员;(2)损害事实需在执行公务过程中发生;(3)行为必须具有违法性;(4)责任的最终承担者是国家;(5)赔偿程度的有限性等。

《民法通则》第121条规定:"国家机关或者国家机关工作人员在执行职务中,侵犯公民、法人的合法权益造成损害的,应当承担民事责任",该条为国家行政侵权赔偿提供了法律依据,并进而为国家赔偿制度所囊括。

1995年施行的《国家赔偿法》第2条规定:"国家机关和国家机关工作人员违法行使职权侵犯公民、法人和其他组织的合法权益造成损害的,受害人有依照本法取得国家赔偿的权利。"从而发生了行政侵权与民事侵权的关系协调问题,通常认为,两部法律分别对由国家机关或者国家机关工作人员的职务侵权行为应承担的赔偿责任作出规定,出现跨法律部门的公法与私法之间的法条竞合,导致法律适用上的冲突。实践中通常认为《民法通则》第121条有其产生的历史背景,在《国家赔偿法》制定以后,对于行政机关职务行为致人损害的责任承担,应当通过国家赔偿程序解决。

但在环境污染侵权领域,由于在责任构成上排除了主观过错和违法性,且实行举证责任倒置原则,加之其采取完全赔偿原则,与行政侵权要求违法性等因素相比,显然对受害人更为有利。本案中,法院即认为排水处是行使公共管理职能的机构,应通过行政诉讼解决,但同时在当事人坚持追究民事责任的情况下,又将本案作为环境污染侵权对待,事实上是认为《民法通则》第121条与《国家赔偿法》发生了竞合,因而允许原告选择追究民事责任。但是,由于民事侵权和行政侵权在多个层面尤其是赔偿程度上存在不同,在原告胜诉的情况下,鉴于被告并无独立财产,其赔偿由国库承担,其承担赔偿责任的范围及归属问题,也是值得思考的问题。

随着《侵权责任法》的制定和《国家赔偿法》的修正,上述的适用争论可能会相对统一:《侵权责任法》没有对行政侵权作出规定,而2010年4月29日修正通过的《国家赔偿法》则对国家赔偿责任作出了较大修订,这种做法反映了在行政侵权问题上公法和私法的分野,在《国家赔偿法》生效后,原则上统一适用修正后的《国家赔偿法》,同时废止《民法通则》第121条的规定,将国家机关及其工作人员的职务侵权行为纳入修正后的《国家赔偿法》的适用范围,由国家承担赔偿责任。但是,为充分实现对国家赔偿相对人的权利保护,我国同时应将民事赔偿责任作为国家赔偿责任的补充,盖"民法本身是国家赔偿法的渊源之一,而《国家赔偿法》所涉及的行政侵权行为有限,行政赔偿中相当一部分原则、概念、标准、手段在今后相当长的时间里仍将依赖于相对比较完备健全的民法,故必须允许《民法通则》作为补充性、辅助性依据来解决行政侵权中剩余的侵权赔偿问题"。[①]

---

① 皮纯协、何寿生:《比较国家赔偿法》,中国法制出版社1998年版,第53页。

第二节 数人环境侵权

一、理论阐释

（一）数人环境侵权概述

1. 数人环境侵权的含义

对于何谓数人侵权，学理上没有统一的认识。但从这一概念的提出意义探究，至少可以得出以下几点结论：第一，数人侵权区别于分别侵权，若是为分别侵权之范畴，实无此概念出现之必要；第二，在数人侵权现象中，必定会出现同一损害结果，即损害后果在事实上和法律上均不可分，若能够区分损害后果确定各侵害人的责任，与分别侵权无异，更与共同侵权无交叉可能性。因而，在数人侵权领域，存在诸多概念，如共同侵权行为、共同危险行为、无意思联络的数人侵权、无过错联系的共同致害行为、"多因一果"侵权行为等。

在环境侵权领域，这种趋势更为明显。环境污染案件的一个重要特征就是双方当事人往往都不是单一主体，受害人一般来说人数众多，而作为侵权方的污染者也经常不是一个单独的企业，通常是由众多污染者排出的污染物共同造成损害后果。当污染者为两个以上时，就出现了数人环境侵权案件。由此，所谓数人环境侵权，是指两人以上实施环境污染或者生态破坏的行为，造成同一损害后果发生的情形。数人环境侵权具备以下特征：

第一，主体的复数性。在数人环境侵权中，侵害人必须为二人以上，至于数人之间是否有意思联络在所不问。如果其间有共同过错，则可能构成共同环境侵权；如果其间不具有意思联络，则可能构成无意思联络的数人侵权。鉴于环境侵权的特征，后一种方式更为常见，侵害人只是在各自生产过程中从事了排污行为，这些排放出的污染物汇集起来造成了环境污染，并因此对他人的人身、财产等民事权益造成损害。

第二，损害的同一性。构成数人环境侵权，必须有同一损害后果的发生，数人在损害中的"贡献度"只影响责任的内部承担，是累积性损害还是聚合性损害并不影响责任的构成。这里的"同一性"，应当做广义理解，只要造成同一区域内的人身、财产损害即可构成，并不要求造成单一受害人的同质损害。

第三,侵害人难以确定。由于环境侵权原因行为的复杂性、潜伏性、广泛性、技术性等特征,对于具体侵害人的认定异常困难,可能最终并不能找出真正的侵害人,只能通过法律技术的抽象确定法律上的侵害人,某些侵害人可能会有被"连坐"之嫌。并且由于举证责任倒置的适用,共同危险与共同侵权的界限难以作出区分。

根据数人环境侵权的上述特征,结合现行法律的规定,数人环境侵权可以区分为狭义的共同环境侵权行为、共同环境危险行为以及无意思联络的数人环境侵权行为等。需要说明的是,这种划分主要是因为主体的复数性,环境侵权的法律规则适用并不因此受到影响。

2. 狭义共同环境侵权

传统典型的共同侵权是最严格意义上的有意思联络的数人侵权,意思联络只是限于共同故意,后来发展为共同过错,包括故意和过失。最高人民法院《关于审理人身损害赔偿案件适用法律若干问题的解释》进一步扩大,同时规定了无意思联络的共同侵权。该解释第3条规定:"二人以上共同故意或者共同过失致人损害,或者虽无共同故意、共同过失,但其侵害行为直接结合发生同一损害后果的,构成共同侵权,应当依照《民法通则》第130条规定承担连带责任。二人以上没有共同故意或者共同过失,但其分别实施的数个行为间接结合发生同一损害后果的,应当根据过失大小或者原因力比例各自承担相应的赔偿责任。"该条规定事实上涉及利益平衡的问题,即如何在行为人与受害者之间寻找合适点,在充分救济受害人与对自己行为负责理念之间获得完美平衡。该条第1款通过适当扩张共同侵权范畴,扩大受害人求偿对象范围,能够更有力地保护受害人;第2款则实际是对类似共同侵权行为而实质为数个单独侵权的结合的规定,旨在限制共同侵权行为的泛滥,使"自己行为责任原则"不致遭到破坏。[①]《侵权责任法》则直接规定,"二人以上共同实施侵权行为,造成他人损害的,应当承担连带责任"。本节仅阐述狭义的共同环境侵权,即侵害人具有共同过错。

环境侵权虽实行无过错责任,但只是在责任认定时不考虑是否具有过错,并不意味着侵害人不具有或者不能具有过错。在不具有过错时,其行为

---

① 唐潇潇:《试论数人侵权与共同侵权之关系——以现行规定为立足点展开》,载《长江师范学院学报》2009年第3期。

亦可能构成无意思联络的共同侵权或者分别侵权。因而，构成狭义共同环境侵权必须具备以下要件：(1) 主体的复数性，且能够确定；(2) 行为人之间具有共同过错，包括共同故意和共同过失；(3) 行为人的行为导致同一损害后果发生。其他条件同侵权责任成立的要件。

3. 共同环境危险行为

学说上指的共同危险行为，是指数人的危险行为对他人的合法权益造成了某种危险，但对于实际造成的损害又无法查明是危险行为中的何人所为，法律为保护被侵权人的利益，数个行为人视为侵权行为人。我国《民法通则》没有明确规定共同危险行为制度，但最高人民法院《关于审理人身损害赔偿案件适用法律若干问题的解释》第4条规定："二人以上共同实施危及他人人身安全的行为并造成损害后果，不能确定实际侵害行为人的，应当依照民法通则第130条规定承担连带责任。共同危险行为人能够证明损害后果不是由其行为造成的，不承担赔偿责任。"《侵权责任法》第10条规定，"二人以上实施危及他人人身、财产安全的行为，其中一人或者数人的行为造成他人损害，能够确定具体侵权人的，由侵权人承担责任；不能确定具体侵权人的，行为人承担连带责任"，明确规定了共同危险行为。从上述规定来看，共同危险行为的典型特征在于行为的实施均具有危险性，但是其中只有部分加害人实施的行为造成了损害，只是具体加害人难以确定而已。

在环境污染侵权中，很多案件在开始时并不能确认具体加害人，即加害人的排污行为是否可能造成损害的发生，因而在形式上类似于共同危险行为。但最终通过举证责任倒置等原则能够从法律上确定其是否是加害人，此时，通常属于共同侵权或者无意思联络的数人侵权，并无共同危险行为适用的空间。由于共同危险行为的免责事由是共同危险行为人能够证明损害后果不是其造成，与环境侵权举证责任倒置中要求证明因果关系不存在事实上是同一含义，其最终的效果是同一的。因而，在环境侵权中，对共同危险行为进行区分的必要性并不大。

4. 无意思联络的数人环境侵权

根据最高人民法院的前述解释，在侵害人无意思联络时，其行为具有两种模式，一是"直接结合"，此时构成无意思联络的共同侵权，侵害人承担连带责任；二是"间接结合"，此时构成分别侵权，当事人承担按份责任。

在数人环境侵权中，最为常见的即为无意思联络的共同侵权。是否区分"直接结合"与"间接结合"成为争议的焦点。数人环境侵权是否应与普通数人侵权适用相同的规则,值得思考。从《侵权责任法》第67条的规定来看,其并未对数人环境侵权是否具有意思联络进行区分,也未阐明该条究竟直接规定数人环境侵权的构成,还是数人环境侵权责任的内部责任划分,从而产生争议,详见后述。

(二)国外立法例

一些国家也对两个以上污染者污染环境如何承担责任作出了规定。如《德国水利法》第22条第1款规定:"向水体(包括河流、湖泊、沿海和地下水)投放或导入物质,或者变更水体原来的物理、化学或生物性质,致损害他人者,就其所生损害负赔偿责任。如果是多人使水域产生影响,那他们作为整体负责人而承担责任。"

在日本,两个以上排污者的环境污染行为被视为共同不法行为。一般情况下,根据《日本民法典》第719条,共同不法行为中的每个共同不法行为人都对于全部损害承担连带责任,不认可根据原因力分担责任或减责。日本认为否定分担责任,可以回避各个企业排放的污染物质对各个受害人产生影响的数量、各污染源排放的污染物质多大程度上造成了受害人的疾病等难以科学、明确地进行分析阐明的问题成为诉讼争点的不便之处,多个排放者对外承担连带责任后再根据原因力进行相互之间的追偿。

在近年来日本的判例以及学说中,将共同不法行为分为"弱关联共同性"和"强关联共同性"。为了保护受害人,一般情况下,对于"弱关联共同性"也类推适用《民法》第719条第1款中"无法得知共同行为人中的某一人是否施加了不法行为对他人造成损害时,各人对于该损害负有连带责任"的规定,由有加害可能的人全部承担连带责任,但加害人可以通过证明自己的行为与损害没有因果关系来免除赔偿责任,这种情形相当于我国共同危险行为的规定。在有些仅认定为"弱关联共同性"的判例中,如西淀川公害①,综合判断各人的样态、归责性、原因力,认为不应承担连带责任,判定承担按份责任,对证明自身行为与损害没有因果关系或责任明显很小的人,认

---

① 西淀川位于大阪,传统上为农业和渔业中心。从20世纪30年代起,与附近的尼崎市、此花区等地区一起成为日本重化学工业化的中心,日本阪神工业带也在此基础上形成。从60年代开始,尼崎市和此花区等地大工厂燃烧重油等产生的SO_x和NO_x扩散到西淀川区,与区内工厂排出的废气一同对人体造成严重危害;同时,由于西淀川位居交通要道,道路密集,汽车尾气中NO_x和浮游颗粒物(SPM)的污染混合在一起,引发当地居民罹患哮喘等疾病。1978年,西淀川地区共726人对国家、阪神高速公路公团和10家企业提起了公害诉讼。参见日本律师协会编:《日本环境诉讼典型案例与评析》,中国政法大学出版社2011年版,第39—52页。

可免责或减责,从而达成加害人与受害人利益的平衡。

在日本,对依据《大气污染防治法》等确立的无过错责任适用共同不法行为的情形,根据排放量、排放浓度,认为行为人对于损害的发生应负责任明显很小时,日本法院可以对这一情况加以考虑,免除或减轻此行为人的责任。这种情形下,该行为人需向法院提交自己事业场所的排放量、排放浓度的记录。《大气污染防治法》第25条第2款规定:"对于由两个以上的事业者向大气中排放有害健康的物质而引起的该损害赔偿责任,适用《民法》第719条第1款的规定(共同不法行为)的情形下,当认为事业者对于该损害的造成应负责任明显很小时,裁判所在决定该事业者的损害赔偿金额时可以对这一情况加以考虑。"《水污染防治法》第19条第1款也有类似规定。

由此可见,德日等国对于数人环境侵权的责任均认定为共同侵权行为,对外承担连带责任,对内则按照原因力大小进行分担。

(三) 对《侵权责任法》的分析

《侵权责任法》第68条规定:"两个以上污染者污染环境,污染者承担责任的大小,根据污染物的种类、排放量等因素确定。"该法第8条至第12条同时规定了存在两个以上加害人的责任承担问题。这些条文的关系如何,需要进行具体考量。

根据全国人大法工委民法室对《侵权责任法》的解读,本条是关于两个以上污染者造成损害的责任的规定。本条所规范的环境污染侵权行为有以下要件:一是多个侵权主体,有两个或者两个以上的污染者;二是污染者存在无意思联络的侵权行为,即污染者都有污染环境的行为,但其行为之间没有意思联络;三是数个侵权行为与损害有总体上的因果关系,并不是单个侵权行为与损害之间有因果关系;四是造成了同一损害。本条规定的两个以上污染者污染环境,污染者之间不存在污染环境的意思联络。现实中的环境污染共同侵权,从各行为人的角度考察,在污染者彼此实施侵权行为之前,一般没有主观上的意思联络。如果污染者之间有意思联络,则不是本条调整的范围,应由本法第8条规定的"二人以上共同实施侵权行为,造成他人损害的,应当承担连带责任"所调整,构成有意思联络的共同侵权,污染者承担连带责任。①

---

① 全国人大常委会法制工作委员会民法室编:《中华人民共和国侵权责任法解读》,中国法制出版社2010年版,第324页。

该解读认为,在立法过程中,关于两个以上污染者污染环境造成损害,污染者对外是承担连带责任还是按份责任有不同意见。有的提出,应当规定污染者对外承担连带责任,再根据污染物排放量等因素确定排污者的内部责任,这样有利于救济受害人。另一种意见认为,应当规定污染者承担按份责任。经研究认为,承担连带责任虽然能更好地保护受害人,但从社会公平的角度来说,值得商榷。污染损害发生后,受害人从赔付能力考虑,一般会起诉经济能力较强的大企业,而大企业由于处理污染物能力较强,不一定比小企业排放污染物多,规定连带责任会加重大企业的负担,不利于社会公平,也不利于排污多的小企业积极治理污染。同时,部分排污者承担连带责任后还需另行起诉,根据污染物排放量等因素在排污者之间追偿,增加诉累。应当规定按份责任,直接根据污染物的种类、排放量等因素确定排污者责任的大小。如数家企业向同一河流排污,河水被污染致使饮用该河水的居民感染疾病,受害人起诉这数家企业,允许被告依据《侵权责任法》第 66 条提出反证,如果任何一个企业能够证明其行为与损害之间没有因果关系,则不承担责任。剩余企业承担按份责任,根据污染物的种类、排放量等因素确定责任大小。

但是,以上述理由否定在环境污染侵权中连带责任的适用,即使从利益衡量上看,亦非公允。承担连带责任并不意味着在内部没有责任的区分,起诉大企业不意味着不可以追加其他污染者作为被告,何况,企业可以通过多种方式如环境责任保险等分散风险,这些风险最后仍将转化为企业成本转嫁于受害者身上。从实践看,受害人获得赔偿本已困难,如果依照该解读的解释,其权益的保护将显得更为薄弱,从而不利于社会的稳定。而从比较法角度来看,这一理解也与法治发达国家要求数人侵权承担连带责任的规定有所不同。因而,必须对本条与责任构成一章的规定进行分析。

实践中,两人以上侵害环境,大致有以下三种类型:

(1)两人以上共同侵害环境,造成他人损害或有造成损害之虞,如两人共同违规倾倒化学品。在此场合,当事人之间具有共同故意或者共同过失的意思联络,应当承担连带责任,即使实际侵害人不能确定,也应当承担连带责任,即共同侵权和共同危险行为;这种情形即《侵权责任法》第 8 条和第 10 条的规定。该法第 8 条规定:"二人以上共同实施侵权行为,造成他人损害的,应当承担连带责任";第 10 条规定,"二人以上实施危及他人人身、财产安全的行为,其中一人或者数人的行为造成他人损害,能够确定具体侵权人的,由侵权人承担责任;不能确定具体侵权人的,行为人承担连带责任。"

(2) 两人以上分别侵害环境造成同一损害,其中每个人的行为都足以造成他人损害。在此场合,不存在按照排放量等因素确定责任的情形,受害人可以任意请求其中某一加害人承担责任,事实上等同于连带责任;这种情形即《侵权责任法》第 11 条规定:"二人以上分别实施侵权行为造成同一损害,每个人的侵权行为都足以造成全部损害的,行为人承担连带责任。"

(3) 两人以上分别侵害环境,其行为共同作用造成他人损害。这是环境侵权领域最为常见的一种类型,实践中,大量案件并不具有共同故意或者共同过失,当事人之间各自排放,并没有任何形式的联合,但单独排放不会造成损害的行为,其累加或产生化学反应后则可能导致严重后果。这种情形,体现于《侵权责任法》第 12 条:"二人以上分别实施侵权行为造成同一损害,能够确定责任大小的,各自承担相应的责任;难以确定责任大小的,平均承担赔偿责任。"但是,第 12 条与环境污染侵权的特质是有所矛盾的。首先,环境污染损害的成因具有复杂性,其责任大小往往难以确定;其次,污染者对于损害的"贡献"大小不一,平均承担责任有失公允。因而,这种情形虽然属于第 12 条的类型,但是责任的承担上则不能完全适用第 12 条的规定。

由此可见,在数人侵害环境的三种情形中,第一类和第二类最终适用的都是连带责任,并没有第 67 条的适用空间;第三类情形如果只适用第 67 条规定,则也会产生上述问题。如果依该条规定,受害人需要分别向各个加害人提起赔偿请求,使得受害人权益难以得到救济;对于加害人来说,其排放对于损害的贡献是多方面的,不但是种类和排放量的问题,同时亦可能受到工厂位置、风向等因素影响,单独责任可能造成加害人之间责任分配的不公平,不利于加害人积极采取措施防止损坏的扩大;对于法院来说,则造成因果关系和责任划分增多的负担,造成司法资源的浪费。因而,该条的适用应当予以限缩,作为当事人承担连带责任后的内部责任划分依据,这样解释,符合我国在实践中的传统做法,也符合国际上加强受害人保护的立法趋势。

因而,关于《侵权责任法》相关条文的关系,可以理解为第 2 章规定的是外部责任的构成,而第 68 条规定的内部责任的承担,二者是一般条款与特别条款的关系。只有这样解释,才能够对数人环境侵权作出较好的应对。

二、实例解析:无意思联络数人侵权的责任主体认定

永盛公司等与许某环境污染损害赔偿纠纷上诉案[①]

（一）案情简介

2003年4月10日上午,广西扶绥县左江河段龙头码头发生大面积的死鱼事故;同日中午起,左江南宁市永新区的上中村等河段,也相继发生网箱及野生河鱼大量死亡的现象。经南宁市渔政监督管理站估算,包括被上诉人许某在内的546户养殖户损失共将近500万元。

5月6日,受广西渔监局委托,区渔业监测中心出具《左江南宁段重大渔业污染事故调查鉴定报告》认为:事故是由于一些企业超标排放生产废水（主要是有机废水）,在一定的时间段内对该河段水质造成严重污染,消耗了水中溶解氧,导致网箱养殖鱼类及河里的天然渔业资源（水生动物）因缺氧而大量窒息死亡。根据污染死鱼发生的时间、地点及现场调查所掌握到的情况综合分析,事故的主要污染源来自永盛公司及扶南糖业公司。此外,扶绥县城生活污水排放口（大江口）也有超标排放污水情况,如果该排污口长期持续地排放污水也会对渔业水域水体功能造成不良影响,妨碍鱼类的正常生长发育,甚至导致鱼类死亡。

5月15日,联合调查组对"4·10"事故发生原因及损失数额作了认定,在排除了有毒化学品、细菌及鱼病、气象因素和水华原因后,认为事故发生原因系左江局部江段受高浓度有机物污染,水中溶解氧降低,鱼类窒息死亡,并以氧垂曲线原理解释了事故现象,即有机污染物进入江河后,不是直接"毒"死鱼,而是随水流逐渐消耗水中的溶解氧,当溶解氧逐渐耗至3 mg/L以下时,部分鱼类就会浮头,并随缺氧时间的延长或溶解氧的进一步下降而出现死亡。污染物在扶绥县城附近排入左江,位于扶绥县城下游18公里的龙头镇大致相当于氧垂曲线中的A点,此时有机物未完全降解,所消耗的溶解氧也较少;龙头镇以下29—35公里处的南宁市永新区坛洛镇、江西镇相当于氧垂曲线中的B点,有机物消耗溶解氧逐渐增多,个别断面的溶解氧浓度趋于零;当污染物到了杨美下游的坛洛镇马伦村,有机物降解将完毕,水中溶解氧开始回升,河流自净能力逐步恢复。除此之外,鱼类死亡率的高低

[①] 广西壮族自治区南宁市中级人民法院(2004)南市民二终字第312号民事判决。

还与河床宽窄、河水流速大小而导致污染水团在江段停留时间长短以及网箱的养殖密度的不同而有差异,等等。同时,该报告认定,永盛公司有便利的偷排条件,群众反映该公司在事故发生之前存在偷排污水的行为,因此确认永盛公司为本次事故的责任者。经核定,扶绥、南宁两地网箱的损失总额为1562086元,其中扶绥县龙头镇损失金额为22896元,南宁市为1539190元。野生鱼损失221吨,折合金额442万元。联合调查组并对事故提出了处理意见。

根据上述结论,永新区政府对包括被上诉人在内的546户养殖户的损失,在1539190元的范围内按比例进行折算,确定被上诉人所受损失为7904元,江西镇杨美村委会对该数额进行了核算并盖章认可。

2004年3月5日,564名养殖户将永盛公司、扶南糖业公司、扶绥造纸厂、鼎和酒厂晋兴发工贸公司、扶绥纸浆厂、扶丰肥料厂、扶绥工业联社、扶绥经贸局及扶绥县政府诉至法院。

(二)一审审理结果

一审认为,环境损害赔偿适用严格责任原则,而未将有无过错以及污染物的排放是否超过标准,作为确定排污单位是否承担赔偿责任的条件,故是否合法排污,不是本案确定排污者承担民事赔偿责任的标准和依据;其次,环境污染损害赔偿适用举证责任倒置原则,原告只需就各被告存在排污行为、原告存在受污染损害的事实、被告的排污行为与原告的损害事实之间具有因果关系,即完成初步的举证责任,而各被告应就法律规定的免责事由及其行为与损害结果之间不存在因果关系承担举证责任。故在本案中,原告应对养殖的鱼类死亡的后果提供证据,被告应就其没有排污,或其所排污水未流入左江,或其排放的污水中不含有相关有害污染物质或含有污染物质的污水不会造成损害提供证据,以证明自己不应承担责任。

永盛公司、扶南糖业、扶绥造纸厂均有排污行为,且无证据证明自己所排污水不含有使水体功能受损的物质,自治区疾病预防控制中心报告也证实受污染水域的水样中均含有三被告的污水成分,故三单位应承担因排污而造成的损害赔偿责任。鼎和酒厂提供证据证明其在事故期间停产,但考勤表、工资单及电费表不能充分证明其2003年4月份的生产状况,故对其事故期间没有排污的主张,不予支持。晋兴发公司事故期间因沉淀的泵房无法运转而将污水直接排入水利渠,最终注入左江,因此仍应承担排污责任。至于扶绥纸浆厂,因其生产场地已全部出租给晋兴发公司,有证据证明该厂自 1999 年至今没有生产;扶丰肥料厂采用干法生产,只有粉尘污染,没有排放污水,故该两厂不应承担本案责任。扶绥县政府作为政府部门,行使的是公益方面的行政职权,不是《水污染防治法》规定的调整对象,故不应承担本案的民事责任。扶绥经贸局和扶绥工业联社作为主管部门,不属排污单位,其主管的扶绥纸浆厂、鼎和酒厂均具有独立法人资格,故该两单位不再承担主管部门的责任。综上,在政府有关部门已认定左江"4.10"水污染事故污染源在扶绥县城附近的情况下,永盛公司等不能证明其未排放污水或所排放的污水未流入左江,也不能证明其排放的污水中不含有相关有害污染物或含有污染物的污水不会造成原告养殖的鱼类死亡的后果,而且原告所受损害发生是在以上五被告排污期间,致损物质(有机物)与其排放物质相同,由此可推断以上五被告的排污行为与被上诉人网箱鱼类死亡之间存在因果关系。

关于五被告之间应否互负连带责任的问题。尽管五被告各自独立生产,事先无致人损害的共同意思,但因其排污行为的共同发生,加之永盛公司偷排、扶南糖业断槽并洗机致使排污量加大、扶绥造纸厂和鼎和酒厂如常排污、晋兴发公司泵房不能运转而加大排污量等偶合因素,又恰逢左江枯水期,水流缓慢,而导致了客观上多因素共同作用,造成原告网箱鱼大量死亡这一损害后果,故五被告各自的行为之间具有关联性,构成共同侵权,应互负连带责任。

五被告内部责任应根据其排污量确定。扶绥环保局现场检查虽证明永盛公司检查时的一种生产状况,但不能证明该厂不存在排污行为,疾控中心报告确定受污染河段水样中含有永盛公司污水中的有机物成分,故永盛公司对事故应负主要责任;扶南糖业平时日排放冷却水 47000 立方米,事故期间每日达 64000 立方米,且 COD 含量达 193 mg/L,故对事故亦应负主要责任;扶绥造纸厂每日排污 600 立方米,COD 含量达 310—379 mg/L,鼎和酒厂则每日排污,晋兴发公司亦每日排污 500 吨,COD 含量达 444 mg/L,有一半回收利用,故 3 单位排污量较少,应负次要责任。因此"4.10"事故的民事责任,由永盛公司承担 41%,扶南糖业公司承担 41%,扶绥造纸厂、鼎和酒厂、晋兴发公司各承担 6%。

关于被上诉人的养殖行为是否合法、是否应予保护的问题,被上诉人在左江河段进行水产养殖,得到当地人民政府有关部门的扶持及技术指导;同时被上诉人网箱养殖的河段,当地人民政府至今未作功能划分,该河段也不属当地政府禁止网箱养殖的范围,故应属于自然水域,被上诉人的养殖行为不属法律禁止之列。另,养殖许可证至今在广西境内绝大部分地区没有实施,南宁市也没有开展此项工作。因此各上诉人及原审被告以被上诉人没有养殖许可证为由主张对被上诉人的损失不予保护,没有法律和事实依据,不予支持。

关于被上诉人的损失如何认定的问题。首先,事故发生后,渔业部门作为渔业水域污染事故的法定处理部门,在第一时间介入调查,取得了第一手材料,而且依据相关规定从专业角度对被上诉人等养殖户的损失作出了详细论述,其程序合法,其调查结果与其他证据相印证,足以证实被上诉人的实际损失情况。其次,在自治区"4·10"左江水污染事故及纠纷联合调查组的统一指挥下,永新区政府调派相关职能部门人员,实地勘察了事故情况,对网箱养殖户进行登记,并对网箱死鱼损失作了核查、统计,进行事故善后工作,最后根据联合调查组认定的数额,确定了受污染河段包括被上诉人在内的 546 户网箱养殖户的损失数额,并由当地村委会盖章确认,故被上诉人的损失数额是根据行政部门的调查得出的,合情合理。再次,根据当地环保、渔政部门报告及对参与事故处理人员的调查,被上诉人实际损失要在诉讼请求数额之上。最后,"4·10"事故发生及处理时正值南宁市"非典"形势日趋紧张时期,且污染后鱼类死亡有一个渐进过程,为避免对南宁市水源的二次污染,当地政府部门迅速组织群众就地掩埋,并根据联合调查组的要求,将被上诉人在内的 546 户养殖户的损失数额在调查组认定的总幅度内加以折算、确定,符合当时的形势需要。因此,原告提出的损失数额应予认定。

综上,依照《民法通则》第 124 条、第 130 条,《环境保护法》第 41 条、《水污染防治法》第 41 条,《民事诉讼法》第 130 条之规定,判决:

1. 永盛公司赔偿许某经济损失费 3240.64 元;
2. 扶南糖业公司赔偿许某经济损失费 3240.64 元;
3. 扶绥造纸厂赔偿许某经济损失费 474.24 元;
4. 鼎和酒厂赔偿许某经济损失费 474.24 元;
5. 晋兴发公司赔偿许某经济损失费 474.24 元;
6. 以上款项,五被告应于本案判决生效之日起十日内付清,并对赔偿款项负连带清偿责任。
7. 驳回许某对扶绥纸浆厂、扶绥县政府、扶丰肥料厂、扶绥经贸局、扶绥工业联社的诉讼请求。

五被告不服,上诉至南宁市中级人民法院。

(三) 二审审理结果

二审对一审判决认定的事实进行了确认。在此基础上,二审认为,根据《民法通则》第124条"违反国家保护环境防止污染的规定,污染环境造成他人损害的,应当依法承担民事责任"、《环境保护法》第41条第1款"造成环境污染危害的,有责任排除危害,并对直接受到损害的单位或者个人赔偿损失"的规定,污染环境致人损害作为一种特殊侵权行为,适用严格责任原则。严格责任原则是指确定违约责任和侵权责任时,无论违约当事人或侵权行为人是否存在主观过错,只要损害结果是由其行为所造成的,如无特定免责事由,则其就应当承担民事责任的归责原则。因此,在适用严格责任原则的侵权行为中,侵权人有无过错不再是其承担侵权责任的法律要件(区别于一般侵权责任),且在环境污染民事赔偿案件中,环境违法行为就是指民事违法行为,而不是行政违法行为,只要排污行为污染环境和侵害环境,就构成民事违法而应承担民事责任,不论该排污行为是否是行政违法即是否超标排放,污染物排放标准只是环保部门进行环境管理的依据,不是确定排污单位是否承担民事赔偿责任的界限,因此企业排污是否超标并不是其是否承担环境污染民事赔偿责任的要件。根据最高人民法院《关于民事诉讼证据的若干规定》第4条第1款第3项"因环境污染引起的损害赔偿诉讼,由加害人就法律规定的免责事由及其行为与损害结果之间不存在因果关系承担举证责任"的规定,环境污染损害赔偿案件适用举证责任倒置原则,由加害方承担主要的证明责任。受害方的举证责任在于证明其遭受污染损害的事实、提供加害方存在排放污染物行为的初步证据(主要是环境监测数据、调查评估报告)、论证污染行为与损害后果间的"盖然性"联系,而对于加害方是否排放污染物及其排放行为与损害结果间有无因果关系,受害方并不需要严格证明、充分证明。被指认的加害方如主张免责,则应就法定免责事由及其行为与损害结果之间不存在因果关系承担举证责任。结合本案,被上诉人所举证据已证明了损害结果确已发生(发生了"4·10"事故、被上诉人因"4·10"事故遭受了损失),损害结果是由于扶绥县境内排放的高浓度工业有机废水污染造成,其举证责任已经完成;五上诉人主张免责,则应举证证明存在不可抗拒的自然灾害或战争行为、第三人过错、被上诉人过错等免责事由,以及其没有排放工业有机废水或所排放的工业有机废水与"4·10"事故无因果关系。五上诉人是否合法排污不是其承担侵权赔偿责任的法律要件,被上诉人的养殖行为是否合法亦不是五上诉人是否承担赔偿责任的前提,因为养殖行为合法与否属另一法律关系,并不影响被上诉人对其养殖的网箱鱼拥有合法的财产权利。本案无证据证明法定免责事由的存在。同时,因扶绥县境内排放的高浓度工业有机废水是造成"4·10"事故的主要原因,而五上诉人所排放的废水中均含有有机物,从本案现有证据分析,在"4·10"事故期间左江正值枯水期,流量小、流速慢,致使河流的自净过程缓慢,故五上诉人所排放的工业有机废水在左江形成了累积效应,与"4·10"事故的发生存在盖然性联系,故五上诉人的排污行为与被上诉人的损失之间存在因果关系。因此,五上诉人应就"4·10"事故损害结果向被上诉人承担侵权赔偿责任。

因五上诉人的排污行为造成了"4·10"事故,而主观过错并不是环境污染损害侵权的法律构成要件,即五上诉人是否具有共同故意不影响"4·10"事故是由于五上诉人的排污行为造成之事实的成立,故五上诉人间虽没有意思上的联络,但其向左江排污的行为在客观上有关联共同,已造成水污染而致被上诉人网箱养殖鱼类死亡的损害结果,应构成共同侵权。

综上,一审判决认定事实清楚,适用法律正确,处理得当,二审法院予以维持。依照《民事诉讼法》第 153 条第 1 款第 1 项、第 158 条之规定,作出终审判决如下:

驳回上诉,维持原判。

(四) 案例评析

本案是因左江特大水污染引发的环境污染损害赔偿纠纷系列案件,在当时引起较大反响。从本案的具体内容来看,可以说反映了环境污染侵权的典型特征,从责任主体、因果关系及损失鉴定等,都反映了纸面上的环境法律规则在实践中适用的难度。尤其是污染者责任关联的认定,更是突出反映了实践中确定最终责任承担者的难度。由于本章主要涉及责任主体的内容,因而,以下评析主要针对责任主体进行阐释,其他方面的问题分别在相关章节加以说明。

我们首先对复杂的案情进行模型化:

一条河流。渔民在河流中养鱼。河流沿岸有多家排污企业。这些企业日常排污肯定对水体有"一定程度"影响,但并未造成直接的人身、财产损害。某一日,可能(注意是"可能",而不是确定性程度更高的"不知")是哪家或者哪几家企业偷排,排污量增大,且加之可能由于河流处于枯水期,水流速度减缓,因而造成水体污染,进行造成鱼类大量死亡。主管部门进行调查,"认定"其中某些企业对污染事故负主要责任。渔民将沿岸部分企业(注意是部分企业,而不是全部企业)诉至法院,法院根据主管部门的调查结论,确认各企业构成共同侵权,承担连带责任。

从上述模型中,我们可以归纳以下几个疑问:

1. 在存在多个潜在责任者情形下,如何确定最终的责任承担者?
2. 在企业之间并无意思联络,且过错程度不明情况下,企业之间的责任形式如何确定?
3. 企业承担连带责任的范围是多大?

这三个问题,实际上涉及了本案中的主要争议。也就是说,在因果关系不能从科学上确定的情况下,我们只能通过鉴定方式达到一种我们认为可以接受的结论,然后根据这个结论作出司法上的判断。但是,由于这个因果关系不能确定,可能会存在"株连无辜"的情况,我们如何通过法律的判断达到我们认为的最正义的结果?

两审法院均明确了本案作为环境污染损害赔偿纠纷,应当适用无过错责任以及举证责任倒置等环境法规范。同时,在确定责任主体问题上,两审法院根据《民法通则》等相关规定,认定不同排污者之间系共同侵权,一审法院理由谓:"尽管五被告各自独立生产,事先无致人损害的共同意思,但因其排污行为的共同发生,加之永盛公司偷排、扶南糖业公司断槽并洗机致使排污量加大、扶绥造纸厂和鼎和酒厂如常排污、晋兴发公司泵房不能运转而加大排污量等偶合因素,又恰逢左江枯水期,水流缓慢,而导致了客观上多因素共同作用,造成原告网箱鱼大量死亡这一损害后果,故五被告各自的行为之间具有关联性,构成共同侵权";二审法院理由谓:"因五上诉人的排污行为造成了'4·10'事故,而主观过错并不是环境污染损害侵权的法律构成要件,即五上诉人是否具有共同故意不影响'4·10'事故是由于五上诉人的排污行为造成之事实的成立,故五上诉人间虽没有意思上的联络,但其向左江排污的行为在客观上有关联共同,已造成水污染而致被上诉人网箱养殖鱼类死亡的损害结果,应构成共同侵权。"

《民法通则》第130条规定,"二人以上共同侵权造成他人损害的,应当承担连带责任",该条并未对共同侵权作出界定。我国学说上对于共同侵权的认定主要有意思联络说①、共同过错说②、关联共同说③、折中说④等,从两审判决理由看,其均采纳了关联共同说,认为只要污染者的行为具有构成损害发生的关联,即构成共同侵权。

在本案审理时,最高人民法院《关于审理人身损害赔偿案件适用法律若干问题的解释》已经生效。该解释对环境侵权进行了细化,规定"二人以上共同故意或者共同过失致人损害,或者虽无共同故意、共同过失,但其侵害行为直接结合发生同一损害后果的,构成共同侵权"。由该规定可见,其区分了加害人具有共同过错与无意思联络时的两种情形。

但是,无论以何种标准来判断环境共同侵权行为,都需要以当事人实施了排污行为,并且排污行为确定会造成损害为前提。但事实上,在很多环境侵权领域,损害是由哪个排污者所造成并不能确定,至少在本案中是这样。如果采用举证责任倒置来确定责任人,然后确定环境侵权,则是倒果为因的做法,因为此时的因果关系本来就是推定的后果。因而,以共同侵权来追究前述模型类案件,不具有很强的说服力。

事实上,就本案的情形来看,以共同危险行为进行界定较为适宜。所谓共同危险行为,又称准共同侵权行为,是指两个或两个以上的民事主体共同实施了有侵害他人权利危险的行为,并造成实际损害,但不能判明损害是由

---

① 该学说认为,意思联络是共同侵权行为的必要条件,要使主体各自的行为统一起来,成为一个共同行为,就必须要有他们的愿望和动机,即共同的意思联络,或曰共同通谋,或曰共同故意。有了意思联络,便在主体间产生了两个方面的统一:一方面是主体意志的统一,另一方面是主体行为的统一。

② 该学说认为,只要几个行为人之间在主观上有共同致害的意思联系,或者有共同过失,即具有共同过错,就应当作为共同侵权行为处理。共同过错就是"数个行为人对其行为或结果具有共同的认识或对某种结果的发生应该共同尽到合理的注意而没有注意"的情形,包括共同故意与共同过失两类。后者又可以分为两种情形:一是各行为人对其行为所造成的共同损害后果应该预见或认识,而因为疏忽大意或不注意致使损害后果发生;二是数人共同实施某种行为造成他人损害,不能确定行为人对损害结果的发生具有共同故意,但可根据案件的情况,认定行为人具有共同的过失。

③ 该学说认为,共同侵权行为的构成不应以共同的意思联络为必要条件,只要数人在客观上有共同的侵权行为,就应当承担共同侵权行为的民事责任。有的学者认为,民法上之共同侵权行为与刑法上之共犯不同,数人各自之行为,客观上有关联共同,即为足已。有的学者认为,数人之加害行为,虽无意思联络,但其行为有关联共同者(即各行为造成一共同之损害,无法分别何行为造成何部分之损害),亦属共同加害行为。

④ 该学说认为,在共同侵权行为的构成要件上既要考虑各行为人的主观方面,也要考虑各行为人的行为之间的客观联系。从主观方面而言,各加害人应均有过错,或为故意或为过失,但是不要求共同的故意或者意思上的联络;过错的内容应当是相同或者相似的。从客观方面而言,各加害人的行为应当具有关联性,构成一个统一的不可分割的整体,而且都是损害发生不可或缺的共同原因。

何人造成的侵权行为。本案符合共同危险行为的构成要件。

其一,共同危险行为的主体具有复数性,而本案中多个企业实施了排污行为。

其二,数人实施的行为均具有共同危险性质。此种危险只是一种可能性,共同危险行为人的行为没有特定的指向,即没有人为的侵害方向。否则,行为人主观上即具有故意,将成立共同加害行为。在本案中,尽管联合调查组作出了责任主体认定,但也只是根据种种情况作出的推测,对其他未进行偷排的企业,其是否造成本案中的损害也只是具有一种潜在的可能性。

其三,损害后果非全体行为人所致,但无法判明孰为真正加害人。认为排污即会造成损害的观点是片面的,排污会造成一定程度的污染,但污染并不必然导致损害的发生。

其四,是否需要具备共同过错。共同危险行为制度的初衷是防止因无法指认具体侵权人而使受害人的请求权落空,重要的是每个行为人都实施了危及他人人身、财产安全的行为。而且,共同危险行为不仅在一般过错责任中适用,在过错推定责任、无过错责任中也有适用余地。

最高人民法院《关于审理人身损害赔偿案件适用法律若干问题的解释》第4条规定了共同危险行为:"二人以上共同实施危及他人人身安全的行为并造成损害后果,不能确定实际侵害行为人的,应当依照《民法通则》第130条规定承担连带责任。共同危险行为人能够证明损害后果不是由其行为造成的,不承担责任。"该条精神为《侵权责任法》所沿袭,该法第10条规定:"二人以上实施危及他人人身、财产安全的行为,其中一人或者数人的行为造成他人损害,能够确定具体侵权人的,由侵权人承担责任;不能确定具体侵权人的,行为人承担连带责任。"

从上述构成要件来看,本案构成共同危险行为并无疑问。而且,共同危险行为的免责事由与环境侵权的举证责任倒置也是一致的,都是要求共同危险行为人承担证明其行为与损害后果直接不具有因果联系的责任。此外,法院对于扶绥纸浆厂与扶丰肥料厂的责任排除也印证了这一点。

共同危险行为需要划定可能的责任者,这在一般的侵权行为中比较容易加以确定。但是,对于环境侵权来说,由于排污是企业的日常活动,而损害发生地周围可能具有很多企业,因而,如何确定"潜在的污染者",成为数人环境侵权中的一个重要问题。从本案判决看,上诉人均提出,被上诉人只起诉了左江大江口沿岸的大部分企业,大江口沿线还有扶绥祥发塑料厂、华侨剑麻厂、制药厂等企业向左江排水,一审法院没有将其追加为被告,程序违法。而二审判决中并未对这个上诉理由作出回应,尚难以使当事人信服。

如果由《侵权责任法》的规定处理本案,亦可以作出上述分析。但是,由于《侵权责任法》第 67 条规定得不明确,有可能使得法院在处理相关问题时产生争议。

第三章 环境污染侵权的类型化

第一节 《物权法》与《侵权责任法》的类型化缺失

一、理论阐释

(一) 两部法律关于环境侵害的冲突

在现代社会,人们生活环境的质量日益受到社会的重视,各国都在加大环境保护的力度,其中重要的举措就是加强有关环境保护方面的立法。但是保护环境不能只靠环境保护立法,与环境有关的相邻关系,以及侵害环境的民事责任等方面,则是民法的重要任务之一,是实现民法人文关怀的重要方式。《物权法》和《侵权责任法》作为体现民法典"绿化"的两部重要法律,其应对环境问题的努力值得称道。

《物权法》第90条规定,"不动产权利人不得违反国家规定弃置固体废物,排放大气污染物、水污染物、噪声、光、电磁波辐射等有害物质。"学界一般认为,该条属于不可量物侵入禁止的规定,根据最高人民法院《民事案件案由规定》,该条属于"相邻污染侵害纠纷",不可避免的与作为特殊侵权类型的"环境污染侵权纠纷"发生冲突,从而产生与《侵权责任法》第65条在实践中适用的沟通与协调问题。从两个条文的规定看,《物权法》承袭《民法通则》第124条的做法,以"不得违反国家规定"作为前提,这里的"国家规定",理论和实践界普遍理解为环境标准;而《侵权责任法》则沿袭《环境保护法》及单行环境立法,规定了只要造成污染损害,即要承担责任,并未将是否达标作为承担民事责任的条件。在未达标造成污染损害的场合,其法律适用效果大致相同,但是,在达标排放的场合,适用上述不同法律,则会得出不同的结果,从而产生司法适用上的矛盾和分歧。因而,如何对两部法律的条文进行协调,成为正确适用法律的关键。

根据全国人大法工委民法室的解读[①],《侵权责任法》立法过程中即已注意到两者的协调问题。该解读认为,从侵权纠纷角度研究环境污染责任,首先根据不同的污染源,适用不同的归责原则。居民之间生活污染适用过错责任,主要由物权法规定的相邻关系解决。企业生产污染适用无过错责任,主要由环境保护法、大气污染防治法、水污染防治法等相关法律解决。对企业生产污染,在适用无过错责任的前提下,根据不同的污染源,还要进一步区分责任。如因核材料或者核设施泄漏引起的核污染责任,与工业废水排放引起的污染责任,其免责事由有所不同。而最高人民法院对于《物权法》第90条的解读[②]则认为,该条规定的内容应当依据《固体废物污染环境防治法》《大气污染防治法》《水污染防治法》等予以适用。不仅如此,在实践中,生活污染和企业生产污染很难作出严格的区分,并且对于同一问题适用不同的法律制度,可能造成法律体系的割裂。

笔者认为,如果从适用主体上加以区分作为两法适用的依据,不仅与法律的平等性相矛盾,也会造成司法适用上的混乱。而之所以会出现上述问题,其表面原因在于两法的衔接性不足,而深层次的根源则是对环境侵权的类型化理解失误,在引入国外不可量物侵入的规定时不当扩大其适用的范围,因而产生冲突。

从污染侵权发生学上看,环境污染具体类型的作用机理并非全然相同。对于大气、水、土壤、固体废物、毒性化学物质等类型,其作用机理为"排放—环境要素—人",即排放首先造成环境要素本身的损害,然后再造成人身、财产的损害;而对于噪声、振动、光、热、恶臭、辐射等,其作用机理为"排放—人",直接造成人身、财产损害,并未经过环境媒介中转,性质上本属卫生健

[①] 全国人大常委会法制工作委员会民法室编:《〈中华人民共和国侵权责任法〉解读》,中国法制出版社2010年版,第320—323页。

[②] 最高人民法院物权法研究小组编著:《〈中华人民共和国物权法〉条文理解与适用》,人民法院出版社2007年版,第263页。

康之内涵,只是国民一般认知上将其作为"污染"对待,从而在法律上将其作为"污染"的类型之一。为便于分辨,笔者将前者称为"实质型环境污染",而将后者称为"拟制型环境污染",从而,环境侵权也可以区分为拟制型污染侵权和实质型污染侵权。这种类型化方式才是区分环境侵权的正确方式。《物权法》第 90 条的规定本应是继承传统民法关于不可量物侵入的做法,而不可量物侵入属于拟制型污染的范畴;在此基础上,《侵权责任法》应当而拟制型污染和实质型污染区分对待,适用不同的规则,才能准确把握环境侵权的特点。

(二) 拟制型污染和实质型污染的区分

没有对拟制型污染和实质型污染进行区分,是造成两部法律出现矛盾的重要原因,也是对于环境侵权归责原则出现争议的主要原因。拟制型污染作为法律上的"拟制",其与实质型污染虽然具有相似性,但同时也具有实质性区别,这些区别注定其不能用统一的规则来进行规范,否则,便会出现法律上难以协调的特点,也会与社会生活的实际产生脱节。

其一,二者的作用机理不同。实质型污染具有经过环境媒介,即人的行为先造成环境媒介本身的污染,再由污染作用于人身或财产造成相应损害;而拟制型污染则是直接由人的行为直接作用于人身或财产造成损害,其在性质上本属于健康卫生法规,只是因为我们观念上认为其属于污染的范畴才进入环境法调整的范畴,因此也可以成为"观念型污染侵权"。

其二,由于实质型污染具有造成环境媒介污染的这一环节,即使最终没有造成人身、财产损害,但环境本身也已受到了损害,因而依据传统的受害人理论难以对环境损害予以救济,故有公益诉讼适用的空间;而对于观念型污染,由于本身未对环境造成损害,如果没有受害人存在,便无管制的需要。

其三,实质型污染直接作用的对象主要是自然环境和生态环境,而自然环境和生态环境由于范围较广,环境媒介又具有较强传播性,因而其侵害原因通常较为复杂、危害发生潜伏期较长、危害消除难度较大、受害群体较多、赔偿数额通常也较大;而拟制型污染则通常产生于日常生活中对物的不当利用、不当行为或物自身的缺陷,造成的危害程度和范围相对较小,且通常具有侵害发生和消除的即时性。

其四,拟制型污染侵害中的加害人和受害人,其现实关系通常是对等的,其在经济实力、技术等方面是对等的,具有近代民法民事主体上的平等性和互换性的特点;而实质型污染侵权中,加害人和受害人虽然在法律地位上是平等的,但其经济、技术等实力对比悬殊,加害人多为具有特殊专业技术、经济实力雄厚的工商企业;而受害人则多为缺乏专业技术和设备,认识、辨别和抵抗能力差的普通民众,加害人和受害人的关系往往具有不平等性和不可互换性。

其五,拟制型污染的产生原因多与生活息息相关,如声音、光等,我们无往不生活在这些环境之中,既为我们所必需,也为我们所不可避免,为维护我们的正常交往,一定程度的容忍即尤为必要,需要以国家的相关标准作为行为判断的标准,并且这些标准可以较为直观地实现保障健康和财产的目标,因而具有民事责任和行政责任的统一性,即民事责任和行政责任的承担均以超标排放为基础;而作为实质型污染主要来源的企业生产,虽具有社会正当性,且在一定程度上不可避免,但毕竟具有改进之空间,尽管国家也制定了相关的污染物排放标准,但由于缺乏确定这些标准的基准,现行标准不一定能够有效保障健康和财产,因而,具有民事责任和行政责任承担的脱节性,即达标排放不承担行政责任,但并不能免除民事责任。

其六,民事责任与行政责任同一抑或脱节,与拟制型污染和实质型对人们的危害程度也是密切相关。由于拟制型污染主要针对人体健康,其设定的标准也是以保障人体健康为中心的;而实质型污染设定的标准主要考虑的是环境容量,而非以健康保障为中心,环境能够容纳,并不意味着人体也能够承受。因此,虽同为标准,但标准对于人体健康的保障程度却是不一样的。因而,作为关注健康和财产保障的侵权法,对待标准的态度自应有所区别。

正是基于上述区别,拟制型污染和实质型污染虽然同为《环境保护法》所称的"污染",但在规则设计上,应当根据二者的不同特点做出应对。

从历史渊源看,拟制型污染在罗马法时代即已产生,此后逐渐发展出德国的不可量物侵入、法国的近邻防扰和英美法系的私益侵害等制度,并为日本、我国台湾地区等所沿袭。从制度归属看,其多着落于相邻关系中,作为相邻权行使的一个限制。而相邻关系纠纷多作为一般侵权对待,适用过错责任和"谁主张谁举证"的责任归责。但是,应当注意的是,这些规则均孕育于近代民法,彼时大规模的环境污染和生态破坏还非常鲜见,由于地广人稀,不可量物侵入的范围和危害也比较小,意思自治、过错责任、所有权绝对等近代民法的基本原则还绝对统治着包括拟相邻关系在内的侵权制度。但是,20世纪以来,随着科技的飞速进步,环境问题也日趋严峻,出现了大规模的环境污染和生态破坏问题,传统的民法制度在应对这些问题时显得捉襟见肘,因而,诸如无过错责任、举证责任倒置等规则受到各国普遍的采用。

与此相应的是,传统的不可量物侵入在程度和名称上也发生了变更:从程度上看,不可量物侵入的频率、范围和危害都有加大的趋势,且加害主体呈现多元化趋势;从名称上看,传统不可量物均已在观念上作为拟制的污染类型对待。但是,从大陆法系的沿革来看,无论是法国、德国,还是日本和我国台湾地区,在立法和实践中仍对其进行区分,对于不可量物侵入适用民法规定,而对于水污染、大气污染等实质型污染则通过专门的环境责任立法或者环境单行立法予以规范。而我国在环境立法过程中,由于未考虑"污染"名称涵摄下的污染类型的实质区分,将其一体对待,故而引发了理论和实践中的不断争议。

因而,对于拟制型污染侵权,其相关规则应当对一般侵权进行一定程度的修正,具体来说,在以超标作为侵权构成前提的同时,应当实行过错推定和举证责任倒置,将超标视为具有过错,即实行过错客观化,同时由加害人证明损害后果与加害行为之间不具有因果关系。如果没有相关标准,则实行一般过失的认定方法;如果达标但又造成损害的,则适用公平责任。而对于实质性污染,则适用现行《侵权责任法》的规定。但考虑到电磁辐射污染的特殊性,应作出特殊应对,其理由见本节第三部分。

综上,为使《物权法》和《侵权责任法》的规定相协调,笔者建议,应当删除《物权法》第90条规定排放固体废物、大气污染物和水污染物的规定,并对拟制型污染进一步列举,将该条修正为"不动产权利人不得违反国家规定排放噪声、光、振动、热气、烟气、电磁波辐射以及类似的有害物质"。同时,对《侵权责任法》第65条进行细化,建议完善为"因大气、水、固体废物、土壤等环境媒介污染或者生态破坏造成损害的,污染者应当承担侵权责任。因违反国家标准排放噪声、光、振动、热气、烟气等有害不可称量污染物质造成损害的,污染者应当承担侵权责任。因电磁辐射污染造成的损害,适用第一款的规定"。在法律作出修订之前,宜由最高人民法院出台相关解释,对污染进行类型化并对二者适用的不同规则予以规定。

二、实例解析：相邻污染侵害纠纷抑或环境污染侵权纠纷

张某与李某环境污染损害赔偿纠纷上诉案①

（一）案情简介

张家、李家系邻居，张家居东，李家居西，两家地面落差近3米。张家十几年前在院内打井一口，供生活用水。张家院内西南角有厕所一处，距水井7米；门口东南角有猪圈两处，距水井12米。2005年1月，李家在张家的西边建设两排猪舍用于养猪，距张家水井15米。同年3月，张家称其水井受到污染，并于8月份委托当地卫生防疫站对水井水质进行检测，经检验，该水井的水硝酸盐超标1倍、细菌总数超标11倍、大肠菌群超标12倍。张家要求赔偿未果，遂诉至法院。

（二）审理结果

一审法院认为，该案为相邻关系纠纷，张家院内及周边污染源众多，对张家的水井均构成影响，李家的养猪场并非张家水井的唯一污染源，张家未有其他证据证明李家养猪场系其水井的唯一污染源，亦未能提供证据证明张家水井的污染系李家养猪场的排泄物所致，故张家要求李家支付重新打井费用，缺乏事实与法律依据，不应支持，判决驳回了张家的该项诉讼请求。

张家不服该判决，上诉至二审法院。二审法院认为，本案应为环境污染侵权纠纷，因环境污染引起的损害赔偿诉讼，应由加害人就法律规定的免责事由及其行为与损害结果之间不存在因果关系承担举证责任，李家不能证明其养猪场的粪便排放与张家的井水受到污染不存在因果关系，故李家应对张家因水井污染受到的损失，承担赔偿责任，故判决由李家支付张家重新打井的费用900元。

（三）案例评析

本案两审法院对于养猪造成污染并无疑义，但由于《物权法》与环境立法（以及之后通过的《侵权责任法》）奉行污染侵害二元责任体制，体现在民事案由上，则为属于所有权相邻关系之相邻污染侵害纠纷与属于特殊侵权类型的环境污染侵权纠纷之划分。两审法院正是由于对本案案由的认识不同，才造成两审对于案件判决的不同结果。

---

① 王林林：《本案是相邻关系纠纷还是环境污染侵权纠纷》，载《山东法制报》2008年12月19日第3版。

所谓相邻关系,是指两个或两个以上相互毗邻不动产的所有人或使用人,在行使占有、使用、收益、处分权利时发生的权利义务关系,从权利表述角度来说则为相邻权。从本质上说,相邻关系是相邻不动产的权利人行使其权利的一种延伸或限制。从《物权法》第7章的以及最高人民法院2008年《民事案件案由规定》规定来看,相邻关系纠纷主要包括相邻用水、排水纠纷、相邻通行纠纷、相邻土地、建筑物利用关系纠纷、相邻通风、采光和日照纠纷、相邻污染侵害纠纷和相邻损害防免关系纠纷等。相邻污染侵害纠纷,即是指相邻不动产权利人违反国家规定弃置固体废物,排放大气污染物、水污染物、噪声、光、电磁波辐射等有害物质,侵害邻人的生命安全、身体健康和生活环境。相邻关系人之间的权利和义务是基于不动产所有权或使用权产生的,是法定的,其性质决定了相邻权被侵害时不能产生独立的请求权。根据《物权法》和《侵权责任法》的规定,相邻关系侵害请求权既可以是以所有权为基础的物权请求权,也可以是侵权请求权,从而发生两种请求权的竞合。物权请求权的目的在于排除财产权受侵害的事实或者可能,恢复或者保障物权的圆满状态,而侵权请求权主要就是要求加害人恢复物的原状或赔偿损害,其目的是为了填补物权人无法通过行使物权请求权恢复的损失,二者在适用上存在差异。

物权请求权原则上不考虑相对人是否具有过错。如果物权人在其物权受到侵害或妨害的情况下行使物权请求权,只需证明相对人已实施了侵害或妨害其物权的行为,便可要求相对人排除防害、返还原物、恢复原状,不必就相对人是否有故意或过失举证。但是,对于违法性是否排除,则需要根据情况具体分析。由《物权法》规定来看,第89条、第90条关于相邻通风、采光和日照以及相邻污染防止分别规定了"不得违反国家有关工程建设标准"和"不得违反国家规定",可见对于这两类相邻关系,仍然需要以违反国家相关规定为前提。而对于因用水、排水、通行、铺设管线等利用相邻不动产造成损害的,则未作此要求。

对于侵权请求权来说,一般侵权损害赔偿采过错责任原则,责任构成要件是违法行为、损害事实、因果关系与主观过错。而对于环境污染侵权来说,则因为抽离了过错与违法性,只要求具备排污行为、损害事实和因果关系即可成立。并且,在举证责任方面,环境污染侵权采取举证责任倒置的原则。

由此,物权请求权和侵权请求权这两种不同的物权保护方法从不同的角度对物权损害予以不同的救济,应当根据不同的情况灵活适用才能最大限度地保护所有权人的利益。

在本案中,张、李两家相邻,李家养猪场因养殖污染导致张家水井受损,依据《物权法》第 90 条规定,不动产权利人不得违反国家规定弃置固体废物,排放大气污染物、水污染物、噪声、光、电磁波辐射等有害物质。李家排放水污染物造成张家损失,因而可以构成《民事案件案由规定》所称的"相邻污染侵害纠纷"。但问题在于,相邻污染侵害纠纷作为物权纠纷的表现形式,受害人若行使物权请求权,虽无需证明被告是否具有过错,但仍需由受害人证明相邻权人违反了国家规定,且需证明水井污染系其养猪排泄物造成。这对于原告来说,显然较为困难。

依据《水污染防治法》第 49 条规定,"畜禽养殖场、养殖小区应当保证其畜禽粪便、废水的综合利用或者无害化处理设施正常运转,保证污水达标排放,防止污染水环境",2001 年制定的《畜禽养殖污染防治管理办法》,畜禽养殖污染是指在畜禽养殖过程中,畜禽养殖场排放的废渣,清洗畜禽体和饲养场地、器具产生的污水及恶臭等对环境造成的危害和破坏。

该办法同时规定,畜禽养殖场是指常年存栏量为 500 头以上的猪、3 万羽以上的鸡和 100 头以上的牛的畜禽养殖场,以及达到规定规模标准的其他类型的畜禽养殖场。从表面上看,构成畜禽养殖污染必须以规模化养殖为前提,但实际上,上述条件仅仅是构成适用环境影响评价等程序的行政管理规范的前提,并非承担民事责任的条件,根据《水污染防治法》和《侵权责任法》等规定,承担污染责任的前提,即在于排污行为造成了损害事实,其并未对个人或者企业进行区分,且并未以超标为理由,并且实行举证责任倒置。因而,本案构成环境污染侵权亦无疑问。

由此,本案事实上构成了物权请求权上的相邻污染侵害纠纷与侵权请求权上的环境污染侵权纠纷的竞合,在请求权发生竞合时,应当由受害人选择于己最有利的方式。本案的难度在于,受害人如果并未主张依据哪部法律或者哪个请求权起诉,则法院必须面临着案由选择的问题,但显然,上述两个案由虽针对同一问题,在构成、举证、后果等方面却存在重大差异,从而对当事人利益产生根本影响。更大的问题是,既然依据现行法,其可以同时构成相邻污染侵害纠纷和环境污染侵权纠纷,无论依据哪个案由审理都是正确的,但两审法院却将二者对立起来,产生适用上的矛盾。其根源在于,《物权法》第 90 条规定的范围突破了各国关于不可量物侵入的规定,进入到实质型污染的范畴,又未把握实质型污染的特殊性,因而与其他立法发生冲突,造成适用上的困境。其解决的根本出路,即在于对拟制型污染和实质型污染进行区分,分别适用不同的规则。

第二节 拟制型污染侵权

一、理论阐释

(一) 拟制型污染侵权概述

拟制型污染侵权是笔者根据环境污染侵权的特点所作出的类型化区分,从概念上讲较为陌生。但是,对于拟制型污染的规制历史则已非常久远,其制度体现即各国民法上所称的不可量物侵害、近邻防扰等问题,我国民法学研究中一般称为不可量物侵入。

对于什么是不可量物,目前我国法律还没有一个明确的界定,但从其词义及国外的立法经验上看,不可量物是指没有一定、具体的形态,不能用传统的衡量方式加以计量,但能因人的行为而对他人合法权益造成侵害的物体,具体来说,即是指煤气、蒸汽、热气、臭气、烟气、灰屑、喧嚣、电磁波、光、震动及其他相类似者侵入邻人的土地、建筑物或其他工作物时造成的干扰性妨害或损害。

如《德国民法典》第 906 条规定:"从另一土地排放的煤气、蒸气、臭气、烟雾、煤烟、热气、噪声、震动以及类似的侵入,如对土地的使用未造成侵害或者只是轻微侵害的,土地的所有权人不得禁止。当从另一土地排放的具有重大损害的侵入是按照当地通行的使用方法产生的,而且对使用人尚无经济上可以设想的措施要求加以制止的情况时,上述规则同样适用。土地的所有权人在因此而必须容忍侵入的情况下,如果这种侵入对根据当地惯常的土地利用或者土地的收益造成超过设定限主的损害时,可以向排放侵害物的土地所有权人要求金钱赔偿,设置特殊的管道侵入他人土地不为许可。"我国台湾地区"民法典"第 793 条规定:"土地所有人,于他人之土地有煤气、蒸汽、臭气、烟气、热气、灰屑、喧嚣、振动及其他与此类似者侵入时,得禁止之。但其侵入轻微,或土地形状、地方习惯,认为相当者,不在此项。"《瑞士民法典》第 684 条也规定:"1. 任何人,在行使其所有权时,特别是在其土地上经营工业时,对邻人的所有权有不造成过度侵害的注意义务。

2. 因煤、烟、不洁气体、音响或振动而造成的侵害,依土地的位置或性质,或依当地习惯属于为邻人所不能容易的情况者,应严禁之。"

通过上述国家和地区的规定来看,明确规定了相邻关系中的容忍义务,即遭受来自于相邻不动产的污染物侵害时,此种侵害如果是轻微的,或者按地方习惯认为不构成损害的,则应当容忍,不能阻止相邻不动产排放或施放污染物。只有此种侵害超过必要的限度或者可容忍的限度时,才可以通过法律途径要求相邻不动产权利人停止侵害、消除危险、排除妨害,以及赔偿损失。这样规定的目的是维持相邻不动产之间的和睦关系,因为一个人不可能生活在真空里,来自于相邻不动产的污染物的侵入是不可避免的,但这种侵害不能超过一个合理的度。

我国缺乏对不可量物侵入的完整规定,相关规范主要分散在不同立法中。如《物权法》第90条规定:"不动产权利人不得违反国家规定弃置固体废物,排放大气污染物、水污染物、噪声、光、电磁波辐射等有害物质",即是将其作为所有权相邻关系的一种类型对待。此外新《环境保护法》第42条亦规定,"产生环境污染和其他公害的单位,必须把环境保护工作纳入计划,建立环境保护责任制度;采取有效措施,防治在生产建设或者其他活动中产生的废气、废水、废渣、粉尘、恶臭气体、放射性物质以及噪声、振动、电磁波辐射等对环境的污染和危害",其中包含了实质型污染和拟制型污染的内容,构成了我国现行法中对于"污染"进行界定的主要因素。梁慧星教授领衔的《物权法草案建议稿》中借鉴我国台湾地区"民法"所作的立法建议,规定"土地所有人或使用人,于他人的土地、建筑物或其他工作物有煤气、蒸汽、热气、臭气、烟气、灰屑、喧嚣、无线电波、光、震动及其他相类似者侵入时,有权予以禁止。但其侵入轻微,或按土地建筑物或其他工作物形状、地方习惯认为相当的除外",可以说代表了我国学说对于不可量物侵入的主流认识。

但是,当代的不可量物侵入因为环境问题的变迁与百余年前德、法、日等国的规定已经有了较大的区别,这些区别体现于当事人之间很多情况下已经不再是基于民法的平等性和互换性具有地位平等的关系,也不仅仅是围绕传统意义上的不动产而发生的相邻关系。侵权人在很多情况下是从事生产经营的企业,具有比受害人强势的经济地位。并且,由于诸多不可量物已经具有相应的规范标准作为管理的依据,在发生侵权时,如何协调"达标"与传统意义上的"容忍义务"也是需要考量的要点。正缘于此,本书未采用传统的不可量物侵入的概念,而使用与公害型环境污染(实质型污染侵权)相对应的拟制型污染侵权称谓,与实质型污染侵权相比,其属于非典型的环境侵权行为。

(二)拟制型污染侵权的认定

拟制型污染侵权的成立需具备以下要件:

1. 行为人从事了排放噪声、光、热、振动、辐射等行为。拟制型污染多发生在日常生活过程中,与人们生活更为密切。由于其并未经历对生态环境本身造成侵害之后再作用于人身、财产的过程,因而,排污行为通常较容易认定。

2. 受害人人身或财产受到损害。与实质型污染侵权不同,拟制型污染侵权主要是针对人体健康造成损害,在很多场合是对人体舒适度的干扰,无需具有有形的损害,如疾病、伤残、死亡等,因而损害事实较难以证明,在这种情况下,法院往往以被告行为是否超过国家规定作为判断标准,在没有规定的情况下,法院的自由裁量权较大。此外,拟制型污染侵权也可能造成财产损失,主要是因为拟制型污染造成饲养动物受损的场合。

3. 行为人的排污行为与受害人的损害事实之间具有因果关系。拟制型污染造成人体健康或者财产受损同样是一个复杂的过程,尤其是在造成疾病的场合,由于疾病的发生具有多种可能性,因果关系证明仍是原告不可承受之重。因而,实质型污染侵权中的举证责任倒置仍然适用。

4. 行为人的排放行为需违反法律规定,即具有行为的违法性,其理由,已在本章第一节叙明。此时,违反法律规定即视为过错,并且由行为人对其行为是否违反法律承担举证责任。因而,在拟制型污染侵权的归责上,实行过错推定原则。

5. 需在诉讼时效内提起。拟制型污染同样适用《环境保护法》第42条的规定,因环境污染损害赔偿提起诉讼的时效期间为三年,从当事人知道或者应当知道受到污染损害时起计算。受害人未在诉讼时效内提起的,丧失胜诉权。

(三)拟制型污染侵权的类型

从各国关于不可量物侵入的立法例看,多采用具体列举的方式,如煤气、蒸汽、热气、臭气、烟气、灰屑、喧嚣、电磁波、光、震动等。结合我国的实际状况,主要有以下类型:

1. 噪声污染侵权

噪声污染是最为常见的拟制型污染类型之一。1996年10月29日,第八届全国人民代表大会常务委员会第二十二次会议通过了《环境噪声污染防治法》,从法律上对环境噪声和噪声污染作出了界定,该法第2条规定:"本法所称环境噪声,是指在工业生产、建筑施工、交通运输和社会生活中所产生的干扰周围生活环境的声音。本法所称环境噪声污染,是指所产生的环境噪声超过国家规定的环境噪声排放标准,并干扰他人正常生活、工作和学习的现象。"并分别规定了工业、建筑施工、交通运输和社会生活四个领域噪声污染的防治和监管。

噪声污染侵权具有以下特征:

第一,噪声污染没有污染物质,在空气中传播不会造成环境本身的污染。

第二,噪声污染具有即时性。噪声影响不持久、没有累积效应,噪声源一旦停止,噪声也就相应地消失。

第三,噪声污染属于感觉性污染,与人的生活状态有关,在污染的有无和程度上,与人的主观评价关系密切。因此,即使噪声排放符合国家标准,由于每个人对于噪声的容忍度不同,亦有可能产生不同的感受。

第四,噪声造成的损害范围具有广泛性,既可能影响人的睡眠和休息,干扰工作,妨碍谈话,使听力受损,甚至引起心血管系统、神经系统和消化系统等方面的疾病;也可能影响动物的正常习性,造成财产方面的损害。

针对噪声污染侵权引发的民事责任,《环境噪声污染防治法》第61条规定:"受到环境噪声污染危害的单位和个人,有权要求加害人排除危害;造成损失的,依法赔偿损失。赔偿责任和赔偿金额的纠纷,可以根据当事人的请求,由环境保护行政主管部门或者其他环境噪声污染防治工作的监督管理部门、机构调解处理;调解不成的,当事人可以向人民法院起诉。当事人也可以直接向人民法院起诉。"由该条可以看出,对于噪声污染侵权,该法并未沿袭《环境保护法》的做法,规定"造成污染危害的,有责任排除危害,并对直接受到损害的单位或者个人赔偿损失",从文义解释看,其并未确立无过错责任。尽管依据新《环境保护法》第42条列举了噪声作为环境污染的类型之一,可以适用无过错责任原则,但是,基于两部法律处于同一位阶,无论是根据特别法优于普通法还是后法优于前法,都应当适用第61条的规定。加上《环境噪声污染防治法》第2条对于"噪声污染"的界定,必须满足"超过排放标准"和"干扰正常生活"两个条件,故而在司法实践中,通常以是否超过噪声排放标准作为承担民事责任的条件,这与第二部分笔者建议作出的立法修正是相符的。

综上,噪声污染侵权的构成要件为:

(1)行为人实施了超标排放噪声的行为,这里的噪声来源包括工业生产、建筑施工、交通运输和社会生活等方面;在噪声标准方面,我国先后制定了一系列的声环境质量标准和环境噪声排放标准,如《声环境质量标准》《机场周围飞机噪声环境标准》《工业企业厂界环境噪声排放标准》《社会生活环境噪声排放标准》《摩托车和轻便摩托车定置噪声排放限值及测量方法》《摩托车和轻便摩托车加速行驶噪声限值及测量方法》《三轮汽车和低速货车加速行驶车外噪声限值及测量方法(中国Ⅰ、Ⅱ阶段)》《汽车加速行驶车外噪声限值及测量方法》《汽车定置噪声限值》《建筑施工场界噪声限值》《铁路边界噪声限值及其测量方法》等[①],在判断噪声排放是否达标时,需要根据不同区域的具体规定加以判断。

(2)受害人人身、财产受到了损害。这里的人身损害,既可以是造成疾病、伤亡,也可以是单纯的精神上的困扰,受害人需证明其损害的发生。

(3)损害与超标排放噪声具有因果关系。排放噪声者需举证其行为不可能造成损害,或者具有不承担责任和减轻责任的事由。

只有满足上述三个方面,才能构成噪声污染侵权。在达标仍然造成损害的情况下,由法院依据公平责任原则行使自由裁量权。

2. 光污染侵权

光污染问题最早于20世纪30年代由国际天文界提出,他们认为光污染是城市室外照明使天空发亮造成对天文观测的负面影响。后来英美等国称之为"干扰光",在日本则称为"光害"。目前,国内外对于光污染并没有一个明确的定义,一般认为,光污染泛指影响自然环境,对人类正常生活、工作、休息和娱乐带来不利影响,损害人们观察物体的能力,引起人体不舒适感和损害人体健康的各种光。

光污染的类型主要有白亮污染、人工白昼和彩光污染三类,一般称之为噪光。白亮污染主要来源于城市建筑物的玻璃幕墙、釉面砖墙、磨光大理石

---

① 关于省环境质量标准和环境噪声排放标准的具体内容,参见环境保护部:《环境噪声与振动标准目录》,载 http://kjs.mep.gov.cn/hjbhbz/bzwb/wlhj/shjzlbz/200412/t20041229_63467.htm,访问日期:2014年11月12日。

和各种涂料等装饰反射的太阳光线;人工白昼主要是由夜晚一些大酒店、大商场和娱乐场所的广告牌、广告灯、霓虹灯,以及大城市中设计不合理的夜景照明等发出的强光造成;彩光污染主要是舞厅、夜总会、夜间游乐场所的黑光灯、旋转灯、荧光灯和闪烁的彩色光源发出的彩光所形成的光污染,其紫外线强度远远超出太阳光中的紫外线。

与光污染纠纷相类似的概念是采光和日照。近年来,随着城市建设速度加快,住宅建设用地供应趋紧,有些开发商违规施工,超规划建设,导致新建住宅楼层数过高,密度过大;有些人甚至为求便利,乱搭乱建,影响相邻建筑的通风、采光和日照,使因"阳光权"引发的纠纷日益增多,因而《物权法》第89条规定:"建造建筑物,不得违反国家有关工程建设标准,妨碍相邻建筑物的通风、采光和日照。"由此可见,采光和日照争议主要针对的是人为因素导致获取自然光不足而产生的纠纷,而光污染则是人为因素导致自然光属性改变,二者均是对获取光的合理度产生破坏。

我国目前关于光污染的规定主要是《物权法》第90条的规定:"不动产权利人不得违反国家规定弃置固体废物,排放大气污染物、水污染物、噪声、光、电磁波辐射等有害物质。"此外,一些省市的条例、规定中也涉及了光污染,如《山东省环境保护条例》(2001)第19条规定:"城市人民政府应当制定本区域环境综合整治目标和措施,加强对废水、废气、粉尘、固体废物、噪声、辐射、光污染、热污染、建材等污染的防治。对有毒有害及放射性物品应当实行集中处理和管理";《珠海市环境保护条例》(2008)第75条规定:"本市中心城区严格控制建筑物外墙采用反光材料,建筑物外墙使用反光材料的,应当符合国家和地方标准";第76条"灯光照明和霓虹灯的设置和使用不得影响他人正常的工作生活和生态环境",对于白亮污染和人工白昼作出了规定;《深圳经济特区环境保护条例》(2009)第53条规定:"市政府应当制定环境装饰照明技术规范,并组织实施。在室外使用灯光等照明设备,应当符合环境装饰照明技术规范的要求。"这些规定多是简单的原则性规定,只强调应当防治,至于具体如何认定和防治光污染以及光污染侵害发生后如何处理则并未涉及。在标准方面,据笔者视野所及,尚只有上海市质量技术监督局制定的《城市环境(装饰)照明规范》予以规定。

本书认为,根据拟制型污染的基本原理,构成光污染侵权需具备以下条件:

(1) 行为人实施了改变光的自然属性的行为。具体言之,是光的侵入使环境发生了变化,如温度的明显上升、影响视觉等,从而降低了环境质量,改变了原先的生活环境,影响了被侵入方的正常生活,降低了被侵入方的生活舒适度。造成光污染必须是人为改变光的自然状态,如新建建筑物玻璃幕墙反光以及设置各种灯饰等。

(2) 要造成一定的损害事实。这种损害包括财产损害(包括直接和间接的财产损害),但更重要的是人的精神损害。因为光的侵入影响了他人的正常生活,降低了生活的舒适度,给人的身心带来了损伤,影响了工作、学习和生活,所以光污染最关键的在于造成精神干扰。

(3) 侵权行为与损害事实之间有因果关系。也就是说,光污染行为与损害事实之间具有关联性,即光污染行为直接或间接造成了损害事实。没有因果关系,则不存在光污染侵权问题。

(4) 必须超过一定的限度。轻微的光侵入并不构成光污染侵权,在已有标准的情况下,可以以标准作为判定的依据;在没有标准的情况下,该限度需由法官依公平责任原则行使自由裁量权加以实现。

3. 振动污染侵权

物体的运动状态随时间在极大值和极小值之间交替变化的过程称为振动。过量的振动会使人不舒适、疲劳,甚至导致人体损伤。其次,振动将形成噪声源,以噪声的形式影响或污染环境。环境振动是环境污染的一个方面,铁路振动、公路振动、地铁振动、工业振动均会对人们的正常生活和休息产生不利的影响。我国于1990年颁布了《城市区域环境振动标准》,对城市不同区域的环境振动标准限值作出了规定。

振动对人的影响大致有四种情况:

(1) 人体刚能感受到振动的信息,这就是通常所说的"感觉阈"。人们对刚超过感觉阈的振动,一般并不觉得不舒适,即多数人对这种振动是可容忍的。

(2) 振动的振幅加大到一定程度,人就感觉到不舒适,或者作出"讨厌"的反应,这就是"不舒适阈"。"不舒适"是一种心理反应,是大脑对振动信息的一种判断,并没有产生生理的影响。

(3) 振动振幅进一步增加,达到某种程度,人对振动的感觉就由"不舒适"进入到"疲劳阈"。对超过疲劳阈的振动,不仅有心理的反应,而且也出现生理的反应。这就是说,振动的感受器官和神经系统的功能在振动的刺激下受到影响,并通过神经系统对人体的其他功能产生影响,如注意力的转移、工作效率的降低等。对刚超过"疲劳阈"的振动来讲,振动停止以后,这些生理影响是可以恢复的。

（4）振动的强度继续增加,就进到"危险阈"(或"极限阈")。超过危险阈时,振动对人不仅有心理、生理的影响,还产生病理性的损伤。这就是说,这样强的振动将使感受器官和神经系统产生永久性病变,即使振动停止也不能复原。

关于振动污染的民事责任,我国并无具体规定。原《环境保护法》第24条将振动作为污染的一种类型,从而使振动成为环境污染侵权的一种类型。构成振动污染需具备行为人实施了造成环境振动的行为,对他人人身、财产造成损害,并且行为与损害具有因果联系,此外,构成污染侵权需以违反振动排放标准为前提,目前对于振动的判断标准为1989年制定的《城市区域环境振动标准》。

实践中,振动与噪声往往伴随而生,但此时噪声主要是由振动所导致,是振动所产生的一个后果,主要对人的精神产生妨害;而振动除对人的精神造成困扰外,往往还会造成墙体开裂等财产损害,因而,并不能为噪声污染侵权所容纳,这一点也为实践中的大量判决所证实。

4. 辐射污染侵权

辐射可以分为电离辐射和电磁辐射,电离辐射又称放射性,包括核设施,核技术利用,铀(钍)矿、伴生放射性矿开发利用,以及放射性废物等所产生的辐射;电磁辐射包括信息传递中的电磁波发射以及工业、科研、医疗、高压送变电等活动中使用电磁辐射设施、设备所产生的辐射。电离辐射由《放射性污染防治法》调整,而电磁辐射尚无专门立法,目前在国家层面则主要是《电磁辐射环境保护管理办法》。有些省份则专门制定了《辐射污染防治条例》,统一将电离辐射和电磁辐射纳入调整范围。

《放射性污染防治法》第59条规定,"因放射性污染造成他人损害的,应当依法承担民事责任";《电磁辐射环境保护管理办法》第30条也规定,"造成环境污染危害的,必须依法对直接受到损害的单位或个人赔偿损失。"问题在于,两部立法对于构成电离辐射污染或者电磁辐射污染都规定了特殊的条件,《放射性污染防治法》第62条规定,放射性污染是指由于人类活动造成物料、人体、场所、环境介质表面或者内部出现超过国家标准的放射性物质或者射线;而根据江苏《辐射污染防治条例》规定,电磁辐射污染是指电磁辐射设施、设备在环境中所产生的电磁能量或者强度超过国家电磁环境保护标准的现象。由此可见,对于构成辐射污染,一般均需以超过国家标准为前提。

鉴于放射性污染危害的严重性,其受到的关注也较多,尤其是针对核损害的民事责任,在国际层面上不仅有《关于核损害的民事责任的维也纳公约》,各国民法也通常对核损害进行单独的应对,如《德国环境责任法》第18条规定:"本法规定不适用于由《原子能法》和《1960年核能领域中第三方责任巴黎公约》、《1962年核动力船舶经营人责任布鲁塞尔公约》以及《1971年海上核材料运输民事责任布鲁塞尔公约》等规制下的核事故引发的损害。"我国《侵权责任法》第70条将核损害作为高度危险责任对待:"民用核设施发生核事故造成他人损害的,民用核设施的经营者应当承担侵权责任,但能够证明损害是因战争等情形或者受害人故意造成的,不承担责任。"

而作为一种新型污染,电磁辐射污染则受到关注时间较短。由于电磁辐射污染隐蔽性强、影响范围大、损害后果具有长期性和潜伏性,对人体的影响至今在科学上尚未完全明确。随着人民健康意识的提高,对于电磁辐射污染的关注度越来越高,相关纠纷也越来越多,常见的有因在居民区建设电磁辐射设施、设备引起的排除妨碍纠纷;因电磁辐射污染所致人身伤害要求侵权损害赔偿纠纷;因手机电磁辐射污染引发的纠纷;因开发商隐瞒有关电磁辐射污染的真实情况导致的商品房纠纷等。

目前,我国除了《电磁辐射环境保护管理办法》《广播设施保护条例》等部门立法,以及《电磁辐射防护规定》《环境电磁波卫生标准》等行业标准外,在电磁辐射方面,尚没有高位阶的立法和国家标准。在电磁辐射污染的民法应对方面,《物权法》第90条将其作为相邻权限制的一种类型;《侵权责任法》虽然未具体列举,但根据《环境保护法》第24条之规定,电磁辐射致人损害属于污染范畴并无疑问。

由于辐射从其发生学来看属于拟制型污染,如果单从形式上看,辐射污染侵权应当与噪声、振动污染等适用同一规则。从实践来看,基本上所有的辐射污染侵权都将符合相关标准作为不承担责任的事由,因辐射污染提起的诉讼,尚未见原告胜诉的判决。由此,我们不能不检讨辐射污染的特殊性。

环境侵权作为利益衡量的结果,其价值目标上倾向于对受害人利益进行保护,保护的主要手段,一为无过错责任的确立,一为因果关系推定或举证责任倒置,一为诉讼时效延长。之所以进行特殊保护,在于在该领域中,由于当事人地位的实质不平等,以及科学不确定性的存在,如果按照传统的侵权来处理,法律调整社会秩序的功能将受到削弱,因而,法律必须在牺牲某一方当事人利益的情况下作出取舍。

从辐射污染来看,其虽然在形式上与其他拟制型污染类型相同,但究其实质,则会发现其已经违背了对拟制型污染和实质型污染进行区分的初衷:

其一,纠纷当事人地位不平等。辐射污染加害人多为具有垄断地位的大企业,具有专业、人力和财力上的支持,而另一方通常是单独的个体或普通的民众,当事人不再具有平等性和互换性的特征,如果不由法律进行矫正,将首先在当事人地位上陷入实质不平等的状态。

其二,辐射的相关标准主要由行业主管部门所制定,而加害人通常是行业内的垄断企业,标准的制定通常有利于这些企业,如果以标准作为免责事由,有兼任"裁判员"和"运动员"之嫌疑。

其三,由于辐射污染的危害仍没有科学的证据证明,因而制定的标准也不一定是对健康保障最为有利。在此情况下,以符合标准来判断损害不会发生,并不具有实质的正当性。

其四,如果由排污企业来承担相关后果,比由受害人来承担后果更符合效益最大化的原则。这不是"劫富济贫",而是基于双方的力量对比和损失分担的考量得出的结论,加害人可以通过责任保险等方式分散风险,并且,实行更加严格的标准,对于企业提高其注意义务和技术水平也是有利的促进。

其五,从利益衡量来说,人体健康显然比经济利益具有更重要的地位。

基于以上理由,尽管辐射污染属于拟制型污染范畴,但其核心价值已偏离了拟制型污染侵权规则的制度初衷,因而应适用在该领域更能体现法律调整功能的实质型污染侵权的规则。

5. 其他拟制型污染侵权

热气污染。广义的热污染包括生产过程中的热污染和日常生活中的热气污染。前者属于实质性污染调整的范畴,如热电厂、核电站、炼钢厂等排放的含热废水、化工厂排放的含热废气等,分别属于水污染、大气污染的范畴;而热气污染则是指日常生活活动产生的致使小范围局部受热导致他人人身、财产受损的行为,如空调、饮食店等,应属于相邻关系范畴。此外,对于机动车等排放的二氧化碳,在全球气候变暖的背景下,也受到越来越多的重视,如美国联邦最高法院即已认定机动车尾气排放的二氧化碳属于大气污染物的范畴。

此外尚有油烟污染、臭气等产生于日常生活中的污染类型,均属于拟制型污染的范畴。

二、实例阐释:噪声污染侵权

卞某诉雅宝陶瓷有限公司环境污染损害赔偿纠纷案①

(一) 案情简介

卞某自1997年起在三道坝私营工业区经营康牧种鸡养殖场,经营效益良好。2002年6、7月间雅宝陶瓷有限公司(下称"雅宝公司")在距卞某鸡场20余米处施工建厂,自建厂及正式生产以来,卞某饲养的种鸡出现产蛋率下降、产软壳蛋、患腹膜炎等现象。2002年10月30日,卞某委托自治区环境监测中心站对鸡场周围的噪声情况进行了监测:雅宝公司与鸡场相距22米;雅宝公司厂界外1米处白天噪声最高79.5分贝、夜间最高为80.1分贝;种鸡场场界内白天的噪声最高分贝为73.5、夜间最高为73.1。同年11月1日,州动物防疫站、州畜牧局的专家对养鸡场损害出具调查意见认为:该种鸡饲料配给合理,疫病防治程序符合种鸡场的要求,该鸡场出现的种鸡产蛋率下降,软壳蛋增多,属于噪声超标准所致。卞某认为,雅宝公司厂房建设施工所用机械设备所形成的噪声以及被告投产后厂区设备和设施所产生的噪声直接影响到原告饲养的种鸡。自被告开始修建工厂起,其所购进的鸡苗已开始产蛋,由于噪声使种鸡受到应激反应,产蛋量明显下降,并有大量的软壳蛋,同时种鸡的受精率下降,合格种蛋明显减少。原告不得不对2001年6月购进的5000套种鸡和2001年11月22日购进的2500套种鸡提前淘汰,造成直接经济损失,因而要求雅宝公司赔偿损失888613元。

被告雅宝公司辩称:该公司设立、经营等一切手续合法有效,在生产过程中产生的噪声并没有违反农业部1999年5月6日发布的《畜禽场所环境质量标准》规定的雏禽60分贝,成禽80分贝。原告委托的自治区环境监测中心站2002年10月29日至30日所测数据白天最高为79.5分贝,而且靠近被告厂界的噪声高于靠近原告的鸡舍区。被告生产的噪声没有超过标

---

① 新疆维吾尔自治区昌吉回族自治州中级人民法院(2004)昌中民一初字第8号民事判决。

准,不存在违法的问题。其次,原告诉称种鸡产蛋率下降和发生卵黄性腹膜炎等损失与被告生产中产生的噪声不存在因果关系。原告提供的鉴定结论等,这些结论是不科学和无根据的,它们共同的特点是回避了多大的噪声才能对鸡的健康造成影响和危害。因此,原告的诉讼请求不能成立,应予以驳回。

诉讼期间,卞某委托新疆农业大学动物科学系对噪声给鸡群造成的影响进行了鉴定,结论为:因强噪声应激,影响康牧种鸡场三群种鸡的健康和生产性能,三群种鸡的最高产蛋率分别为63.4%、46.49%、40.7%,而在2001年该鸡场正常高峰产蛋率达到85%左右,这么低的产蛋率使种鸡失去了原有的种用价值。雅宝公司提供了新疆化工设计研究院于2002年7月出具的《雅宝公司年产120万平方米釉面砖项目环境影响报告表》,该报告认为场界噪声在《城市区域环境噪声标准》中的三类区标准限值(昼65分贝、夜55分贝)之内,评价区域声环境质量较好。雅宝公司同时提供了北京农学院温教授、中国农业大学动物科技学院王教授、刘教授的证言,均认为噪声是产生应激的原因之一,但60、70分贝的噪声不致造成大群鸡发生腹膜炎发病和产蛋率降低的后果。农业部《畜禽场环境质量标准》(NY-T388-199)规定,舍区生态环境质量噪声标准,雏禽为60分贝,成禽为80分贝。诉讼期间,法院重新委托昌吉州价格认证中心对康牧种鸡场的实际损失进行了鉴定,结论为:5500套艾维因种鸡和3000套香港麻花种鸡直接财产损失和可得利益为888613元。

重审期间,中国农业大学王教授、刘教授重新出具证言认为:新疆农业大学动物科学系材料中阐述的情况和结论,从专业角度看是合理的。虽然《畜禽场环境质量标准》规定,家禽舍内噪声标准为80分贝,但是由于鸡场的场址比较僻静,当外来噪声突然提高,鸡群在尚未适应时会出现不良反应。另外,针对《畜禽场环境质量标准》的适用与理解问题,农业部畜牧环境质量监督检验测试中心(该标准的有权解释部门)做了如下答复:此行业标准中规定的噪声标准为80分贝,但如果畜禽长期处于较高噪声(如60分贝以上)的环境中,则会对其生理机能产生影响,如出现体重和产奶产蛋率降低等现象(影响程序有待进一步实验研究)。《畜禽场环境质量标准》适用于对畜禽场环境质量的监测、控制、管理及畜禽场环境质量评价,为畜禽生产的源头环境质量管理提供政策性依据,它属于行业环境质量标准,而不是污染物排放标准。同时雅宝公司为证明其排放的噪声符合排放标准,分别向法庭提交了农业部办公厅函确定 NY/T388-1999 畜禽场环境质量标准为中华人民共和国推荐性农业行业标准,现行有效。国家环境保护总局函确定《城市区域环境噪声标准》是针对人而制定,不涉及畜禽。全国畜牧兽医总站答复函:噪声对鸡造成的影响与其强度、持续时间、作用方式等有关。至于持续的且低于 80 分贝的噪声能否导致鸡产软壳蛋、产蛋率下降,以及卵黄性腹膜炎,尚缺乏科学依据。

(二) 审理结果

本案的争议焦点为:(1) 环境污染的侵权责任能否构成?(2) 雅宝公司的抗辩理由是否成立?(3) 卞某提出的赔偿请求能否被支持?

法院认为,环境侵权民事责任作为一种特殊的侵权责任,适用无过错责任原则。《环境保护法》规定,造成环境污染危害的,有责任排除危害,并对直接受到损害的单位或者个人赔偿损失;《民事诉讼法》及相关司法解释进一步规定,环境污染损害赔偿案件,适用举证责任倒置原则。据此,雅宝公司应就自己的排污行为与种鸡受损之间没有因果关系承担举证责任。从本案双方提供的证据来看,卞某已经证明了雅宝公司排放噪声的行为以及种鸡受损的事实,同时,雅宝公司并不否认噪声对禽类的影响,只是认为自己排放的噪声在《城市区域环境噪声标准》中的三类区标准限值之内,并根据畜禽场环境质量标准,进一步认为低于 80 分贝的噪声不会对禽类造成损害。我国规定的环境侵权免责事由中的三种情形为:"一、不可抗拒的自然灾害;二、受害人的过错;三、第三人的过错",并不包括符合噪声排放标准的负责情形。雅宝公司没有违反国家规定的噪声排放标准,只是不具有行政法上的违法性,不受行政处罚。而其产生噪声的行为,实际造成了原告鸡群的损失,而具备了民法上的违法性,因而不能排除其在民法上的赔偿责任,因此,雅宝公司在不能提供充分有效的证据否认其排放噪声的行为与卞某鸡群损失存在因果关系的前提下,其行为构成环境污染侵权,造成卞某的损失其理应承担赔偿责任。依照《环境保护法》第 41 条、《民法通则》第 117 条、第 124 条、《环境噪声污染防治法》第 61 条之规定,判决如下:

新疆雅宝陶瓷有限公司赔偿卞某财产损失 888613 元,于判决生效后十日内履行,逾期则按照《民事诉讼法》第 232 条之规定,承担迟延履行期间的利息。案件受理费 23347 元,由卞某负担 16342.9 元,雅宝公司负担 7004.1 元。

(三) 案例评析

为更清晰地发现问题,我们先来看另一起噪声污染造成损害的案件。

原告王某等五人诉称,其自 2001 年 2 月搬入某商业城 A306 室居住,在此之前均身体健康。由于被告在原告所住处的公共通行楼梯过道安装多台制冷机、增氧机、中央空调和多个排油烟口,在原告居室楼板下直接安装振动剧烈的排风管道,全天候不间断地向原告住处大量排放有害的油烟、噪声、热、振动等污染物,使五原告入住后,健康状况受到了严重损害,请求依法判令被告停止排放油烟、噪声、热,消除导致原告住处非正常振动的原因以及赔偿医疗费、误工费、精神损害等各种损失 78686.92 元。被告则辩称人身损害事实不存在以及五原告所谓因污染致病的结果与被告没有任何关系。法院认为,双方争议焦点为:(1)被告所排放的油烟、噪声、热、振动是否对原告的居住环境造成污染?(2)上述的油烟、噪声、热、振动有否对五原告的人身造成损害?

对于第一个问题,法院认为,被告排放的油烟、噪声、热和振动是否对原告的居住环境产生污染需经过专业部门监测后才可作出认定,经市环境监测站监测,被告排放的油烟、噪声、热和振动各项指标均符合国家规定的标准限值以下。因而,被告污染事实不存在。

对于第二个问题,法院认为,被告排放的油烟、噪声、热、振动有否对原告人身造成损害需经过有资质的专业部门鉴定后才可作出认定。市医院人身伤害重新鉴定小组认为,依该院目前的技术水平和条件,无法对上述委托事项进行鉴定的答复。法院据此认为,被告排放的油烟、噪声、热均符合国家规定的标准限值,而且无法确定原告的病因与被告排放的油烟、噪声、热、振动之间存在有因果关系。据此,本院认为原告提供的上述证据与本案之间不存在关联性。

因而,依照最高人民法院《关于民事诉讼证据的若干规定》第 2 条、第 4 条第 1 款第 3 项之规定,判决驳回原告诉讼请求。

通过以上两个案例,我们会疑问:同一类型(噪声侵权)、同一条件(均是达标排放),法院却作出了完全相反的认定,其根源在于,前者将噪声污染作为典型的环境污染侵权对待,适用无错过责任、举证责任倒置等原则,因而即使被告达标排放,也不影响其民事责任的承担;而后者则是将噪声污染视为过错责任,由原告承担举证不能时的不利后果。其判决虽然列出举证责任倒置原则(第 4 条第 1 款第 3 项),但是在因果关系难以确定时,又并未将举证不能的责任归于被告。

而通过我们调研的大量关于噪声污染的案件来看,对于噪声污染侵权的案件,各地法院认定非常不一致,争议主要集中在噪声污染是否属于环境污染的一个类型,进而涉及无过错责任和举证责任倒置原则是否在噪声污染中适用的问题。在噪声超标的情况下,原告的诉求往往能够得到法院的支持,但是,如果被告达标排放,而噪声污染的侵害往往又是即时性的,损害也往往是即时性的,依据现有的科技条件往往难以确定损害与排放之间的因果关系。上述两案之所以会出现相反的判决,即是法官对上述问题的认识分歧密切相关的。

在本案中,法院对于是否达标排放是作为免责事由对待的,而通说则认为标准问题涉及责任的构成问题。尽管从现行法体系上看,法院对噪声污染致人损害适用《环境保护法》也未尝不可。但关键问题在于,标准问题是否应当成为污染侵权的构成要件?如果我们将标准作为考虑因素,本案在原告确实存在损失的情况下,其诉求能否得到支持?

声响使我们生存的这个世界变得丰富多彩,如果真是一片寂静,可以想象这个世界将多么单调。但凡事皆有度,一旦超过合理的度,人们得到的就不再是愉悦,而是喧嚣。每个人对于周围环境的体验是不一样的,因而需要一个为大多数人能够接受的界限来保障正常的生活秩序,这个界限即科学的环境标准的设定。这个标准能够使大多数人的健康和财产安全得到保障。如果缺乏一个进行客观衡量的标准,则会动辄产生争议,对他人生活、企业生产和社会秩序都不是一个利好消息,也是法律调整失范的结果。因而,在噪声污染侵权中,应当将是否达标作为衡量是否侵权的依据;在达标仍然造成损害的情况下,则适用公平责任。这一点,也为《环境噪声污染防治法》对于环境污染的定义所印证。

本案双方当事人均处于工业区,而工业区的一个显著特征,即是污染物排放集中,且工业区内各单位对于污染所需要的容忍度比其他区域要高。原告作为养鸡企业,应预见其养鸡场可能受到工业区内其他企业的干扰,因而,同样应当对因之出现的后果负有合理的容忍义务,这一容忍义务的量化标准即应当是相应的排放标准。根据《环境噪声污染防治法》的规定,构成噪声污染,需以环境噪声超过国家规定的环境噪声排放标准为前提。该法作为《环境保护法》的特别法,应当优先适用。因而,是否达标排放,就成为是否构成环境污染责任的前提。

但应注意的是,此处的标准是指环境噪声排放标准,而非质量标准,《畜禽场环境质量标准》应不予适用。由于当事人双方均位于工业区内,应当适用《工业企业厂界环境噪声排放标准》,该排放标准规定的日间最高限制为70分贝,夜间为55分贝,被告行为显然违背这一规定,具有违法性,从而构成噪声污染侵权,应当承担相应的民事责任。

本案同时也提出一个在拟制型污染侵权中具有普遍性的问题,即标准的科学性问题。此处的达标,主要指污染物排放标准。如果标准不够科学,显然对人身、财产的保护力度不够,从而使标准控制失去意义。因而,对于拟制型污染侵权来说,其的关键问题在于,在研究适合我国环境基准的基础上,制定符合人体健康和财产保障的环境标准。

三、实例阐释:光污染侵权

陆某诉永达公司环境污染损害赔偿纠纷案[①]

(一) 案情简介

原告陆某诉称:原告在被告经营场所的隔壁小区居住。被告经营场所东面展厅的围墙边,安装着三盏双头照明路灯,每晚七时至次日晨五时开启。这些路灯散射的强烈灯光,直入原告居室,使原告难以安睡,为此出现了失眠、烦躁不安等症状,工作效率低下。被告设置的这些路灯,严重干扰了居民的休息,已经违反从2004年9月1日起上海市开始实施的《城市环境装饰照明规范》的规定,构成光污染侵害。请求判令被告停止和排除对原告的光污染侵害,拆除该路灯,公开向原告道歉,并给原告赔偿损失1000元。审理中,原告将请求赔偿损失的金额变更为1元。

原告陆某提交以下证据:

1. 上海市安居房、平价房配售合同一份,用以证明陆某的居室与永达公司的经营场所相邻;

2. 2004年8月30日晚间拍摄的涉案路灯开启状态以及陆某居室外墙的照片2张,用以证明涉案路灯开启后的亮度以及陆某居室外墙受照射的程度;

3. 在陆某居室内拍摄的涉案路灯开启后灯光射入情况的录像片段,用以证明在夜间目视情况下,射入居室的涉案路灯灯光非常刺眼;

4. "人民网""北方网"上关于光污染的报道2篇,用以证明光污染会对

---

① 案例来源:《中华人民共和国最高人民法院公报》2005年第5期。

人体健康造成负面影响;

5.《城市环境装饰照明规范》文本,用以证明涉案路灯的灯光对陆某居室的照射已达到该规范所指的"障害光"和"光污染"标准。

被告辩称:涉案路灯是被告为自己的经营场所外部环境提供照明安装的,是经营所需的必要装置,而且是安装在被告自己的经营场所上,原告无权干涉。该路灯的功率每盏仅为120瓦,不会造成光污染,不可能侵害原告,更不会对原告造成什么实际的损害结果。该路灯不仅为被告自己的经营场所外部环境提供了照明,事实上也为隔壁小区居民的夜间行走提供了方便。即便如此,为搞好企业与临近居民的关系,被告在得知原告起诉后,已经切断了涉案路灯的电源,并保证今后不再使用,故不同意原告的诉讼请求。

被告未提交证据,对原告提交的证据,被告质证认为:对证据1无异议,证据2、3不能证明涉案灯光已构成光污染,也不能证明该灯光妨害了原告,证据4与涉案灯光无直接关系,证据5的真实性无异议,但无法证明涉案灯光的亮度已超出该规范规定的"障害光""光污染"标准。

法院查明:原告陆某的居室西侧与被告永达公司经营场所的东侧相邻,中间间隔一条宽15米左右的公共通道。永达公司为给该经营场所东面展厅的外部环境照明,在展厅围墙边安装了三盏双头照明路灯,每晚七时至次日晨五时开启。这些位于陆某居室西南一侧的路灯,高度与陆某居室的阳台持平,最近处离陆某居室20米左右,其间没有任何物件遮挡。这些路灯开启后,灯光除能照亮永达公司的经营场所外,还能散射到陆某居室及周围住宅的外墙上,并通过窗户对居室内造成明显影响。在陆某居室的阳台上,目视夜间开启后的路灯灯光,亮度达到刺眼的程度。陆某为此于2004年9月1日提起诉讼后,永达公司已于同年9月3日暂停使用涉案路灯。

另查明,《城市环境装饰照明规范》由上海市质量技术监督局于2004年6月29日发布,2004年9月1日在上海市范围内实施。在该规范上,"外溢光/杂散光"的定义是:"照明装置发出的光中落在目标区域或边界以外的部分";"障害光"的定义是:"外溢光/杂散光的数量或方向足以引起人们烦躁、不舒适、注意力不集中或降低对于一些重要信息(如交通信号)的感知能力,甚至对于动、植物亦会产生不良的影响时,即称之为障害光";"光污染"的定义是:"由外溢光/杂散光的不利影响造成的不良照明环境,狭义地讲,即为障害光的消极影响。"

(二) 审理结果

上海市浦东新区人民法院认为:

《环境保护法》第2条规定:"本法所称环境,是指影响人类生存和发展的各种天然的和经过人工改造的自然因素的总体,包括大气、水、海洋、土地、矿藏、森林、草原、野生生物、自然遗迹、人文遗迹、自然保护区、风景名胜区、城市和乡村等。"第6条规定:"一切单位和个人都有保护环境的义务,并有权对污染和破坏环境的单位和个人进行检举和控告。"环境既然是影响人类生存和发展的各种天然的和经过人工改造的自然因素的总体,路灯灯光当然被涵盖其中。被告永达公司在自己的经营场所设置路灯,为自己的经营场所外部环境提供照明,本无过错。但由于永达公司的经营场所与周边居民小区距离甚近,中间无任何物件遮挡,永达公司路灯的外溢光、杂散光能射入周边居民的居室内,数量足以改变居室内人们夜间休息时通常习惯的暗光环境,且超出了一般公众普遍可忍受的范围。因此永达公司设置的路灯,其外溢光、杂散光确实达到了《城市环境装饰照明规范》所指的障害光程度,已构成由强光引起的光污染,遭受污染的居民有权进行控告。

被告永达公司辩称,涉案路灯用于其经营场所的正常环境照明,是经营所需的必要装置。经查,涉案路灯不属于车站、机场、公路等公共场所为公众提供服务而必须设置的照明、装饰用灯,只是永达公司为自己公司的经营便利而设置的路灯。永达公司完全有条件以其他形式为自己经营场所的外部环境提供照明,或者通过采取遮挡等必要的措施来避免自己设置的路灯侵害他人合法权益。永达公司的此项辩解理由,不能成为其侵权行为的合理免责事由,故不予采纳。

被告永达公司辩称,涉案灯光没有对原告陆某造成实际的损害结果。环境污染对人体健康造成的实际损害结果,不仅包括那些症状明显并可用计量方法反映的损害结果,还包括那些症状不明显且暂时无法用计量方法反映的损害结果。光污染对人体健康可能造成的损害,目前已为公众普遍认识。夜间,人们通常习惯于在暗光环境下休息。永达公司设置的路灯,其射入周边居民居室内的外溢光、杂散光,数量足以改变人们夜间休息时通常习惯的暗光环境,且超出一般公众普遍可忍受的范围,光污染程度较为明显。在此情况下,陆某诉称涉案灯光使其难以安睡,为此出现了失眠、烦躁不安等症状,这就是涉案灯光对陆某的实际损害。陆某诉称的这些实际损害,符合日常生活经验法则,根据最高人民法院《关于民事诉讼证据的若干规定》第 9 条的规定,陆某无需举证证明,应推定属实。永达公司否认光污染对陆某造成了实际损害,应当举证反驳。永达公司不能举出涉案灯光对陆某身体健康没有产生危害的证据,该辩解理由亦不予采纳。

《民法通则》第 124 条规定:"违反国家保护环境防止污染的规定,污染环境造成他人损害的,应当依法承担民事责任。"《环境保护法》第 41 条规定:"造成环境污染危害的,有责任排除危害,并对直接受到损害的单位或者个人赔偿损失。"被告永达公司开启的涉案路灯灯光,已对原告陆某的正常居住环境和健康生活造成了损害,构成环境污染。永达公司不能举证证明该侵害行为具有合理的免责事由,故应承担排除危害的法律责任。永达公司已于诉讼期间实际停止了开启涉案路灯,并承诺今后不再使用,于法无悖,应予支持。因永达公司的侵权行为没有给陆某造成不良的社会影响,故对陆某关于永达公司公开赔礼道歉的诉讼请求,不予支持。尽管陆某只主张永达公司赔偿其损失 1 元,但因陆某不能举证证明光污染对其造成的实际损失数额,故对该项诉讼请求亦不予支持。

综上,上海市浦东新区人民法院于 2004 年 11 月 1 日判决:

(1)被告永达公司应停止使用其经营场所东面展厅围墙边的三盏双头照明路灯,排除对原告陆某造成的光污染侵害;

(2)原告陆某的其余诉讼请求,不予支持。

一审宣判后,双方当事人均未提出上诉,一审判决已发生法律效力。

(三)案例评析

本案属于因人工白昼导致的污染纠纷。受案法院通过列举《环境保护法》规定的"环境"的定义,将被告设置路灯的行为定性为经过人工改造的环境,接着又根据刚刚施行的《上海市城市环境装饰照明规范》,将被告路灯的外溢光定性为光污染,再直接根据《民法通则》和《环境保护法》关于环境侵权的规定加以适用。

在这个法律适用的过程中,《上海市城市环境装饰照明规范》发挥了关键作用,正是由于该规范对于光污染作出了界定,才有本案被作为环境侵权审理的结果。由于《民法通则》和《环境保护法》中并无关于光污染的规定,判决又未对光污染如何符合该两部法律规定的污染范畴作出说明,不能不说是一个遗憾。

本案及其他案件也说明,在《物权法》生效之前,由于对光污染的认定和法律适用缺乏依据,各地法院在审理光污染纠纷案件时,结果往往发生分歧。如同是发生在上海的周某诉上海招商局广场置业有限公司相邻关系纠纷一案中,被告所属的招商局广场大楼高 99 米,与原告居住的南京西路 591 弄 133 号相距 48 米左右。由于招商局广场大楼外墙使用了吸光性能差、反光性能强的浅蓝色的幕墙玻璃,每年 4 月至 9 月大楼墙体在太阳光的照射下形成强烈反射光,直照原告居室,室内外温差达 2 度以上,为躲避春夏季的强烈反射光,原告在阳台上搭建的简易挡光设施又使其冬季无法正常采光。原告认为,招商局广场大楼与原告住房的间距未达到国家有关标准,且大楼玻璃幕墙的反射光已构成光污染,严重影响了原告的正常生活和身体健康,于 2005 年 10 月 8 日诉至法院,请求排除光污染,判令被告为原告在阳台上搭建有效挡光设施,即搭建夏季可以遮挡反射光,冬季可以透光的设施。

  法院认为,不动产的相邻各方,应当正确处理通风、采光等方面的相邻关系。招商局广场大楼外墙体的玻璃幕墙在阳光的照射下确实存在反射光,但由于对于此类反射光产生危害性的程度和后果,缺乏技术支持,没有具体的数字指标和检测标准,故无法判定此类反射光是否对周围环境造成影响,以及影响程度。同时,原告提供的证据也难以证明每年 4 月至 9 月招商局广场大楼玻璃幕墙的反射光对其造成妨碍,影响了原告的正常生活,以及原告的病情与反射光之间存在因果关系,故原告要求被告排除光污染,为其在阳台上搭建有效挡光设施的诉讼请求,缺乏法律依据,本院不予支持。故最终判决驳回原告的诉讼请求。

  由本案可见,《上海市城市环境装饰照明规范》尽管可以对人工白昼和彩光污染作出一定程度的应对,但对于本案涉及的白亮污染并无涉及。而法院也依据《民法通则》中关于相邻关系的规定,作为过失侵权对待,从而判决原告败诉。这也充分说明对诸如"污染"等概括性概念进行充分列举的必要性。同时,本案也提出了光污染纠纷中的损害判定问题。由于光污染造成的损害主要是精神上的困扰,并进而对受害人的正常生活造成妨害,如果坚持以实质型污染中的健康受损作为判断损害的标准,原告将很难证明损害的存在。

  目前,对于光污染纠纷,主要适用《物权法》第 90 条的规定。但是,其与《侵权责任法》关于环境污染责任的规定仍然存在潜在纠纷。关于两者的适用争议,本章已屡次述及,此处不赘。

四、实例阐释：电磁辐射污染侵权

杨某等与某电业局土地人身损害赔偿纠纷上诉案[①]

（一）案情简介

1989年，湖南某电业局经批准在该市树木岭变电站就地升压新架220 KV输电线路。同年6月2日，市人民政府批准电业局向该市雨花亭乡某村民委员会（以下简村委会）征用土地11.98亩，并划定红线。7月26日，电业局与村委会签订《树木岭变电站220 KV升压工程土地征用协议》，给付村委会征地费32万元。同时，电业局在树木岭变电站就地升压新架220 KV输电线路，其中482号铁塔拟建在上诉人杨某已被征用的住房前庭院内。电业局施工时，遭上诉人阻碍，要求电业局另选地建塔，或将其住宅土地全部征用，另行安置宅基地建房。电业局遂要求原市郊区国土局解决。郊区国土局于1990年5月15日向上诉人杨某发出"限期腾地通知书"，对杨家在征用范围内的树木、花卉和铁塔施工对进出门、道路的影响及误工等补偿作出如下决定：补偿费加400%的物价上涨系数，共计人民币3512.90元，上诉人在三天内到村委会领取，腾出土地，否则申请法院强制执行。上诉人未自动履行，经原市郊区法院强制执行，电业局在腾出的上诉人庭院地建成巴树线482号输电铁塔，离上诉人住房1.9米，481到482号铁塔之间的输电高压线跨越上诉人住宅房屋，导线至屋顶垂直距离为13.4米。

1996年7月17日，杨某一家以电业局侵占土地使用权为由向天心区法院起诉，被判决驳回诉讼请求。杨某不服，向市中级人民法院提起上诉。在上诉审理中，上诉人就482号铁塔附近及高压输电线路电磁辐射引发疾病向被上诉人索赔，经本院司法技术鉴定中心鉴定：杨某患脑梗塞症，其妻王某患老年痴呆症，其女患心肌炎。其子也于1998年3月18日被某职工医院诊断为心肌炎。为证明上诉人所患疾病是否因被上诉人架设的高压输电线电磁辐射造成，1997年8月，根据国家环保局环监函（1997）75号文件精神，电业局委托省环保所对482号铁塔附近地面空间电磁场强度进行测试，同年8月28日和9月1日，省环保所在482号铁塔附近及上诉人住房分布5个测点进行测试，测试结果为五个布点的电：场强度、磁场强度、功率密度

[①] 湖南省长沙市中级人民法院（2000）长中民一终重字第802号民事判决。

均远低于国家《电磁辐射防护规定》(GB8702-88)和《环境卫生电磁波卫生标准》(GB8175-88)允许达到的限值或强度。1998年4月29日,国家环保局根据省环保局《关于高压送电变电电磁辐射污染纠纷有关问题的请求》复函:"建议采用工频电磁辐射仪,比照本底水平和国际有关标准进行测试鉴定"。同年11月,电业局根据复函要求,委托电科院进行工频磁场测试。同月3日至4日,电科院采用工频电磁测试仪对482号铁塔周围分三个区域进行了工频电磁场模拟测试,测试期间运行电压为227千伏,运行电流为90—95 A,测试结果为482号铁塔附近工频电场与工频磁场的最大值分别小于美国、德国等发达国家的限值。1999年6月23日,该案被发回重审,重审仍然判决驳回上诉人要求被上诉人电业局为其重新安置补偿和赔偿人身伤害损失及精神损失的诉讼请求。

上诉人称,被上诉人建482号铁塔输电线路直接跨越其房屋,违反了1987年国务院《电力设施保护条例》电力线路保护区的规定,要求被上诉人在距铁塔15米之外重新安置住宅。根据《电力设施保护条例》第10条规定,在一般地区,220 KV电压导线边线延伸距离为15米,在厂矿、城镇等人口密集地区,可略小于15米。根据国家经济贸易委员会和公安部重新修改的《电力设施保护条例实施细则》第5条规定,220 KV距建筑物的水平距离为5米。国家经济贸易委员会《110—500 KV架空送电线路设计技术规程》规定,220 KV高压线跨越房屋的最小垂直距离为6米。根据《电力设施保护条例》、《电力设施保护条例实施细则》及《110—500 KV架空送电线路设计技术规程》规定,架设高压输电线路500 KV以上不得跨越长期住人的建筑物之外,500 KV以下特殊情况需跨越房屋时,设计建设单位采取增加杆塔高度,缩短档距等安全措施,可以跨越房屋。上诉人称被上诉人第二次委托测试单位系被上诉人本系统单位,被上诉人辩称,当时具有国家环保局要求的测试仪器即工频电磁辐射仪的单位仅有电科院一家,上诉人未举出更有权威的测试单位。被上诉人架设的高压输电线还跨越了上诉人附近本村其他村民住宅,上诉人称其他村民也有患病现象,但未按法院要求提供证据,被上诉人则否认其他村民在架线后有患病现象。

(二)审理结果

二审法院认为,电业局架设的220 KV输电线路工程,依法办理了征地审批手续,对上诉人被征用的部分庭院土地,已按国家标准给予了征用补偿,不存在侵占上诉人土地使用权问题。被上诉人架设的高压输电线路,经省环保所与电科院两次测试,被上诉人住房的电磁场强度和辐射均小于国内、国际限值标准,上诉人所患疾病与被上诉人高压输电线路无因果关系,被上诉人已按法律规定承担上诉人损害与自己无因果关系的举证责任。上诉人以测试是在晴天,测试单位是被上诉人本系统单位,架线之后自己才患病为由,怀疑测试结果的公正性缺乏科学和法律依据。被上诉人线路虽跨越上诉人房屋,已采取增加塔杆高度,缩短档距等安全措施,符合国家有关规定,上诉人要求将其住房安置在线路的15米之外,不应支持。原判认定事实清楚,适用法律正确,上诉人上诉理由不成立。根据《民事诉讼法》第153条第1款第1项之规定,于2000年12月14日作出终审判决如下:

驳回上诉,维持原判。

(三)案例评析

随着人们环保意识和法律意识的增强,因辐射可能引发的健康风险也越来越受到关注,因而,电磁辐射污染纠纷也逐年增多。据公开资料显示,2007年,新疆接到的电磁辐射投诉达50余起[①];江苏省的电磁辐射纠纷每年以100%的速度增长,2006年达300起,在这种背景下,江苏省制定了《江苏省辐射污染防治条例》。[②] 很多省份都制定了电磁辐射的管理办法。但是,由于将电磁辐射限定于"电磁能量或者强度超过国家电磁环境保护标准",加之辐射超标造成的损害又难以得到科学的证明,而举证责任倒置往往又难以得到严格地贯彻,在电磁辐射侵权领域,受害人基本没有胜诉的可能。

如李某诉江苏省电信有限公司金坛市分公司等人身损害赔偿纠纷一案中,原告李某认为江苏省电信有限公司金坛市分公司在其家楼顶架设的小灵通基站和中国移动通信集团江苏有限公司金坛分公司在距其住房约160米处建立的移动基站产生大量电磁辐射,污染了周围环境,导致原告于2006年初患了白血病,因而请求两被告迁移基站,并赔偿医疗费等计人民币69043.57元。法院认为,本案属环境污染特殊侵权纠纷,原告应当首先举证证明损害结果存在及两被告存在损害环境的行为。在此基础上,由两被告就法律规定的免责事由及其行为与损害结果之间不存在因果关系进行举

[①] 《新疆电磁辐射污染纠纷案件数量不断增加》,载 http://unn.people.com.cn/GB/14801/7092639.html,访问日期:2014年11月12日。

[②] 《江苏将立法严管辐射污染,电磁辐射投诉连年增长》,载 http://news.qq.com/a/20070724/000926.htm,访问日期:2014年11月12日。

证。本案中原告未能举证证明两被告所设基站对周围环境存在损害,尤其是对人体会造成伤害。根据国家相关标准,通信基站有关数据符合安全限值要求,由于电磁波在空中衰减,其辐射不会对附近住户身体健康造成影响。诉讼中,两被告提交了监测报告以证明其基站各项数据符合限值要求,符合国家标准,在此情况下,举证责任即转由相对方(即原告)承担,但原告未能提供反证。因此,原告举证不充分,应承担相应的法律后果。因而判决驳回原告的诉讼请求。

由此可见,在法院认定过程中,其对于举证责任倒置给予了关注,但是,倒置到何种程度则存在不同认识。从上述两个案例均可看出,法院认为被告在举证其电磁辐射在国家规定幅度内即可免责。这种规定是否符合法律的公平正义,已在前文叙明。上述两个案例也说明,《侵权责任法》关于环境污染侵权的规定,在调整范围、损害认定、举证责任、赔偿标准等诸方面还需细化,通过总结实践经验,制定相应的司法解释是非常必要的。

第三节 实质型污染侵权

一、理论阐释

(一) 实质型污染侵权概述

实质型污染侵权是与拟制型污染相对应的概念。所谓实质型污染,是指人类向大气、水、土壤排放的物质超过了环境的自净能力,环境质量发生不良变化,危害人类健康和生存的行为。环境自净是指大气、水、土壤等的扩散、稀释、氧化还原、生物降解等的作用,污染物质的浓度和毒性会降低的现象。实质型污染侵权包括大气污染侵权、水污染侵权、土壤污染侵权、固体废物侵权等,由于其均需经过环境媒介的传播,且均以造成环境媒介的污染为前提,故而属于典型的环境污染侵权行为。

实质型污染侵权具有以下特征:

1. 实质型污染损害的过程具有复杂性。一般民事侵权和拟制型污染侵权造成损害,往往是该行为直接作用于人身或财产导致损害后果的发生,其中的过程比较单纯和直接,而实质型污染行为造成损害后果的过程却相对复杂得多,通常包括两个阶段,在第一个阶段人类活动影响环境,可能导致生态环境自身的损害;在第二个阶段受影响的环境反过来影响了人的利益,可能导致财产损害、人身损害、精神损害以及公民环境权益的损害。

2. 导致实质型污染损害的原因具有复杂性。在传统损害行为中,加害行为与损害的事实、程度及经过均比较明确,因而证明过失一般也比较容易;而在环境污染损害行为中,由于行为常常涉及深奥的科技知识,其原因事实与损害发生的程度、内容和经过之间的关系往往不甚明了,以致证明过失事实极为困难。环境污染危害机理日益复杂,损害后果的发生往往是多种因素共同作用的结果。多因素联合作用可能有几种情形:一是多种污染物的共同作用。污染源存在的广泛性和普遍性,使特定区域的人群接触的污染源不是单一的,多种污染物在环境中可以发生累加作用、共同作用、混合作用和生化反应等。如公路污染通常是由众多过往汽车排放废气和噪声而造成。二是污染物与环境因素的联合作用。污染物进入环境后,会与环境要素或特定的环境条件发生生化作用,从而产生或者加剧危害。

3. 实质型污染损害的原因行为在一定程度上具有社会妥当性。传统的侵权行为法所涉及的侵权行为,大多是一些诸如侵犯财产、人身伤害等违反社会生活常规、危害社会安全和秩序的无任何价值的行为,理应受到法律的制裁。然而环境污染损害后果的发生,与经济发展往往具有一种相伴相随的关系。造成环境污染损害的原因行为,通常是某些生产、建设或者经营活动,这些活动可以创造社会财富并增进公众福利,排放污染物是此过程中的副产品。如果这些生产、建设和经营活动受到禁止,则人类的文明发展必然受到消极的限制。因此,可以认定,环境污染损害的原因行为在一定程度上具有社会妥当性和价值正当性。

4. 实质型污染损害在时间上具有潜伏性和滞缓性。在传统侵害行为中,一旦行为人停止实施侵害行为,侵害当即停止;而在实质型污染损害行为中,由于环境污染损害常常是透过广大的空间和长久的时间,经过多种因素的复合累积后,才逐渐形成并显现出来的,因而其所造成的损害,往往不会因侵害行为的停止而立即停止,而是要在环境中持续作用一定的时间,从而使环境污染损害具有缓慢性。同时,由于环境污染损害所引起的疾病多具有潜伏期,一般要在几年或几十年后才会爆发,从而使得环境污染损害的缓慢性特性表现得尤为明显。这就使得环境污染损害的因果关系判定发生困难。因为依照传统的民法因果关系理论,要求行为与结果之间存在内在的、直接的、合乎规律的联系,仅仅证明工厂所排放的污染物,经过一定的路线到达被害区,致使多数被害人发生疾病还远远不够,还需进一步证明疾病确由该污染物造成。此外,还要收集工厂措施污染物的浓度,因扩散而被稀释的程度,足以致被害人发病的数量等等,才能认定因果关系的存在。然而,环境污染损害结果的发生往往须经长时间反复多次的侵害,甚至是种种因素的复合累积之后,方才显现。其牵涉的高深科技知识,非一般常人所能了解;其因果关系之有无,更非普通方法所能确定。倘若固守传统的因果关系理论,势必因其证明之困难而否定被害人请求损害赔偿的权利。因此,在环境污染损害领域,有必要对传统的因果关系理论进行变动,以解决这一难题。

5. 实质型污染损害具有广泛性。在传统损害行为中,侵害的对象一般为特定的人或物;而在实质型污染损害行为中,由于环境是人类生存和发展的重要场所,属人类所共有,因此,环境污染损害的对象,常常是相当地区范围内不特定的多数人或物。比如,由某工厂引起的空气污染,可能使周围居民的健康遭受危害,受害的居民完全可能人数众多;含有对人体有害成分的工业废水沿江河直下,沿岸的居民直接饮用了该水,或者使用该水灌溉农田,都有可能造成近期或者远期危害。其中近期危害,是指环境污染使大量人群在短期内出现急性暴发性疾病;而远期危害则往往在接触环境污染物后的十数年才陆续发病,甚至污染物并未使被污染者本人发病,而是通过被污染者将此致病因子遗传给了后代,从而危害了后代人的身体健康。由于环境污染损害不仅可以直接危害当代人,而且还可以对后代人造成间接危害,所以可以说,环境污染损害具有很大的社会危害性。

6. 实质型污染损害的多元参与性。在环境污染损害形成的过程中,有时单一的排污行为或环境开发行为并不会造成对环境的损害,必须众多的上述行为掺合在一起才能最终形成环境污染损害,即在很多情况下,环境污染损害是由众多的排污行为或环境开发行为共同造成的,从而具有多元参与性。很显然,环境污染损害的多元参与性,无疑给查证环境污染致害过程增加了难度。

正是由于实质型污染侵权的特殊性,要求对实质型污染侵权实行特殊的规则。

(二) 实质型污染侵权的认定

认定实质型污染侵权需具备以下要件:

1. 排污行为。构成实质型污染侵权必须以加害人实施了排污行为为前提。排污行为作为特定经济技术条件下,在生产和生活过程中不可避免的行为,其本身具有一定的社会妥当性,是单位和个人在促进经济发展和生活消费的过程,在现有经济技术条件下尚无法克服的外部性行为。正缘于此,在法律规定范围内的排污行为不具有违法性,因而与其他侵权责任构成中要求行为人实施了"违法行为"有所不同。实质型污染侵权中的排污行为一般包括排放水污染物、大气污染物、固体废弃物、有毒有害物质等。

2. 损害事实。损害作为一种事实现象,是行为人侵害他人权益的结果。任何侵权行为都必须以损害作为其构成要件。违约行为即使没有损害结果,也可能承担民事责任,但侵权行为必须以损害结果为前提。环境污染作为一种侵权行为,当然也不例外。依据环境污染损害的对象不同,一般可将环境损害分为三种:(1)财产损害,是指环境污染造成了他人的财物的减少或毁损。(2)人身伤害,是指与人的人格、身份密切联系的合法权益所受的损害。环境污染所造成的人身伤害包括两个方面,一方面是公民的生命、健康权受到侵害造成的身体伤害或死亡;另一方面是精神损害,指公民的精神、心理受到侵害而产生的恐惧、绝望、羞辱等精神痛苦。(3)环境本身的损害。一是生活环境的损害,人们只有在一定的环境质量限度内,才能正常舒适地生活,如果超过这一限度,则意味着生活环境受到损害;二是生态环境的损害,阳光、水、森林等环境要素相互作用,组成了生态系统,由于这些要素并不直接表现为财产,因此,对生态环境的损害目前还没有纳入环境侵权损害赔偿的范畴。

3. 损害事实与排污行为具有因果关系。排污者的排污行为与被侵权人所受到的损害后果之间具有因果关系,既是行为人具有可归责任性因而应当承担环境民事责任的基础,也是被侵权人具备损害赔偿请求权的资格并可向排污者提出环境损害赔偿请求的基础。唯环境损害的因果关系因其复杂性、专业性、科学技术性难以确定,故在最高人民法院关于民事诉讼证据的若干规定的司法解释中明确规定:因环境污染引起的损害赔偿诉讼,由加害人就法律规定的免责事由及其行为与损害结果之间不存在因果关系承担举证责任。之所以在环境污染损害赔偿案件中采取举证责任倒置的方式,是由于因排污行为而获益的不法行为人相对于受到污染损害的被侵权人而言在经济、技术和专业方面占据更大的优势,因而更应当就其排污行为与被侵权人受到的损害后果之间是否具有因果关系承担举证责任。

4. 不考虑过错与违法性,实行无过错责任。在德国法上,过错与违法性是两个不同的概念,尽管其评价对象相同,但违法性关注的是行为的否定响水的有效利用,危害人体健康或者破坏生态环境,造成水质恶化的现象。而水污染侵权,则是指因为直接或者间接向水体排放水污染物而导致他人人身、财产受损的行为。

关于水污染侵权所应承担的民事责任,1984年制定的《水污染防治法》即已规定造成水污染危害的单位,有责任排除危害,并对直接受到损失的单位或者个人赔偿损失,确立了水污染侵权的无过错责任,并将第三人过错和不可抗力作为不承担责任的事由;1996年该法进行修订时,仍然沿袭无过错责任的规定,并在总则规定"因水污染危害直接受到损失的单位和个人,有权要求致害者排除危害和赔偿损失",进一步确立了受害人的求偿权,同时,对不承担责任的事由作出部分修正,增加了受害人过错作为免责事由,同时明确第三人过错由第三人承担责任。2008年,《水污染防治法》作了第二次修正,对水污染纠纷的民事责任规则作出了迄今为止最为全面的认定,包含了受害人求偿权、不承担责任和减轻责任的事由、举证责任倒置、共同诉讼和代表人诉讼、支持诉讼和法律援助以及环境监测作为证据的规定等。尽管本法遗漏了归责原则的规定,但根据《环境保护法》以及《侵权责任法》的规定,在水污染侵权纠纷中适用无过错责任原则仍无疑义。

2. 大气污染侵权

《大气污染防治法》未对大气污染作出界定,根据国际标准化组织(ISO)的定义,"大气污染通常是指由于人类活动或自然过程引起某些物质进入大气中,呈现出足够的浓度,达到足够的时间,并因此危害了人体的舒适、健康和福利或环境的现象"。大气污染物主要分为有害气体(二氧化碳、氮氧化物、碳氢化物、光化学烟雾和卤族元素等)及颗粒物(粉尘和酸雾、气溶胶等)。它们的主要来源是工厂排放,汽车尾气,农垦烧荒,森林失火,炊烟(包括路边烧烤),尘土(包括建筑工地)等。根据2000年《大气污染防治法》的规定,我国目前法律调整的大气污染类型主要是因燃煤产生的二氧化硫、灰尘、氮氧化物等;机动车船排放的大气污染物;废气、尘和恶臭等。由于机动车处于不断流动状态难以加以控制,因而,从民事责任角度来看,大气污染侵权纠纷主要是由固定污染源导致。

关于大气污染侵权责任的承担,1987年制定的《大气污染防治法》确立了大气污染侵权的无过错责任以及不可抗力有条件的免责,2000年该法修订时保留了这一做法。这些规则也为《侵权责任法》沿袭并细化。目前,《大气污染防治法》正在修订过程中,据介绍,全国人大环资委已完成《大气污染防治法》的修改工作,对于大气污染物的范围有所扩大,如增加氮氧化合物、可吸入颗粒物等,但对于是否将二氧化碳列入存在争议,修订草案暂未列入。[1]

3. 固体废物污染侵权

固体废物,是指在生产、生活和其他活动中产生的丧失原有利用价值或者虽未丧失利用价值但被抛弃或者放弃的固态、半固态和置于容器中的气态的物品、物质以及法律、行政法规规定纳入固体废物管理的物品、物质。固体废物按来源大致可分为生活垃圾、一般工业固体废物和危险废物三种。此外,还有农业固体废物、建筑废料及弃土。固体废物如不加妥善收集、利用和处置将会污染大气、水体和土壤,危害人体健康。

关于固体废物污染侵权的民事责任,2004年修订的《固体废物污染环境防治法》对环境立法"重行政、轻民事"的倾向,用四个条文对民事责任作出了规定,一是明确了造成固体废物污染环境者负有排除危害、赔偿损失、恢复环境原状的责任(第85条);二是明确了在环境污染损害赔偿诉讼中实行被告举证制(第86条);三是明确了环境监测机构接受当事人委托如实提供监测数据的义务(第87条);四是明确了国家鼓励法律服务机构对环境污染诉讼中的受害人提供法律援助的措施(第84条第3款)。其基本规则也已经为《侵权责任法》所沿袭。

4. 海洋环境污染侵权

根据1999年《海洋环境保护法》的规定,海洋环境污染损害,是指直接或者间接地把物质或者能量引入海洋环境,产生损害海洋生物资源、危害人体健康、妨害渔业和海上其他合法活动、损害海水使用素质和减损环境质量等有害影响。污染海洋的物质众多,从形态上分有废水、废渣和废气,依其来源、性质和毒性,可分为以下几类:(1)石油及其产品;(2)金属和酸、碱,包括铬、锰、铁、铜、锌、银、镉、锑、汞、铅等金属,磷、砷等非金属,以及酸和碱等,直接危害海洋生物的生存和影响其利用价值;(3)农药。主要由径流带入海洋,对海洋生物有危害;(4)放射性物质。主要来自核爆炸、核工业或核舰艇的排污;(5)有机废液和生活污水,由径流带入海洋,极严重的可形成赤潮;(6)热污染和固体废物。

关于海洋污染损害的民事责任,《海洋环境保护法》第90条分别规定了

---

[1] 《〈中国大气污染防治法〉修订提速,碳减排将暂不列入》,载《21世纪经济报道》,http://news.sohu.com/20100419/n271592302.shtml,访问日期:2014年11月12日。

海洋环境污染损害的无过错责任、第三人责任和免责事由。尤为突出的是,第90条第2款规定,对破坏海洋生态、海洋水产资源、海洋保护区,给国家造成重大损失的,由依照本法规定行使海洋环境监督管理权的部门代表国家对责任者提出损害赔偿要求。

5. 其他实质型污染侵权

(1) 重金属污染侵权

重金属污染指由重金属或其化合物造成的环境污染,主要由采矿、废气排放、污水灌溉和使用重金属制品等人为因素所致。其危害程度取决于重金属在环境、食品和生物体中存在的浓度和化学形态。重金属污染主要表现在水污染中,还有一部分是在大气和固体废物中。

近年来,我国重大重金属污染事件频繁,据统计,中国每年有1200万吨粮食遭到重金属污染,直接经济损失超过200亿元;仅2009年,重金属污染事件致使4035人血铅超标、182人镉超标,引发32起群体性事件;我国1/6的耕地受到重金属污染,重金属污染土壤面积至少有2000万公顷;国家疾控中心曾对1000余名0—6岁儿童铅中毒情况进行免费筛查、监测,结果显示,23.57%的儿童血铅水平超标……

对于重金属污染造成的损害,我国目前没有专门的法律应对,而是根据其污染的环境介质分别由单行环境立法予以处理。在《侵权责任法》制定后,重金属污染应涵盖于该法规定的"污染行为"中。

(2) 有毒有害物质污染侵权

有毒有害物质是指:因生产的需要在生产过程中,或清洁、消毒、设施运作、害虫防治、化验过程中需使用到的清洁剂、消毒剂、杀虫剂、机器润滑油、化学试剂等化学品物质。对于有毒有害物质污染造成损害的民事责任承担,其应对方式同重金属污染。

(3) 土壤污染侵权

土壤污染是指人类活动所产生的污染物质通过各种途径进入土壤,其数量超过土壤的容纳和同化能力而使土壤的性质、组成性状等发生变化,导致土壤的自然功能失调,土壤质量恶化的现象。目前,在人类的生产、生活过程中介入土壤,可能导致土壤污染的物质来源广、种类多。其主要来源大体可以分为:① 工业"三废"的排放,工业排放的废气、废水、废渣如不经处理,都会直接或间接地污染土壤;② 化学制品污染,如农药、化肥的大量使用以及其他一些化学药品造成的污染;③ 污水灌溉,一些干旱地区使用生产、生活污水灌溉,从而导致土壤污染;④ 重金属污染,由于采矿和工业活动所引起的土壤重金属污染也很严重。

土壤作为与大气、水并列的环境介质,由于土壤污染是次级污染,其来源通常是水污染、大气污染、固体废弃物污染等造成,对于是否制定专门的土壤污染防治立法及其定位,一直存在争议。[①] 但是,即便没有专门的土壤保护立法,土壤污染损害也可以通过相关立法如《水污染防治法》、《侵权责任法》等实现。

同时需注意的,实质型污染侵权各类型并非有着严格的界限,其往往可以相互转化。

二、实例解析:水污染责任

塞外星纸业等与包头市供水总公司环境污染损害赔偿纠纷上诉案[②]

(一)案情简介

2004年6月25日,内蒙古河套灌区总排干沟管理局(下称总排干管理局)因退水将积存于乌梁素海下游总排干沟内约100万 m³ 的工业、生活污水随乌梁素海退水集中下泄排入黄河,造成"6·26黄河水污染事件"。据水利部黄河水利委员会出具的《关于黄河内蒙古河段"6·26"水污染事件的报告》(下称《报告》)载,"26日,乌梁素海入黄口COD和挥发酚浓度分别为517 mg/L、0.76 mg/L,均超污水综合排放一级标准4.17倍和0.5倍。27日16时20分,黄河张四圪堵(三湖河口下游70 km处)COD、氨氮、挥发酚浓度分别超标14.8倍、9.9倍、231倍。30日11时10分,画匠营断面COD、氨氮、挥发酚浓度分别超标5.75倍、7.83倍、11.4倍。从水质监测结果来看,此次水污染事件影响范围为黄河三湖河口—黄河万家寨库区间约400多 km 长的河段,历时14天(6月26日—7月9日18时30分),对黄河水体造成了严重污染,水质均为劣Ⅴ类,且超标幅度较大,水体完全丧失使用功能,河流生态系统受到严重破坏"。6月28日10时,包头市供水总公司关闭了黄河水源总厂的取水口;6月29日上午7时左右,污染水源进入黄河包头段;6月30日15时15分,市供水总公司关闭了磴口净水厂取水口。6月29

---

① 参肖萍、张宝:《论我国土壤污染防治的立法构建》,载《南昌大学学报(人文社会科学版)》2009年第6期。
② 内蒙古自治区高级人民法院(2005)内民二终字第54号民事判决。

日,市环保局、市水务局启动了《黄河包头段水源水质污染应急预案》,严格监控黄河包头段 3 个监测断面水质变化。市水务部门同时启动了《黄河包头段水源水质污染供水应急预案》,市供水总公司调整供水方式,采用地下水、饮用水源调蓄水库和昆都仑水库供水,并限制绿化和建筑用水,保障城市居民供水安全。同时通过媒体等向市民和有关企业通报黄河严重污染情况和应急供水预案。7 月 2 日 11 时,包头市境内三个取水断面的主要污染物指标均恢复到此前水平。7 月 3 日下午 4 时 14 分黄河水源总厂恢复取水,下午 7 时 45 分磴口净水厂恢复取水。黄河水源总厂和磴口净水厂因停产造成产值损失 272.84 万元,所增加的成本及费用 15.91 万元。

《报告》同时认为,本次污染主要原因是乌拉特前旗的工业排污所致。污染源主要为乌拉特前旗境内的塞外星华章纸业股份有限责任公司(下称塞外星公司)、内蒙古美利北辰浆纸股份有限公司(下称美利北辰公司)、内蒙古乌拉特前旗临海化工有限责任公司(下称临海化工),主要污染物为化学需氧量、氨氮、挥发酚等。塞外星公司、美利北辰公司虽有污水处理设施,但一直没有正常运行,废污水排放超过国家规定的排放标准。《报告》还认为,"25 日 19 时 30 分,乌梁素海以 12 m^3/s 的流量下泄退水,在客观上为聚积在乌梁素海总排干约 23.5 km 渠道内约 100 m^3 的工业废污水和生活污水集中下泄提供了动力条件"。包头市供水总公司据此请求法院判令四被告连带赔偿原告因黄河水源总厂和磴口净水厂停产造成的产值损失 304.745 万元,所增加的成本及费用 15.91 万元,为实现权利而支付的必要费用 4.8 万元,包括调查取证费、律师费等。

塞外星公司辩称,黄河水污染由来已久,污水的来源也是多方面因素造成的,全市境内的农田退水、城市污水、工业废水和上游的其他城市的污水都是造成黄河水污染的原因。该公司的污水处理厂 2002 年 6 月经内蒙古环保局整体验收达到排放标准。原告将全部污染事件强加于我公司在内的四被告,和造成此次污染事件的事实不相符。请求法院对污染事件全面调查分析,综合予以认定。

美利北辰公司辩称,该公司黑液和中段水经过处理后,排放时已完全达到国家规定的排放标准,不会对黄河水造成污染。造成此次事故的原因主要是因总排干管理局将乌梁素海退入黄河积存于退水渠内的造纸污水和生活污水在短时间内(一天)排入黄河而造成的,同时排入退水渠造纸污水主要原因是因为塞外星公司未完成碱回收治理而造成的。并且,该公司向总排干管理局交纳了排放费,经其同意才能排放其管理渠道,总排干管理局应对排入其管理渠道内的废水承担治理责任,因其未能尽到管理职责,应对此事故造成的损害后果承担主要责任。此外,该公司生产规模和排放的废水量很少,明显低于塞外星公司,不应承担赔偿责任。

总排干管理局辩称,因宁夏灌区超定额指标引水,加之黄河来水急骤减少,为防止黄河断流,保证必要的下泻流量,其应黄委要求提闸补水是符合上级规定的调控运行方案要求的,是依法履行职务的行为。而且其管理的退水渠排退的乌梁素海水位尚好,不具有环境污染损害性,退水行为并不必然会导致水污染的结果发生。根据巴盟环保局的调查报告,污染物是高浓度造纸污水,即导致原告损害结果发生的直接的必然的原因是高浓度造纸污水,并非其退水行为。依照法律规定,环境污染赔偿纠纷以排污者和受害者为当事双方,承担污染责任的只应是排污单位,其不属法律规定的排污单位,不承担赔偿责任,故请求法院依法驳回原告对其的诉讼请求。

另外,总排干管理局根据与塞外星公司、美利北辰公司、临海化工公司的协商收取企业向总排干内排放的污水的排水费。2004年度,各企业缴费分别为32万元、11万元和8万元,临海化工公司取用总排干内的污水的费用包括在排水费内。

(二) 一审审理结果

一审认为,一切单位和个人都有保护环境的义务。作为黄河上游企业,在生产和发展时必须要兼顾下游地区的环境,被告三公司违反国家环保法律规定,超标准排放污水,导致地处下游的黄河包头段水源污染,给原告造成巨大经济损失,对此均应承担相应的民事赔偿责任。总排干管理局在没有征得上级部门同意的情况下,允许企业污水排入排干沟,违反法律规定,且其在此次水污染事件中没有履行监测水质职能,故对水污染造成的损害与三被告连带承担赔偿责任。原告要求四被告连带赔偿因停产造成的损失272.84万元、所增加的成本及费用15.91万元的诉讼请求,有相应证据支持,符合法律规定,本院予以支持,其要求上述四被告赔偿律师代理费的诉讼请求,无法律依据,本院不予支持。依照《民法通则》第124条、第130条、《环境保护法》第41条第1款、《水污染防治法》第55条第1款、《民事诉讼法》第64条第1款的规定,判决如下:

1. 被告塞外星公司、美利北辰公司、临海化工公司及总排干管理局赔偿原告包头市供水总公司污染损失288.75万元,于本判决生效后15日内付清。

2. 四被告对以上赔偿款项承担连带赔偿责任。

3. 驳回原告的其他诉讼请求。

四被告皆不服,向自治区高级人民法院提起上诉,请求撤销一审判决,改判各上诉人不承担赔偿责任,一、二审诉讼费由被上诉人承担。

塞外星公司、美利北辰公司、总排干管理局上诉称:

1. "6·26"黄河水污染事件与包头市供水总公司的损害后果之间没有直接的因果关系,供水总公司起诉四被告属当事人设置不当:(1)根据《水法》规定,水资源被污染并造成损害后果,应当由国家或国务院各级水行政主管部门代表国家行使诉权;(2)管理黄河水资源的各级水行政主管部门与供水总公司是供用水合同关系。黄河水被污染导致供水人不能按国家标准和合同约定向用水供水人,供水总公司可以依据合同关系向管理黄河水资源的各级水行政主管部门主张权利。而水资源的物权所有人则可以对造成水污染的单位和个人要求赔偿。本案供水总公司提出诉讼主张是由于不能从黄河取水口取水而启动了"应急供水预案",自行停止取水造成的,并不是因使用了被污染的黄河水形成了损害后果,因此企业的排污与损害后果之间没有直接的因果关系。

2. "6·26"黄河水污染事件形成的原因是多方面的,将此次事件的责任完全归责于上诉人,不仅加重了当事人的责任,也没有体现法律的公平、公正:(1)黄河水污染由来已久,总排干管理局从乌梁素海提闸泄水的行为只是起到了对水质改变的加重作用,因而不应当承担全部责任;(2)总排干管理局从乌梁素海提闸泄水不仅有乌旗的工业和生活污水,还有巴彦淖尔市临河区、杭锦后旗、五原县、磴口县的城市污水和多家企业的工业污水和整个灌区的农田退水,如果法院认为提闸泄水是造成"6·26"黄河水污染事件的唯一原因,就应当将通过总排干排放污水的所有企业和农户全部列为本案的当事人,而不应当只选择四被告;(3)一审确认污染源是COD、挥发酚、氨氮、高锰酸盐指数严重超标,而上诉人中没有一家的排水中含有氨氮和高锰酸盐指数。

3. 塞外星公司和美利北辰公司的污水处理工程均经验收达标,其排放废水符合国家标准,其行为不具有违法性。

4: 供水总公司对其所受到的损失只有主张并未提供证据,对其损失应当向法院提出鉴定申请,其主管部门出具的产值损失确认批复不能作为定案依据。

5. 总排干管理局认为原判认定事实不清、证据不足。总排干管理局允许企业将污水排入排干沟是有历史原因的,是否允许企业排水、排放标准、排放方式、排放地点及排放总量是由当地政府和环保部门决定的,总排干管理局无权、无责也无能力决定。上诉人即使在没有征得上级水行政主管部门的同意下,未能制止企业污水排入排干沟,也只是违法了巴盟行政公署和巴盟行政公署水利处制定的一些办法、规定,并不是违反法律规定。上诉人履行退水职责与本案的环境污染损害结果并无必然的因果关系。总排干管理局承担的监测水质的职能与环保部门的不同,上诉人监测水质是从水利角度开展的,只化验退水中的八大阴阳离子、计算矿化度、ph 值,从而推算排盐量、排沙量,了解全灌区的水盐动态,因此不能将环保部门的水质监测职责加于上诉人。

临海化工公司除上述理由为,还辩称一审适用法律错误:一审既然判决四上诉人对外承担连带责任就应当分配各上诉人内部的份额,否则将造成共同侵权人内部求偿权难以实现;一审认为上诉人提供的证据不能证明待证事实,因此不能免除所应当承担的民事赔偿责任,而上诉人在法庭上出示的乌旗环境监测站 2004 年 9 月 24 日出具的《内蒙古临海化工有限责任公司监测分析报告》已经证实:(1)该公司在 2004 年 2 月 16 日至 7 月 12 日期间排放的工业废水经鉴定 COD、挥发酚全部达标;(2)临海化工公司从总排干退水渠进水水质较差,经企业使用再沉淀后排放出的水水质趋好;(3)临海化工公司用水是冷却用水,不参加物质交换。一审法院以监测报告没有水污染事件发生时的采样监测为由,判决上诉人承担责任是错误的。各级环保部门的调查报告也已经认定"6·26"黄河水污染事件的责任人没有临海化工公司。环保部门对水污染事故有调查处理权、事故原因和责任的认定权,因此环保部门的调查报告应当作为人民法院定案的依据。临海化工公司的生严工艺流程不产生污水,更没有排放超标污水。

市供水总公司辩称:

1. 关于诉讼主体。(1)一审原告的诉讼主体地位合法:根据《民事诉讼法》第 108 条之规定,原告是本案诉争的环境污染事故的直接受害人,与本案有直接的利害关系;(2)一审被告设置得当:根据一审原告掌握的证据,"6·26"黄河水污染事件是由四上诉人的共同行为造成的。虽然总排干管理局退水是履行职责,但是执行职务不当给他人造成了损害就应当承担责任。而且其他上诉人已经向其交纳了排污费,收费行为是超出退水行为的职责范围的;(3)其他"被告"无据不可设置。四上诉人称此次污染事故还有其他行为人共同造成,因此不能只起诉本案四上诉人,但答辩人迄今没有掌握这方面的证据,上诉人也没有相关证据,所以答辩人没有权利请求人民法院追究其他人的责任。

2. 关于污染原因:(1)塞外星公司、美利北辰公司、临海化工公司向总排干排放污水是不争的事实,上诉人与答辩人在一审中均无异议;(2)总排干的污水排入黄河造成此次污染事件也是不争的事实,一审提供的证据已经证实;(3)临海化工公司称其进污排污但不制污所以不承担责任的理由不能成立,只要其排放的是污水就要承担损害后果;(4)总排干管理局的退水行为不当同样是造成污染事故的原因之一,在乌旗环保局和黄委对此次污染事故的调查报告中都对退水不当作出了肯定。

3. 关于证据效力:答辩人不仅提供了诉讼请求构成方面的证据也提供了诉讼请求计算方面的依据。而上诉人在本案上诉中并没有提出足以不承担损害赔偿责任的证据。综上,上诉人的上诉请求没有事实和法律依据,应予驳回。

(三)二审审理结果

二审认为,黄河水污染事件造成地处下游的市供水总公司不能正常从取水口取水,该公司关闭取水口启动应急供水预案,积极避免了污染侵害结果的进一步扩大,因此所遭受的财产损失与排污行为之间具有直接的因果关系。供水总公司依据侵权法律关系起诉上诉人符合《民事诉讼法》的相关规定。上诉人认为黄河水被污染的原因很多且由来已久,应当将通过乌梁素海总排干排放污水的所有企业和农户都列为当事人,但这一主张并不能推翻上诉人将企业污水排入黄河造成污染损害而成为本案当事人的事实,且上诉人并未出示本案应追加的其他侵权行为人方面的证据,因此该上诉理由不能成立。

塞外星公司和美利北辰公司虽然建有污水处理场,但是在2004年7月3日乌旗环保局对黄河水污染事故的调查报告中认定,两家造纸企业环保投入严重滞后,污染治理设施不能按时完成或治污设施不能正常运行,造成污染物超标排放现象。同日巴盟行政公署环保局对此次污染事故的调查报告也作出了造纸企业超标排放污水的认定。该两家造纸企业在污染事故发生后受到了责令停产等行政处罚。塞外星公司与美利北辰公司不能证明与污染造成的损害事实之间没有因果关系及具有法律规定的相应的免责事由。

虽然临海化工公司为了减少成本提高效益,取用总排干的污水作为企业冷却用水是节约能源的行为,但是作为化工企业,临海化工公司负有保护环境的义务和责任。临海化工公司认为进水是污水,排出去的也是污水,自己理所当然不承担任何责任的这种认识,显然是只顾及追求企业利益而漠视了企业环境保护的义务和企业所应负的社会责任。不论企业性质为何,其向水体所排放的水就不应当是具有环境污染危害可能的污水,任何企业在向水体排水时都应当负有防止造成环境污染的责任。临海化工公司提供的新证据即2005年2月6日乌旗环境监测站作出的临海化工公司污水排放口污染源调查报告,对临海公司进出水及污染源进行了数据分析。该报告表明企业的排水量大于进水量,除去从总排干抽取的水量外,仍有公司其他车间的废水一并从公司废水总排放口排出,且即使是冷却用水依然会排入少量的新的污染物。虽然此份报告距黄河水污染事故发生半年之久,且因临海化工公司停产检修没有达到监测方案的监测次数,但是仍然表明临海化工公司在排放的废水中不仅有从总排干抽取的水,也有公司其他车间的废水一同排入总排干沟并流入黄河。现行法律法规没有就企业达标排放作为其不承担环境污染损害赔偿民事责任的依据。因此临海化工公司的企业排水行为与原告的损害结果之间存在因果关系。另外临海化工公司提出乌旗环保局及巴盟行政公署环保局的调查报告均没有出现临海化工公司,因此临海化工公司不是此次污染事件的责任人,但是该调查报告所涉及的当事人是就行政责任范围应受行政处罚的单位,不影响人民法院经过审理对上诉人民事责任的认定。因此临海化工公司应当对损害结果承担民事赔偿责任。

总排干管理局主张其退水行为系履行职责的行为,且其职责与环保局的水质监测职责不相同,其又非排污单位,因此不应当承担损害赔偿责任。但总排干管理局在收取企业相关费用后,允许企业将污水排入总排干沟内,对排干沟内的水质状况,总排干管理局是明知的。开闸泄水将使聚集于排干沟内的大量污水随乌梁素海退水冲入黄河,对此总排干管理局也是明知的。总排干管理局退水时虽然乌梁素海水质尚好,但是位于乌梁素海下游方向的排干沟内却聚集了大量的污水,总排干管理局退水虽然是履行职责,但是却没有尽到一般的注意义务,造成了下游水质严重污染的事件,因此其退水行为与原告的损害结果之间存在因果关系。因污染环境的行为对他人造成损害的应当承担赔偿责任,该赔偿责任适用无过错责任,那么总排干管理局存在主观上的过错,显然也要承担赔偿责任。

四被告经过举证均不能证明其排污行为与损害后果之间没有因果关系,且该四上诉人均不具有法律规定的免责事由即不可抗力、第三人的故意或过失、受害人的自身责任,因此对包头市供水总公司所遭受的直接损失应当予以赔偿。四上诉人的行为直接结合,造成本案的损害后果,且该后果具有不可分性,四上诉人的行为构成了无意思联络的数人共同侵权,故对被上诉人所主张的损害后果应当承担连带赔偿责任。包头市供水总公司提出产值损失 272.84 万元及因启动应急预案而支出的费用 15.91 万元,并对其提出的损失提供了相应的证据,上诉人也未能举出有效的反驳证据,且未在举证期限内提出鉴定申请,因此对被上诉人的损失数额,本院予以确认。

塞外星公司、美利北辰公司作为主要造纸污水的排放单位,对损害后果的造成较其他上诉人严重,对内也应承担相对较大的比例。根据两家企业向总排干排放污水的排水量,塞外星公司对本案确定的损害赔偿额应当负担 40% 的责任,美利北辰公司应负担 30% 的责任。总排干管理局提闸泄水时对于排干沟内大量污水随之排入黄河听之任之,对发生本次黄河水污染事故有着密不可分的责任,因此应相应负担 20% 的赔偿责任。而临海化工公司作为化工企业,也应当根据其排放量和参与致害程度的大小,分担 10% 的赔偿责任。原审判决认定事实清楚,适用法律正确,但未对四上诉人对内责任承担予以划分欠妥,本院对此予以补充。依照《民法通则》第 106 条第 3 款、第 124 条、第 130 条,《环境保护法》第 6 条、第 41 条第 1 款,《水污染防治法》第 5 条、第 55 条第 1 款,《民事诉讼法》第 153 条第 1 款第 1 项、第 158 条之规定,作出终审判决如下:

1. 维持包头市中级人民法院(2004)包民三初字第 7 号民事判决第一、二、三项;

2. 内蒙古塞外星华章纸业股份有限公司对污染损害赔偿额对内负担 40%,内蒙古美利北辰浆纸股份有限公司对内负担 30%,内蒙古河套灌区总排干沟管理局对内负担 20%,内蒙古乌拉特前旗临海化工有限责任公司对内负担 10%。

(四) 案例评析

本案被称为"首起黄河水污染索赔案",引起各方广泛关注。从两审法

院的判决来看,本案主要涉及以下争议:

1. 关于诉讼主体

关于原告资格问题。被告认为,水资源被污染并造成损害后果,应当由国家或国务院各级水行政主管部门代表国家行使诉权,供水总公司与管理黄河水资源的各级水行政主管部门是供用水合同关系,因此供水公司应当向水行政部门主张违约责任,而无权主张污染者的侵权责任。法院则判决,供水公司所遭受的财产损失与排污行为之间具有直接的因果关系,供水总公司依据侵权法律关系起诉上诉人符合《民事诉讼法》的相关规定。由此,法院以原告损失与排污行为具有直接因果联系为由确认原告资格,虽具有正当性,但充分性仍不足。如果供水公司与水行政主管部门是供用水合同关系,则排污属于侵害债权的行为,对此,理论和实践中均存在争议。被告称两者属于供用水合同的依据是《水法》,而依据《水法》规定,两者并非简单的供用水关系,供水总公司需要持有取水许可证,从而形成学说所称的准物权。根据1996年《水污染防治法》第5条的规定,因水污染危害直接受到损失的单位和个人,有权要求致害者排除危害和赔偿损失。而供水总公司因水污染行为不能正常供水,属于"因水污染危害直接受到损失的单位",有权向法院提起诉讼;而且,因水污染造成损害的其他单位和个人,也不因此丧失求偿权。

关于总排干管理局的诉讼地位问题。总排干管理局认为其提闸补水是履行职责的行为,其水质监测是环保机关职责,其又不是排污单位,故而其不应成为被告。根据《民法通则》第121条规定,"国家机关或者国家机关工作人员在执行职务中,侵犯公民、法人的合法权益造成损害的,应当承担民事责任",并未将过错作为承担责任的条件;即使按照过错认定,其明知存在大量污水,可能造成污染事故,却没有尽到一般的注意义务,亦可以认定为过失,理应承担对他人造成损害的民事责任。

关于追加被告问题。被告认为,水污染事件形成的原因是多方面的,不仅有乌旗的工业和生活污水,还有上游其他地区的城市污水和多家企业的工业污水和整个灌区的农田退水,应当将通过总排干排放污水的所有企业和农户全部列为本案的当事人。法院认为,上诉人并未出示本案应追加的其他侵权行为人方面的证据,因此上诉理由不能成立。这个问题反映了环境污染案件在加害人认定上的难度,已在第二章详述。事实上,环境污染侵权往往是多个因素相互作用的结果,其显著特征即是难以确定具体的责任人,因而,基于利益平衡的理念,实行举证责任倒置,由排污者对其行为不可能造成损失或者存在免责事由承担举证责任,而这个举证责任往往难以完成,因而,如果由排污者证明确实有其他加害人造成了损害,显然非常困难。因而,只要排污者有证据证明其他排污者也实施了排污行为,即完成了举证责任,法院应当予以追加。

2. 关于达标排污是否承担责任

塞外星公司和美利北辰公司均称其排放废水符合国家标准,其行为不具有违法性;临海化工公司的生产工艺流程称不产生污水,更没有排放超标污水。法院认为现行法律法规没有就企业达标排放作为其不承担环境污染损害赔偿民事责任的依据。根据1996年《水污染防治法》第55条第1款规定,造成水污染危害的单位,有责任排除危害,并对直接受到损失的单位或者个人赔偿损失,并未将达标作为承担责任的前提;该法第60条对于"水污染"的定义①,也并未像《环境噪声污染防治法》将噪声污染定义为超过国家标准排放噪声的行为;同时,《国家环境保护局关于确定环境污染损害赔偿责任问题的复函》也明确,承担污染赔偿责任的法定条件,就是排污单位造成环境污染危害,并使其他单位或者个人遭受损失。现有法律法规并未将有无过错以及污染物的排放是否超过标准,作为确定排污单位是否承担赔偿责任的条件。至于国家或者地方规定的污染物排放标准,只是环保部门决定排污单位是否需要缴纳超标排污费和进行环境管理的依据,而不是确定排污单位是否承担赔偿责任的界限。尽管该复函并不具有法律适用的效力,却在实践中得到了法院的广泛认可。

另外需要提及的是,法院对于临海化工公司的部分判决理由值得商榷。法院认为,临海化工公司负有保护环境的义务和责任,认为其关于生产工艺流程称不产生污水的辩解只顾及追求企业利益而漠视了企业环境保护的义务和企业所应负有的社会责任。本书认为,追求企业利益并无可厚非,环境保护的义务体现在其恪守现行法律法规确定的义务,社会责任的承担在于在遵守现行法律的基础上努力提高技术减少污染。如果企业生产工艺流程确实不产生污染物,就不能要求它负有减少其他企业排放的污染物的义务,法院并没有介入到道德领域评判社会责任的权力。如果法院要判决临海公司承担责任,就不能以抽象的环保义务和社会责任作为理由,而只能以临海

---

① "水污染"是指水体因某种物质的介入,而导致其化学、物理、生物或者放射性等方面特性的改变,从而影响水的有效利用,危害人体健康或者破坏生态环境,造成水质恶化的现象。

公司自身也制造并排放了污染物作为理由。

《侵权责任法》施行后，仍然可以作出同样的解释。

3. 关于无意思联络共同侵权的构成及其责任划分

二审法院认为，四上诉人的行为直接结合，造成本案的损害后果，且该后果具有不可分性，四上诉人的行为构成了无意思联络的数人共同侵权，对被上诉人所主张的损害后果应当承担连带赔偿责任；同时根据其排放量和参与致害程度的大小，对四被告内部责任进行了划分。

根据最高人民法院《关于审理人身损害赔偿案件适用法律若干问题的解释》第3条规定，二人以上共同故意或者共同过失致人损害，或者虽无共同故意、共同过失，但其侵害行为直接结合发生同一损害后果的，构成共同侵权，应当依照《民法通则》第130条规定承担连带责任。这是案件发生时认定共同侵权的依据，本案即属于虽无共同故意或共同过失而行为直接结合造成同一损害的行为。

《侵权责任法》对数人侵权行为作出了具体认定，同时，第68条规定，"两个以上污染者污染环境，污染者承担责任的大小，根据污染物的种类、排放量等因素确定"。对《侵权责任法》制度发挥重大影响的全国人大法工委民法室解读认为，本条适用于所有数人环境侵权的对外责任和对内责任，其理由是，污染损害发生后，受害人从赔付能力考虑，一般会起诉经济能力较强的大企业，而大企业由于处理污染物能力较强，不一定比小企业排放污染物多，规定连带责任会加重大企业的负担，不利于社会公平，也不利于排污多的小企业积极治理污染。同时，部分排污者承担连带责任后还需另行起诉，根据污染物排放量等因素在排污者之间追偿，增加诉累。应当规定按份责任，直接根据污染物的种类、排放量等因素确定排污者责任的大小。① 而本书认为，这既不符合理论界对于共同侵权行为责任承担的认识，也不符合司法实践中的做法，更重要的，它忽略了数人环境侵权的特殊性，将可能折损《侵权责任法》关于环境污染责任规定的价值。②

有观点认为，本案的成功获赔，将有可能成为一个样本——用以考量中

---

① 全国人大常委会法制工作委员会民法室编:《中华人民共和国侵权责任法解读》，中国法制出版社2010年版，第324页。

② 关于具体论述，参见本书第2章第2节对《侵权责任法》的分析。

国环保法规以及民事法规在环保案件中的作用力和执行度。[①] 但现实并不容乐观,且不说此案前后频发的特大、重大水污染事故中司法对索赔案件的拒绝,即使在本案中,也仅有市供水公司的请求被受理。但是,黄河水污染造成的损失绝不仅仅是供水公司停止供水所造成的经济损失,其对于生态破坏的程度更为广泛。本案或许可以成为判决的样本——其对环境侵权民事责任规范的运用是娴熟的,但是,其并不能成为环境法治的样本——君不见,判决甚至不具有流域的威慑力,黄河之水污染程度有增无减。

三、实例解析:大气污染责任

腾达实业与王某环境污染损害赔偿纠纷上诉案[②]

(一) 案情简介

原告王某诉称:2004年7月25日至26日间,因被告实业腾达公司排放有害气体二氧化硫,造成原告种植的葡萄因受到污染而减收,直接经济损失为480.60元。另外原告为进行作物受害情况鉴定支付鉴定费500.00元,交通费100.00元。请求法院依法判令被告停止侵害,赔偿原告以上损失,并承担本案的诉讼费。

腾达公司辩称:我公司是通过了环境影响专项评价认定的二氧化硫达标排放单位。2004年7月,我公司一直都是正常生产,没有出现过泄露及二氧化硫排放超标的情况。因此,原告的损害不是我公司造成的。原告据以起诉的市农业环境事故鉴定书是原告单方委托行为,并且该鉴定书所作出的"农作物受害原因是二氧化硫气体污染造成的"这一结论,缺乏科学的检测、论证过程,没有科学依据,属于人为推定。故原告请求我公司赔偿其损失没有依据,请求法院依法驳回原告的诉讼请求。

一审法院确认:

1. 腾达公司是生产硫酸的化工企业,为生产、经营向空气中排放尾气的成分为二氧化硫。7月份,该公司一直处于生产状态。7月24日生产中出现吸塔分酸器上酸管法兰垫漏的现象,7月26日存在酸泵密封处有轻微

---

① 谢丁、蒋明倬:《包头首破水污染诉讼困境》,载《21世纪经济报道》2006年1月8日第7版。
② 案例来源:吉林省吉林市中级人民法院(2005)吉中民一终字第483号民事裁定。

漏点的现象,7月27日酸泵有漏酸现象。

2. 王某受害耕地位于腾达公司北侧400—600米范围内。7月26日始耕地中种植的葡萄出现叶片叶肉褪色、干枯、叶缘上卷,甚至叶片脱落的现象。其耕地旁腾达公司附近另有一生产元钢的企业——吉林市兴达钢厂。该厂因在7月26日发现厂内有酸雾及从南边飘来硫黄气味致使工人无法呼吸,需戴口罩,而于7月27日向龙潭区环保局报案。区环保局监察大队因此派人去看过现场,因不了解农作物而建议农民到吉林市农业环保监测站鉴定。

3. 7月25日2时至7月26日18时,风向分别为静风、西南风、南南东风、东南东风、静风、南东风,且风速较小。

4. 王某损失金额为:农作物经济损失480.00元,鉴定费500.00元。

(二)审理结果

一审法院认为,被告腾达公司基于生产、经营活动的需要,向空气中排放有害气体二氧化硫,实施了污染环境的行为,原告遭受了损害的事实客观存在。同时,被告在庭审过程中没有提供充分有效的证据来证明其存在法律规定的免责事由,及其行为与损害结果之间不存在因果关系。因此,对于原告所受到的损害,被告应承担赔偿责任。

庭审中,被告腾达公司以自己属于正常生产,排放的二氧化硫尾气不超标为由主张免责。但国家或地方规定的污染物排放标准,只是环保部门决定排污单位是否需要缴纳超标排污费和进行环境管理的依据,而不是确定排污单位是否承担赔偿责任的界限。企业合法排污,同样可能导致致人损害之危险结果的产生。而有损害就应有补偿救济。这一点在《中华人民共和国大气污染防治法》第62条第1款的规定中也有体现。该款规定:"造成大气污染危害的单位,有责任排除危害,并对直接遭受损失的单位或个人赔偿损失。"这一规定并未将行为的违法性作为行为人承担民事责任的必要条件,表明环境民事责任的构成并不要求行为人的行为具有违法性。因此,被告腾达公司的此项抗辩法院不予支持。

另外,被告主张其向法庭提供的2004年7月25日2时至26日8时的风向和风速情况即能证明原告所受损害与被告的生产排污行为没有因果关系,缺乏证明力。相反,正如被告方所说:硫酸、二氧化硫具有不易挥发的特性。故而风速小、气温高恰恰不利于二氧化硫的扩散,使其容易在一定空间和时间内累积,从而超过环境自身的自然净化能力,使该范围内的环境质量下降,产生环境污染,人们的人身或财产就可能因此受到损害。本案中,农民受害的时间为7月下旬,正是炎热、光照强且风速小的季节。此时的气候条件正是二氧化硫不易扩散的情况,很容易形成累积致害。况且,7月24日、26日、27日被告腾达公司在生产中连续出现一些泄露情况,使这种污染环境的可能性进一步加强。也正是基于此种情况,使原告与兴达钢厂所反映的25日、26日他们分别闻到刺激性硫气,原告的作物26日开始出现受害症状,有了合理的解释。因此,对于被告这一抗辩理由及被告据此认为该公司与原告所受到的损害没有因果关系的主张,本院不予支持。

总之,本案中,原告王某已完成了其在环境污染侵权诉讼中所承担的举证责任。而被告没有提供充分的证据证明其存在法律规定的免责事由及其生产排污行为与原告所受损害结果之间没有因果关系。综上,对于原告合理的诉讼请求,本院应予支持。关于原告主张交通费100.00元及要求被告停止侵害一节,没有向本院提供证据,本院不予支持。依照《大气污染防治法》第62条第1款,最高人民法院《关于民事诉讼证据的若干规定》第2条、第4条第3款之规定,判决如下:

1. 被告吉林市腾达实业有限责任公司于本判决书生效后10日内,赔偿原告王某农作物受害所遭受的经济损失及鉴定费损失合计980.60元。

2. 驳回原告王某的其他诉讼请求。

被告腾达公司不服提起上诉。在二审审理过程中,被告又以原判决正确为由,于2005年8月18日申请撤回上诉。二审法院审查后认为,原判决认定事实清楚,适用法律正确,腾达公司自愿申请撤回上诉,符合法律规定,应予准许。依照《民事诉讼法》第156条的规定,作出终审裁定如下:

准许吉林市腾达实业有限责任公司撤回上诉。

(三)案例评析

在《侵权责任法》制定之前,即有多部法律涉及大气污染侵权的民事责任问题,如《民法通则》第124条、《环境保护法》第41条的规定。作为专门针对大气污染防治的立法,1987年通过的《大气污染防治法》第31条即规定:"造成大气污染危害的单位,有责任排除危害,并对直接遭受损失的单位或者个人赔偿损失",确立了大气污染侵权的无过错责任,2000年该法修订时亦维持了这一规定。根据该法规定,本案被告因二氧化硫泄漏和累计排放造成农作物损失无疑属于大气污染侵权的范畴，无论其是否存在主观过错，都不影响其民事责任的承担。对于被告以自己属于正常生产，排放的二氧化硫尾气不超标，不具有违法性为由主张免责，《国家环境保护局关于确定环境污染损害赔偿责任问题的复函》明确指出："承担污染赔偿责任的法定条件，就是排污单位造成环境污染危害，并使其他单位或者个人遭受损失。现有法律法规并未将有无过错以及污染物的排放是否超过标准，作为确定排污单位是否承担赔偿责任的条件。至于国家或者地方规定的污染物排放标准，只是环保部门决定排污单位是否需要缴纳超标排污费和进行环境管理的依据，而不是确定排污单位是否承担赔偿责任的界限。"受案法院采纳了这种说法，未将是否达标这一行为违法性判断的标准作为承担民事责任的要件。1991年通过的《水污染防治法实施细则》第30条关于"缴纳超标排污费或者被处以警告、罚款的单位、个人，并不免除消除污染、排除危害和赔偿损失的责任"的规定也印证了这一点。尽管该实施细则已于2001年10月6日为《国务院关于废止2000年底以前发布的部分行政法规的决定》所废止，但是该条的参考价值并不受影响。

关于因果关系的证明，在《侵权责任法》之前，主要是依据2001年12月21日最高人民法院《关于民事诉讼证据的若干规定》加以判断。该规定第4条第3款规定，"因环境污染引起的损害赔偿诉讼，由加害人就法律规定的免责事由及其行为与损害结果之间不存在因果关系承担举证责任"，因而，腾达公司若要不承担责任，一是要证明农作物受损与二氧化硫排放无关，二是证明其存在法定的免责事由。由于本案葡萄园附近仅有两家工厂，因而，在加害人的判断上比较容易。法院依据被告提供的证据，综合气候、兴达钢厂的反映等因素，判定腾达公司无法证明排放二氧化硫的行为与葡萄受损无关是正确的。而对于腾达公司是否具有法律规定的免责事由，根据2000年《大气污染防治法》第63条的规定，只有完全由于不可抗拒的自然灾害，并经及时采取合理措施，仍然不能避免造成大气污染损失的，才能免于承担责任，而腾达公司显然不具有这种情形。

因而，法院通过举证责任的分配，认为被告符合大气污染侵权关于存在排污行为、损害事实以及二者之间的因果关系的构成要件，判决被告承担相应的赔偿责任，无疑是正确的。但是，对于原告主张的停止侵权，法院并没有作出认定，因为一旦停止侵权，就意味着被告不能再排放二氧化硫，也就不能再生产,基于经济利益的考量,赔偿损失比停止侵害更能获得法院的支持。

由于《侵权责任法》基本沿袭了现行立法的规定,因而,依据该法判决,仍然会得到相同的结果。

四、实例解析:土壤污染责任

李进新与邓家塘村第十二组土地污染赔偿纠纷上诉案①

(一)案情简介

1992年10月,经原郴州地区行政公署批准,原郴县华塘氮肥厂停产化肥转产金属砷,并经原郴州地区环保局同意,在郴州市苏仙区邓家塘乡邓家塘村郭家塘组的凤仙山处组建了郴州砷制品厂。1993年至1996年间,郴州砷制品厂先后建成两条金属砷生产线。1997年8月,郴州砷制品厂改为股份制企业,更名为郴州砷制品有限责任公司,该公司以电热法生产金属砷,以三氧化二砷(砒灰)为原料,其产品金属砷为结晶体,有金属光泽,能传热、导电,在空气中不易氧化,也不溶于水,该生产线基本无废水外排。

金属砷生产线投产后,省市环境监测站从1994年起连续三年对该生产线进行了监测,结果表明,该生产线的废气排放符合标准,废渣处理符合规定要求,1997年1月,金属砷生产线的沉淀池、车间地板通过省环保局验收。1996年5月,郴州市人民政府环境保护委员会向辖区内各砷制品厂印发了《郴州市定点砷生产中的环保管理》要求环保设施如较长时间维修,应经市环保局批准,改动、停用环保设施应提前15日向市环保局申报,经书面批准后方可改动或停用,严禁在厂区内废水乱流,废渣乱弃。

1997年,郴州砷制品公司在未经环保部门审批的情况下,自行参照宜章县瑶岗仙镇砒灰厂的三氧化二砷生产工艺流程设计,于1997年4月至10月与曹某等五人合资配套兴建了一条生产1500吨的三氧化二砷生产线(以下称"第一条砒灰生产线")。经郴州砷制品公司申请,郴州市环境保护科学研究所对该生产线进行评估,该所认为,砷制品公司对固体废弃物等污染作了比较好的处理方案,该工程的建设在环保方面是可行的,并提出了八条建议,其中指出,生产废水和职工的洗澡水、洗衣污水,均不能直接外排,一

---

① 湖南省高级人民法院(2002)湘民一终字第53号民事判决。

定要处理后加以循环使用。另外,要设置雨水排水沟,雨水也要经废水处理池严格处理后循环利用。该《建设项目环境影响报告表》经省环保局授权,由市环境保护局审批采用。

1999年初,砷制品公司又未经环保部门批准,参照第一条砒灰生产线设计,独资新建一条年产1000吨的三氧化二砷生产线(以下简称"第二条砒灰生产线"),并于1999年5月建成投产,同年6月才经苏仙区、市环保部门审批立项。郴州市环境科学研究所为该公司第二条砒灰生产线补办了《建设项目环境影响报告表》,报告结论认为:根据郴州市环境监测站对其区域环境现状监测结果得知,该评价区域的大气环境、土壤环境中除砷的含量超标外,其他的污染因子均未超标,水环境中各污染因子均未超标;由该污染源分析可知,该工程SO2的排放浓度超标,废水和固体废弃物如严格处理,对周围影响不会很大。同年11月,省环保局对第二条生产线审批立项。

因两条砒灰生产线在生产中均采用水喷淋法来降解外排烟气中的粉尘和三氧化二砷、氧化硫等有害物质,按环保和工艺设计要求,其间产生的废水,均应闭路循环使用,严禁外排,而废水循环沉淀池(以下简称"沉淀池")中产生的废渣也应堆放在专门的有防滤设施的堆渣池中。第一条砒灰生产线设计建造的9个沉淀池及第二条砒灰生产线设计建造的8个沉淀池均为露天沉淀池。为了便于沉淀池内除渣和清洗池子,每一沉淀池的墙体底部都留有一排污孔。砷制品公司在建造第二条砒灰生产线时,又擅自在靠近厂区排水沟的沉淀地上开一较大排污口。此外,两条砒灰生产线均未按设计要求建造专门的堆渣池,其生产产生的废渣均倾倒在厂区边北30米处一自然洼地。

1999年10月底,第二条砒灰生产线有3个沉淀池的墙体开裂渗水,沉淀池中水量不足。砷制品公司董事会在未向环保部门汇报和请示的情况下,决定停产维修。停产后,负责沉淀池管理工作的职工将第二条砒灰生产线所有沉淀池中的废水全部排出,并将废渣倾倒在沉淀池旁,尔后,将沉淀池底部排污孔阀门打开,将池底剩水及洗池污水排出沉淀池。同年11月27日至29日,重做了沉淀池底,并对池体上的裂缝进行了修补。六七天后,砷制品公司在未经环保部门验收的情况下即开炉生产。因池底未干透,沉淀池中废水再次严重渗漏,仍无法满足生产需求。为了维持生产,砷制品公司购买100米塑料水管直接从井里抽水补充到沉淀池中,直至同年12月15

日停产。

之后,砷制品公司将两条生产线分别承包给他人生产,生产期间,仍将池内废水、废渣直接排放在厂区水沟内。

2001年1月初,与砷制品公司相邻、位于地下水补给区的邓家塘乡邓家塘村黄国娥等村民感觉肠胃不适、头昏、恶心呕吐、喉咙苦涩、四肢无力,疑为砷中毒,1月7日,十二组派人到砷制品公司交涉。当天下午,砷制品公司组织十二组10多名村民到市职防所检测,诊断为砷中毒。次日,郴州砷制品公司关闭上述两条砒灰生产线,并陆续组织段贤云等到郴州市职防所、郴州市第一人民医院和郴州市第四人民医院、苏仙区良田医院等地检验、治疗。

案发后,郴州市、苏仙区两级党委政府组织成立"郴州市联合调查组"对事故进行调查,经调查认定,郴州市苏仙区邓家塘村部分村民砷中毒,其污染源来自郴州砷制品厂,是生产过程中将不允许外排的闭路循环废水直接外排所致。调查组当时组织苏仙区卫生防疫站的工作人员对邓家塘的牲猪、家禽、蔬菜、稻谷等进行检验,结果饮用过井水的猪尿砷含量高,猪已中毒,短期内不能屠宰。井水下游田、塘里的鱼不能食用,稻谷出现轻微超标,不能食用。

另外,砷制品公司合资及独资的两条砒灰生产线的环保问题均由公司负责,即使后来两条砒灰生产线承包给个人经营,承包者也要向公司交纳环保费。

郴州市苏仙区人民检察院指控郴州砷制品有限责任公司董事长张圣华、董事张范宣(主管生产和环保)犯重大环境污染罪,对其提起公诉。苏仙区人民法院于2000年12月4日以(2000)苏仙初字第61号刑事判决,认定张圣华、张范宣犯重大环境污染罪,分别被判处有期徒刑三年和四年,并处罚金10000元和15000元。

经长沙市土地肥料测试中心监测:大部分水田轻度污染,暂不能继续种植水稻,待长时间施大量磷肥改良土地或改造成旱地种植其他农作物。其中轻污染189亩,中污染107亩,无污染175亩,旱土、油茶林、水果林无污染,水田污染损失以10年间接和直接损失鉴定为84.7万元。其中十二组有水田116亩,轻污染39亩,中污染39亩,经鉴定其经济损失为273000元。村民饮用水源受污染,苏仙区政府为解决十二组村民饮水工程费用69266

元,还需经费 50000 余元。

(二) 审理结果

一审法院认为,原告的土地、水源污染的事实存在,致害人应负赔偿责任。污染源来自于砷制品公司的两条砒灰生产线和两条金属砷生产线,砒灰生产线的致害人造成的污染大,应承担主要责任,金属砷生产线的致害人造成的污染小,应承担次要责任。据此,判决由被告砷制品公司等十一名被告连带赔偿原告因土地污染造成的损失 392266 元,驳回原告其他的诉讼请求,驳回原告对被告郴州市环保科研所提出的诉讼请求。

金属砷生产线的承包人之一李进新不服,提起上诉。

二审法院认为,原告的土地、饮用水源污染的事实存在,致害人应负赔偿责任。其污染源来自于砷制品公司的两条砒灰生产线和两条金属砷生产线。因为砒灰和金属砷均含有砷,是剧毒物质。土地、水源中砷含量超标,故土地不能直接耕作,水源不能直接引用。砒灰生产线的致害人造成的污染大些,应承担主要责任。金属砷生产线的致害人造成的污染小些,应承担次要责任。金属砷和砒灰生产所排放的废水、废气、废渣,虽经环保部门监测,在一定时期内符合排放标准,对环境保护不会造成影响。但随着生产规模的扩大,金属砷、砒灰产量越高,其排放的废水、废气、废渣也越多,环境将受到污染,当砒灰生产线的沉淀池渗漏和人为排放含砷废水后,加重了污染程度。砷制品公司是金属砷和砒灰生产线的组织者和经营者,应承担主要责任。凡拥有金属砷和砒灰生产线的股东或直接参与经营和生产的人,均应承担相应责任。由于环境污染的后果系各致害人加害的结果,符合共同侵权,故各被告之间相互承担连带责任符合法律之规定。上诉人李进新于 1994 年 10 月独自投资兴建了第二条金属砷生产线中的六台电解炉,至 1999 年共生产金属砷 585.65 吨,占该公司投产以来金属砷总产量的八分之一。向自然界中排放了相当的废水、废气、废渣,对环境造成了一定的砷污染。虽事发前已停止生产,但环境中的砷含量是存在的,应当承担相应的赔偿责任。李进新上诉称"认定污染错误,判决由其赔偿和承担连带责任错误",因没有提供新的证据证实自己生产砷没有给环境造成污染,其上诉理由与事实不符,本院不予采纳。原审认定事实清楚,适用法律正确,程序合法,应予维持。依照《民事诉讼法》第 153 条第 1 款 1 项之规定,作出终审判决如下:

驳回上诉,维持原判。

(三)案例评析

本案是因重金属砷排放导致土壤、饮用水源污染进而导致人身、财产受损的情况。

近年来,我国重金属污染事件急剧增加,仅 2009 年以来,就有陕西凤翔儿童血铅超标事件、湖南武冈血铅超标事件、福建上杭血铅含量超标的事件、广东清远铅中毒事件、湖南浏阳镉污染事件、贵州万山汞污染事件、江苏大丰血铅超标事件、河南济源血铅超标事件等,这些重金属污染事件的共同特征是造成大范围的土壤、水体污染,进而对居民人身、财产造成损害,从而引发了各方对于环境健康风险的重视。

目前,我国对于重金属污染的法律规范还比较少。如《水污染防治法》第 33 条规定,"禁止将含有汞、镉、砷、铬、铅、氰化物、黄磷等的可溶性剧毒废渣向水体排放、倾倒或者直接埋入地下。存放可溶性剧毒废渣的场所,应当采取防水、防渗漏、防流失的措施",如果因此造成水污染的,应当承担民事责任。而本案中加害人没有采取科学手段对砷废渣进行处理,造成土壤和水源污染,并导致村民砷中毒,可以依照《水污染防治法》追究加害人的侵权责任。

单纯就土壤污染责任来说,我国目前尚未有专门土壤保护立法,因而,对于土壤污染导致人身、财产损害的情况,在《侵权责任法》通过以后,可以通过法释义学的方式来实现。如《环境保护法》第 2 条即是将土地作为环境的重要组成因素。

由于本案对砷污染造成损害认定比较清楚,因而,关于土壤污染责任的归责原则、举证责任等并未成为法院关注的重点,而且,本案影响范围也比较小,因而,从文本意义上来看,本案并不具有标本意义。

事实上,从西方发达国家重金属污染造成的公害病过程来看,其具有潜伏期长、影响范围广、受害人众多、受损程度严重和治理难度大等多种特征,因而,不仅在因果关系的认定上较为困难,更重要的是,在污染损害后果显现后,往往事态已变得极为严重,诱发社会不安定的因素发生。而最终,由于损害严重,已超出污染者赔偿的范围,从而导致政府最终为损害后果买单。因而,在环境侵权领域,侵权法的预防和惩罚功能亦应被凸显,同时,环境侵权救济的社会化机制如环境责任保险的建立也非常必要。由此也可以看出,依靠《侵权责任法》四个条文应对环境污染损害尚有力所不逮,综合考量环境侵害的特征,建立专门的超越公私法划分、融合实体和程序的《环境侵害救济法》尤为亟需。

第四节 生态破坏造成损害是否构成环境侵权

一、理论阐释

本章前两节介绍了拟制型污染侵权和实质型污染侵权两种类型,从性质上看,其均属于因环境污染导致他人人身、财产损害而应承担的责任。但是,环境侵权是否专指环境污染侵权则值得疑问。在《侵权责任法》的制定过程中,对于生态破坏是否应当纳入该法的调整范围也发生了争议,已在第一章叙明。

生态破坏是指人类不合理地开发、利用造成森林、草原等自然生态环境遭到破坏,从而使人类、动物、植物的生存条件发生恶化的现象,如水土流失、土地荒漠化、土壤盐碱化、生物多样性减少等等。[①]

民法上的侵权行为,原因行为及其损害形式具有单一性,如侵犯财产的行为直接引起财产权损害,不会发生其他损害形式,更不会转化为另外一种损害形式。其原因在于,传统民法上的侵权客体要么是"物"、要么是"权利",都是明确并且静止的。但是,环境是一个整体,处于物质循环、能量流动、信息传递的运动过程中,生态平衡规律始终与人的行为共同发挥作用,因此,环境侵权的原因行为并不单一,侵害客体处于运动之中,损害形式相互关联。

从原因行为上看,环境污染行为是人们对资源的不合理利用,使有用的资源变为废物进入环境的各种活动。生态破坏行为则是人们超出环境生态平衡的限度开发和使用资源的各种活动。这两种行为都是人们对自然环境的利用行为,其构成具有"人——自然——人"的互动性,不是单纯的人与人之间的行为。正因如此,才有了一个整体性的概念——环境侵权。

从损害形式上看,环境污染行为和生态破坏行为所引起的损害是环境污染和生态破坏,并且这两种形式可以相互转化。所谓环境污染是指人的

[①] 以下内容主要参考吕忠梅:《论环境法上的环境侵权》,载《清华法学》2009年卷。

活动向环境排入了超过环境自净能力的物质或能量,从而使自然环境的物理、化学、生物学性质发生变化,产生了不利于人类及其他生物的正常生存和发展的影响的一种现象。而生态破坏是指人类不合理地开发利用环境的一个或数个要素,过量地向环境索取物质和能量,使它们的数量减少、质量降低,以致破坏或降低其环境效能、生态失衡、资源枯竭而危及人类和其他生物生存与发展的一种现象。实际上,环境污染和生态破坏都是人类不合理开发利用环境的结果,过量地掠夺自然环境造成生态破坏,将过量索取的物质和能量不加以充分利用而使其成为废物进入环境又会造成环境污染,因而,环境污染和生态破坏不能截然分开。两者互为因果,严重的环境污染可以导致生物死亡从而破坏生态平衡,使生态环境遭受破坏;生态环境破坏又降低了环境的自净能力,加剧污染的程度。

比较环境污染行为与生态破坏行为,除了它们所造成的损害形式分别是环境污染和生态破坏以外,它们之间至少还存在如下不同:

1. 行为的多样性

环境污染行为具有一个共同的特征——排放,即人们必须将利用环境所产生的废弃物或者副产品向环境排放才可能产生污染,是在将环境资源作为生产或生活物质条件的基础上而发生的对环境的"二次利用"行为;在外观上,污染行为的表现形式单一,目的也比较明确,均为"排放"。而生态破坏行为则大不相同,由于是对自然环境的"一次利用"行为,如采伐森林、开垦荒地、引进新物种、围湖填海等等,其行为的方式多样、目的各异,不可能统一。

2. 后果的生态性

在行为后果方面,环境污染直接造成的是"人"的损害,表现为"污染物—环境—人"的路径,而生态破坏造成的是"环境"的损害,表现为"生态破坏行为—环境—生态"的路径,两者由此而产生的填补措施也不尽相同。

3. 行为后果的可预测性

尽管环境污染与生态破坏都具有"高度风险",但从受害人的角度看,环境污染是人们对已知技术使用而产生的未知风险,受害人无法采取防治措施,其应有的注意义务较少;而生态破坏有相当部分是对已知生态规律的破坏,人们对这种风险是可以预测的,受害人可以采取一定的预防措施进行控制,其应有的注意义务多一些。如水土流失、沙漠化的控制。

生态破坏行为与环境污染行为的区别,可能是立法实践将生态破坏行为不纳入环境侵权制度的原因。到底生态破坏行为进入环境侵权立法将给环境侵权制度带来哪些影响,以至于立法不能接受,还需要进一步分析。

如果把生态破坏行为纳入民法上的环境侵权制度,将对现行立法与理论带来巨大的震动,它不仅仅是新兴环境侵权类型的确立,而且会使许多现行的以环境污染为参照的环境侵权一般理论的妥当性产生动摇,因为它将使环境法与民法的根本冲突不可能再通过回避的方法去掩盖——环境法利益的公共性与民法利益的个体性。这也是各国民法过去大多仅对环境污染侵权进行立法的主要原因①,因为它既可以对环境问题作出回应,也可以比较好地保持民法的妥当性和本质,是一种明显的折中做法。

因此,不能也不应该以牺牲现行民法的妥当性、稳定性来达到解决环境问题的目的,而是可以通过民法与环境法分别立法、协同作用的方式,建立新的环境侵权制度体系。这个新的体系将彻底改变原来单纯以环境污染行为为核心、以完整的民法理论为指引的单一结构,形成环境污染行为与生态破坏行为并重、民法与环境法相互沟通协调的二元结构体系。

从形式上看,这样一个新的二元结构体系,包括环境污染与生态破坏两种原因行为,我们将其称为由污染型环境侵权与生态型环境侵权所构成的二元体系。污染型环境侵权与生态型环境侵权在修正的环境侵权的一般理论的统摄下共同组成一个完整的环境侵权体系。从实质上看,这样一个新的二元结构体系,需要民法与环境法共同来完成,在坚持民事责任的个人责任、个体补偿原则的基础上,通过建立新的环境法制度,解决环境的公益性保护问题。

事实上,现有生态保护领域已有将生态破坏适用无过错责任的例子,但是如果没有认定为环境侵权,在举证责任方面仍难以适用。如原《水土保持法》的第39条规定,"造成水土流失危害的,有责任排除危害,并对直接受到损害的单位和个人赔偿损失"。该条并未将过错作为水土流失民事责任的构成要件。但从2010年修改的《水土保持法》来看,水土流失危害是否适用无过错责任则又有所争议,该法第58条规定,"违反本法规定,造成水土流失危害的,依法承担民事责任",显然是将违反管制规范作为承担民事责任的前提。

---

① 以环境污染行为为中心对环境侵权进行界定似乎是现今的立法通例,例如《日本公害对策基本法》第2条第1款,1990年的《德国环境责任法》,在其他国家也基本如此。

二、实例解析:物种相克致人损害是否构成环境侵权

2227户梨农诉武汉市交通委员会等环境损害赔偿纠纷案①

(一)案情简介

东西湖区农场是湖北省重要的梨树生产基地,梨子的产量一直位居全国前列。但从1997年公路部门在107国道东西湖区路段栽种桧柏后,梨子收成开始逐年下降。2003年春末夏初大面积爆发梨锈病,13706.35亩约115.13万株梨树全部绝收,梨的产量跌到了历史最低点,2004年依然绝收,2005年的收成也受到严重影响,给当地梨农造成了重大经济损失。经省内外专家考察后认定,该灾害系因国道栽种的桧柏所致,且经此严重的梨锈病侵害,该地区的梨树2004年依然绝收,对2005年的产量仍将产生影响,以后必然再次爆发此种灾害。梨锈病并非自然灾害,而是由于被告大量栽种桧柏破坏了原有的良好农业生态环境所致。当地2227户梨农据此将市交通委员会、省交通厅公路管理局、市公路管理处、东西湖区107公路管理所、107国道吴家山收费站等诉至市中级人民法院,请求判令被告立即清除107国道东西湖区段沿线栽种的桧柏;判令被告赔偿其经济损失共计5800万元及误工费、药费共计7346603.60元;并判令被告赔偿诉讼支出56万元。

原告认为,被告作为公路主管部门和国道的管理者及维护者,在对公路行道树实施改造时,不经科学论证,不考虑对周围农业生态环境的影响,盲目栽种有梨树天敌之称的桧柏,造成了原告巨大的经济损失,故应当依法承担民事责任。

对于本案,被告未向法院提交书面答辩状,但提供了相关证据,主要欲证明:(1)被告与有关单位通过签订绿化合同方式种植行道树是合法行为;(2)梨锈病是一种常见的梨树病害且可防可治,桧柏树的存在并不必然导致梨锈病的发生,梨锈病的发生和流行是由多种因素促成的,梨树减产的原因更是多方面的;(3)原告提供的梨树种植面积、受害梨树株数以及所遭受的损失证据不实。

根据省某资产评估有限责任公司2003年出具的《资产评估报告书》,该区几个农场的梨树因梨锈病造成的损失在2003年8月6日这一评估基准

---

① 案例来源:吕忠梅主编:《环境法案例辨析》,高等教育出版社2007年版。

日所表现的现行价值为6400—7000万元,评估的范围为该区2227家农户的梨园,总面积为14342.97亩,其中受害面积为8696.41亩,因病砍伐的梨树面积为5646.56亩,评估的梨树全部为正结果实的果树,因梨锈病爆发而基本绝收或因病砍伐,受害未砍梨树也只有极少数地块挂有零星的果实,并且这些零星的果实因病其形状和味道不同于正常的果实,难以出售。

省植物检疫站分别于2003年6月14日、6月25日出具了两份《植物检疫检验结果通知单》,这两份检验单表明了该区所属农场的梨树所患的是梨锈病。该站2003年7月出具的《植物检疫检验结果通知单》表明国道两边的桧柏有梨锈病的锈孢子,确定此桧柏为梨锈病的转主寄主。

2003年12月25日,中国农业科学院某果树研究所在调研的基础上出具了《某区梨园病害大爆发的原因的分析报告》,该报告表明,造成该区梨园受害的原因为梨锈病大爆发。

梨锈病的发生具有以下几个方面的特点:首先,梨锈病是一种比较特殊的梨树病害,该病在梨树上不能单独完成生活史,必须有一段时间(即冬季前后)转移到其他寄主上生活,成为第二年早春侵染梨树的侵染源。其次,梨锈病的转主寄主很少,桧柏、龙柏是梨锈病的转主寄主,只有桧柏、龙柏存在时,梨锈病才会发生。其他植物,如梨园内外的杨树、泡桐树等不是转主寄主。同时,在气候适宜的条件下,桧柏、龙柏的数量多少与梨树的发病轻重程度有着直接的关系,这两类树种数量越多,造成梨锈病大发生的几率就越高。再次,梨锈病的有效传播距离很短,在梨园周围5公里内的桧柏、龙柏才会对该梨园造成危害,5公里以外的桧柏、龙柏一般不会造成大的危害。最后,梨树的品种、当地的气候条件会影响梨锈病的发病,但与其他病害不同,梨锈病在梨树上发病后不存在再侵染或重复侵染现象,当年发病的轻重程度主要与从转主寄主上传播的病菌数量有关。在我国当前土栽品种多为感病品种的前提下,早春雨水偏多,来自转主寄主上的病源越多,病害越重。

根据前述梨锈病发生的特点,考虑这些梨园位于国道2米以外,而国道上种有大量的桧柏作为行道树,果农描述的2003年春天和往年早春国道桧柏树上的胶状物与梨锈病在桧柏上表现出的症状的一致性,以及梨园内外5公里范围内无其他大面积桧柏、龙柏存在,《某区梨园病害大爆发的原因的分析报告》认为,国道5公里范围内有大量桧柏的存在必然会引发梨锈病,无桧柏等转主寄主肯定不会有梨锈病的发生,桧柏是引起2003年该地区梨园梨锈病大爆发的唯一转主寄主,该转主寄主的大量存在以及其上发生的大量梨锈病病菌是引起2003年度病害大爆发的唯一初侵染源。如果没有桧柏的存在,即使气候再适宜也因无侵染源而不会导致梨锈病的发生,更谈不上大爆发。在目前尚无特效药剂或方法对桧柏转主寄主、梨树进行有效处理,而我国主栽品种及新引进的品种又多为感病品种的情况下,改变该区当地的气候条件以阻止梨锈病的发生尚有难度,铲除或移去桧柏转主寄主到梨园5公里以外,阻断梨锈病的生活史是最好的控制病害的途径,也是对该病最有效、最彻底的控制方法。

(二) 审理结果

一审法院经过庭前交换证据和公开审理,确认该案的争议焦点有三:(1)谁是适格被告;(2)原告方损失的依据;(3)涉案路段桧柏与梨锈病之间的关系以及2003年原告方梨树减产与桧柏之间是否存在法律上的因果关系。

一审法院认为:根据《公路法》和《湖北省公路路政管理条例》等相关法律法规,涉案路段的路政绿化、管理、养护工作,由东西湖区交通局及公路管理段负责,故上述部门为适格被告。市交通委员会是"主管全市公路和水陆交通的政府组成部门","负责对区交通主管部门的业务指导";省交通厅公路管理局"负责全省公路基础设施行业管理",是省公路行业主管部门;市公路管理处"为公路畅通提供养护与路政管理保障、公路养护、路政管理",是市公路行业主管部门,因此,市交通委员会、省交通厅公路管理局、市公路管理处亦可列为适格被告。东西湖区107公路管理所负责"贷款修路,收费还贷、公路通行费征收"工作,根据省人民政府《关于加强公路收费站设置和收费管理的通知》等相关规定,收费还贷公路收费站是公路管理部门下属的临时机构。东西湖区107公路管理所与吴家山收费站实际上是"一套班子,两块牌子",故均不是适格被告。

原告请求赔偿的经济损失数额,是以湖北某资产评估有限责任公司出具的"市东西湖梨园果树损失咨询项目资产评估咨询报告书"为依据的。法庭认为,该评估依据不充分,考察因素不全面、不客观,因而不能作为原告方确定其损失的依据。另外,原告方也未能向法庭证明其误工费、药费损失的成立依据。

关于涉案路段桧柏树与梨锈病之间的关系以及2003年原告方梨树减产与涉案路段桧柏之间是否存在法律上的因果关系的问题,法庭认为:107国道东西湖区段桧柏的存在仅是梨锈病发生的条件之一,而梨锈病也只是原告方梨树减产的原因之一。对于梨锈病的发病原理，相关科研部门对此出具的分析报告和技术咨询报告均认为仅有桧柏的存在，并不会必然发生梨锈病，且梨锈病也是可防可治的。根据市东西湖区林业局《1994年至2003年度梨子种植面积、产量、价格、产值及病虫害防治情况调查汇总表》载明的内容看，除2003年以外，自1995年到2002年，该区梨树产量均较稳定，平均每亩产量均在1吨以上。107国道武汉市东西湖区段桧柏的种植时间主要在1995年至1998年，在种植期间及种植后的4年间，梨树产量并未因此受到影响，说明2003年梨树的减产与107国道武汉市东西湖区段桧柏并无必然因果关系。

根据《民事诉讼法》第64条"当事人对自己提出的主张，有责任提供证据"之规定，于2005年3月18日经审判委员会讨论后作出一审判决：驳回原告诉讼请求，一审案件受理费用33万元全部免交。

2227名原告不服，以该案构成环境污染侵权或环境侵权为由，上诉至省高级人民法院。省高级人民法院经公开开庭审理后认为：该诉讼涉及自然界中各种植物的相互影响、生物链相互作用问题，对此类问题给人们生产、生活造成的影响，目前我国尚无法律规范予以调整。因此，本案不属于人民法院民事诉讼的主管范围。故裁定撤销市中级人民法院的一审判决，驳回2227名原告的起诉。

（三）案例评析

本案发生后，引起了中央电视台、中央人民广播电台、中国交通报等多家媒体的关注。其中，在中央电视台2003年9月24日的《共同关注》节目中，中国农业大学植物病理学曾士迈院士对此病害作了解释和说明："因为这个病菌不经过桧柏这个阶段，就不能转移到梨树上来，到梨树上来的我们叫病菌孢子，只有在桧柏上生长的病菌孢子才能去侵染梨树，桧柏上生长的孢子再去侵染桧柏又不行了，它非变换不可，所以叫做转主寄主，它要转一转寄主的。"从法律角度分析，该案主要涉及以下几个问题：

1. 本案是行政诉讼还是民事诉讼

对于本案来说，首要的问题是对于案件性质的界定，是行政行为引起的行政诉讼还是民事侵权引起的民事诉讼？这直接影响到一系列法律规则的适用及案件的裁决。

本案中，行政机关在过道旁边种植行道树的行为，并非行政机关以行政职权对行政相对人作出的具体行政行为，而属于行政事实行为。所谓行政事实行为,是指行政主体基于职权实施的不能产生、变更或者消灭行政法律关系的行为,具有行政性。不能产生、变更或者消灭行政法律关系,可致权益损害性的三大特征。因行政事实行为导致权益损害的,当事人既可以依据《国家赔偿法》提起行政赔偿之诉,也可以依据《民法通则》第 171 条第 2 款、第 3 款"损害国家的、集体的财产或者他人财产的,应当恢复原状或者折价赔偿。受害人因此遭受其他重大损失的,侵害人并应当赔偿损失"以及 121 条"国家机关或者国家机关工作人员在执行职务中,侵犯公民、法人的合法权益造成损害的,应当承担民事责任"的规定,提起民事侵权诉讼。

2. 本案属于一般侵权还是特殊侵权

确定是民事侵权后,最关键的问题就是界定本案所涉及的侵权是一般侵权还是特殊侵权。因为一般侵权责任和特殊侵权责任的归责原则和举证责任的不同,直接导致举证责任的分配问题。如果是一般侵权,应适用过错责任,"谁主张,谁举证",即由原告进行举证,并承担举证不力的后果。如果是特殊侵权,则会出现适用过错推定、无过错责任的问题。过错推定是指事先推定行为人具有过错,由行为人证明没有过错才可免责,行为人不能证明没有过错,推定其有过错,就要承担相应的责任。无过错责任则不论行为人是否有过错,只要加害行为与损害后果之间具有因果联系,行为人便须承担民事责任,除非证明损害发生是因受害人的故意。在举证责任上,特殊侵权行为往往采取举证责任倒置原则,即由行为人对其行为与损害后果之间不存在因果关系或者不存在过错等法律规定的免责事由承担举证责任。

本案中,原告即主张被告行为构成了特殊的侵权行为——环境侵权。从环境侵权的已有规定来看,依据《环境保护法》第 41 条"造成环境污染损害的,有责任排除危害,并对直接受到损害的单位或个人赔偿损失"的规定,环境侵权的原因行为仅包括环境污染,即该法第 24 条所界定的"在生产建设或者其他活动中产生的废气、废水、废渣、粉尘、恶臭气体、放射性物质以及噪声、振动、电磁波辐射等对环境的污染和危害"所导致的人身和财产损失。而桧柏与梨树之间的生物相克显然不属于第 24 条所列举环境污染的范畴,因而,本案不能适用特殊侵权的相关规定,只能按照一般侵权责任对待。

而一般侵权需由原告承担加害行为的存在、损害后果的发生、种植桧柏是造成梨锈病的必然原因(因果关系)且主管部门主观上存在过错这四方面的举证责任。很显然,原告难以在因果关系及损害事实方面举证,因而,一审法院判决驳回原告的诉讼请求并无违背法理之处。但二审法院以我国尚无法律规范予以调整,因而不属于人民法院民事诉讼的主管范围为由驳回起诉则值得疑问。有损害则有救济,根据《民事诉讼法》第108条规定,起诉必须符合下列条件:(1)原告是与本案有直接利害关系的公民、法人和其他组织;(2)有明确的被告;(3)有具体的诉讼请求和事实、理由;(4)属于人民法院受理民事诉讼的范围和受诉人民法院管辖。是否属于法院的主管范围,需以法律的明确规定为限,而法律并未规定无明确法律依据者法院即不得管辖。事实上,法官不得拒绝裁判是法治社会基本的法律原则,即使没有明确的法律依据,法院也可以根据民法的基本原则和基本精神作出裁判。更何况,原告明显满足起诉的基本条件,本案缺乏的仅仅是认定为环境侵权的依据,在无法认定为环境侵权等特殊侵权时,理应作为一般侵权对待。

3. 关于此案中的因果关系问题

无论是一般侵权案件还是特殊侵权案件,因果关系都是侵权责任的构成要件之一,是承担责任的前提和基础。一审法院认为,柏树的存在与否,并不决定梨树的产量,对梨树是否减产没有必然影响,没有必然的因果关系,因而判决原告败诉。

然而,虽说梨锈病的爆发可能还有其他原因,但桧柏的存在难辞其咎。而且,严格来说,行政机关在对国道行道树实施改造时,应有义务全面察知其具体行政行为和行政事实行为可能对周围环境的影响,从这个层面来说,其主观上亦存在一定程度的过失。本案并无法证明种植桧柏的行为与梨树减产完全没有关系。因而,采取必然因果关系学说必然对承担举证责任的一方非常不利。事实上,从各国立法例来看,主观状态和因果关系并非单纯的法律问题,也是一国政策的取舍问题。正是基于因果关系证明的难度,各国发展出了多种因果关系的学说,如相当因果关系说、优势证据说等等,而我国在民事诉讼领域坚守必然因果联系学说,也日益受到学界的批判。

4.《侵权责任法》的考量

目前,各国对环境侵权的认识多停留在污染造成的人身、财产损害上,《侵权责任法》因袭这一理念,以"环境污染责任"作为章节标题,且四个条文均采用"污染环境"的称谓,从文义看,其并未对"污染"和"环境"作出定义。按照学理解释,环境污染是指人类排放到环境中的废弃物超过生态系统的自净(纳污)能力,依照原《环境保护法》第24条的列举,即"在生产建设或者其他活动中产生的废气、废水、废渣、粉尘、恶臭气体、放射性物质以及噪声、振动、电磁波辐射等"。2014年修改后的《环境保护法》也大致保留了这种规定,该法第 42 条规定,"排放污染物的企业事业单位和其他生产经营者,应当采取措施,防治在生产建设或者其他活动中产生的废气、废水、废渣、医疗废物、粉尘、恶臭气体、放射性物质以及噪声、振动、光辐射、电磁辐射等对环境的污染和危害"。依体系解释,《侵权责任法》所指的"环境污染责任",即是上述污染类型所造成的损害而应承担的责任。

从污染侵权发生学上看,环境污染具体类型的作用机理并非全然相同。对于大气、水、土壤、固体废物、毒性化学物质等类型,其作用机理为"排放—环境要素—人",即排放首先造成环境要素本身的损害,然后再造成人身、财产的损害;而对于噪声、振动、光、热、恶臭、辐射等,其作用机理为"排放—人",直接造成人身、财产损害,并未经过环境媒介中转,性质上本属卫生健康之内涵,只是一般认知上将其作为"污染"对待,笔者称之为"拟制型污染",而将大气、水污染等称为"实质型污染"。事实上,对拟制型污染进行规制的历史非常久远,早在查士丁尼《学说汇纂》中就有不可量物侵入他人邻地所生问题的记载,《德国民法典》在此基础上发展出不可量物侵害的规定;英美法、法国法中虽无"不可量物侵害"的概念,但也有类似的"私益妨害"、"近邻妨害"制度。这些规定多从相邻关系角度出发,但 20 世纪以来,不仅拟制型污染的范围和危害程度显著增大,重大实质型污染事件也集中爆发,先后出现新旧"八大公害事件"等标志性事件,各国纷纷从法律上进行"救火式"应对,将实质型污染损害纳入侵权法的救济范围正是这一心态的体现,许多国家都在民法典中增加相关规定或者制定专门的环境责任法。由此可见,侵权类型并非是一僵化的体系,随着社会变迁,侵权法亦不断扩大其调整范围。具体到环境侵权领域,如果因为生态破坏行为造成环境损害进而危害到人身或财产,侵权法能够并且应当作出制度上的因应。

三、实例解析:水资源破坏是否构成环境侵权

仁安村委会等与刘某等环境侵权纠纷上诉案[①]

(一) 案情简介

被告 L 县七星镇仁安村村民委员会(下称仁安村委)于 1993 年、1996 年、2001 年相继开办了仁安村煤矿第 3 号、第 6 号、第 7 号矿井,后仁安村委

---

① 重庆市第二中级人民法院(2007)渝二中民终字第 141 号民事判决。

先后将6号井转让给被告吴某、7号井转让给被告李某、3号井转让给被告吴某、杨某。原告刘某等111人均为仁安村村民。

原告认为,其原来从仁安村碗厂沟引水渠,被告采煤使煤炭矿层遭到破坏,原告赖以生存的地表、地下水位下降,水资源流失导致引水渠断流,导致原告的生产生活受到了严重损害,故请求停止侵害、排除妨碍并赔偿损失。

一审认为,该案属于因水资源受到破坏而引起的诉讼。水资源破坏属于环境侵权,适用举证责任倒置原则。本案原告处原有从仁安村碗厂沟的引水渠,现已断流,表明水资源已被破坏,致原告的生产、生活受到损害。本院要求被告举证证明其开采行为与水资源受到破坏无关,但被告未举证证明,应承担举证不能的法律后果。原告主张由被告赔偿的生产损失及人畜生活用水损失,鉴于本案类似问题,在赔偿时间、空间范围以及赔偿对象上均具有不可确定性,故无法科学确定具体的赔偿数额,由于被告的开采行为致原告赖以生存的地表、地下水位下降,水资源流失,给原告的生产生活造成损害的客观事实存在,法院对本案仅能根据侵权行为的性质、对原告的环境损害现状及煤矿开采时间等具体情况,酌情确定赔偿数额。本案被告的采矿行为虽已对原告构成环境侵权,但其采矿属依法取得国家许可的合法行为,故对原告主张被告停止侵害、排除妨碍的诉讼请求,本院不予支持。依照《民事诉讼法》第124条、第130条、第134条,《环境保护法》第41条之规定,判决:(1)由四被告连带赔偿原告每人3000元,限本判决生效后五日内付清;(2)驳回原告的其他诉讼请求。

四被告不服提起上诉,认为自身无损害行为,也未造成损害后果;本案属于水事纠纷,应由专门法律即《水法》予以调整,不应适用《民法通则》第124条、《环境保护法》第41条;一审判决每人3000元无事实依据;将32家111人作为集团诉讼处理是诉讼程序违法。

(二) 审理结果

二审认为,我国原《环境保护法》将环境界定为:影响人类生存和发展的各种天然的和经过人工改造的自然因素的总体,包括大气、水、海洋、土地、矿藏、森林、草原、野生生物、自然遗迹、人文遗迹、自然保护区、风景名胜区、城市和乡村等。本案在一审诉讼过程中,原审法院通过释明,已充分告知诉讼当事人本案为环境侵权纠纷案件,当事人均未提出异议,故原审法院审理本案适用《环境保护法》并无不当,上诉人称原审不应适用《环境保护法》的上诉理由不能成立,本院不予采纳。

开采煤矿对水资源的影响是不言而喻的。本案中,上诉人开办煤矿后,不论是煤渣未予清除堵塞了水流,还是其他原因,总之,被上诉人以前日常生产生活所用的碗厂沟引水小明渠在被上诉人起诉时确已断流,地表水也有所下降,被上诉人的水田也有部分变为旱地,其损害行为客观存在。水田变为旱地后,稻谷改种玉米,稻谷和玉米在市场价格上有差异,在收入上也存在差异,且上诉人在审理中也认可被上诉人的水田确有部分变为旱地,故本案的损害行为及损害后果是存在的,上诉人称本案无损害行为和损害后果的上诉理由本院不予支持。

本案为环境侵权纠纷案件,《环境保护法》明确规定环境侵权属于特殊侵权行为,因此而产生的损害赔偿责任应适用无过错责任原则。因环境侵权具有复杂性、渐进性和多因性,且损害具有潜伏性和广泛性,故法律规定应由被告对损害事实与损害后果不存在因果关系承担举证责任。基于此,本案应由上诉人对自己的采煤行为与被上诉人所处生存环境的地表水下降、部分水田变为旱地无因果关系举证,但被上诉人并未举示相关的证据。《环境保护法》还规定,开发利用自然资源,必须采取措施保护生态环境,但上诉人没有举示证据证明其在采煤过程中,对被上诉人所处的生存环境采取了相应的保护措施。正是基于被上诉人对损害后果举证上存在一定瑕疵,而损害又是客观事实,故原审法院才行使自由裁量权,针对本案实际情况,酌情认定了本案的赔偿数额,本院认为原审对赔偿数额的认定也并无不妥。

另外,因被上诉方诉讼标的系同一种类,一审按集团诉讼处理并不违反我国《民事诉讼法》的规定,上诉人称一审程序违法的上诉理由也不能成立。

基于上述理由,依照《民事诉讼法》第153条第1款第1项之规定,作出终审判决如下:

驳回上诉,维持原判。

(三)案例评析

本案两审法院均将煤矿开采造成水资源破坏的行为认定为环境侵权,由此再次提出本节的主题争议:根据现行法律,生态破坏致人损害能否认定为环境侵权?综合两造争点,主要涉及以下问题:

1. 水资源破坏致人损害是否属于环境侵权?

二审法院认为,原《环境保护法》第2条对于环境的界定包括"水"这一重要环境要素的保护,因而对于水资源破坏适用《环境保护法》并无不当。

这一说法并无不当。《环境保护法》作为环境保护基本法,规定了保护和改善环境、防止污染和其他公害的基本原则、制度,并对违反该法的行为课予法律责任。无论是理论还是实践,均将环境问题区分为环境污染和生态破坏两大类,前者是指人类直接或间接地向环境排放超过其自净能力的物质或能量,其典型特征是"过量排放";后者是指人类不合理地开发、利用自然资源等自然生态环境遭到破坏,其典型特征是"过量索取"。对于水的不当利用后果同样可以归为两类,一是向水体过度排放污染物质造成水质恶化,是为水污染;一是对水体过度索取造成水量减少,是为水资源破坏。对于水质和水量的影响,分别由《水污染防治法》和《水法》等进行调整,本案因采矿造成水资源破坏,同时亦应适用《矿产资源法》规定。

由于影响水体的行为可以划分为水质污染和水量枯竭,对于由此引发的人身、财产损害应当分别寻求法律依据。根据《环境保护法》第41条的规定,水质污染属于环境侵权并无疑问,尽管该条对于"环境污染"采用不确定概念,但依据体系解释的方法,该法第24条对于污染类型的列举也未包括水资源破坏,因而,水资源枯竭等生态破坏行为在该法中并无依据支撑,必须从其他法律中寻求支持。

《水法》和《矿产资源法》分别规定了水资源破坏的法律责任。《水法》第31条规定:"开采矿藏或者建设地下工程,因疏干排水导致地下水水位下降、水源枯竭或者地面塌陷,采矿单位或者建设单位应当采取补救措施;对他人生活和生产造成损失的,依法给予补偿。"该法采用"补偿"一词,忽略了侵权的救济属性;《矿产资源法》第32条第1款对采矿造成污染的情形作出了援引性规定,第3款则明确规定了采矿造成生态破坏的无过错责任。由于现行立法并未直接采用"环境侵权"这一术语,主要是在学理上进行使用,所以说上述条款属于环境侵权,并无不当。

但是,二审法院以原审法院已充分告知本案属于环境侵权而被告并无疑义为由,认定本案属于环境侵权则值得疑问。对于法律依据的认定,属于法院的专属权力,并不是当事人可以决定的范围。依据二审法院逻辑,如果被告异议,则本案就可以不属于环境侵权?法律依据作为司法中的客观存在,尽管法官可以对其进行解释,但无论如何,当事人是否异议不能影响到法律依据的适用。

2. 法理上认定为环境侵权是否就可以适用特殊规则?

如上所述,在学理上将水资源破坏致人损害认定为环境侵权并无问题,但是,环境侵权是否就意味着可以当然适用归责原则、举证责任等方面的特殊规则?答案显然是否定的,司法实践必须以法源为支撑,从法律逻辑出发,得出令人信服的结果。

根据《水法》《矿产资源法》的规定,采矿造成水资源破坏适用无过错责任,采矿权人即使不存在故意或过失,造成损害时仍要承担民事责任,这一点,与环境污染侵权并无不同。但是从现行法上考察,关于举证责任倒置、诉讼时效延长等规则并不能适用在这种场合。无论是最高人民法院《关于民事诉讼证据的若干规定》还是《侵权责任法》,均明确规定这些特殊规则仅适用于环境污染致人损害的场合。由此,两审法院在本案中适用举证责任倒置,并无明确的法律依据。因而,本案在因果关系上,仍应适用"谁主张、谁举证"的证据规则。

综合本节论述,生态破坏致人损害与环境污染致人损害具有相同的机理,共同构成统一的环境侵权,现行立法将二者分别对待,不仅造成法律体系的割裂,亦使受害人难以得到救济。尽管实践中出现支持生态破坏致人损害属于环境侵权的规定,但囿于法律依据的缺乏,这一做法注定难以推广。遗憾的是,作为侵权行为救济的基本法律,《侵权责任法》仍未克服这一局限,生态破坏致人损害进入侵权法调整的道路依然任重而道远。

第四章　环境污染侵权的构成

第一节　污染侵权的归责原则

一、理论阐释

(一) 理论基础

侵权行为的归责原则,是指在行为人的行为致人损害时,根据何种标准和原则确定行为人的侵权责任。侵权行为的归责原则是侵权行为法的核心,决定着侵权行为的分类、侵权责任的构成要件、举证责任的负担、免责事由等重要内容。它既是认定侵权构成、处理侵权纠纷的基本依据,也是指导侵权损害赔偿的准则。一般认为,我国侵权行为的归责原则主要包括过错责任原则、无过错责任原则与公平责任原则。以下对这些责任类型作一介绍和分析,并对环境污染责任中可能涉及的相关责任类型进行基础考察。

1. 过错责任原则

所谓过错责任原则是指当事人的主观过错是构成侵权行为的必备要件的归责原则。《民法通则》第106条第2款规定:"公民、法人由于过错侵害国家的、集体的财产,侵害他人财产、人身权的,应当承担民事责任。"《侵权责任法》第6条第1款也规定:"行为人因过错侵害他人民事权益,应当承担侵权责任。"

过错是行为人决定其行动时的一种故意或过失的主

观心理状态。过错违反的是对他人的注意义务,表明了行为人主观上的应受非难性或应受谴责性,是对行为人的行为的否定评价。过错责任的意义表现在,根据过错责任的要求,在一般侵权行为中,只要行为人尽到了应有的合理、谨慎的注意义务,即使发生了损害后果,也不能要求其承担责任。其目的在于引导人们行为的合理性。在过错责任下,对一般侵权责任行为实行谁主张谁举证的原则。受害人有义务举出相应证据表明加害人主观上有过错,以保障其主张得到支持。加害人过错的程度在一定程度上也会对其赔偿责任的范围产生影响。

适用过错责任原则时,第三人的过错和受害人的过错对责任承担有重要影响。如果第三人对损害的发生也有过错,即构成共同过错,应由共同加害人按过错大小分担民事责任,且相互承担连带责任。如果受害人对于损害的发生也有过错的,则构成混合过错,依法可以减轻加害人的民事责任。

过错推定责任,是指一旦行为人的行为致人损害就推定其主观上有过错,除非其能证明自己没有过错,否则应承担民事责任。如《侵权责任法》第6条第2款规定:"根据法律规定推定行为人有过错,行为人不能证明自己没有过错的,应当承担侵权责任。"因而,实行过错推定必须以有法律明文规定为限。过错推定责任仍以过错作为承担责任的基础,因而它不是一项独立的归责原则,只是过错责任原则的一种特殊形式。过错责任原则一般实行"谁主张谁举证"的原则,但在过错推定责任的情况下,对过错问题的认定则实行举证责任倒置原则。受害人只需证明加害人实施了加害行为,造成了损害后果,加害行为与损害后果间存在因果关系,无需对加害人的主观过错情况进行证明,就可推定加害人主观上有过错,应承担相应的责任。加害人为了免除其责任,应由其自己证明主观上无过错。过错推定责任不能任意运用,只有在法律有明确规定的情况下才可适用。

2. 无过错责任原则

无过错责任原则,是指当事人实施了加害行为,虽然其主观上无过错,但根据法律规定仍应承担责任的归责原则。随着工业化的发展和危险事项的增多,加害人没有过错致人损害的情形时有发生,证明加害人的过错也越来越困难,为了实现社会公平和正义,更有效保护受害人的利益,无过错责任原则开始逐渐作为一种独立的归责原则在侵权行为法中得到运用。如《民法通则》第106条第3款规定:"没有过错,但法律规定应当承担民事责任的,应当承担民事责任。"《侵权责任法》第7条进一步予以明确:"行为人

损害他人民事权益,不论行为人有无过错,法律规定应当承担侵权责任的,依照其规定。"无过错责任的适用应注意三个方面:

其一,无过错责任原则的适用必须有法律的明确规定,不能由法官或当事人随意扩大适用;其二,适用无过错责任,受害人不须证明加害人的过错,加害人亦不能通过证明自己无过错而免责;其三,我国实行的是有条件的、相对的无过错责任原则,在出现某些法定免责事由时,有关当事人也可全部或部分免除其民事责任。

3. 公平责任原则

公平责任原则,是指损害双方的当事人对损害结果的发生都没有过错,但如果受害人的损失得不到补偿又显失公平的情况下,由人民法院根据具体情况和公平的观念,要求当事人分担损害后果。《民法通则》第132条规定:"当事人对造成损害都没有过错的,可以根据实际情况,由当事人分担民事责任。"《侵权责任法》第24条规定:"受害人和行为人对损害的发生都没有过错的,可以根据实际情况,由双方分担损失。"

公平责任原则的适用要注意以下几个问题:

第一,适用公平责任的前提,必须是当事人既无过错,又不能推定其过错的存在,同时也不存在法定的承担无过错责任的情况。如果可以适用过错责任、法定无过错责任或推定过错责任就不能适用公平责任。

第二,当事人如何分担责任,由法官根据个案的具体情况,包括损害事实与各方当事人的经济能力等进行综合衡量,力求公平。

(二)比较法考察

1. 日本法

日本的环境立法中对一般的环境侵权依据其《民法典》第709条承担过错责任,但在公害事件中适用无过错原则。公害无过错原则的适用对象为大气污染、水质污染和放射性污染等有害物质所引起的公害,对于因噪声、振动、地面沉降、恶臭等造成的环境损害,无过错原则并不适用。对于适用无过错归责原则的公害事件,赔偿范围仅限于对人生命、健康损害的救济,对于财产的损害则不适用无过错原则。日本政府自1967年以来陆续出台了《公害对策基本法》《噪声控制法》《大气污染防治法》《水污染防治法》和《环境影响评价法》等十多部环境保护法律。《大气污染防治法》《水污染防治法》等法律中确定了无过错责任的归责原则。《大气污染防治法》第25条第1款规定:"企业因伴随其活动而向大气中排放(包括飞散)有害于人体健康的物质(指烟尘、特定物质或粉尘。而作为仅对生活环境有害的物质则是政令规定以外的物质),从而危害了人的生命或健康时,与该排放有关的企业者对由此而引起的损害应承担赔偿责任。"《水污染防治法》第19条规定:"伴随企业的活动排放含有有害物质的废水或废液,或者向地下渗透而危害了人的生命和身体时,与该排放或向地下渗透有关的企业者,应该承担由此而引起的损害赔偿责任。"《矿业法》第109条第1款规定:"为了采掘矿物而挖掘土地,由于排放坑水或废水、堆积废石或排放矿烟,对他人造成损害时,损害发生时的该矿区的矿业权者,或者损害发生时矿业权业已消灭,矿业权消灭时该矿区的矿业权人,负赔偿该损害的责任。"

2. 德国法

德国法对于环境侵害作了两类区分:其一是由于人们的日常活动或者企业无需政府许可的营业活动所引起的环境侵害,这被称为一般性的环境侵害;其二是经政府许可的营业活动,也即企业的产业活动所引起的环境侵害,这被称为特殊类型的环境侵害。与此相对应,德国环境侵权方面的法律主要涉及两个层面:

一是民法典关于侵权行为、干扰侵害和侵害排除的一般性规定,主要解决一般性的环境侵权问题。《德国民法典》第906条规定:"在干扰不损害或者较轻微损害土地的使用的范围内,土地所有权人不得禁止煤气、蒸汽、臭气、烟气、煤烟、热气、噪声、震动和其他来自他人土地的类似的干扰的侵入。如果此类干扰对土地的通常使用或者对土地的收益所造成的妨害超出预期的程度,所有权人可以要求适当的金钱赔偿。"对于无法用相邻关系制度调整的其他一般性环境侵权损害赔偿,应适用《德国民法典》第823条规定的过错原则,即"因故意或过失不法侵害他人的生命、身体、健康、自由、所有权或其他权利者,负向他人赔偿因此所生损害的义务"。当此类环境侵害造成的后果仅限于精神层面,而不涉及被侵害人生命、身体、健康、自由和财产权利时,即便加害人存在故意或者过失,被侵害人也不能依据《德国民法典》第823条的规定得到赔偿。德国司法判例认为,对清洁的空气、水和舒适生活环境的利益(即所谓的环境权等法益),并不属于《德国民法典》第823条所称"其他权利"的范畴。在一般性环境侵害中,实行过错责任,违法性必须能够排除。

二是涉及环境侵权的专门性法律,如《公害防治法》《水利法》《环境责任法》和《联邦固体废弃物防治和固体废弃物管理法》等,主要解决特殊类型的环境侵权问题。德国法将其纳入危险责任,在民法典之外通过特别法加以规范。《德国环境责任法》第 1 条规定:"由于附录一列举之设备对环境造成影响而导致任何人身伤亡、健康受损或财产损失,设备所有人应对受害人因之而生的损害负赔偿责任。"《德国水利法》第 22 条规定:"向水体(包括河流、湖泊、沿海和地下水)投放或导入物质,或者变更水体原来的物理、化学或生物性质,致损害他人者,就其所生损害负赔偿责任。如果是多人使水域产生影响,那他们作为整体负债人而承担责任。"此类特殊类型是为危险责任,其特点在于排除过错与违法性,是否承担责任仅仅取决于在造成损害的事件中,由责任人掌控的危险是否变成了现实。①

3. 英美法系

英美法系的干扰妨害和严格责任在环境侵权救济中运用比较普遍。自 1970 年以来,美国逐渐采取以环境专门立法的形式来确立严厉的行政控制制度以及损害赔偿的严格责任原则,如《综合环境治理损害赔偿法》(或称 1980 超级基金法)、《安全饮用水法》《清洁空气法》和《清洁水法》等,均以严格责任为原则。

4. 小结

由上述比较法的考察可以看出,所谓一般性的环境侵害即为本书所称的拟制型污染侵权,而特殊性的环境侵权则为实质型污染侵权。对于两种污染侵权类型,作为大陆法系典型的德国、日本,均适用不同的归责原则加以应对,英美法系亦如是。我国《物权法》承继了德国、日本关于不可量物侵害的规定,但从其内容来看,显然是对不可量物的范围作了不当扩大,从而与环境立法中确立的实质型污染侵权发生交叉与重叠,引发适用上的争议。《侵权责任法》对此仍未作区分,在其实施之后,与《物权法》第 90 条的规定发生矛盾的可能性极大,如何解决,恐怕尚需最高人民法院作出司法解释。

(三)环境侵权归责原则论争

环境污染侵权适用无过错责任是目前我国学界的通识,其依据主要来源于《民法通则》和 1989 年《环境保护法》的规定。1986 年通过的《民法通则》第 124 条规定:"违反国家保护环境防止污染的规定,污染环境造成他人损害的,应当依法承担民事责任。"而 1989 年《环境保护法》第 41 条第 1 款规定:"造成环境污染危害的,有责任排除危害,并对直接受到损害的单位或

---

① 〔德〕马克西米利安·福克斯:《侵权行为法》(第 4 版),齐晓琨译,法律出版社 2006 年版,第 256 页。

者个人赔偿损失。"其他环境立法均与《环境保护法》规定类似。由此,虽然通说认为在污染侵权领域应适用无过错责任原则,但由于《民法通则》中有"违反国家保护环境防止污染的规定"的用语,从而发生归责原则上的争议,以及环境侵权构成是否需以具备违法性为要件。

对于《民法通则》与原《环境保护法》的矛盾,主要有儿下几种观点:

1. 对《民法通则》第124条扩大解释。该条所称的"国家保护环境防止污染的规定"是指我国《环境保护法》及相关法律法规所确定的基本原则、规则和制度,而不是指具体的某项排污标准。第124条所解决的是法律适用问题而不是行为标准问题,即凡污染环境致人损害之案件,应首先适用《环境保护法》等专门法律法规。排污超过标准污染环境致人损害,无疑应当承担民事责任并承担相应的行政责任和刑事责任,因为即使加害人的排污没有违反环境保护方面的法律规定,但是其排污行为污染环境造成他人损害,也违反了保护他人生命健康权的法律规定。因而,环境侵权应为无过错责任,并排除违法性要件。

2. 特别法优于普通法或后法优于前法,适用《环境保护法》规定的无过错责任。但反对者认为,我国《立法法》第83条规定:"同一机关制定的法律、行政法规、地方性法规、自治条例和单行条例、规章,特别规定与一般规定不一致的,适用特别规定;新的规定与旧的规定不一致的,适用新的规定。"可见,特别法优先于一般法适用的前提在于,两个规定皆由同一机关制定。但全国人大与全国人大常委会是否属于同一机关,值得疑问。如不属于,则此处不存在特别法与普通法的问题。《侵权责任法》仍未能解决这一问题。

3. 《民法通则》确立的是环境侵权的构成,而《环境保护法》确立的是责任形式。第124条和第41条第1款不是一般法和特别法的关系,而是侵权行为构成和责任形式的衔接关系。"违反国家保护环境防止污染的规定",正好是过失客观化的表现,因此,环境侵权行为是过失责任。①

对于这一争议,原国家环境保护局《关于确定环境污染损害赔偿责任问题的复函》中认为:根据《中华人民共和国环境保护法》第41条第1款的规定,"造成环境污染危害的,有责任排除危害,并对直接受到损害的单位或者个人赔偿损失"。其他有关污染防治的法律法规,也有类似的规定。可见,

---

① 王成:《环境侵权行为构成的解释论及立法论之考察》,载《法学评论》2008年第6期。

承担污染赔偿责任的法定条件,就是排污单位造成环境污染危害,并使其他单位或者个人遭受损失。现有法律法规并未将有无过错以及污染物的排放是否超过标准,作为确定排污单位是否承担赔偿责任的条件。至于国家或者地方规定的污染物排放标准,只是环保部门决定排污单位是否需要缴纳超标排污费和进行环境管理的依据,而不是确定排污单位是否承担赔偿责任的界限。《中华人民共和国水污染防治法实施细则》第36条还明确规定,缴纳排污费、超标排污费的单位或者个人,并不免除其赔偿损失的责任。

由于该复函仅是行政机关的一种看法,且并未解决《民法通则》与《环境保护法》的地位协调问题,不能作为司法援引的依据。但是,在司法实践中,该复函具有重要作用,很多案例均在判决中将其作为支持排除违法性和适用无过错责任的理由。

作为《民法通则》直接承继者的《侵权责任法》与修改后的《环境保护法》则厘清了二者的适用关系。修改后的《环境保护法》第64条采用了引致性条款的做法,规定"因污染环境和破坏生态造成损害的,应当依照《中华人民共和国侵权责任法》的有关规定承担侵权责任",从而使得《侵权责任法》成为处理环境侵权问题的基本规范,也使得无过错责任成为环境侵权作为特殊侵权的基本标志。

本书认为,之所以在理论和实践中均出现对环境侵权归责原则的争议,根本原因在于忽视了环境侵权的特殊性,将环境侵权的原因行为过于抽象化和简单化,而忽视了侵权制度的演化史和原因行为的内在差异。从国外立法例看,大陆法系和英美法系关于环境侵权归责原则的做法可知,对于环境侵权,其并非一体适用无过错责任,而是根据环境侵权不同类型的特征,分别适用不同的归责原则。就我国来说,由于《侵权责任法》与《物权法》分别有不同的规定,但正如第三章所述及的,其界限并不明晰。因而,适当的做法是通过对环境侵权进行类型化,即首先将环境侵权划分为环境污染型侵权和生态破坏型侵权,再将环境污染型侵权划分为拟制型污染侵权和实质型污染侵权,在此类型化下分别适用不同的归责原则。

二、环境侵权归责原则的类型化适用

(一)无过错责任原则

第三章述及,环境污染可以划分为拟制型污染和实质型污染两类,拟制型污染亘古有之,并很早就纳入民法的调整范围,从罗马法以降即进入不动产相邻关系调整的范畴；而实质型污染则是工业革命以降尤其是20世纪以来科技的迅猛发展所导致的副产品。环境污染侵权这两大类原因行为的发展史，即说明了污染侵权领域如果统一适用无过错责任原则，则可能出现与法律的正义和实践的逻辑相偏离的现象。

考察侵权法的历史可以看出，在归责原则上，各国最早实行的是结果责任，不论行为人有无过失和故意，只要造成伤害，就使行为人负损害赔偿责任，它"旨在满足权利受到侵犯时得以恢复和补救的纯粹目标，关注的是侵权行为相对于社会秩序的意义，使侵权行为服从于社会所追求的秩序，通过严厉地制裁而消灭这种有害于秩序维持的行为"。[①] 但是，结果责任束缚人的自由行动，造成常人在生活中畏首畏尾，故随着人类社会文明之迅速发展，简单而纯粹的结果责任亦随之被击破、淘汰，取而代之的是至今仍在侵权法中有举足轻重地位的过错责任原则，并进而与契约自由、所有权绝对原则并称为近代民法三大基石。但是产业革命之后，尤其是19世纪以后，以过错责任原则为指导的各国侵权行为法逐渐显现出其固有的弊端。由于先进的科学技术和生产工具在给社会带来巨大贡献之同时，亦生成了危及社会安全之副产品——工业灾害频发、环境污染加剧、经济活动规模激增、产品质量问题凸显等，都使传统的侵权法归责原则束手无策。因为某些高危活动、环境侵权行为本身乃社会发展之必需，亦已得到特定许可或同意，在各方面均已尽足够谨慎和注意义务的情况下，很难证明加害者主观上有什么过错，这就造成了受害人实现损害赔偿的困难。而另一方面，受害人的这种损害不应该由其个人承受，而应当由整个社会承担。而且在法律上，由于双方当事人事实上的不平等地位，受害方亦难以对加害方行为的不法性、主观过错加以举证。为实践公平，衡平社会利益，侵权行为法遂开始确立无过错责任原则作为对过错责任的矫正。

由此可见，由于拟制型污染产生于孕育无过错责任的土壤之前，因而，作为大陆法系代表的德、法、日等国均在物权法中对其加以规定，适用过错责任加以调整。尽管随着城市化和人口密集化的增长，拟制型污染与近代以前的不可量物侵入等相比程度有所加重，但是，并非已经超出过错责任所能调整的范围造成法律公平正义的灭失。而无过错责任的产生，是应对随着社会化大生产所出现的风险社会的需求，因而，对于两种成因不同的污染

[①] 王福友：《侵权行为法归责原则演进的法理学思考》，载《国家检察官学院学报》2003年第11卷第2期。

大类,法律的应对自应有所区别。除此之外,实质型污染适用无过错责任更有着深刻的价值支撑:

其一,符合危险责任的思想。造成损害归责原因的事实情况在于,责任人运营某套设施、使用某物或者从事某一活动,而这些设施、物或活动本身即包含着潜在的巨大危险,所以,责任人的行为创设了一个特别的风险,当这种风险成为现实时,责任人应当对于由此发生的损害进行赔偿。在危险责任中,并不涉及责任人的作为或不作为是否违法或有过错,并且,不受过错的影响恰恰是危险责任的特点。据此,危险责任归责的理由不在于行为的可谴责性,也不在于行为意思的瑕疵(故意或者过失),而源于我们法律意识中的一个基本观念,即对于所享受的特殊权利所造成的不幸事件,权利人应当承担责任,危险责任寻求的是"对允许从事危险行为的一种合理的平衡"。①

其二,符合危险控制理论。新设施、技术、物质或材料是未知和无法预见的风险的源泉,允许使用它们的同时,有必要设立无过错责任来平衡由此产生的危害。而且,设施、物的保有者和行为的实施者对于其设施、物或者行为的特性最为了解,对于如何控制危险和避免危险也最为熟知,从而符合"谁能够控制、减少危险,谁承担责任"的原则。不考虑过错与违法性,而以发生损害作为承担责任的条件,有利于强化企业责任,促进其履行法定义务,严格控制和积极治理污染,合理利用环境资源,以减少损害的发生,降低经营成本,从而发挥损害的预防功能。

其三,符合报偿责任理论,这一理论源于罗马法"获得利益的人负担危险"的法谚,即所谓的"利之所得,损之所归",谁享有了利益,谁就应当承担由此带来的风险,加害人因其生产、生活或经营行为获得了收益,理应承担其行为引发的负外部性。

其四,从法律政策上考虑,实行无过错责任符合法律保护弱者的趋势。由于现代工业生产的复杂性和污染过程的错综复杂,环境污染涉及复杂的科技问题,受害者通常并不了解致害的设施和物质,放弃对过错的要求实际上也具有减轻受害人举证责任的作用,实现对受害人利益保护的倾斜。

其五,实行无过错责任并不会对侵害人造成特别的负担,譬如原告可以通过价格机制环境责任保险等制度分散和化解风险,从而也体现了环境侵

---

① 〔德〕马克西米利安·福克斯:《侵权行为法》(第4版),齐晓琨译,法律出版社2006年版,第256页。

害救济社会化的趋势。

因而,尽管《侵权责任法》第 65 条规定了环境污染适用无过错责任,但由于前述理由,应当对其适用范围予以限缩。对于实质型污染适用无过错责任,符合侵权法的发展趋势和无过错责任的价值内涵。而将生态破坏行为纳入到环境侵权以后,由于生态破坏与实质型污染具有发生学上内在的同一机理,自应适用无过错责任。

(二)过错责任原则

我国《物权法》第 90 条规定,"不动产权利人不得违反国家规定弃置固体废物,排放大气污染物、水污染物、噪声、光、电磁波辐射等有害物质",这被认为是我国的不可量物侵害的规定。但是,我们从其条文用语可以看出,其对于固体废物、大气污染物、水污染物等实质型污染类型和噪声、光、电磁辐射等拟制型污染类型一并纳入,从而发生与《侵权责任法》在适用上的争议。有关解读认为,《物权法》规定日常生活中居民之间的排放,而《侵权责任法》则适用于企业之间。① 这种以主体进行划分的做法,不仅违反平等的原则,在实践中也难以操作,且这种划分也并未得到广泛认同,如实践部门对于《物权法》的解读即将第 90 条视为《大气污染防治法》《水污染防治法》等单行立法的抽象。② 如前述,这种做法是忽视了环境侵权这一"类概念"涵摄下不同原因行为的差异所造成。拟制型污染侵权作为在传统不可量物侵害基础上发展起来的侵权类型,尽管其危害后果与作用范围有所增大,但其实质并未改变,因而,其规则亦应具有延续性,这也是各国的普遍做法。《物权法》第 90 条虽为关于不可量物侵害的规定,但从其内容来看,已与传统的不可量物侵害有很大区别。例如,我国台湾地区"民法典"第 793 条规定:"土地所有人,于他人之土地有煤气、蒸汽、臭气、烟气、热气、灰屑、喧嚣、振动及其他与此类似者侵入时,得禁止之。但其侵入轻微,或土地形状、地方习惯,认为相当者,不在此项。"由该条规定可以看出,其并未包含大气污染物、水污染物、固体废物等类型。德、日等国也有类似规定。

拟制型污染类型与我们每个人生活密切相关,每个人都既可能是加害人,也可能是受害者,传统民法的平等性和互换性仍在一定程度上存在。侵

---

① 全国人大常委会法制工作委员会民法室编:《中华人民共和国侵权责任法解读》,中国法制出版社 2010 年版,第 320—323 页。

② 最高人民法院物权法研究小组编著:《〈中华人民共和国物权法〉条文理解与适用》,人民法院出版社 2007 年版,第 263 页。

权法发展并非排斥利益衡量,如果允许不加区分地适用无过错责任,则可能引发大量的纠纷,造成社会秩序的紊乱,法院也无法承担。因而,为了维护我们正常的社会生活,一定的"忍受限度"即尤为必需。这个忍受限度,需建立在一般人的注意义务上,以作为法院判定的标准。这个标准,即体现为国家和地方的污染物排放标准,只有在超出排放标准的前提下,才可能构成污染,这一点,已为立法所明定,如《环境噪声污染防治法》第2条第2款规定,"本法所称环境噪声污染,是指所产生的环境噪声超过国家规定的环境噪声排放标准,并干扰他人正常生活、工作和学习的现象",即将"噪声污染"界定为"超过排放标准"和"干扰正常生活"两个条件。因而,在拟制型污染中,超标排放正是构成污染的内在条件,超标排放也是从行为上判断污染者是否具有过错的依据,是为过失客观化,如果污染物超标,即视为有过错。因而,在拟制型污染侵权类型中,其归责原则应为过错推定责任,违法性(超过国家标准)已包含在其中。

考虑到拟制型污染侵权毕竟与一般侵权不同,尤其是拟制型污染侵权的原因行为越来越多是由企业所造成。在适用过错推定责任时,同样存在着举证责任倒置的空间,由加害人对其不存在过错以及其行为与损害后果不存在因果关系等问题上承担举证责任。

此外,精神损害赔偿的归责原则亦需加以辨正。《侵权责任法》首次在法律层面规定了精神损害赔偿。该法第22条规定,"侵害他人人身权益,造成他人严重精神损害的,被侵权人可以请求精神损害赔偿。"由此可见,该条确立了精神损害赔偿适用的几个原则:(1)侵害的必须是人身权益,对于财产权益应排除在外;(2)必须造成严重损害。由于环境侵权亦可能严重侵害人身权益,进而造成精神严重受损,根据体系解释方法,精神损害赔偿适用于环境侵权领域并无疑问。但问题在于,精神损害作为以人身、财产损害为基础和媒介的次侵害形式,其构成要件是否与作为其基础行为的一般侵权或特殊侵权相同?具体到环境侵权领域,精神损害赔偿应当适用何种归责原则?

前已述及,无过错责任是在纠正主义和功利主义之间利益平衡的结果,其本身即含有对原告利益的倾斜保护,且举证责任倒置也加重了被告的举证责任。在加害人故意或重大过失造成环境污染或生态破坏时,适用无过错责任要求精神损害赔偿并无异议;但若被告无过失或仅基于轻微过失,如果仍不加区分,则会对业者造成特别负担。法院不能"杀富济贫"或"惩强扶弱",而应当基于公平正义的理念达成环境正义的目标。同样,每一项制度都有其适用的特定范围,也不能希冀一个制度解决所有的问题,在损害不能完全得到救济时,应通过建立环境损害补偿基金等制度加以实现。因而,精神损害赔偿亦应适用过错责任。

(三) 公平责任原则

无过错责任适用不考虑行为人是否具有过错,而公平责任则是在双方均无过错时才能适用,因而,对于排除过错因素、即使无过错也可以划分责任的实质型污染侵权并无公平责任适用的余地,公平责任只能作为拟制型污染侵权的补充,即当事人双方均无过错,未构成拟制型污染侵权,却又造成损害事实的发生,由法院根据损害事实和当事人的经济状况等因素行使自由裁量权决定双方对损害进行分担。具体而言,公平责任主要存在于以下两种场合:

1. 行为人未违反国家或地方污染物排放标准,但排污行为仍然造成损害后果的发生,即行为人的行为不具有违法性,且受害人亦不具有过错;

2. 行为人的排放行为尚无国家或地方标准,排污行为造成损害后果的发生,且双方均无过错。

三、实例解析:环境侵权中的过错与违法性

大庆石化分公司等与隋某等环境污染损害赔偿纠纷上诉案[①]

(一) 案情简介

原告隋某等十人诉称:1996年,原告向肇源县八家河渔场承包了1500亩水面养鱼,承包期为五年。1998年4月,因干旱加之当地农民使用八家河灌溉稻田,县政府从松花江向八家河补水。6月初用河水灌溉水稻出现死亡,同时八家河渔场出现部分死鱼。6月5日大庆市环保局对该处水质进行监测,根据农田灌溉水质标准,该水质有PH、全盐量、悬浮物、COD2、氯化物五项超标,当时农田灌溉是执行地面水四类标准,而渔业用水执行地面水三类标准。据此监测,种稻田的农民均得到相应赔偿。1998年6月21日、1999年11月、1999年12月1日县农业技术推广中心、县八家河渔场及高志陶中学又将水样、鱼样分别送去省农业监测中心、省流域渔业环境监测站

---

① 黑龙江省高级人民法院(2002)黑民一终字第370号民事判决。

检验,结果为铜、铅、镉、酚超标,渔场水质已被严重污染,已不适合养鱼。1999 年、2000 年、2001 年渔场发现大量死鱼,且数量逐年增加,使原告遭受了巨大的经济损失。根据市环保局的监测报告,向原告取水处排放污水的主要是中国石油天然气股份有限公司大庆石化分公司(以下简称石化公司)、中国石油天然气股份有限公司大庆炼化分公司(以下简称炼化公司)、大庆石油管理局(以下简称管局)、大庆油田有限责任公司(以下简称油田公司),其中管局和油田公司是原告又申请追加的被告,原告另申请追加大庆毛纺厂为本案被告,因大庆毛纺厂已于本案立案前破产终结,故本案未将其列为被告。原告请求判令四被告赔偿经济损失 52 万元,后又增加赔偿经济损失的诉讼请求至 252 万元。

石化公司辩称:该公司达标排放少量废水,不应承担民事责任,公司仅下属炼油厂少量废水(约 150 t/h)南排,即先排入赵家泡,再经涝洲泡、中内泡、库里泡,最后经古恰闸口排入松花江。赵家泡系自然水泡,周边各单位生产废水及居民生活污水也排入泡中,该公司对污水处理非常重视,经严格监测,多年来,外排废水均实现达标排放,其中 COD_{cr}、挥发酚等项指标远远低于国家排放标准。同时在生产过程中不添加也不会产生铜、铅、镉等重金属污染物,酚是公司生产中的特征污染物,但均是达标排放,且远低于《污水综合排放标准》。在兴隆干渠公司排放的废水中酚含量为 $0.001\ mg/L$,而渔业水质标准是不大于 $0.005\ mg/L$,即使原告渔场水质酚含量超标,也与公司无关。公司废水通过南排口直接排入松花江,原告在古恰闸口下游取水具有主观过错,原告作为养鱼者,应持有养殖许可证,否则系非法养鱼,不应成为适格的原告。通过中内泡、库里泡、古恰闸口向松花江排放工业废水的单位很多,请求合理确定责任主体。渔场污染与我公司无关,被告石化公司不应承担赔偿责任。

炼化公司辩称:公司从未直接向原告的渔业水域排放过污水,而是经过国家、省、市环境保护行政主管部门批准,按照规定水域(卡良泡)、规足路线(西排干渠)达标排放。向规划水域卡良泡排放的是生产区的生活污水和生产假净水,而非工业废水。工业废水经公司污水处理厂处理达标后,送至乘风污水处理厂进一步处理达到油田回注水水质标准后注入地下,从未向卡良泡和其他任何水域、河流排放。通向松花江的各排污渠道沿途排污单位众多,公司距八家河近百里之遥,向西干渠卡良泡排放的生活污水,排量仅占十分之一,且无致鱼死亡污染特征的重金属排放物以及氯化物等排放物,即我公司没有原告提出的特征污染物。同时,也没有任何法定监测部门确认该损害系由我公司排放的生活污水造成,原告渔业水质被污染及受损害的事实不清、原因不明,没有相应的证据证明污染与我公司有着直接的、必然的因果关系。从原告提供的渔场水质《分析结果报告单》来看,水质分析程序违法,均为原告自送水样,非法定鉴定部门赴事故现场所进行的调查取证,同时水质分析方法也不符合有关规范要求。因此,炼化公司不应承担责任。

管局辩称:原告不是适格的诉讼主体,没有充分证据证实有侵权的事实存在,原告所谓死鱼与被告管局没有关系,不应承担责任。

油田公司辩称:原告诉讼主体不适合,我方不是侵害的主体。

经原告申请,一审法院于 2001 年 11 月 27 日委托农业部渔业环境监测中心站黑龙江流域监测站对原告损失进行了评估,评估结果为:经全部评估过程分析,对受损失方的损失额以直接经济损失额计算,即水产品损失额等于当地市场价格乘以损失量,评估值为 242.55 万元。

(二) 一审审理结果

一审法院认为,本案争议焦点在于:(1) 原告是否具备诉讼主体资格;(2) 四被告是否构成了对原告养殖渔业水面的污染;(3) 污染后造成的损失数额。

原告隋某等原系八家河渔场职工,后分别承包渔场水面捕捞,上交承包费,具备经营水面的权利,其所得收益除上交承包费外,属于自有,八家河渔场拥有养殖渔业许可证,故原告等十人因承包而受损失,可作为诉讼主体主张权利。

法院认为,根据市环境监测中心站、农业部渔业环境监测中心、黑龙江省流域监测站及省渔业环境监测站分别于 1998、1999、2001 年作出的监测分析报告,认定铜、铬、镉和酚均超过渔业水质标准,铜、铅、镉和酚含量标准均都超标;按照渔业水质标准含量超标。在古恰闸口(排污口)化学耗氧量超过渔业用水标准 7 倍以上,古恰排污口污水中,非离子氨、铜和悬浮物超过渔业用水标准。氯化物含量超标,对鱼类有直接危害。

法院认为,根据市环境监测中心站出具的监测报告中说明,四被告均有下属单位向古恰闸口排污,而四被告排放的污水中,根据 1996—2000 年市工业废水污染源污染负荷统计表可以看出,均不同程度地有化学耗氧量、悬浮物、六价铬、挥发酚、镉、铅、氯化物等。因此四被告排放的污水造成了古恰闸口的污染,从而使下游的八家河渔场用水也被污染。四被告已构成侵权。原告等十人的损失依据黑(龙)渔环监字(2001)第06号评估报告作出的结论认定。

依据《水污染防治法》有关规定,污染由第三者故意或过失,或由受害者自身责任引起,或完全不可抗拒的自然灾害,并经及时采取措施,仍然不能避免造成水污染损失的,免予承担责任。本案中被告均不具备上述三个免责条件。同时又不能举证证明污染损害是由其他人造成,故四被告应承担赔偿责任。

根据国家环境保护局《关于确定环境污染损害赔偿责任问题的复函》(91)环法函字第104号文件"承担污染赔偿责任的法定条件,就是排污单位造成环境污染危害,并使其他单位或者个人遭受损失。现有法律并未将有无过错以及污染物的排放是否超过标准,作为确定排污单位是否承担赔偿责任的条件。至于国家或者地方规定的排污物排放标准,只是环保部门决定排污单位是否需要缴纳超标排污费和进行环境管理的依据,而不是确定排污单位是否承担赔偿责任的界限。

综上所述,依据《民法通则》第124条,最高人民法院《关于适用〈中华人民共和国民事诉讼法〉若干问题的意见》第74条,《水污染防治法》第55条第1次、第2款、第3款、第4款,第56条,《环境保护法》第41条第1款之规定,判决如下:

1. 被告石化公司、炼化公司、管局、油田公司停止侵害。
2. 被告石化公司、炼化公司、管局、油田公司赔偿原告隋某等十人经济损失242.55万元,四被告各负担60.6375万元。(十人名单及具体份额略)

(三) 二审审理结果

四被告不服,向省高级人民法院提出上诉,请求撤销原审判决,驳回被上诉人起诉或诉讼请求,由被上诉人负担本案诉讼费。

二审法院认为,关于四上诉人所述被上诉人不具备诉讼主体资格问题,经审查,八家河渔场持有养殖许可证。十名被上诉人作为渔场职工,分别于1994年与八家河渔场签订了承包合同,又于2001年对原合同进行了续签。合同的甲方为八家河渔场,乙方为各捕捞队,捕捞队的代表人为十名被上诉人(均为各队队长),十名被上诉人在合同上签字。上述事实可以证实,十名被上诉人以渔场职工的身份签订承包合同,该合同有效,十名被上诉人具有经营水面的权利。据此,本院认为,被上诉人可以作为诉讼主体参加诉讼,上诉人的此项请求因无事实依据,不予支持。

关于原审所依据的鉴定是否有误的问题。原审采信了五份鉴定,其中四份系对渔场水质情况作的鉴定报告,一份对损失作了评估(此份评估由原审法院委托,其余鉴定报告由十名被上诉人提供)。五份鉴定报告中的四份包括损失评估均有农业部渔业环境监测中心黑龙江流域监测站参加鉴定。在庭审中,鉴定人监测站到庭接受了双方质询认为:(1)上诉人主张几份报告对水质分析的结论不一,有的认为可以养鱼,有的认为不适宜养鱼。鉴定人认为,几份报告的结论性意见是一致的,即水质存在问题,需采取改良措施,否则不能养鱼。(2)上诉人主张送检的水样来源不明,均为十名被上诉人单方送检。鉴定人称,第一次送检是在1998年,是由十名被上诉人送检的。但由于发包人渔场不相信承包人送检的水样,又于1999年自采了水样送检,后十名被上诉人向省和国家有关环保部门及水产部门上访,国家及省有关部门发文对此问题进行检查,于是由我站与省渔业环境监测站联合组织检测,由联合组自行采水样检测,当时当地县长和县委书记等都到了现场,所以水样来源不存在问题。(3)上诉人主张鉴定报告认定上诉人所排污水超标的根据不足,并举示出在原审提供的市环保局于2000年10月22日写给国家环保总局的《关于对肇源县八家河渔场污染问题调查基本情况的汇报》,该汇报中认为,该局于1998年6月所作的测试结论中所引证的数据说明不存在重金属污染和酚污染问题。鉴定人认为,围绕本案有五份鉴定报告,其结论是一致的,鉴定所采信的数据已充分证明上诉人所排污水超标,是不适合养鱼的。市环保局1998年做的测试也认定污水超标,只是没列重金属污染,其结论亦不能否定几份鉴定一致的结论。综上,本院认为,鉴定机证对上诉人就此问题提出的质询作出的答复,客观、公正地回答了上诉人提出的问题,其所做的五份鉴定及答复意见证书作为认定本案相关事实的证据,予以采信,上诉人的此点上诉请求不能成立。

关于损失的评估问题。上诉人意见是:(1)评估人不具备评估资质。(2)评估所依据的资料是一方提供,且大部分是白条子,没有经过庭审调查核实。(3)由于评估人又作出了水质鉴定报告,已作为十名被上诉人的起诉证据,故评估单位与被上诉人有利害关系。在本院审理中,评估人监测站出示了中华人民共和国渔政渔港监督管理局于2001年5月28日为监测站颁发的"华人民共和国渔业污染事故调查鉴定资格证书",证书等级为乙级,鉴定区域为黑龙江流域,鉴定内容为渔业污染事故,有效期为5年。同时出示了农业部农渔发(2000)7号《关于印发〈渔业污染事故调查鉴定资格管理办法〉的通知》,该《通知》附有《渔业污染事故调查鉴定资格管理办法》第4条第3款规定:"持有乙级'鉴定资格证书'的单位,可承担指定区域内和有调查处理权机构委托的经济损失在1000万元以下的渔业污染事故鉴定。"第5条第4款规定:"申领'鉴定资格证书'必须具备以下条件:能够承担各种渔业污染事故涉及因子的调查分析,能够鉴定水生生物死亡原因和评估渔业损失程度,能够预测因污染造成的生态影响,能独立编写事故调查报告。"本院认为,本案的评估鉴定是原审法院委托监测站作出的,根据监测站所出示的证书和相关规定,可以认定监测站具有评估资质。

关于认定损失所采信的白条子的问题。损失的数额的认定多为白条子,其中有渔场出具的被上诉人每人每年各种鱼产量的证明、村委会出具的发现大量死鱼的证明,村民们证实看到和捡到死鱼的证明,部分被上诉人出示的购买鱼种鱼苗的收据,渔场证实部分被上诉人属于自繁自养鱼的证明。在价格的认定上,监测站参照了肇源县工商局农贸市场管理所出具的1998年、1999年、2000年《肇源县中心农贸市场江鱼价格》。监测站在本院庭审中称,认定损失的价格是以当时当地江鱼销售价与批发价的平均值认定的。被上诉人称,由于渔民均以从私人手里购买鱼苗和自繁自养鱼的方式养鱼,交易方式都以民间交易方式进行,所以没有国家出具的正式发票。评估人监测站以其他类似纠纷也都无国家正式发票的事实证实了被上诉人的观点。对此,四上诉人虽持有异议,但未能举示以反驳监测站对于渔民损失结论的相应证据。

关于油田公司主张其没有向渔场排放污水的问题。在本院审理中,油田公司提供其所属的采油五厂与十厂证实未向渔场排放污水的证明。本院认为,1998年6月11日市环境监测中心站自采水样作出的《监测报告书》已认定采油一、二、三厂排放污水。因此,即使能够证实五厂与十厂未排污水,亦不能证明油田公司未向渔场排放污水。

综上所述,由于四上诉人对其所主张的上诉理由提供不出相应充分证据,本院对其上诉请求不予支持。依照《民事诉讼法》第153条第1款第1项之规定,作出终审判决如下:

驳回上诉,维持原判。

(四)案件评析

本案是因水污染导致财产损害的情形,从类型上划分,属于实质型污染侵权类型。对于实质型污染侵权,无过错责任和举证责任倒置是最为典型的两个规则,本案亦是如此。

关于违法性是否是构成环境侵权要件问题,一直是民法学界和环境法学界争议的一个焦点,其原因在于,《民法通则》第124条"违反国家保护环境防止污染的规定,污染环境造成他人损害的,应当依法承担民事责任"的规定应如何理解,该条涉及违法性要件但未包括过错要件。随后颁行的《环境保护法》和《水污染防治法》,均规定造成环境/水污染危害的,有责任排除危害,并对直接受到损害的单位或者个人赔偿损失,并未将违法性作为污染侵权的必备要素,因而,否认过错和违法性要件遂成学说通说。

否定环境侵权的违法性要件必然涉及与《民法通则》第124条规定的协调问题。对《民法通则》第124条规定的违法性要件,部分学者作实质性违法解,认为"违反国家保护环境防止污染的规定,并不仅指违反国家保护环境防止污染的保护性措施规定,而且也包括造成污染损害后果的行为……实质上,凡是造成环境污染危害的,都是违反国家保护环境防止污染的规定的"。① 有学者在此基础上主张:"(1)对《民法通则》第124条进行重新解释,该条所称的国家保护环境防止污染的规定是指我国环境保护法及其相关法律法规所确定的基本原则、规则和制度,而不是指具体的某项排污标准。(2)《民法通则》第124条所解决的是法律适用问题而不是行为标准问题,即凡污染环境致人损害之案件,应适用环境保护法等专门法律法规。(3)排污超过标准污染环境致人损害,无疑应当承担民事责任并承担相应之行政和刑事责任;即使排污没有超过规定标准,但污染环境致人损害,也应承担民事责任。质言之,是否超过排污标准,与民事责任无关。"② 还有部分学者对《民法通则》第124条不予置评,主张"在环境法中,不把侵权行为的违法性作为承担民事责任的必要条件,只要从事了'致人损害'的行为并发生了危害后果,即使行为是合法的,也要承担民事责任"。③"环境侵权通常并不以行为违法性为构成要件,存在'合法侵权'、'适法侵权'现象,故对违法性不必提及。"④

---

① 张梓太:《环境法律责任研究》,商务印书馆2004年版,第80—104页。
② 金瑞林、汪劲:《20世纪环境法学研究述评》,北京大学出版社2003年版,第272页。
③ 吕忠梅主编:《环境法原理》,复旦大学出版社2007年版,第182—188页。
④ 王明远:《环境侵权的概念与特征辨析》,载梁慧星主编:《民商法论丛》第13卷,法律出版社2000年版。

但有学者认为,无过错责任与过错责任的根本区别在于,前者的行为人不得以无过错作为免责理由,目的是在现代大工业危害日益增多的形势下保证社会安全与公正。由于行为人不得以无过错作为免责理由,因此无过错责任的适用也会对行为人的主动性、积极性和创造性产生遏制,影响社会的活力。为此,各国在确立无过错责任时,均对其适用范围予以特别规定。这些规定根据各国法制发展的特点,具体通过法律、司法解释或者判例表现出来。因此在侵权行为归责的适用上,只有在法律有特别规定适用无过错责任时,才能适用无过错责任,凡无特别规定的,就仍适用过错责任。从而保证在个人的积极、主动性与社会安全、公正两方面实现平衡。具体到《民法通则》第 124 条规定的"违法性要件",正是对环境侵权的无过错责任适用范围的特别规定。因此对该条的正确理解应该是:违反国家保护环境防止污染的规定,污染环境造成他人损害的,应当依法承担民事责任,加害人不得以无过错作为免责理由。关于"国家保护环境防止污染的规定",只能理解为仅指国家环境保护的法律、法规和相关排污标准。而环境保护法中涉及民事责任的规定,属于民法的特别法,只规定法律适用问题,并不规定责任构成。①

实践中采用了无过错责任的观点,将违法性也一并排除。尤以原国家环境保护局《关于确定环境污染损害赔偿责任问题的复函》最为明确,复函明确指出,根据《环境保护法》第 41 条第 1 款的规定:"造成环境污染危害的,有责任排除危害,并对直接受到损害的单位或者个人赔偿损失。"其他有关污染防治的法律法规,也有类似的规定。可见,承担污染赔偿责任的法定条件,就是排污单位造成环境污染危害,并使其他单位或者个人遭受损失。现有法律法规并未将有无过错以及污染物的排放是否超过标准,作为确定排污单位是否承担赔偿责任的条件。至于国家或者地方规定的污染物排放标准,只是环保部门决定排污单位是否需要缴纳超标排污费和进行环境管理的依据,而不是确定排污单位是否承担赔偿责任的界限。

复函并未提及《民法通则》第 124 条与《环境保护法》第 41 条的关系,说明二者在法律逻辑上的确存在冲突,如果按照严格的文义解释,复函的内容与《民法通则》的确存在矛盾之处。但同时亦应认识到,作为改革开放后的第一部民事立法,《民法通则》一些制度的规定并不完善,加之对环境问题

---

① 马洪:《环境侵权的归责追问》,载《法学》2009 年第 9 期。

特殊性的认识需要一个过程,对《民法通则》的规定并不能作僵化的解释。复函也许是规避《民法通则》规定的无奈之举,却是顺应环境侵权发展趋势的明智选择。复函尽管是由行政主管机关对于地方环保行政机关处理环境民事纠纷过程中的答复,却代表了行业主管部门的认识,而行业主管部门的认识,通常又直接体现在行业负责草拟的立法中,因而,复函同时也可以作为此后环境立法民事责任规范的立法者意图。

同时,如果按照有的学者理解,说《民法通则》确立的是环境侵权的构成,而《环境保护法》确立的是责任形式①,则《侵权责任法》可以消解这种认识——作为规范环境侵权的专门法律,该法既规定责任构成,也规定责任形式,而第 65 条的规定,"因污染环境造成损害的,污染者应当承担侵权责任",正是沿袭环境立法的规定,同时排除了过错和违法性,确立了无过错责任。尽管,该条仍存在着不够精细进而没有对拟制型污染进行特殊处理的问题。

本案中,被告以其达标排放为由主张不构成侵权,而法院最终也是参照了《关于确定环境污染损害赔偿责任问题的复函》的精神予以认定。在《侵权责任法》生效以后,复函仍可以作为实质型污染侵权责任认定的参考。

四、实例解析:环境侵权公平责任的适用

王某与临江仙面馆热污染、噪声污染侵权案②

(一)案情简介

原告王某诉称,其住宅的楼下是临江仙面馆的操作间,该面馆自 2000 年 4 月 21 日开始经营,操作间没有有效的通风设备。操作间的热气、热能通过楼板侵入原告家中。同时,操作间产生的振动,压面机、洗碗机断续噪声比风机的连续噪声更令人心烦意乱,尤其对原告九旬母亲危害更大。而且面馆的沥青屋顶在夏季晴天时,屋顶热量通过辐射和对流传递到原告家中。由于面馆存在噪声、热污染问题,原告与家人长期生活在恶劣环境之中,经常感到疲劳、耳鸣、头疼和失眠。为此多次与面馆协商解决,均未果。因而要求面馆拆除居民楼外墙和楼顶上的烟囱、风机,恢复原状,并要求面

---

① 王成:《环境侵权行为构成的解释论及立法论之考察》,载《法学评论》2008 年第 6 期。
② 赵柯:《热污染遭遇法律空白 为补偿法院判赔五千》,载《中国环境报》2003 年 2 月 15 日第 3 版。

馆支付电费、空调折旧费、医药费、地板损失费、公证费、测试费、精神损失费等费用共计人民币六万余元。

被告临江仙面馆则辩称,面馆工作环境符合国家环保标准,原告的指责不符合事实。其提供的温度检测数据不符合法定程序,测量数据不科学。因而请求法院判决驳回诉讼请求。

(二)审理结果

一审法院查明,王某1998年购买该房屋并开始居住时,与其相邻的楼下房屋即开办餐馆,2000年面馆取得营业执照后使用该房屋进行经营。双方因行使所有权或使用权而发生的权利义务关系,即构成相邻关系。相邻各方在行使权利时,既要实现自己的合法权益,又要尊重他人的合法权益。对经营中存在的噪声污染问题,面馆积极改造并取得了一定效果。目前尚不能证明面馆噪声超过国家有关标准,故王某认为面馆因此而构成侵权的主张不能成立。

面馆操作间内的火眼由7个增加到11个,其中6个在王某家楼下,可能对王某家的室内温度有所影响,但周围大环境的影响等均可造成王某家室内温度增高,而室温的高度又与人的主观感受有密切关系。并且目前国家就此未有相关规定。因此,无法确认面馆对王某构成热污染而导致侵权。对王某要求面馆赔偿空调费、电费、地板损失费、精神损失费、公证费、测试费的诉讼请求不予支持。面馆的烟囱、风机等设施系减噪排污设备,且未安装在王某家外墙,因此王某要求拆除烟囱、风机的请求没有道理,亦不予支持。

王某与面馆系毗邻关系,虽然现临江仙面馆已停止营业,但其作为经营主体在正常经营期间,为保证其享有最大的经济利益,如增加火眼个数等行为,对其相邻的不动产所有权人王某有一定影响。而民法中的公平原则要求民事主体应依据社会公认的公平观念从事民事活动,以维持当事人之间的利益均衡。基于上述事实,为避免利益失衡,在确保面馆正当行使权利的同时,王某的合法权益也不受到限制,面馆应给予王某一定的经济补偿。

据此,依照《民法通则》第83条,一审判令面馆给付王某经济补偿费5000元;驳回王某要求面馆拆除外墙和楼顶上的烟囱、风机,恢复原状,并要求面馆支付电费、空调折旧费、医药费、护理费、地板损失费、公证费、测试费、精神损失费的诉讼请求。

一审宣判后,原告不服提出上诉。

二审审理后认为,一审法院认定事实清楚,判定责任正确,但补偿数额偏低,于是作出终审判决,判令面馆给予王某一家经济补偿1万元。

(三)案件评析

本案属于因拟制型污染引发的相邻污染侵害纠纷,被告是否承担责任,需考察其是否构成对原告的噪声污染侵权和热污染侵权。

噪声污染和热污染均属于拟制型污染类型,对于拟制型污染,其在侵权构成上需具备以下要件:(1)行为人从事了超过污染物排放标准的排污行为;(2)受害人具有损害事实;(3)排污行为与损害事实之间具有因果关系。因而,构成污染必须具备"超过国家排放标准"这一违法性要件,这一点也为立法所明定,如《环境噪声污染防治法》第2条第2款规定,"本法所称环境噪声污染,是指所产生的环境噪声超过国家规定的环境噪声排放标准,并干扰他人正常生活、工作和学习的现象",即要求污染必须环境噪声超过排放标准为前提,否则无法称为环境噪声污染,更无需谈及污染侵权。如果没有超过国家规定的排放标准,即使受害人能够证明自己存在损害事实,也无法主张行为人的噪声污染责任,而只能依靠公平责任由法院进行裁量。本案中,法院即认为不能证明面馆噪声超过国家有关标准,因而原告认为面馆构成侵权的主张不能成立。

如前所述,公平责任适用于拟制型污染类型[①]中双方均无过错但仍然造成损害的场合。此处过错的判断标准,即采用是否达标这一客观标准。"均无过错"即意味着没有超出国家规定的排放标准,或者国家尚未制定相关排放标准。如对于热污染,目前即没有相应的标准予以规范。在损害发生而行为人又无主观过错的情况下,很难认定构成热污染侵权,只能根据公平责任原则进行处理。

因而,在环境侵权领域,公平责任原则与无过错责任原则在一定程度上均是在适法行为造成损害的情况下对损失的一种分担,并无价值判断。也正基于此,法院在划分双方的责任时,并不依据受害人的实际损失,而是综合考虑受害程度和当事人的经济状况决定。从这个意义上说,本案法院无论是判决补偿五千元还是一万元,都是合理的,并无绝对的标准。

[①] 鉴于缺乏"违法性"标准即不构成污染,因而排放噪声、光、热等物质从严格意义上来说并不能成为"拟制型污染",但为行文方便,本书在述及公平责任时,仍称之为拟制型污染场合,其真实含义并非指已经构成污染,而仅仅是指超标排放即构成污染的基础行为。

第二节 环境侵权的因果关系

一、环境侵权因果关系概述

侵权责任法中的因果关系,是指违法行为作为原因,损害事实作为结果,在它们之间存在的前者引起后者、后者被前者所引起的客观联系。因果关系具有事实上的因果关系和法律上的因果关系两个层次。事实上的因果关系是客观存在的,但囿于种种因素的限制,这种客观存在受到科技发展水平和人类认知能力的限制,并不一定能够准确地判断出来。但是从法律上来看,任何损害事实发生之后,最终是否需要承担相应的责任,因果关系都是不可回避的一个要件,即便事实上并无法认清,法律上亦需依据一定的标准作出因果关系成立或者不成立的判断,这种判断显然具有主观性,蕴含着法律和法官的价值评判。从逻辑上讲,最理想的状态是法律上的因果关系与事实上的因果关系相统一。我国目前即秉承这种理念,对于侵权责任因果关系的传统理论强调因果关系的必然性,认为只有当行为人的行为与损害结果间存在内在的、本质的、必然的联系时,才具有法律上的因果关系;如果行为与结果间是外在的、偶然的联系时,则不能认为两者间有因果关系。这种标准虽尽力追求事实因果关系与法律因果关系的统一,在一般侵权中可能较容易达到,但是,对于涉及高度科技性的环境侵权来说,则并非易事,甚至是不可能的事。

首先,环境侵权因果关系的判断具有复杂性。环境侵权的发生,通常有着复杂的过程,不仅加害人和受害人突破了传统的直接侵权,进入大规模侵权的范畴,而且由于行为与损害之间经过了环境媒介,损害后果的发生通常具有较长的潜伏期,因而,在因果关系判断上具有复杂性。诚如我国台湾地区学者邱聪智教授所言,"传统之侵权行为,其加害之原因事实,与受害人受损害之内容、程度、经过,均甚为单纯具体、直接而确定,当事人对此等事实,亦有较深切之认识。因此,在实体法上,以事实与结果间具有相当因果关系为责任成立要件,并且在诉讼上,要求受害人就此等事实之存在,负担严格之举证责任。但是,环境侵权之原因事实与危害发生之程度内容及经过之关系,往往甚不明确,欲就其彼此间寻求单纯,直接具体之关系锁链,甚为困难。"①

其次,环境侵权具有科学不确定性。由于现代生产活动越来越具高度的科技性,大规模采用先进的高科技手段所进行的生产活动,其所带来的环境负作用的有无以及大小之证明,即使是有最新而且是最高的自然科学知识、经验,但要想得出确定性的判断性认识,也是非常困难的。甚至在一些时候,在现在的科学技术条件下,环境侵权的因果关系根本无法认定,如果仍按照传统的因果关系理论进行认定,受害人根本没有胜诉的希望,法律对于环境侵权损害的调整功能也将丧失殆尽。

环境侵权的上述特征,使得环境侵权的因果链条变得十分复杂,而要证明这些因果链条则更为复杂,甚至绝大多数是无法证明的,因此,如果处理环境侵权案件仍要求严格的和科学的因果关系证明,就会陷入因果关系的考证和证明之中,导致无休无止的拖延诉讼时间,使受害人得不到及时有效的救济,也使侵权行为不能得到及时有效的制止。若坚持传统的"谁主张谁举证"的举证责任原则,环境受害人的损害将很难获得充分及时的救济。为矫正加害人与受害人之间举证责任分配的不平衡,现代侵权行为法基于公平正义原则与环境侵权行为的特殊性,为减轻环境受害人的举证难度,在环境侵权领域真正实现侵权行为法的救济功能,恢复受害人受损的合法权益,通常在归责原则、因果关系等诸多方面对受害人利益进行倾斜。对于因果关系来说,从各国已有经验来看,最重要的方式即是因果关系推定或举证责任倒置。

从我国的理论研究和司法实践中看,往往将因果关系推定和举证责任倒置进行并列,认为二者属于同一层面的问题。尤其是在司法实践中,法院往往在承认举证责任倒置的基础上,又要求原告承担一定的举证责任,以达到可以"推定"因果关系成立的程度,甚至通过"推定",要求原告承担相当程度上因果关系成立的责任。由此可见,对因果关系推定和举证责任倒置进行分析,厘清二者的关系,对于司法实践中正确适用因果关系证明的规则至为重要。

---

① 邱聪智:《公害法原理》,台湾三民书局1984年版,第20—21页。

二、环境侵权的因果关系推定

(一) 因果关系推定的涵义

由于加害行为与损害结果之间的事实因果关系的认定往往需要受害人具备科学知识、技术能力和经济实力方有接近的可能,如果在证明标准上对受害人要求过高,则受害人难以得到救济,事实上将使通过实行无过错责任或者过错推定责任对受害人进行倾斜保护的初衷难于实现,因而仍有进一步降低受害人举证责任的需要,故有因果关系推定存在之空间。一般认为,所谓因果关系推定,即对于某种表见事实发生损害,即推定损害与该事实的因果关系存在,受害人无需再证明其间的因果关系,即可对表见事实之行为请求损害赔偿,而行为人则唯于以反证证明损害与该事实无关时,始可免责的法则。[①] 由该定义可知,因果关系推定需经历"受害人初步证明—推定因果关系成立—加害人反证"三个阶段。

受害人提供表象证据初步证明因果关系成立,是适用因果关系推定的前提,对于"初步证据",一般是要求达到"相当程度的盖然性",对于如何能够使法官确信这个"盖然性"依据达到,各国实践中发展出一些判断的方法,如疫学方法、间接反证法等。因而,在因果关系推定中,受害人并非不负任何举证责任。

推定是承前启后的重要环节。有学者认为,"如果加害人能够证明其行为与被害人损害结果之间不存在因果关系,则可免除其环境侵权的民事责任,否则,即推定其加害人行为与被害人损害结果之间存在因果关系"。[②] 这在逻辑顺序上是存在问题的,因果关系推定是在受害人初步证明的基础上即已成立,而非在加害人不能反证因果关系不存在时才推定因果关系成立,被告提出反证,已经是第三个环节的问题。推定的效果是因果关系成立,而一旦推定成立,加害人即必须证明因果关系不存在方能免责。

我国目前尚无关于因果关系推定的法律规定,由于相关司法解释和《侵权责任法》均作出了举证责任倒置的规定,理论和实践中均有将之作为因果关系推定的做法,详见下文阐述。

(二) 因果关系推定的规则

无过错责任和过错推定原则的适用,使受害人的证明负担由此减轻。

[①] 曾隆兴:《公害纠纷与民事救济》,台湾三民书局1995年版,第49页。
[②] 曹明德:《环境侵权法》,法律出版社2000年版,第225页。

然而,归责原则的调整仍有其不足,古典因果关系理论要求受害人就因果关系进行直接确切的举证,否则加害人不承担民事责任。然而,对于环境侵权事件而言,采用这种"谁主张、谁举证"的方式将由于环境问题的复杂性和科学技术水平的限制而变得十分困难。多数环境侵权事件中,加害行为与损害之间的事实因果关系"颇富间接性,危害系透过广大空间、经历长久时间,并凭借各种不可量物媒介之传播锁链始告显著,故其因果关系脉络之追踪,及侵害的程度、内容的确定,均比较困难"。① 如果严密的证明责任由受害者负担,苛求加害行为与损害结果之间存在内在的、本质的、必然的联系,无过错责任救济受害人的宗旨就会沦于空泛。因而,为真正实现对受害人的救济,各国逐渐发展出对因果关系实现推定的规则,也即是原告据以实现推定的证明方法。

1. 优势证据说。该学说认为,法律上的证明程度可以因事而异,在环境民事案件中,考虑公法的制裁规定或私法的救济情形时,不必要求以严密的科学方法来证明因果关系,举证人所提出的证据有超过50%以上的盖然性证明度,即可胜诉。只要一方当事人所提出的证据比另一方当事人所提出的证据更为优越,即已达到法律上所要求的证明程度。

2. 事实推定说。原告只要证明"如无该行为就不致发生此结果"的某种程度的盖然性,即可推定因果关系存在。所以原告只需证明两个方面:第一,行为人排放的污染物质到达损害发生地区而发生作用;第二,该地区有数个同样的损害发生。法院可以据此推定因果关系成立。相反,被告则必须提出推翻全部因果关系存在可能性的反证才能免责。

3. 疫学因果说。其主要内容是,运用流行病统计学的方法来证明侵权行为与损害结果之间的因果关系。具体做法为,用医学实验的方法确定一定区域内流行疾病的发生与该区域环境中存在的某些污染物质有关,并且流行疾病患者居住地附近的某些污染源所排放的污染物中恰好含有这些污染物质,则可推定患者所患疾病与某些污染物源排放污染物这一行为之间存在着因果关系。疫学因果关系的推定基础为:(1)流行疾病产生的区域内有致该疾病产生的某因子存在;(2)某因子在该流行疾病产生前已在区域内存在;(3)某因子在环境中的存在完全可能引发该流行疾病的产生;(4)某因子的作用程度与流行疾病的患病率成正比:某因子的存在量愈多,

---

① 邱聪智:《民法研究(一)》(增订版),中国人民大学出版社2002年版,第321页。

则患者的患病率愈高、病情愈严重;反之,患者的患病率就低,病情则轻;(5)一定区域内有一定数量的患者患同一疾病;(6)某因子作为某流行疾病的致病原因,其机理基本上能与生物学上的说明相一致。满足以上的条件,并有一定的统计数据说明,便可推定某因子与某流行疾病之间的因果关系成立。据此,也就可以推定排污者排放含有某污染物质的排污行为与患者患某种疾病之损害结果之间存在着因果关系。

4. 间接反证说。该理论认为,如果负举证责任的一方能够证明因果关系链条中的部分关联事实,剩余部分的事实可以推定存在;如果不负举证责任的另一方能够反证其事实不存在时,则因果关系不存在。

上述关于环境侵权因果关系认定的诸学说以公平、正义为主要价值导向,以因果关系推定原则为基础,注重减轻受害人的举证责任,以较低的盖然性为评判标准,适当降低了因果关系的证明标准,从而适应了环境侵权案件的特殊需要,有利于受害人的保护,实现社会的正义价值,有利于环境政策目标的实现、保护环境、改善环境状况,也有利于环境侵权因果关系理论的进一步突破,因而为各国所广泛采用。

三、环境侵权的举证责任倒置

(一)我国关于环境侵权举证责任的规定

举证责任也称证明责任,是指当事人于诉讼中对自己所主张的案件事实,应当提供证据加以证明,在诉讼结束时,如果该案件事实仍处于不明状态,应由该当事人承担败诉或不利后果的责任。举证责任具有行为意义和法律意义上的双重含义,在行为意义上,当事人对自己提出的主张有提供证据的责任;在结果意义上,当待证事实真伪不明时由依法负有证明责任的人承担不利后果的责任。如《民事诉讼法》第64条第1款规定,"当事人对自己提出的主张,有责任提供证据";最高人民法院《关于民事诉讼证据的若干规定》第2条规定,"当事人对自己提出的诉讼请求所依据的事实或者反驳对方诉讼请求所依据的事实有责任提供证据加以证明。没有证据或者证据不足以证明当事人的事实主张的,由负有举证责任的当事人承担不利后果",即分别是行为意义和法律意义上的举证责任规定。

"谁主张、谁举证"的证明规则对于维护法律的基本秩序、保障当事人的合法权益具有重要意义。但是,由于大规模的环境污染侵权的复杂性,尤其是在因果关系认定上的困难,如果秉承一般侵权的举证责任分配原则,受害者的利益将难以得到保护,因而,由法律对举证责任进行事先分配,成为现代民法的重要课题之一。

我国在环境侵权等领域适用了举证责任倒置的规定。1992年7月14日最高人民法院《关于适用〈中华人民共和国民事诉讼法〉若干问题的意见》第74条规定,"在下列侵权诉讼中,对原告提出的侵权事实,被告否认的,由被告负责举证:(1)因产品制造方法发明专利引起的专利侵权诉讼;(2)高度危险作业致人损害的侵权诉讼;(3)因环境污染引起的损害赔偿诉讼;(4)建筑物或者其他设施以及建筑物上的搁置物、悬挂物发生倒塌、脱落、坠落致人损害的侵权诉讼;(5)饲养动物致人损害的侵权诉讼;(6)有关法律规定由被告承担举证责任的",对环境污染侵权的举证责任首次作出了特殊应对。该条从形式上看,类似于因果关系推定。2001年12月21日最高人民法院《关于民事诉讼证据的若干规定》第4条第1款第3项规定,"因环境污染引起的损害赔偿诉讼,由加害人就法律规定的免责事由及其行为与损害结果之间不存在因果关系承担举证责任",被认为明确确立了环境污染侵权适用举证责任倒置。2004年修订的《固体废物污染环境防治法》第86条首次以法律形式对之进行进一步确认:"因固体废物污染环境引起的损害赔偿诉讼,由加害人就法律规定的免责事由及其行为与损害结果之间不存在因果关系承担举证责任";2008年修订的《水污染防治法》第87条也规定,"因水污染引起的损害赔偿诉讼,由排污方就法律规定的免责事由及其行为与损害结果之间不存在因果关系承担举证责任";而《侵权责任法》则对于所有污染侵权类型都适用举证责任倒置,该法第66条规定,"因环境污染发生纠纷,污染者应当就法律规定的不承担责任或者减轻责任的情形及其行为与损害之间不存在因果关系承担举证责任",不仅将适用范围由损害赔偿之诉扩充至所有纠纷层面,同时将"免责事由"改为"不承担责任和减轻责任的事由",用语上也更加科学。

(二)举证责任倒置与因果关系推定之关系

由于因果关系上同时存在举证责任倒置和因果关系推定适用的可能性,尤其是在因果关系推定中,被告需反证其行为不会造成损害的发生,在形式上与举证责任倒置中法律直接分配由加害人证明其排污行为与损害后果之间不存在因果关系承担举证责任非常类似,因而,理论与实践中均有将举证责任倒置的规定视为因果关系推定的做法,这一做法的直接后果是,原告需对因果关系的成立承担初步的举证责任,以达到可以进行推定的程度。

问题是,因果关系推定和举证责任倒置是否是同一项制度？其能否相互替代？如果两者不是同一项制度,哪一项将是更适合环境侵权特征的因果关系判断方法？

考察两项制度的制度源流、内在涵义不难发现,二者事实上是相互排斥的制度。

第一,因果关系推定的效果是因果关系成立,视为原告完成了其举证责任,被告需反证其因果关系不成立;而举证责任倒置是为了修正法律要件分类说过于形式主义的缺陷而出现的,"倒置"对应的是所谓"正置"。在"正置"之下,环境侵害的受害人欲主张其权利,就需就因果关系承担举证责任;而"倒置"的做法,则是在原告就其他要件事实举证之基础上,直接规定由被告就因果关系承担举证责任,也就是说,原告无需对因果关系承担举证责任。

第二,就立论前提而言,因果关系推定的前提仍然是证明责任分配的法律要件分类说,由受害人承担因果关系的证明责任,或者说只有在受害人承担因果关系证明责任的前提下,才有所谓"推定"的问题;而因果关系举证责任倒置,则是对要件说的背离。在举证责任倒置的情况下,因果关系的举证责任自始至终均是由加害人承担的,在诉讼中根本不存在所谓"推定"的问题。

第三,在证明方向上,因果关系推定中,由于受害人需要承担因果关系的证明责任,在证明方向上,需证明因果关系"成立",是一种正向的证明,这种正向的证明使得无论是传统侵权法上的因果关系理论或是优势证据说、事实推定说、疫学因果说、间接反证说等因果关系判断的方式均有适用的余地;而在举证责任倒置的情况下,加害人任务乃是证明的因果关系的"不成立",在证明方向上,则是一种反向的证明。

第四,在适用的条件和对被告上,因果关系推定的后果是将实质意义上的因果关系之举证责任移转由加害人承担,这与因果关系举证责任倒置中由加害人承担实质意义上的因果关系举证责任相同。然而,因果关系推定将证明责任作移转的前提是原告就因果关系等要件事实的举证做表象证明,满足此条件,才发生推定和反证的问题。这种"条件",对受害人而言,减轻了其举证困难,但也使其举证保持了相当的难度;对加害人而言,则是对其责任的一种缓冲。而因果关系举证责任倒置下,加害人承担因果关系证明责任是无条件的,只要不能证明因果关系不成立,就须承担责任。

第五,在适用范围上,因果关系推定仅适用于因果关系这一侵权构成要件上,推定的仅仅是因果关系成立;而举证责任倒置则适用的范围较广,除了在因果关系不存在上由被告承担责任,被告要想不承担责任或者减轻责任,还可以通过证明其具有法律上不承担责任或者减轻责任的事由来实现。此外,在拟制型污染中,过错责任推定也是举证责任倒置的一种表现。

综上,因果关系推定和举证责任倒置是两种不同的制度。举证责任倒置在因果关系证明上彻底偏向受害人,如果严格执行这一制度,行为人基本没有胜诉可能,配合无过错责任适用,可能会对行为人造成不公,同时在司法实践中也因其过于苛刻而难以得到执行,从而削弱制度设计的初衷。而因果关系推定则兼顾双方利益,即降低受害人的证明标准,又不致过分加重行为人负担,因而多为各国所采用。事实上,在司法实践中,为弱化因果关系举证责任倒置的僵化性,法院往往将其解释或等同为因果关系推定。这种理论与实践的悖论,《侵权责任法》仍未能解决,可以想见,在因果关系问题上,二者的争论会继续存在。

四、实例解析:举证责任倒置,何时倒置?

刘某与吉首市农机局环境污染侵权损害赔偿案①

(一) 案情简介

吉首市农业机械管理局(下称农机局)与宿舍相邻,中间为一坪场,刘某住在该局宿舍内。自 1982 年以来,农机局对市农用机动车的培训、维修、年检及喷漆作业一直在该院内坪场进行。由于居民意见大,市环保局于 1998 年下达了吉环治字[1998]第 007 号《城市环境管理限期治理通知书》,认为农机局"在生活区、办公区实行有毒、有害作业(喷漆)","限期 1998 年 8 月 28 日以前进行治理","治理措施搬迁"。2001 年 8 月 28 日市环保局又以吉环违改字(2001)05 号《环境违法行为改正通知书》认定农机局"在单位宿舍院内进行喷漆活动,产生含苯有毒气体,对周围居民造成影响",责令农机局"1. 喷漆过程在室内进行,尽量减少恶臭气体溢出;2. 尽快重新选址,喷漆活动不再在院内进行"。但农机局在对农用机动车年检时,除了整车喷漆不在院内进行外,仍然在院内年检喷字。由于喷漆气体中含有苯,原告刘某认

---

① 湖南省高级人民法院(2006)湘高法民再终字第 102 号民事判决。

为其恶性淋巴癌系市农机局喷漆作业所致,要求法院判令被告停止侵害,排除障碍,并赔偿损失。

一审认为,农机局在生活区院内坪场进行农用机动车培训、维修、年检及喷漆作业,客观上对刘某及其附近居民的生活环境造成了一定的污染损害,农机局应立即停止上述作业。虽然喷漆气体中含有害物质"苯",但由于致癌的原因存在着多种可能性,故对刘某要求被告赔偿其医疗费及精神损失的诉讼请求不予支持,依照《环境保护法》第24条、第39条,《大气污染防治法》第28条、第9条的规定,判决:

1. 农机局在本判决下达之日立即停止在其院内进行农用机动车的培训、维修、年检及喷漆作业。
2. 驳回刘某的其他诉讼请求。

原告不服,向州中级人民法院提起上诉。

二审认为,被上诉人市农机局自1982年以来,均在坪场内进行农用车的培训、维修、年检及喷漆作业,而喷漆过程中,使有害之"苯"混浊于空气中,对上诉人刘某等住户及周围环境客观上造成一定影响,故被上诉人市农机局应立即停止其年检及喷漆作业。上诉人患恶性淋巴癌是否因喷漆造成的,缺乏扎实证据证实。原判认定的事实清楚,处理恰当,上诉人的上诉理由不能成立,根据《民事诉讼法》第153条第1款之规定,判决驳回上诉,维持原判。

原告仍不服二审生效判决,向州人民检察院申诉。州人民检察院依法报请省人民检察院向省高级人民法院提起抗诉,理由谓:因环境污染引起的损害赔偿属特殊侵权行为,适用无过错责任,根据最高人民法院《关于民事诉讼证据的若干规定》第4条第1款第3项的规定,"因环境污染引起的损害赔偿诉讼,由加害人就法律规定的免责事由及其行为与损害结果之间不存在因果关系承担举证责任"。根据该规定,受害人只需证明加害人有污染环境的行为,受害人有损害结果,加害人则应就污染环境行为与受害人的损害结果之间不存在因果关系承担举证责任。在本案中,刘某举证证明市农机局有污染环境的行为和他被诊断为患有淋巴癌的损害事实。根据举证责任分配原则,市农机局负有证明污染环境的行为与刘某患癌症之间不存在因果关系的举证责任。市农机局没有举出该证据,应承担败诉的责任。

省高级人民法院指令州中级人民法院另行组成合议庭进行再审。再审法院认为,根据《关于民事诉讼证据的若干规定》第4条第1款3项规定,刘某应当举证证明污染事实和损害结果的存在。现刘某举出的污染事实存在的两个依据,即市环保局分别于1998年和2001年向农机局发出的《城市环境管理限期治理通知书》和《环境违法行为改正通知书》不能作为认定污染事实的依据。首先,两通知均未认定污染程度和污染范围这一基本事实。污染程度是确定污染事实的最基本的依据。本案中的污染程度应为空气中含有有毒物质的多寡,是否超过国家和有关部门确定的标准,超过多少。污染程度标准,决定是否存在污染。污染范围是指污染覆盖的区域。本案中应界定以原审被上诉人市农机局为中心多少范围受喷漆空气污染。根据污染程度,污染范围还应划分重污染区、一般污染区、轻污染区和无污染区。这样才有可能确定受污染损害的对象。第二个通知只叙述喷漆气体中含有有毒物质苯,但并没有载明含苯的多少,附近哪些区域会受污染。因为空气中或多或少含有有毒气体,一般没有污染,只有达到一定的密度才构成污染,现没有密度数据,无法确定是否构成污染。就是有污染也还要划分污染区,只有对污染区域内生活的居民才构成污染侵害。其次,两通知书只是一般意义上的环境违法行为确认,多是按照法律法规和有关操作规定作出的。主要是依照在生活区、办公区不得实行有毒有害作业(喷漆)规定作出的。以此而作为认定污染事实的依据,缺乏扎实的证据。综上,刘某没有提出环境污染的事实,即使有损害结果出现,也不能适用举证倒置的举证责任分配原则。故抗诉机关使用举证倒置原则的抗诉理由不能成立。刘某没有提供新的证据证实污染事实,对其诉讼请求不予支持。原判认定事实清楚,适用法律正确,处理适当,应当维持。依照《民事诉讼法》第184条、第186条、第188条,参照《民事诉讼法》第153条第1款第1项的规定,经审判委员会讨论决定,判决维持该院(2002)州民终字第383号民事判决。

原告仍不服,向省人民检察院申诉,最高人民检察院于2006年1月11日向最高人民法院提出抗诉,理由谓:原再审判决适用法律方面存在错误:(1)终审判决认定刘某没有提出环境污染事实,认定事实错误;(2)再审判决认为,市环保局发出的两通知书不能作为认定污染事实的依据,无法律依据;(3)再审判决认定本案"即使有损害结果的出现,也不能适用举证倒置的举证责任分配原则",无法律依据。在本案中,再审判决并没有依法律规定让市农机局负举证责任,市农机局没有举出自己没有造成污染的证据,也没有证明其喷漆的行为与刘某患淋巴癌之间没有因果关系。市农机局对造成的环境污染且造成人身伤害,应当依法承担民事责任。

最高人民法院要求省高级人民法院予以再审。再审期间刘某死亡,经其继承人申请,案件继续审理。法院确认了原一审、二审、再审法院认定的事实。

(二) 审理结果

省高级人民法院认为,本案争议焦点是:市农机局是否实施了环境污染行为以及市农机局是否应当承担损害赔偿责任。

1. 农机局是否实施了环境污染损害行为

本案一、二审判决根据"两个通知书",均认定农机局实施了环境污染行为,但原再审判决中否定了环境污染事实的存在,其理由有两个:一是认为"两个通知书"均没有认定污染程度和污染范围这一基本事实;二是认为"两个通知书"只是一般意义上的环境违法行为确认,是按照法律法规和有关操作规定作出的,主要是依据在生活区、办公区不得实施有毒有害作业(喷漆)规定作出的。本院认为,"两个通知书"明确指出,农机局"在生活区、办公区实行有毒、有害作业(喷漆)",并限其在1998年7月21日以前进行治理,治理工作完成及时通知该局验收,逾期不治理或治理不达标的环保局将根据有关法规处以罚款,或者责令停业、关闭,治理措施为搬迁。但农机局并未按照市环保局的要求进行治理,而是在其后的3年多时间内继续实行有毒、有害作业,市环保局又于2001年8月28日下达《环境违法行为改正通知书》,在该通知书中也明确指出市农机局在单位宿舍院内进行喷漆活动,产生含苯有毒气体,对周围居民造成影响。市环保局作出的"两个通知书",都肯定了农机局实施了污染环境的行为,且农机局对此并未提出异议,因此,根据本案证据,足以认定市农机局实施了环境污染行为。原再审法院以刘某举证不能为由,否定污染事实,不符合客观事实。

2. 农机局是否应当承担损害赔偿责任

农机局是否应当承担侵权赔偿责任,取决于农机局的喷漆行为与刘某患癌病的事实之间是否存在因果关系。在此问题上,抗诉机关认为本案应适用举证责任倒置原则,由农机局对刘某患癌病的损害后果承担赔偿责任。对此,省高院认为,市农机局在生活区进行喷漆作业,对刘某等附近居民的生活环境造成了不良影响,但刘某主张患上癌病是农机局喷漆行为所致,由于目前无法准确界定各种癌病的起因,在此情况下,如果适用举证责任倒置原则,以农机局举证不能为由推定本案所涉市农机局环境污染行为与刘某患癌病损害结果之间存在必然的因果关系,缺乏事实依据。

性评价,而过错关注的是应受道德非难的主观心理状态;而在法国法上,违法性则内含于过错之中。《日本民法典》则奉行过错客观化,将违法性与过错合二为一。近年来,过错客观化逐渐得到我国学者的认同。

在拟制型污染侵权领域,超标排放被视为违法,并进而推定行为人具有过错,但由于是否超标排放实为受害人难以证明,应当由行为人承担这一证明责任,故在拟制型污染侵权中,应实行过错推定原则。而对于实质型污染,则不考虑是否具有过错与违法性,其理由,详见第四章。

5. 需在诉讼时效内提起。根据新《环境保护法》第66条的规定,因环境污染损害赔偿提起诉讼的时效期间为三年,从当事人知道或者应当知道受到污染损害时起计算。

(三) 实质型污染侵权的类型

1. 水污染侵权

水污染侵权纠纷是环境污染侵权案件中最为常见的类型,这与我国目前严重的水污染状况是密切相关的。目前,水污染主要来源于工业污染、农业污染和生活污染。据统计,目前水中污染物已达2000多种,主要为有机化学物、碳化物、金属物。在我国,只有不到11%的人饮用符合我国卫生标准的水,而高达65%的人饮用浑浊、苦碱、含氟、含砷、工业污染、传染病的水,2亿人饮用自来水,7000万人饮用高氟水,3000万人饮用高硝酸盐水,5000万人饮用高氟化物水,1.1亿人饮用高硬度水。[1] 除此之外,水污染还造成公私财产的重大损害,根据国家环保总局和国家统计局2006年9月7日向媒体联合发布了《中国绿色国民经济核算研究报告2004》,2004年全国因环境污染造成的经济损失为5118亿元,占当年GDP的3.05%。虚拟治理成本为2874亿元,占当年GDP的1.80%。其中,水污染的环境成本为2862.8亿元,占总成本的55.9%,大气污染的环境成本为2198.0亿元,占总成本的42.9%;固体废物和污染事故造成的经济损失57.4亿元,占总成本的1.2%。[2]

根据《水污染防治法》第91条的规定,所谓水污染,是指水体因某种物质的介入,而导致其化学、物理、生物或者放射性等方面特性的改变,从而影

---

[1] 腾讯网:《中国严重污染七大河流89%的饮用水不合格》,http://news.qq.com/a/20100513/001255.htm,访问日期:2014年11月1日。

[2] 新华网:《中国首次发布绿色GDP,污染损失占GDP3.05%》,http://news.xinhuanet.com/fortune/2006-09/07/content_5062240.htm,访问日期:2014年11月12日。

综上,再审申请人的申诉理由不能成立,依法应予驳回。原再审判决认定事实清楚,适用法律准确,应予维持。依据《民事诉讼法》第 184 条、第 153 条第 1 款第 1 项之规定,判决如下:

驳回申诉,维持原判。

(三) 案件评析

本案再次彰显了利益衡量对环境侵权规则适用的影响。

环境侵权适用无过错责任和举证责任倒置原则,基本上已得到理论和实践的一致认同。基于风险责任的理念,无过错责任不考虑侵害人是否具有主观过错,也不考虑行为是否违法,大大降低了受害人的举证责任。但是,由于环境侵权因果关系的复杂性,即使实行无过错责任,原告仍然会因为无法证明因果关系的成立而败诉。因而,为使保护受害人的目标落到实处,各国往往又实行因果关系推定,进一步降低受害人的举证责任,受害人只需提供因果关系成立的表象证据,即推定因果关系成立,然后由侵害人予以反证。我国则更进一步,由法律直接配置双方举证责任,原告只需证明侵害人实施了环境污染行为以及自身受到损害,无需就因果关系是否成立提供证据,而被告则需证明其行为与损害后果之间不存在因果关系或者存在法律规定的不承担责任和减轻责任的事由,这一点,为最高人民法院的司法解释、《水污染防治法》《固体废物污染环境防治法》以及《侵权责任法》所确认。本案中,省人民检察院和最高人民检察院也正是基于这个理由进行抗诉。很明显,按照上述规则,由于因果关系证明的难度,基本上,一旦发生损害,被告都难以摆脱责任。

但在实践中,基于利益衡量的考虑,法院往往会利用上述规定的不明确性,对无过错责任和举证责任倒置作出不同的解释,将违法性作为阻却责任的事由,或者由原告承担相当程度的因果关系证明程度(当然,也有可能是对上述规则不熟悉所致),从而使环境侵权的司法实践显得相当不一致。

本案中,显然也面临这样的利益衡量关系:法院如果认定喷漆行为与罹患癌症之间有因果关系,则基于判决的示范效应,将涌现大量各种疾病患者与工厂之间的诉讼,即使各种疾病的诱因有多种,但基于被告对因果关系的证明责任,基本上无法排除其行为不会对人体健康造成影响。这种判决的示范效应显然是被告和法院都难以承担的,因而,法院只有对环境侵权的构成要件作出各种缓和解释,阻却侵权的成立。

这种条文之外的利益衡量不仅存在于因果关系上,同时也存在于责任形式上,尤其是排除危害、恢复原状等预防性责任,会直接因为对经济发展的影响度获得不同的判决结果。如果对于经济影响度较低,则一般会得到法院的支持,如本案的情形以及多数拟制型污染类型;如果针对利税较高的企业,则法院一般会认为其行为具有合法性,要求采取措施减少污染,但侵害仍会延续。

本案四审法院虽然对于双方举证责任的理解不同,但是都得出了相同的判决结果。也许判决结果并非是基于利益衡量,而是其的确认为癌症的诱发因素有多种,将其归属于被告行为有"宁可枉杀一千,不可使一人漏网"之嫌,但是,实行举证责任倒置,本就是一种利益衡量,是法律在无法认定真实的因果关系而又不得不从法律上作出认定的一种无奈之举,即使法律认定的因果关系与事实上的因果关系并不相符,也只能是为维护法律的稳定性和统一性而不得不付出的代价。事实上,在本案中,谁也无法确定原告患病究竟是由何种因素导致,或者几种因素导致,每种因素又在其中占有多大份额。

一审认定存在污染行为和损害后果,但并未将因果关系的证明责任归属于原被告任一方,而是法院依据必然因果关系学说认定因果关系不存在,从而驳回了原告要求赔偿的诉讼请求。这显然违背了相关司法解释关于举证责任倒置的规定。

二审认定污染行为和损害后果成立,却将因果关系的证明责任归属于原告,同样违背了举证责任倒置的要求。

原再审认识到环境污染应当适用举证责任倒置,却又将存在污染行为作为适用举证责任倒置的前提。环境污染侵权需具备排污行为、损害后果与因果关系,三者是并列的关系,由当事人分别举证证明,并无孰先孰后的问题,其中任何一个要件不成立,都会阻却侵权的构成。因而,即使适用举证责任倒置认定二者之间具有因果关系,如果原告不能证明被告实施了排污行为,也将难以认定构成侵权。举证责任倒置作为法律的预先配置,并不以其他要件的成立为先决条件。

同时,原再审法院通过种种途径欲说明不存在污染事实,事实上是将损害后果与排污行为相混淆。排污行为是只要被告实施了能够产生大气污染物的行为即可构成,而喷漆或多或少会产生有毒物质苯,如果被告的喷漆行为不会产生有毒气体,环保局又有何依据将之认定为违法行为?显然,法院的认定存在逻辑上的矛盾,将排污行为误认为是污染事实,进而将原告的举证责任加重为被告的行为需要造成污染侵害(即污染损害),事实上是将其异化为由原告来证明因果关系的成立。

再审对此作出了一定程度的纠正,确认了被告实施了环境污染行为以及原告具有损害后果,但是在因果关系上,再次返回到一审法院的认识,由法院对因果关系作出认定,而非将举证责任配置给双方当事人,由负有举证责任的一方承担举证不能的责任。同时,法院认为如果由被告承担举证不能的责任,缺乏事实依据,此"事实依据"所指者何,法院并未说明,反倒是法院不适用举证责任不能,是缺乏法律依据的。

由此可见,环境侵权作为特殊侵权类型,其"特殊性"是何其沉重!

五、实例解析:举证责任倒置,倒置者何?

步云染化厂等与平湖特种养殖场水污染损害赔偿案[①]

(一) 案情简介

1989年,俞某引进了20对美国青蛙,繁育成功,1991年4月,经工商登记注册,俞某建立起平湖师范农场特种养殖场(下称"养殖场"),养殖场位于该市钟埭镇宝云村西边,与嘉兴郊区步云乡相邻,属平湖师范校办企业。1992年,养殖场成为平湖市"一优二高"农业示范场,有养蛙场1万平方米,是美国青蛙育种基地。

被告嘉兴市步云染化厂(下称"染化厂")、嘉兴市步云染料厂(下称"染料厂")、嘉兴市步云化工厂(下称"化工厂")、嘉兴市向阳化工厂(下称"向阳厂")、嘉兴市高联丝绸印染厂(下称"印染厂"),均是该市郊区步云乡、村办企业,分别创办于1985年至1993年之间,主要生产染料中间体及丝绸、化纤印染。期间生产中间体和染料产量逐年大幅增加,1994年比1990年染料和中间体分别增长20倍和2倍多。五被告在生产过程中所产生的废水严重超过国家标准,并直排或渗漏进入河道污染水域,为此,嘉兴市郊区城乡建设环境保护局于1995年4月8日对染化厂、染料厂、化工厂、向阳厂超标排污进行了各罚款5000元的行政处罚。

养殖场距五被告下游约六公里,在五被告排放污水污染区域内。自1994年4月发现蝌蚪开始死亡,俞某开始四处上访,数十次地向有关部门反

[①] 最高人民法院(2006)民二提字第5号民事判决。

映情况,强烈要求五被告尽快治理,停止肆意排放。然而,上访并没有阻止五被告的排放行为,至9、10月间绝大部分蝌蚪死亡。俞某认为蝌蚪死亡是由于五被告水污染造成,上门向污染企业要求赔偿,但协商无果,因而于1995年12月13日向平湖市人民法院提起诉讼。原告认为,被告排放行为造成直接经济损失48.3万,并且导致原告无法履行供货合同,职工工资无着落,借款无力偿还,有的已向原告诉讼和索赔。被告置我国《环境保护法》与《水污染防治法》于不顾,未经环保部门审批同意,不做"环评",也不执行"三同时",而进行违法生产,造成大片河网被有害化工污水严重污染,使原告损失惨重,故要求被告赔偿原告经济损失48.3万元,排除污染危害,防止侵害,限期治理。

五被告辩称,养蛙取水点距离答辩人厂有10多里之远,途中河网密布,纵横交叉,河岸两边常有排污性质的工厂很多家,潮涨、潮落,河流流向是多向的,答辩人依法做了自身应做的环保工作,所以原告诉讼中所谓的污染并不能证明是被告所致。原告所列引进及自身蝌蚪数目纯属编造,蝌蚪死亡多少,死亡原因也无依据,要求赔偿48.3万更属信口开河。蝌蚪死亡的真正原因是原告自己滥用农药所致。因此,应驳回原告诉讼请求。

(二) 省内三级法院审理结果

1. 平湖市人民法院一审判决

一审认为,五被告在生产染料、中间体及丝绸、化纤印染过程中所排污水严重超标,并直排或渗入河道造成原告饲养的青蛙蝌蚪死亡,造成经济损失均是事实,但现有证据不能证实蝌蚪即死于水污染,故无法确定原告损害事实与被告污染环境行为之间存在必然的因果关系,故本案证据不足,原告的诉讼请求不予支持,经审判委员会讨论,于1997年7月27日判决如下:

驳回原告诉讼请求。

俞某不服,向平湖市人民检察院提出申诉。市人民检察院通过实地调查、走访相关人员、调阅大量案卷后,认为法院判决认定事实错误、适用法律不当,遂提请嘉兴市人民检察院向嘉兴市中级人民法院提出抗诉。1998年6月30日,嘉兴市检察院向嘉兴市中级法院提出抗诉。

2. 嘉兴市中级人民法院再审判决

再审认为,五企业违法排放造成水域严重污染以及被告蝌蚪死亡造成经济损失均为事实。本案是原审原告主张水污染致害责任的赔偿权利,水污染致害责任属于特殊侵权责任,在举证责任上虽适用举证责任倒置原则,但举证责任倒置只是在证明过错责任问题上的倒置,有关有污染水域的违法行为及水污染造成青蛙蝌蚪死亡的损害事实的证据,须由原审原告举证。五被告超标违法排污的行为,原审原告已充分举证证实,而构成水污染致害责任前提条件的损害事实,即青蛙蝌蚪的死因及青蛙蝌蚪体内含致死物质化学成分与原审五被告排放的污水所含成分相符的鉴定结论,原审原告不能举证。本案因青蛙蝌蚪死因不明,死亡的数量不清,无法判定原审五被告的违法排污行为与原审原告主张的损害事实之间存在必然的因果关系,抗诉理由不能成立,本院不予支持,原判认定事实清楚,审判程序合法,驳回诉讼请求正确;据此,依照《民事诉讼法》第184条之规定,于1998年10月20日判决如下：

驳回抗诉,维持原判。

2001年3月10日,省人民检察院以本案终审判决"在认定事实和适用法律上存在错误"为由,提出抗诉。省人民检察院认为：污染环境是特殊侵权,因此对环境污染与损害事实之间因果关系的认定,应该适用因果关系推定原则。依据最高人民法院司法解释的规定,因环境污染引起的损害赔偿诉讼,适用举证责任倒置原则,嘉兴市中级人民法院再审判决仍适用一般举证责任原则,存在错误。五被告辩称,本案原审原告养殖取水水域的污染来源不明,且该水域的污染与原审原告的青蛙蝌蚪死亡之间没有必然的因果关系,即使按原告所主张本案应适用因果关系推定,因损害事实并不具有普遍性,此推定亦不成立。请求法院驳回抗诉,维持原判。

3. 浙江省高级人民法院再审判决

再审认为,五被告超标排放废水造成附近水域污染以及原审原告1994年饲养的青蛙蝌蚪因几乎全部死亡遭受损失均系事实,因原审原告没有对死亡青蛙蝌蚪进行科学鉴定,故其死因不明。原审原告申诉理由及省检抗诉理由均主张,对于环境污染侵权纠纷的因果关系判断应适用因果关系推定原则和举证责任倒置原则。因果关系推定原则与举证责任倒置原则是世界各国处理环境污染侵权案件中普遍适用的原则,本着公平正义的法律精神,予以认可。根据因果关系推定原则,受损人需举证证明被告的污染(特定物质)排放的事实及自身因该物质遭受损害的事实,且在一般情况下这类污染环境的行为能够造成这种损害。本案原审原告所举证据虽然可以证实原审被告的污染环境行为及可能引起渔业损害两个事实,但由于原审原告所养殖青蛙蝌蚪的死因不明,故不能证明系被何特定物质所致,故原审原告所举证据未能达到适用因果关系推定的前提。由于原审原告据以推定的损害原因不明、证据有限,其所主张的因果关系推定不能成立,其遭受的损害无法认定为系原审被告引起,故要求原审被告承担侵权损害赔偿责任依据不足。省检抗诉理由不能成立,本院不予采纳。原再审判决在审理程序及实体处理上并无不当,应予以维持。依照《民事诉讼法》第186条、第153条第1款第1项之规定,于2001年5月31日判决如下:

维持嘉兴市中级人民法院(1998)嘉民再终字第2号民事判决。

俞某不断申诉。2005年12月,最高人民法院决定重新审理此案,并于2006年5月16日开庭审理,双方因主张差距太大而没有达成调解协议。

(三) 最高人民法院审理结果

法院查明,养殖场在蝌蚪发生死亡后,曾请求浙江大学动物科学学院对死亡蝌蚪进行化验,得到答复是如果废水中含有大量有毒物质,会使水中溶解氧被大量耗尽,蝌蚪会因缺氧窒息死亡,蝌蚪体内的有毒物质还不一定能测得出来,已无必要再进行化验的事实。一审过程中,法院委托司法部司法鉴定科学技术研究所对养殖场蝌蚪的死亡与水质污染是否存在因果关系进行鉴定,鉴定结论为养殖场蝌蚪的死亡与污染企业排放的废水造成水质污染有直接的不可推卸的因果关系。委托平湖市审计师事务所对养殖场受水质污染1994年度美国青蛙蝌蚪实际投入损失进行审计,审计结论为净投入损失为232273.96元,同时指出尚有在正常养殖到投入市场销售产生效益损失计算,可按农业部农渔发(1994)25号文件《水域污染事故渔业资源损失计算方法》第2条规定的污染事故经济损失额的计算方法处理。

最高人民法院认为,该院《关于适用〈中华人民共和国民事诉讼法〉若干问题的意见》第74条规定:"在诉讼中,当事人对自己提出的主张,有责任提供证据。但在下列侵权诉讼中,对原告提出的侵权事实,被告否认的,由被告负责举证:……(3)因环境污染引起的损害赔偿诉讼;……。"《关于民事诉讼证据的若干规定》第4条规定:"下列侵权诉讼,按照以下规定承担举证责任:……(三)因环境污染引起的损害赔偿诉讼,由加害人就法律规定的免责事由及其行为与损害结果之间不存在因果关系承担举证责任。"根据司法解释的规定,作为侵权人的污染企业只有能够证明其侵权行为与损害后果不存在因果关系或者法律规定的免责事由成立的情况下,始得免除侵权损害赔偿责任。因此,本案的举证责任应由五家企业承担。原审法院要求受损害的养殖场举证证明该因果关系存在不当,本院予以纠正。

再审期间,五家企业以下列证据主张其污染行为不是蝌蚪致死的原因,蝌蚪死亡是其他原因导致的,本案污染行为与蝌蚪死亡的后果之间没有因果关系。本院综合双方提交的证据,对五家企业据以证明本案不存在因果关系的有关证据分析认定如下:

第一,五家企业以照片和取水登记表为证,证明养殖场曾从他处取水;养殖场提供了河网水费收据和平湖市水利农机局出具的养殖场取水证明等证据,证明该场自1992年至1995年是从污染河道取水。五家企业该项举证不能推翻养殖场从被污染的河道取水的事实。

第二,五家企业举证的嘉兴市郊区环保监测站监测报告,证明离五家企业所处位置更近的取水口水样情况比位置更远的取水口水样情况更好,说明养殖场附近水域污染与其无关;但其提供的监测报告系1996年作出,此时距本案损害后果,即养殖场蝌蚪死亡已经近两年时间,上述监测报告不能证明当时的水质情况是合格的。

第三,五家企业举证的嘉兴市气象局气象资料、嘉兴市水文站证明及卢自钧、施荣祥等人的证人证言,以证明养殖场蝌蚪死亡时,可能存在天气炎热、养殖场使用了杀虫剂、饲养人不懂技术和水文情况发生变化等致死原因,但上述证据均不能确定系由其中某一项原因或多项原因造成蝌蚪死亡,该项证据表明了损害后果发生系因其他原因引发的可能性,而不能排除五家企业污染行为造成损害的原因。

第四,五家企业主张养殖场远未达到养殖规范要求,但只提供了养殖规范,没有证据证明养殖场没有达到上述规范。

第五,五家企业提交步云乡生产技术推广站出具的养殖情况明细表,证明同时同地有众多养殖户均未发生水污染导致青蛙蝌蚪死亡事件,但五家企业所提交的该证据,无法证明上述养殖户与养殖场的情况完全相同,因此与本案侵权事实无法对比,也不能据以证明五家企业的排污行为与养殖场蝌蚪死亡没有关系。而养殖场提供了部分养殖场相邻农场、养殖户向有关部门反映五家企业污染水域,造成经济损失的材料和证言,证明五家企业污染的事实和受损失的不止养殖场一家。

第六,五家企业认为蝌蚪死亡没有具体的死亡时间和死亡的详细数据,死亡原因不明,养殖场在蝌蚪死亡时没有对取水水源进行取样检验,没有对蝌蚪死因做相应的鉴定,无法证实蝌蚪死亡属污染水源中的特定物质所致。而养殖场在发现蝌蚪陆续死亡后,即向相关部门多次反映情况,相关部门均已承认该事实。浙江大学动物科学学院朱炳全出具的证明,证明养殖场在蝌蚪发生死亡后,请求浙江大学动物科学学院对死亡蝌蚪进行化验,依据嘉兴市环保局、监测站对平湖农场周围水域监测得出的水污染数据,证明养殖场周围水域26个数据严重超标,即便不能证明蝌蚪死亡系被何特定物质所致,但五家企业污染水域后,可使饲养蝌蚪的水域严重缺氧,亦能造成蝌蚪死亡。故原审法院委托司法部司法鉴定科学技术研究所作出的微量物证鉴定,鉴定结论为养殖场蝌蚪的死亡与污染企业排放的废水造成水质污染有直接的不可推卸的因果关系的结论应予采纳。

综上,五家企业所举证据既不能证明其污染行为不会导致蝌蚪死亡,也不能证明导致蝌蚪非正常死亡的结果确系其他原因所致,因此对于本案中污染行为和蝌蚪死亡之间的因果关系,五家企业均不能提出足够证据予以否定。位于上游的五家企业污染了水源,同时段,下游约六公里的养殖场发生了饲养物非正常死亡的后果,五家企业又没有足够的证据否定其污染行为与损害后果之间的因果关系,作为加害人的五家企业,应当向养殖场承担侵权损害赔偿责任。原审历次审理,均要求受害人养殖场就污染行为和损害后果的因果关系,即水污染是导致蝌蚪死亡的原因承担举证责任,并认定养殖场青蛙蝌蚪的死因不明,养殖场不能证明蝌蚪死亡系被何特定物质所致,故养殖场所举证据未能达到适用因果关系推定的前提。原审历次审理对于举证责任的分配系适用法律错误,本院予以纠正。

五家企业的排污行为共同对下游造成污染,彼此之间又不能证明污染行为对于造成损害后果的作用有所差别,故应认定五家企业对本案的发生负有同等责任,由五家企业按照均等比例就本案损失向养殖场承担连带赔偿责任。

关于养殖场损失数额问题,《民法通则》第124条规定:"违反国家保护环境防止污染的规定,污染环境造成他人损害的,应当依法承担民事责任",当时实施的《水污染防治法》第41条规定:"造成水污染危害的单位,有责任排除危害,并对直接受到损失的单位或者个人赔偿损失。赔偿责任和赔偿金额的纠纷,可以根据当事人的请求,由环境保护部门或者交通部门的航政机关处理;当事人对处理决定不服的,可以向人民法院起诉。当事人也可以直接向人民法院起诉。"养殖场提起诉讼时,请求法院判令五家企业按照当时的市场价格赔偿经济损失48.3万元。原审法院委托平湖市审计师事务所对养殖场受水质污染1994年度美国青蛙蝌蚪实际投入损失进行审计,结论为净投入损失为 232273.96 元,同时指出尚有在正常养殖到投入市场销售产生效益损失计算,可按农业部农渔发(1994)25 号文件《水域污染事故渔业资源损失计算方法》第 2 条规定的污染事故经济损失额的计算方法处理。养殖场曾就损失问题咨询农业部渔业局,该局答复应按照农业部农渔发(1994)25 号文件或修改后的农渔发(1996)14 号《关于印发〈水域污染事故渔业损失计算方法规定〉的通知》作为计算损失的依据。养殖场在原审中提供了原始生产、产卵记录、进货证明和购销合同、订单、意向书以及销售发票;证明养殖场要求赔偿 48.3 万元损失有据可依,而五家企业没有证据证明养殖场不存在损失,因此,最高院对养殖场要求五家企业,赔偿 48.6 万元损失的诉请予以支持。

综上,原审判决认定事实不清,适用法律错误。依照《民事诉讼法》第 153 条第 1 款第 2 项、第 3 项,第 186 条之规定,于 2009 年 4 月 2 日作出终审判决如下:

1. 撤销浙江省高级人民法院(2000)浙法告申民再抗字第 17 号、嘉兴市中级人民法院(1998)嘉民再终字第 2 号、平湖市人民法院(1996)平民初字第 23 号民事判决。

2. 五被告各赔偿原告损失 96600 元及利息(利息自原告一审起诉之日起至清偿之日止,按照中国人民银行同期贷款利率计算)。五家企业对上述债务承担连带清偿责任。

上述款项自收到本判决之日起十日内支付,逾期支付按照《民事诉讼法》第 229 条的规定办理。

一审案件受理费 9280 元由五被告各承担 1856 元。

(四)案例评析

本案历时 15 年,经历了中国现行法院体制的所有层级,且每一级法院的判决理由均不相同,是考察中国环境污染侵权实践变迁不可多得的绝佳案例。

从案情上看,本案并不复杂:五企业超标排放污水,下游的养殖场发生青蛙死亡现象。原告据以诉讼,法院认定为环境污染侵权案件并无疑问。但问题是,到底是五家企业污水排放造成,还是另有原因?五家企业内部责任又应如何分担?这事实上涉及环境侵权案件中的因果关系判断问题。四级法院作出的不同认定,也正是基于对现行法上因果关系的认定规则的认识不同。

一审法院认为,五被告从事了超标排污行为以及蝌蚪死亡造成经济损失均是事实,但原告并不能证明损害事实与污染行为之间具有必然的因果关系。从其判决理由看,其显然是将所有的举证责任均归属于原告,而鉴于因果关系判定的复杂性,原告证明其间存在着必然的因果关系基本上是不可能的。根据1992年7月14日最高人民法院《关于适用〈中华人民共和国民事诉讼法〉若干问题的意见》第74条规定,"在诉讼中,当事人对自己提出的主张,有责任提供证据。但在下列侵权诉讼中,对原告提出的侵权事实,被告否认的,由被告负责举证:……(3)因环境污染引起的损害赔偿诉讼……",明确了环境污染损害赔偿在一定程度上是传统民事诉讼"谁主张谁举证"规则的例外。该解释虽然并未提及因果关系,但从其条文含义看,原告只要提出被告侵权的事实,被告如果否认即需承担举证责任。这里的"侵权事实",依照体系解释的方法,只要原告证明自身损害和被告有排污行为,即完成了自身证明责任。一审法院不知道或者无视该司法解释的规定,将环境污染侵权作为一般侵权行为对待,进而将全部举证责任归属于原告,显然是适用法律错误。

中级法院虽然认识到水污染致害责任属于特殊侵权责任,并且应当适用举证责任倒置原则,但同时又认为举证责任倒置只是在证明过错责任问题上的倒置,并且有关有污染水域的违法行为及水污染造成青蛙蝌蚪死亡的损害事实的证据须由原审原告举证,这显然是对环境污染侵权构成要件认识的误区。水污染作为实质型污染侵权适用无过错责任,是《民法通则》、《环境保护法》《水污染防治法》以及《国家环境保护局关于确定环境污染损害赔偿责任问题的复函》等一脉相承的做法,也是学界的普遍认识。具体言之,作为特殊侵权类型,水污染侵权并不考虑污染者是否具有故意或者过失,只要其造成了损害,即需承担民事责任,除非具有法律规定的免责事由。即使其达标排放,也仅仅是不承担行政责任,并不免除其民事赔偿责任。因而,原告不仅无需证明被告主观上存在过错,也无需证明被告存在超标排污的违法行为。而对于要求原告证明水污染与造成蝌蚪死亡之间具有必然的因果关系,并未走出一审法院认识的窠臼。

省高级法院虽然提出因果关系推定原则与举证责任倒置原则是世界各国处理环境污染侵权案件中普遍适用的原则,本着公平正义的法律精神,予以认可,也肯定养殖场证实了五被告的污染环境行为及可能引起渔业损害两个事实,但仍以"蝌蚪死因不明"为理由,认定养殖场所举证据未达到适用因果关系推理的前提。试问:如果蝌蚪死因既明,还需要有推定吗?如果要原告证明蝌蚪死因作为推定的前提,则事实上仍然是由原告承担证明因果关系的必然性,与因果关系推定的制度初衷相违背。法院认为因果关系推定是各国普遍适用的原则,而考察各国关于因果关系推定的方式,均是达到一种较低程度的可能性,也就是只要被告行为有引发损害发生的可能性即可。再审法院的做法,与因果关系推定的内涵并不符合。

此外,高级人民法院认为适用因果关系推定和举证责任倒置的前提是"本着公平正义的法律精神",这一点值得商榷。前已述及,1992 年 7 月 14 日最高人民法院《关于适用〈中华人民共和国民事诉讼法〉若干问题的意见》第 74 条已经对举证责任作出规定,该规定虽比较模糊,但仍然可以推出因果关系由被告予以证明。但是,将因果关系推定与举证责任倒置相并列,则存在问题。在理论部分已经阐明,因果关系推定较好地平衡了当事人双方的利益,但是我国到目前为止并未纳入。我国在环境侵权领域,直至目前适用的均是举证责任倒置,例如 2001 年 12 月 21 日最高人民法院《关于民事诉讼证据的若干规定》第 4 条规定,"下列侵权诉讼,按照以下规定承担举证责任:……(三)因环境污染引起的损害赔偿诉讼,由加害人就法律规定的免责事由及其行为与损害结果之间不存在因果关系承担举证责任……",直接明确加害人对因果关系等承担举证责任。举证责任倒置是法律直接对双方的举证责任进行的分配,分配给哪方当事人即由其承担举证责任。因而,举证责任倒置与因果关系推定虽在形式上类似,但实质上存在一定矛盾,不可同时适用。

最高人民法院援引了《关于适用〈中华人民共和国民事诉讼法〉若干问题的意见》第 74 条以及《关于民事诉讼证据的若干规定》第 4 条的规定,认为污染企业只有能够证明其侵权行为与损害后果不存在因果关系或者法律规定的免责事由成立的情况下,始得免除侵权损害赔偿责任。而五家企业所举证据既不能证明其污染行为不会导致蝌蚪死亡,也不能证明导致蝌蚪非正常死亡的结果确系其他原因所致,因此对于本案中污染行为和蝌蚪死亡之间的因果关系,五家企业均不能提出足够证据予以否定。因而,根据最高人民法院《关于民事诉讼证据的若干规定》第 2 条第 2 款之规定,没有证据或者证据不足以证明当事人的事实主张的,由负有举证责任的当事人承担不利后果,五企业应连带承担赔偿责任。可以说,最高法院作为相关司法解释的制定者,最能把握其制定的司法解释的真实含义,本案中,最高人民法院对于举证责任倒置的诠释,可以说是环境污染侵权案件审理的范本。

一起本来简单的案件,经由基层人民法院到最高人民法院四级法院的多次审理、检察院的两次抗诉,原告终获胜诉,凸显环境受害人维权之艰辛。其关键,在于各级法院对作为环境污染侵权核心要素的因果关系证明责任认识的分歧。从因果关系举证责任规定来看,从两个司法解释,到《固体废物污染防治法》第86条、《水污染防治法》第87条,直至《侵权责任法》第66条规定,"因污染环境发生纠纷,污染者应当就法律规定的不承担责任或者减轻责任的情形及其行为与损害之间不存在因果关系承担举证责任",四个判决书,跨越十五年,其间经历的不仅仅是条文的固化,更是对环境立法目的、环境审判规则在理解上的深化和适用上的进步。《侵权责任法》2010年7月1日起开始生效,但各级法院对于举证责任倒置内涵的深入把握,恐怕并非最高人民法院一纸判决所能够达到,点滴的进步都值得我们赞许和宣传,为的是维护法律的公平正义,使受害人得到救济,并通过私益保护达到环境保护的目的。

六、实例解析:未履行举证责任释明权的效力

厉某诉铜利铸造有限公司相邻污染侵害纠纷案[①]

(一)案情简介

2003年9月,原告厉某与其所在村的村委会签订土地承包合同,承包村里94亩连片土地,约定由其自主生产经营高效农作物,后厉某在承包地里种植了桃树。被告铜利铸造有限公司(下称铜利公司)是一家经营生铁冶炼、铸件铸造、球团烧结建材购销业务的钢铁生产企业,厉某的桃园位于铜利公司附近,在桃园南部与铜利公司之间隔着一条生产沟和一条生产路。厉某发现,铜利公司在生产过程中排放的烟尘飘落在其桃树的叶子、花朵和幼果上,许多幼果出现了萎缩。厉某认为,铜利公司排放的烟尘严重影响了桃树生长,造成桃园减产,给其造成了经济损失,遂就此和铜利公司交涉。双方曾就2005年度桃园的赔偿问题达成协议,由铜利公司补偿厉某5000元,但就2006年度桃园的赔偿问题未能达成一致意见。2006年6月,厉某专门委托省铜山县果树技术指导站对桃树受损的情况进行估价,该站在现

---

① 案件来源:江苏省铜山县人民法院(2007)铜民一初字第508号民事判决。

场勘查后作出了果树受损价值估算证明,认为春夏季节是桃树的生长发育时期,铜利公司向外排放烟尘,严重影响了桃树的授粉受精、叶片的光合作用、呼吸作用和果树生长,经随机抽查,该站参照相关文件规定的标准,计算出厉某桃树的损失产量为52339.2斤,按黄桃近期市场均价计算,总产值损失为78508.8元。厉某据此向法院起诉,请求判令铜利公司赔偿其经济损失78508.8元。

铜利公司辩称,公司用高炉生产,对大气无污染,且在2004年已对高炉进行了改造,增加了环境保护设备,实现了废气利用,粉尘回收,故不存在污染原告桃树的事实。同时,原告的损失只是单方计算的结果,向被告索赔没有事实和法律根据,请求法院判决驳回原告的诉讼请求。

(二) 审理结果

一审认为,在春夏季节,桃树正处于生长发育的时期,原告经营的桃园位于被告铜利公司的正北方,而春夏季节多以南风或偏南风为主,铜利公司在生产过程中排放出的烟尘落在厉某的桃树上,给桃树的生长构成了损害,厉某提供的照片和鉴定结论可以作为赔偿的证据使用。铜利公司辩称其没有污染厉某的桃园,但未提供相关证据证明其主张,法院不予采信,铜利公司依法应对厉某的损失承担赔偿责任。关于赔偿数额的确定,铜利公司认为厉某委托的鉴定单位铜山县果树技术指导站没有鉴定资质,该鉴定结论不能作为定案依据,经法院审查,该两位鉴定人员均有资质,且铜利公司既没有提供证据反驳厉某提供的鉴定结论,也没有申请法院对该事实进行重新鉴定,故对铜利公司的抗辩理由不予采信,法院采信该鉴定结论。据此,该院依照《民法通则》第124条、最高人民法院《关于民事诉讼证据的若干规定》第4条第3项、第28条的规定,判决被告于本判决生效之日起10日内向原告厉某赔偿损失78508元。

铜利公司不服一审判决,提起上诉。

二审认为,本案是一起因环境污染引起的损害赔偿案件,根据法律和相关司法解释的规定,该类案件适用特殊的举证责任分配规则,即受害人应当证明其受损害的事实,加害人应当就法律规定的免责事由及其行为与损害结果之间不存在因果关系承担举证责任。对铜利公司排放烟尘的行为和厉某桃园受到的损害后果之间是否有因果关系这一争议事实,人民法院依法负有向当事人释明的职责,释明本案举证责任的分配规则、负担举证责任的当事人应当申请鉴定以及不申请鉴定的法律后果。铜利公司在二审程序中称一审法院未对该案举证责任的承担和鉴定事项进行释明,一审法院的开庭笔录对此也记载不清,故原判决认定事实不清。据此,该院依照《民事诉讼法》第 153 条第 1 款第 3 项的规定,裁定:(1) 撤销一审法院判决;(2) 发回一审法院重审。

县人民法院在重审过程中,法官依法向双方当事人行使释明权,明确了本案举证责任的分配规则和鉴定的相关法律规定。铜利公司随即申请对桃园的损害事实与其排放的烟尘之间有无因果关系进行鉴定,并称如有因果关系再申请对厉某桃园的具体损失予以鉴定。双方当事人经过协商,均同意委托县环保局进行鉴定。但在法院委托鉴定后,县环保局以受技术条件限制为由拒绝鉴定。后双方又协商欲申请一家省级鉴定机构进行鉴定,但因该鉴定机构要收取 11.5 万元的鉴定费,而该鉴定费用已远远超过厉某起诉索赔的标的额,诉讼成本明显过高,这样的鉴定对解决纠纷也不具备实质意义。此时,本案已跨年度历经两级法院的三次审理,但仍难以彻底查清案件事实,而且讼争的 2006 年度桃园的赔偿争议尚未得到解决,双方又马上面临着如何解决 2007 年度桃园的赔偿问题,双方当事人的对立情绪日趋增加,案件解决纠纷的难度也越来越大。对此,法官没有简单地仓促判决结案,而是从一般社会公众所公认的经验常识和逻辑规则出发,认定铜利公司排放烟尘和厉某桃园的损害后果之间具有一定的因果关系,铜利公司应当承担一定的赔偿责任,在此基础上法官通过向双方当事人行使释明权,明确双方各自的权利义务,说明法院如果彻底查清事实、依法裁判所可能给双方带来的有利和不利后果,告知双方当事人法院审判案件的基本思路,即既要努力解决纠纷、实现双方当事人正常的生产经营和今后的和睦相处,又要尽可能地降低诉讼成本,减少当事人的损失。经过法官的释明和耐心细致的调解,双方当事人也都能够理智地参与诉讼,共同协商解决赔偿争议,并最终在法院主持下于 2007 年 7 月 27 日达成调解协议:被告铜利公司给付原告厉某 2006 年赔偿款 40000 元,于 2007 年 10 月 30 日前付清;2007 年赔偿款 30000 元,于 2008 年 1 月 30 日前付清;从 2008 年起,在厉某实际承包期间,铜利公司每年给付厉某赔偿款,赔偿款以 30000 元为基数并按国家统计局公布的国民经济和社会发展统计公报公布的农产品生产价格升降指数做相应调整,给付至厉某不在争议的承包地种植桃树为止,于每年的 7 月 30 日前给付。

(三) 案例评析

本案涉及法官未履行释明职责时判决的效力问题。

法官的释明权又称法官的释明义务,是指当事人在诉讼过程中的声明和意思陈述不清楚、不充分时,或提出了不当的声明或陈述时,或所取证据不够充分却以为证据已足够时,法官以发问和晓谕的方式提醒和启发当事人把不明确的予以澄清,把不充分的予以补充,或把不当的予以排除,或者让其提出新的诉讼资料,以证明案件事实的权能。① 为了弥补当事人法律知识的欠缺和表达能力的局限,防止裁判的突袭,释明权已成为法官庭审指挥权的重要内容。释明权既是法官应尽的一项义务,也是诉讼当事人享有的一项权利。释明权只能由法官在诉讼程序中为之,且只能在当事人提出的诉讼主张或陈述不清楚、不充分或自相矛盾,或者应提出的证据材料没有提出等特定情形中才能适用。

释明存在于起诉与受理阶段、庭前准备阶段以及开庭审理阶段。就现行法律规范而言,对法官释明权的规定主要是最高人民法院《关于民事诉讼证据的若干规定》,该规定列举了法官应当释明的四种情形,即第3条、第33条规定了法官的举证指导义务;第8条规定了拟制自认规则中的释明内容;第35条规定了法官对原告诉讼请求变更的告知义务。释明权如果不适时、适度地行使,必然会产生不利于民事诉讼目的实现的危险。法律对释明权行使范围及释明权的度所作的规范,只是一种事前控制,除此还有必要建立一种事后救济规范,以达到对释明权不当行使的司法救济目的。如果释明权行使不当对当事人的诉讼权利影响较大并可能影响公正判决的,也应当构成上诉或再审的理由,二审法院查明属实的,应作为违反法定程序的情形,裁定撤销原判,发回重审。

本案即属于举证责任分配的释明。最高人民法院《关于民事诉讼证据的若干规定》第3条明确规定:"人民法院应当向当事人说明举证的要求及法律后果,促使当事人在合理期限内积极、全面、正确、诚实地完成举证",即是法官释明权的明确规定。鉴于在环境污染侵权诉讼中实现举证责任倒置,如果法官未对双方当事人各自需要承担的举证责任予以释明,很可能影响到当事人的实体权利义务。二审法院认为法官应释明本案举证责任的分配规则、负担举证责任的当事人应当申请鉴定以及不申请鉴定的法律后果,并将案件发回重审,即是对于释明权不当行使的效力进行了否定评价。

---

① 杨建华主编:《民事诉讼法之研究》,台湾三民书局1984年版,第112页。

第三节 不承担责任和减轻责任的情形

一、理论阐释

（一）相关法律规定

《侵权责任法》第66条规定，"因污染环境发生纠纷，污染者应当就法律规定的不承担责任或者减轻责任的情形及其行为与损害之间不存在因果关系承担举证责任"，因而，在考虑环境污染责任的构成时，对于不承担责任和减轻责任的情形亦需认真对待，以免环境侵权由无过错责任沦为结果责任。

根据《侵权责任法》第3章的规定，不承担侵权责任的事由主要是受害人故意（第27条）、不可抗力（第29条，法律另有规定的除外）、正当防卫（第30条）、紧急避险（第31条）；减轻责任的事由有共同过错（第26条）、正当防卫和紧急避险超过必要限度（第30、31条）。对于第三人造成损害的责任承担，第28条规定第三人应当承担侵权责任，但第68条又规定，"因第三人的过错污染环境造成损害的，被侵权人可以向污染者请求赔偿，也可以向第三人请求赔偿。污染者赔偿后，有权向第三人追偿"。可知在环境污染侵权领域，第三人造成损害时，业者并不当然免责，此时受害人享有选择权，既可以选择第三人承担责任，也可以选择业者承担责任，因而，第68条可以视为是第28条的特殊规定。

除《侵权责任法》外，环境立法亦规定了一些免责事由。如1989年《环境保护法》第41条第3款规定："完全由于不可抗拒的自然灾害，并经及时采取合理措施，仍然不能避免造成环境污染损害的，免予承担责任"，一般将其视为不可抗力，但该条规定明显比不可抗力的范围较窄，并且适用条件也更为严格。《大气污染防治法》第63条与此相同。较为特殊的是《水污染防治法》和《海洋环境保护法》。2008年修订的《水污染防治法》在免责事由上与1996年相比发生了较大变化，如将与《环境保护法》相同的规定修改为"由于不可抗力造成水污染损害的，排污方不承担赔偿责任；法律另有规定的除外"；将"水污染损失由受害者自身的责任所引起的，排污单位不承担责任"修改为"水污染损害是由受害人故意造成的，排污方不承担赔偿责任。水污染损害是由受害人重大过失造成的，可以减轻排污方的赔偿责任"；将

"水污染损失由第三者故意或者过失所引起的,第三者应当承担责任"修改为"水污染损害是由第三人造成的,排污方承担赔偿责任后,有权向第三人追偿",与《侵权责任法》的规定已较为接近。2014年修改的《环境保护法》没有再对环境侵权责任作出规范,对于不承担责任和减轻责任的情形,主要适用《侵权责任法》的规定。

1999年《海洋环境保护法》第92条规定,"完全属于下列情形之一,经过及时采取合理措施,仍然不能避免对海洋环境造成污染损害的,造成污染损害的有关责任者免予承担责任:(一)战争;(二)不可抗拒的自然灾害;(三)负责灯塔或者其他助航设备的主管部门,在执行职责时的疏忽,或者其他过失行为",该规定基本类似于1982年的做法,但删除了"完全是由于第三者的故意或者过失造成污染损害海洋环境的,由第三者承担赔偿责任"的规定。

由此观之,环境立法关于免责事由的规定并不一致,《固体废物污染防治法》及其他单行立法甚至没有规定免责事由。《侵权责任法》在第3章并未规定其他立法予以优先适用,尽管可以依据特别法优于普通法的精神予以适用,但根据新法优于旧法原则,《侵权责任法》显然应当是今后环境污染侵权适用的主要规范。

在《侵权责任法》制定过程中,对于本章章名,曾出现"免责事由""抗辩事由"等争议。使用"免责事由"作为本章的章名,从字面看,不能包括减轻责任的情形,而且"免责"的前提是有责任,但有些情形,如不可抗力,双方都没有责任。使用"抗辩事由"作为章名,又难以一一列举全部的抗辩情形,况且叫"抗辩事由"也不够通俗,不易为民众所理解。所以本章的章名最终被确定为"不承担责任和减轻责任的情形"。[①]

(二)相关规定的适用与争议

由于《侵权责任法》第3章基本囊括了环境立法中的免责条款,因而,以下将着重考察《侵权责任法》中相关规定的适用与争议。

1. 不可抗力

按照我国《民法通则》第153条规定,"不可抗力",是指不能预见、不能避免并不能克服的客观情况。理论界的通说认为,不可抗力主要是指不能预见、不能避免并不能克服的自然现象,例如地震、洪水、台风、海啸等。行

---

① 全国人大常委会法制工作委员会民法室编:《中华人民共和国侵权责任法解读》,中国法制出版社2010年版,第126页。

为人完全因为不可抗力造成他人损害的,表明行为人的行为与损害结果之间不存在因果关系,同时表明行为人没有过错,如果让行为人对自己无法控制的损害结果承担责任,对行为人来说是不公平的。因此,很多国家都将"不可抗力"作为"免责事由"予以规定。如《德国环境责任法》第4条规定,"因不可抗力所导致的损害不负赔偿责任"。

《侵权责任法》第29条还有一个但书,"法律另有规定的,依照其规定"。这一规定使得不可抗力不承担责任并不是绝对的,比如在核设施、民用航空器等高度危险作业领域,依据现行法律规定,不可抗力并不免除责任。

在环境立法领域,除2008年修订的《水污染防治法》直接采用"不可抗力"术语外,其余多采取"完全由于不可抗拒的自然灾害,并经及时采取合理措施,仍然不能避免造成环境污染损害的,免予承担责任"。

本书认为,环境污染和生态破坏不同于其他侵权,一旦发生,未予及时控制,将可能酿成不可逆转的危害。因而,在不可抗力和受害人故意等非归因于业者的场合,业者仍应负有及时采取有效措施防止损害扩大的义务。如果其未尽到这种义务,应当对损失扩大的部分承担赔偿责任。因而,《环境保护法》等规定更符合环境污染侵权的特殊性。

2. 受害人过错

受害人过错有故意和过失之分。

受害人故意造成损害,是指受害人明知自己的行为会发生损害自己的后果,而希望或者放任此种结果的发生。行为人免责的前提是损害完全是因为受害人的故意造成的,即受害人故意的行为是其损害发生的唯一原因。如果有证据证明损害是由于受害人的故意造成,但也有证据证明行为人对损害的发生也有故意或者重大过失的,应当适用第26条关于过失相抵的情况。

例如,《水污染防治法》第85条第2款规定,"水污染损害是由受害人故意造成的,排污方不承担赔偿责任。水污染损害是由受害人重大过失造成的,可以减轻排污方的赔偿责任"。该条区分了受害人故意和重大过失的情况,并且同时蕴含了在受害人仅具有轻微过失的场合,并不能免除或者减轻加害人的赔偿责任。该条应成为环境民事规范修订时的样本。

3. 第三人过错

《侵权责任法》第28条规定,"损害是因第三人造成的,第三人应当承担侵权责任"。第68条又规定,"因第三人的过错污染环境造成损害的,被侵权人可以向污染者请求赔偿,也可以向第三人请求赔偿。污染者赔偿后,有权向第三人追偿"。而 2008 年修订的《水污染防治法》则规定,"水污染损害是由第三人造成的,排污方承担赔偿责任后,有权向第三人追偿"。问题在于,第 28 条规定的"损害是因第三人造成的,第三人应当承担侵权责任"与第 68 条关于第三人与侵权人承担连带责任的规定以及《水污染防治法》规定的排污方责任应如何协调?

《侵权责任法》作为新法排除《水污染防治法》并无问题,但对于其体系内部第 28 条和第 68 条则存在疑问,因而,需要从立法目的上进行考量。自己责任是近现代民法的一大基石,造成损害者理应为自己的行为负责,如果损害是由第三人造成,则第三人应承担责任,对于一般侵权,并无疑问。但在环境侵权领域,由于侵权成因复杂、潜伏性强、因果关系界定困难等因素,如果坚守传统的自己责任,受害人很难得到救济,这与环境侵权救济注重保护受害人的理念是不相符的。因而,基于利益衡平理念,尽管业者可能并未实施加害行为,但由于其对自己设施具有管领义务,由其与第三人承担连带责任对于保护受害人是有利的。业者承担责任后,可以向第三人追偿;在建立环境责任保险制度后,也可以通过环境责任保险制度得到弥补。

4. 正当防卫和紧急避险

正当防卫和紧急避险主要适用于一般的侵权行为。在环境污染侵权中,正当防卫和紧急避险的适用空间需要加以考量。因为环境污染侵权中的侵权行为是排污行为,排污行为一般由企业实施,并非自然人,与正当防卫需要针对不法侵害者本人进行防卫的要求不符合,因而,正当防卫在环境污染侵权中基本没有适用的空间。但是对于紧急避险来说,由于危险有时来自于人的行为,有时来自于自然原因,避险可以针对侵害人或者第三人实施,可以有紧急避险适用的情形。紧急避险人造成本人或者他人损害的,由引起险情发生的人承担责任;如果危险是由自然原因引起的,紧急避险人是为了他人的利益而采取了避险行为,造成第三人利益损害的,紧急避险人免于对第三人承担责任;如果危险是由自然原因引起的,紧急避险人是为了本人的利益而采取了避险行为,造成第三人利益损害的,紧急避险人本人作为受益人,应当对第三人的损害给予补偿;因紧急避险采取措施不当或者超过必要的限度,造成不应有的损害的,紧急避险人应当承担适当的责任。

此外,为尽量减少损害的扩大,在非因受害人过错发生损害的场合,受害人亦应负有采取合理措施减轻环境损害的义务,但因之产生的费用应由侵害人承担,受害人未履行该项义务的,则应当适当减轻侵害人的赔偿责任。

二、实例解析:不可抗力的认定

韩某等养殖户与书画公司等滩涂污染损害赔偿纠纷案①

(一)案情简介

韩某等 19 位原告在乐亭县王滩镇小河子入海口两岸对虾和滩涂贝类养殖区从事日本对虾和青蛤养殖。2001 年 4 月下旬至 5 月中旬,因滦河上游排放污水造成在两岸部分渔业水域污染而引起对虾和滩涂贝类死亡事故。原告当即向县水产、环保部门进行报告。5 月 16 日,秦皇岛市引青工程水质监测中心收到采自小河子闸入海口、新三孔闸进水口、省庄村南排水口等地点的水样 7 件,按照 GB11607-89 国家渔业水质标准、GB8978-1996 国家污水综合排放标准二级标准进行分析,化学需氧量超标 2.35 倍至 17.22 倍,色度超标 0.3 倍至 0.9 倍;5 月 17 日县环境监测站在孟营闸、小河子防潮闸等四处采集水样;5 月 30 日至 5 月 31 日,渔业监督站调查鉴定人员在省水产局渔政处、唐山市畜牧水产局渔政处、乐亭县水产局执法人员陪同下,对污染事故进行现场取证调查。

调查发现,受污染水域养殖面积共计 7056.15 亩,其中对虾养殖水面面积 6561.15 亩,滩涂贝类养殖面积 495 亩,养殖方式为池塘、塑料大棚和滩涂底播,养殖生物种类主要包括日本对虾和青蛤。调查人员以小河子防潮闸为起点,溯河而上,进行污染源调查,现场调查与访查结果表明,污染源主要来自滦河中下游的迁安市和滦县。从现场看到,迁安滦河大桥以下的滦河水开始发黄、发黑、臭味难闻。污染明显从迁安市开始加重。调查期间发现,迁安市华丰厂正通过直径约 1 米的地下水泥管道向数里外的滦河排放污水;迁安第一造纸厂(下称"一厂")、书画公司、濡远厂同样通过直径约 1 米的地下水泥管道在迁安市省庄村南面向滦河集中排放污水,一厂还通过厂后的明沟直接排放污水。在滦县响口堂孟营闸西北数百米处,冀滦公司正在大量排放污水。在小河子入海口的小河子防潮闸污水仍然发黑发臭,并可见到两岸漂有死鱼。

---

① 山西省长治市城区人民法院(2006)城民三初字第 95 号民事判决。

5月30日，调查人员随机在鱼类死亡现场两个不同地点各取1平方米的滩涂进行生物取样，发现67.96%的青蛤死亡；随机在四个不同地点的虾池进行多点生物取样，发现虾池平均死亡率为51%。调查人员在滦河污染源及小河子闸污染事故发生区共设14个站位采集水样，5个站位为海上和虾池点，其他为陆源点。结果表明，该污染事故发生区域的主要污染物质系有机污染物。与《污水综合排放标准》(GB8978-1996)二级标准相比，华丰厂排放口CODcr(化学耗氧量)超标19倍、挥发性酚超标2.5倍、磷酸盐超标16倍；一厂厂后明沟排放口CODcr超标17倍、挥发性酚超标6倍、磷酸盐超标17倍；省庄南排放口（一厂、书画公司、濡远厂等集中排放口）CODcr超标18.5倍、挥发性酚超标1.5倍、磷酸盐超标10倍；孟营闸冀滦公司排放口CODcr超标16倍、挥发性酚超标5倍、磷酸盐超标23倍。污染物浓度从滦河上游到小河子有逐渐降低趋势，但在入海口仍超标较大。

调查结果显示，对虾和滩涂贝类大面积死亡事故系唐山市滦河沿岸工矿企业排放未经达标处理的污水所致。华丰厂、一厂、书画公司、濡远厂、冀滦公司大量有害工业污水直接排入滦河，通过滦乐灌渠和小河子向下游的小河子蓄淡闸和防潮闸堆积，再通过小河子闸两边的排水口排入大海，引起小河子入海口水域水质受到有机物污染，养殖水域严重缺氧，使得两岸对虾养殖池中养殖的日本对虾和滩涂青蛤大面积死亡。

另，2001年11月2日，唐山市环保局给河北省环保局的《关于滦河污染治理情况的报告》中称："据《滦河污染防治方案》调查分析，滦河污染90%来自迁安市五家和滦县一家生料造纸厂，这六家纸厂治污设施时开时停，外排废水不能稳定达标。""滦河沿岸六家生料造纸厂排放的主要污染物化学需氧量约占入河排放总额的90%，是滦河的主要污染源。"该报告对六家造纸厂的治理情况分别陈述称："华丰厂于6约底彻底取消了生料制浆生产线……；一厂于9月底我局批准其试生产；书画公司于2000年10月建成污水处理工程，……仍不能稳定达标；濡远厂目前熟料造纸设备正在安装和改造；冀滦公司2001年5月市环境监测中心站连续2次。监督抽查都不达标，停产治理后，经市环境监测中心站两次抽测，废水不达标，目前又被停产治理。"该报告还指出书画公司存在擅自违法生产、偷排、偷放以及设立"瞭望哨"等欺骗行为，对迁安市环保局监管不力予以通报批评。

鉴定人员根据农业部《渔业水域污染事故调查处理程序规定》的规定，选用农业部《水域污染事故损失计算方法规定》中规定的统计推算法和专家评估法相结合的方法,对本次污染事故造成的原告养殖水产品损失进行评估。评估结果为本次污染事故造成的虾池经济损失为人民币 181.25 万元,滩涂贝类经济损失为人民币 55.14 万元,合计为人民币 236.39 万元。原告向渔业监测站支付污染监测费人民币 4.8 万元。

原告认为,原告依法从事渔业养殖,被告排放的大量未经处理的有害工业污水直接排入滦河并经小河子闸排水口排入大海,造成该水域水质受到污染,导致原告养殖的日本对虾和滩涂养殖的青蛤大面积死亡,给原告造成巨大经济损失。为此,诉请法院判令被告:(1) 赔偿因违法排放超标污水造成养殖对虾死亡的直接经济损失 181.25 万元;(2) 赔偿原告养贝损失 55.14 万元;(3) 承担原告为解决污染事故所付出的监测化验费 4.8 万元、差旅费 0.2 万元,共计 5 万元;(4) 承担本案诉讼费。

书画公司辩称,2000 年春天到 2000 年 12 月 28 日企业改制期间处于停产状态。2001 年 4 至 5 月的污染事故与书画公司没有任何关系,请求驳回原告诉讼请求。

濡远厂辩称,该厂于 1999 年底建立污水治理设施,2000 年 9 月底经环保局批准试生产。2001 年 1 月 14 日开始停产,污染事故与濡远厂没有任何关系。濡远厂没有生产,对环境没有造成污染,请求驳回原告对濡远厂的起诉。

第一造纸厂未应诉答辩。

冀滦公司辩称,原告将损失全部归咎于本案五被告是不客观的,事实上是滦河流经的沿岸工矿企业排污造成的,包括承德、唐山的若干家企业,不仅仅是本案五被告。在不能排除沿岸其他工矿企业排污的情况下,让本案五被告承担原告的损失是不公平的。冀滦公司是排污达标企业,2001 年 5 月中旬设备检修,设备检修之前的污染与冀滦公司无关,2001 年 5 月 15 日以后有排污现象。

华丰厂辩称,被告华丰厂所排放的废水达到国家标准,不存在损害事实,对原告诉称损失不承担责任。原告的索赔证据不能采信,原告的养殖系非法养殖,不属赔偿范围。原告在主观上具有严重过错,对此损失应自行承担。

(二) 审理结果

法院认为,依《渔业法》第 11 条规定,在全民所有的水域、滩涂从事养殖的单位和个人应持有当地县级人民政府核发的"养殖许可证"。集体所有的或者全民所有由农业集体经济组织使用的水域、滩涂,可以由个人或者集体承包,从事养殖业。本案韩某等19位原告未持有"养殖许可证",系因乐亭县至今尚未发放"养殖许可证",此属行政主管机关履行其具体行为的问题,非本案原告过错。故不能因此而认定本案原告的养殖行为为非法养殖。原告经乐亭县水产局许可从事养殖,并按期向县财税部门缴纳农林特产税,应具有合法养殖资格,因其养殖水产品遭受损失而提起诉讼的主体资格应予认定。被告辩称原告非法养殖的主张,理由不成立,不予支持。

本案作为因渔业环境污染而提起的损害赔偿纠纷案件,原告作为受害人,应举证证明被告从事了污染行为;原告受到了侵害;原告的损害和被告的行为之间有因果关系。本案原告在污染事故发生后,及时向当地及上级渔业行政主管机关报告,并委托渔业监测站对污染事故进行调查。依据渔业监测站的《调查报告》和《评估报告》,可证明本案五被告实施了向滦河超标排放大量工业污水的行为,原告养殖对虾、贝类大面积死亡,以及因本案五被告排放污水使原告养殖水域受到有机物污染、严重缺氧造成原告养殖对虾、贝类大面积死亡的事实。原告已完成其举证责任。

本案五被告作为加害人,应就法律规定的免责事由及其行为与损害结果之间不存在因果关系承担举证责任。依照我国《民法通则》和《环境保护法》的规定,对完全由不可抗拒的自然灾害、第三人或受害人过错造成的环境污染,被告可免予承担责任。具体本案而言,被告应举证证明本案污染事故系因上述法定免责事由所致,或其在本案污染事故发生前及发生当时未生产或生产所排放废水已全部达到国家标准或原告养殖水产品死亡非因被告所排废水中有害物质所致。但被告提供的证据材料,未证明上述法定免责事由的存在,不足以证明其辩称主张的成立。且从本院调取的迁安市政府、唐山市环保局的相关文件,可说明在本案污染事故发生前和发生当时,本案被告的工业废水排放并未稳定达标,被告书画公司还存在偷排、偷放污水的行为。因此,五被告辩称其不承担责任的主张,证据不足,不予采信。本案被告辩称应追加滦河沿岸其他工矿企业的主张,因其未提供有效证据,不予支持。

综上,本案韩某等19位原告具有合法养殖资格。本案污染事故,系由本案五被告排放不符合国家环保标准的工业污水的共同侵权行为所致,其行为具有违法性,本案原告养殖损失的发生与本案被告大量超标排放工业污水的行为间有直接的、必然的因果关系。本案五被告作为共同加害人,应对原告所遭受的经济损失承担连带赔偿责任。据此,依照《民事诉讼法》第130条和《民法通则》第117条第2款、第3款、第124条、第130条及《环境保护法》第41条第1款的规定,判决如下:

1. 五被告连带赔偿韩某等19位原告对虾养殖经济损失人民币181.25万元,贝类养殖经济损失人民币55.14万元,合计人民币236.39万元;

2. 五被告连带赔偿韩某等19位原告污染监测费人民币4.8万元;

3. 韩某等19位原告的其他诉讼请求不予支持。

(三) 案例评析

从本案判决看,主要有两下几个问题需要阐明:

1. 在环境污染侵权纠纷中,双方的举证责任分配

法院认为,原告作为受害人,应举证证明被告从事了污染行为、原告受到了侵害以及原告的损害和被告的行为之间有因果关系;被告应就法律规定的免责事由及其行为与损害结果之间不存在因果关系承担举证责任。此处将损害与行为之间的因果关系同时划分给原被告双方,无论是从逻辑还是法理上都是说不通的。根据2001年12月21日最高人民法院《关于民事诉讼证据的若干规定》,因环境污染引起的损害赔偿诉讼,应由加害人就法律规定的免责事由及其行为与损害结果之间不存在因果关系承担举证责任。此时,因果关系的证明责任是在被告,原告对因果关系的成立并不承担举证责任,这是举证责任倒置的应有之义。原告仅需对因果关系的成立提供表象证据,即被告从事了排污行为,这比因果关系推定中要求原告的证明程度达到可以推定因果关系成立的要求更低。因而在本案中,原告只需证明其养殖的对虾、贝类死亡的事实和损失的数额,以及被告从事了工业污水的排放行为即完成了其举证责任,至于虾贝死亡是否是因为污水排放,应当由被告来承担举证责任。

《侵权责任法》生效之后,由于第66条沿袭了上述司法解释的做法,对于举证责任的理解并不会发生变化。

2. 被告的免责事由

法院认为,被告若要免责,可证明其存在法律规定的免责事由,依照我国《民法通则》和《环境保护法》的规定,这些事由包括完全不可抗拒的自然灾害、第三人或受害人过错。被告提供的证据材料,未证明上述法定免责事由的存在,不足以证明其辩称主张的成立。

法院对于免责事由的举证责任理解并无问题,问题在于,免责事由的种

类却不能仅仅援引《民法通则》和《环境保护法》。由于本案属于陆源污染排放造成的滩涂污染，应有《水污染防治法》的适用空间，即使《水污染防治法》的规定与上述免责事由重合。根据1996年《水污染防治法》的规定，水污染侵权的免责事由包括第三人过错、受害人责任以及完全由于不可抗拒的自然灾害。需要注意的，在发生完全不可抗拒的自然灾害时，业者还必须证明其及时采取合理措施，仍然不能避免造成水污染损失，方能免除责任。

《侵权责任法》生效之后，上述免责事由的内涵发生了变化，如受害人过错限制了过失，因为受害人过失的，并不免除业者赔偿责任；第三人引起损害发生时，受害人享有选择权，既可以向业者索赔，也可以向第三人索赔，其获得赔偿的几率更大。对于《侵权责任法》与环境立法的关系，可以适用特别法优于普通法的原则，在环境立法的精神不与《侵权责任法》相冲突时，如果环境立法对于免责事由作出了更高的要求，可以适用单行立法的规定。

3. 达标排放与责任承担

法院认为，如果本案污染事故发生前及发生当时未生产或生产所排放废水已全部达到国家标准，被告可免于承担责任。显然，法院将《民法通则》第124条"违反国家保护环境防止污染的规定"理解为违法性应当作为环境污染责任的构成要件。但是，如本书相关章节所述，实质型污染侵权中不考虑是否具有"违法性"，是理论和实务的共同认识。例如《国家环境保护局关于确定环境污染损害赔偿责任问题的复函》即已明确提出现有法律法规并未将有无过错以及污染物的排放是否超过标准，作为确定排污单位是否承担赔偿责任的条件，污染物排放标准，只是环保部门决定排污单位是否需要缴纳超标排污费和进行环境管理的依据，而不是确定排污单位是否承担赔偿责任的界限。1996年《水污染防治法》第55条也明确规定，"造成水污染危害的单位，有责任排除危害，并对直接受到损失的单位或者个人赔偿损失"，因而，受案法院将达标作为免责事由，与现行法的精神是违背的。

《侵权责任法》也明确排除违法性作为污染侵权的构成要素，该法第55条规定："因污染环境造成损害的，污染者应当承担侵权责任。"2008年《侵权责任法》第二次审议稿更明确提出："排污符合规定的标准，但给他人造成损害的，排污者应当承担相应的赔偿责任。"由此，在实质型污染侵权中，不应当将达标作为不承担责任的条件对待。

第五章 环境污染侵权的责任方式

第一节 侵权责任方式概述

一、物权请求权与侵权请求权

侵权责任方式,也称侵权责任形式,是指行为人实施了侵权行为,依法应当承担民事责任的具体形式和类别。传统侵权的责任方式主要是损害赔偿请求权,两大法系均强调损害赔偿在侵权法中的主导地位,一些国家的侵权责任法甚至被称为侵权损害赔偿法。

我国《民法通则》第134条未区分侵权的民事责任和违约的民事责任,也未区分物权请求权与债权请求权,规定了停止侵害,排除妨碍,消除危险,返还财产,恢复原状,修理、重作、更换;赔偿损失,支付违约金,消除影响、恢复名誉,赔礼道歉等十种责任方式。自此我国确立了一种不同于传统民法的责任方式,即以侵权请求权取代了传统民法中的物权请求权,并将侵权请求权扩展到损害赔偿之外,尚包括停止侵害、排除妨碍、消除危险、返还财产等方式。这里存在的问题是,传统民法中的物权请求权制度,当事人取得返还原物请求权、妨害预防请求权以及妨害排除请求权,不以相对人存在过错为前提;但依据《民法通则》第106条第2款和第3款的规定,除法律规定没有过错也应当承担民事责任的以外,各类民事责任的承担,包括侵权责任的承担,皆以当事人的过错作为前提条件。这就意味着即使侵权责任的承担方式为返还财产、消除危险、排除妨碍、停止侵害，一般仍须以当事人存在过错作为责任的构成要件。这无疑使得《民法通则》对物权进行保护的方式，与传统民法上的物权请求权制度相比较，尚存有缺憾。

在《物权法》和《侵权责任法》制定过程中，关于物权等绝对权请求权和侵权请求权的关系，主要有以下几种争论①：第一种观点主张应坚持我国目前民事立法确立的物权保护制度的框架，并在进行适度微调的基础上，继续用侵权请求权取代物权请求权，完成保护物权的任务；第二种观点主张应回归传统民法，将侵权责任承担方式限定为损害赔偿，同时认可独立于侵权请求权的物权请求权，二者结合完成对物权进行保护的使命；第三种观点主张一方面坚持我国目前民事立法对物权进行保护的做法，即保留《民法通则》所确立的侵权责任模式，另一方面还要认可独立的物权请求权，共同完成保护物权的任务。从《物权法》和《侵权责任法》的规定来看，其显然采纳的是第三种观点。

《物权法》第34条至37条规定了物权请求权的类型，分别是返还原物、排除妨害、消除危险、恢复原状、损害赔偿。《侵权责任法》第15条也规定了八种侵权责任方式，包括停止侵害，排除妨碍，消除危险，返还财产，恢复原状，赔偿损失，赔礼道歉，消除影响、恢复名誉等，实际上是采纳了《民法通则》的做法。鉴于物权请求权以及其他绝对权请求权均无过错要件的要求，并且不受诉讼时效的约束，而侵权请求权除了特殊侵权适用无过错责任原则外，不仅要具备过错要件，而且受诉讼时效的约束。由于物权请求权的这种优势，理论上存在着侵害物权领域请求救济机制虚化的可能性，也使学说上发生重大争议。

二、两种请求权在环境侵害中的体现

如上所述，侵权责任承担方式是确定侵权责任构成要件的前提，对侵权责任承担方式的认识不一，对侵权责任构成要件的立法设计也会有所不同。鉴于《物权法》规定的责任方式从形式上看完全包含于《侵权责任法》之内，但是侵害物权的责任承担无须以过错为前提，与侵权以过错责任为原则、无过错责任为例外的责任构成有着本质区别，在立法上人为形成请求权的竞

---

① 王轶：《论侵权责任承担方式》，载《中国人民大学学报》2009年第3期。

合。尽管从理论上讲《物权法》的规定存在适用优势,但从我们检阅的大量判决书来看,司法实践中多直接采用侵权请求权的模式。

物权请求权和侵权请求权之争,在立法与实践中同样反映到环境侵害领域。

《物权法》第90条规定了不动产权利人不得违反国家规定弃置固体废物,排放大气污染物、水污染物、噪声、光、电磁波辐射等有害物质,根据最高人民法院《民事案件案由规定》,该条属于物权纠纷中的"相邻污染侵害纠纷",依此案由处理,应当适用《物权法》规定的责任方式,不以过错为要件,但应具备违法性要件(不得违反国家规定),受害人可以请求返还原物、排除妨害、消除危险、恢复原状、损害赔偿。

而《侵权责任法》规定的环境污染责任则属于《民事案件案由规定》所称的"环境污染侵权纠纷",应当适用无过错责任,且无需具备违法性要件,受害人可以适用该法第15条规定的停止侵害、排除妨碍、消除危险、恢复原状、赔偿损失等责任类型。

从上述两部法律规定,至少可以得出以下几点结论:

第一,无论是依据《物权法》,还是依据《侵权责任法》,环境污染侵害均不要求行为人具有主观过错,从而降低了受害人的举证责任。

第二,根据《物权法》第90条,相邻污染侵害纠纷需以违法性为要件,而《侵权责任法》则未对违法性作出规定,因而,侵权请求权比物权请求权对受害人的保护力度更大。

第三,物权请求权不受诉讼时效的限制,而《环境保护法》则规定因污染引发的侵权之诉的诉讼时效为当事人知道或者应当知道损害发生之日起三年。因而,在受害人不能以侵权请求权要求侵害人承担责任时,可以以物权请求权作为替代。

第四,相邻污染侵害纠纷限制在相邻关系领域,且要求侵害人为不动产权利人;而环境污染侵权纠纷则不受此限制,因而在适用上更为普遍。

三、环境侵权的责任方式

环境污染责任作为特殊的侵权类型,从理论上讲适用《侵权责任法》规定的八种责任方式并无问题。但是,鉴于环境侵权的特殊性,有些责任方式在环境侵权中并无适用的余地,主要是返还财产、赔礼道歉以及消除影响和恢复名誉三类。

返还财产既可能是不当得利返还,也可能是基于物权请求权的返还原物,其根源在于行为人无权占有他人财产而产生。没有法律或者合同根据占有他人财产,就构成无权占有,侵害了他人财产权益,行为人应当返还该财产。由于环境侵权的作用方式是对他人人身或财产造成损害,并非是占有他人财产,因而,在无权占有情形下方能适用的返还财产责任对于环境侵权并不适用。

赔礼道歉作为道德话语责任的法律化,主要适用于对侵害相关精神性人格权的行为在侵权范围内实现对受害人人格损害的恢复。所谓精神性人格权,是指自然人对其自身所拥有的精神性人格要素享有之人格权,主要包括姓名权、名称权、名誉权、肖像权、自由权、贞操权、隐私权、荣誉权等。由于环境侵权侵害的对象主要是生命权、健康权和身体权等物质性人格权,赔礼道歉一般不予适用。

消除影响、恢复名誉是指人民法院根据受害人的请求,责令行为人在一定范围内采取适当方式消除对受害人名誉的不利影响以使其名誉得到恢复的责任方式。这两种责任方式主要是针对名誉权这一精神性人格权受到侵害的情形,对于环境侵权也并不适用。

因而,理论和实务界通常认为,环境污染侵权的责任承担方式包括停止侵害、排除妨碍、消除影响、恢复原状和赔偿损失五种,其中前三种属于事前预防性质的侵害排除,后两种属于事后补救性质的损害赔偿。

但需要注意的是,环境立法领域对于环境污染侵权的责任方式规定则有其特殊性。例如,《环境保护法》第 41 条规定,"造成环境污染损害的,有责任排除危害,并对直接受到损害的单位或者个人赔偿损失",其主要责任形式为"排除危害"与"赔偿损失",其中排除危害为环境立法的特有规定。《水污染防治法》《大气污染防治法》等环境单行立法亦有类似规定。由于"排除危害"这一名称在《民法通则》《侵权责任法》等均未得见,其内涵与外延究竟为何,亦是值得考量的问题。

对于排除危害,多数人认为其主要用于公民或法人的财产可能由于其他单位或个人污染环境所造成的损害,以及污染行为造成的财产或人身危害继续存在的情形,相当于《侵权责任法》中的停止侵害、排除妨碍、消除危险等形式;也有人认为,排除危害是环境法特有的一项责任形式。本书赞同多数观点,即排除危害不是一种具体的责任形式,而是具有预防性质的环境侵权责任方式的总称。

事实上,对于环境污染损害赔偿纠纷案件,司法实践基本上是依据《民法通则》规定的责任形式进行裁判,绝少见援引"排除妨害"这一形式。其原因,一方面固然是由于法官对环境立法的不熟悉,但更重要的,则是环境立法"重行政责任轻民事责任"背景下对于排除危害制度的规定不完善所致。

第二节 预防性责任方式

一、理论阐释

(一)概述

如前所述,《侵权责任法》沿袭了《民法通则》确立的民事责任方式,将侵权请求权由传统民法的损害赔偿请求权扩充至包括停止侵害、排除妨碍、消除危险在内的预防性责任方式,也即是环境立法所称的排除危害。

但是,从司法实践来看,即使被告超标排污,法院对于原告要求被告承担预防性责任形式的诉求也极少支持;在被告达标排污的情况下,预防性责任更难有适用的空间。从本书检阅的近五年来大量关于环境侵权的判决书来看,少量要求被告承担预防性责任的方式的判决书仅存在于相邻污染侵害纠纷的场合,也即是在个人环境侵害的场合,对于企业侵权,鲜见预防性责任方式的适用。这不能不说是环境侵权领域一个特有的现象。

民事责任制度的建立,其目的主要是为了通过责任者承担责任的负面评价,使受侵害的人身、财产权益得到补偿,使受侵害的环境得以恢复、再生,使侵权者的危害行为受到处罚,最终达到保护环境的目的。其中,排除危害责任担当着侵权行为法中的至关重要的预防功能,法院在环境侵权纠纷案件审理中存在着严重的重赔偿损失轻排除危害的现象,其原因可能存在以下几个方面:一是排除危害责任的适用有时直接关系到加害人产业活动的存废,在追求 GDP 增长的压力下,企业破产或者倒闭显然非政府所乐于见到,部门利益和地方保护主义使得排除危害的诉求很难实现;二是受害者往往只有当严重的损害后果发生才会寻求救济,请求损害赔偿,很少能自觉应用排除危害制度来阻却继续受到的侵害;三是排除危害本身是一个不确定概念,且审判人员对环境立法不熟悉,在具体适用时自然会寻求《民法通则》的一般规定。

(二) 预防性责任方式的类型

1. 停止侵害。行为人实施的侵权仍在继续的,受害人可依法请求法院责令行为人承担停止侵害的责任方式。停止侵害,主要是要求行为人不实施某种侵害。这种责任方式能够及时制止侵害,防止侵害后果的扩大。例如行为人深夜从事装修产生噪音影响他人休息,受害人有权请求加以制止。采用这种责任方式以侵权正在进行或者仍在延续为条件,对于未发生或者已终止的侵权不适用。人民法院根据受害人的请求,依据案件的具体情况,可以在审理案件之前发布停止侵害令,或者在审理过程中发布停止侵害令,也可以在判决中责令行为人停止侵害。

2. 排除妨碍。行为人实施的行为使他人无法行使或者不能正常行使人身、财产权益的,受害人可以要求行为人排除妨碍权益实施的障碍。行为人不排除妨碍的,受害人可以请求人民法院责令其排除妨碍。例如某人在他人家门前堆放垃圾,妨碍了他人通行,同时污染了他人的居住环境,受害人有权请求行为人将垃圾清除。受害人请求排除的妨碍必须是不法的,如果行为人的妨碍行为是正当行使权利的行为,则行为人可以拒绝受害人的请求。受害人也可以自己排除妨碍,但排除妨碍的费用应由行为人承担。

3. 消除危险。行为人的行为对他人人身、财产权益造成威胁的,他人有权要求行为人采取有效措施消除这种威胁。例如化工厂违规处置有毒化学品,周围居民有权要求行为人采取措施消除危险。适用这种责任方式可以有效防止现实损害的发生,充分保护他人的人身、财产安全。适用这种责任方式必须是危险确实存在,对他人人身、财产安全造成现实威胁,但还未发生实际损害。对此,《侵权责任法》第21条规定,侵权行为危及他人人身、财产安全的,被侵权人可以请求侵权人承担停止侵害、排除妨碍、消除危险等侵权责任。

二、实例解析:排除危害类责任的适用

东光村村委会与九江发电厂环境污染损害赔偿纠纷案[①]

(一) 案情简介

虞家河乡东光村(下称东光村)位于庐山脚下,山上的溪水汇聚成一条

---

① 江西省九江市中级人民法院(2004)九中民一初字第31号民事判决。

小河,该村即截流河流至该村,该村村民一直引用该河水浇灌田地及从事渔业养殖,生活用水依靠村民家中的水井。中国国电集团公司九江发电厂(下称发电厂)于1994年在虞家河乡建立了一个灰场用于排泄煤灰,利用长江水流将煤灰通过十几公里长的管道冲刷到灰场,煤灰沉积下来,而水流到沉淀池经过筛网过滤后直接排入截流河,平时在PH值异常时,被告向废水中加酸以平衡PH值。

原告东光村村委会诉称:2002年原告鱼塘无法养鱼,经市卫生防疫站检验,鱼塘化学元素超标,后又发现位于虞家河粮库的水井井水化学元素超标,不能饮用。为查找水污染源头,2003年10月,原告再次请市卫生防疫站对原告境内水源进行采样比较分析,发现源头处水质符合正常饮用标准,但溪水流经被告排污口后,水中化学元素超标,水质变化与被告排污有直接关系。被告将没有经过严格处理的工业废水直接排放到原告水体之中,导致水质污染,村民生产、生活及健康状况日趋恶化,故请求法院判令被告立即停止向原告辖区排放污水,判令被告赔偿恢复水源治理费、解决饮用水供应所需费用及经济损失费、人身伤害治疗及康复等费用50万元,诉讼费用由被告负担。

原告在举证期限内除向法院申请对原告境内的水源水质状况进行鉴定外,未向法院提供其他证据。法院委托省地勘局赣西北中心实验室进行取样鉴定,共抽取了6份水样(3个水井、3个水塘)进行鉴定,鉴定结论为:水井中的锰(实测值为0.14,生活饮用水标准为≤0.1)、细菌总数、总大肠菌群的含量超过国家生活饮用水水质标准;水塘中的砷(实测值为0.056,渔业水质标准为≤0.05)、硫化物(实测值为1.94、渔业水质标准为≤0.2)、氟化物(实测值为5.80、9.2、渔业水质标准为≤1)、总大肠菌群、凯氏氮(实测值为0.08,渔业水质标准为≤0.05)的含量超过国家渔业水质标准。原告认为该鉴定结论证明原告境内的水源已受到了污染,不能饮用和从事渔业养殖。

被告发电厂辩称其在虞家河乡的灰场确有部分废水排出,但在排水口采取了各种措施使废水达到了国家污水排放标准,未对原告境内水源造成危害。请求法院驳回原告的诉讼请求。被告提供了以下证据:(1)市环境监测站于2003年12月18日作出的一份监测报告,证明被告排放的废水达到了国家污水排放标准。(2)被告每月自测的废水排放监测报告(2003年7月—2004年5月),证明自己排放的废水达到了国家污水排放标准。另针对原告申请法院作出的水质鉴定,被告亦向法院申请对沉淀池、废水进入截流河的涵管口、截流河上中下游等处水域中所含的砷、锰、硫化物、氟化物、凯氏氮这五种物质的含量进行鉴定(被告认为细菌总数、总大肠菌群超标与己无关,原告亦同意,故被告的申请鉴定范围未包括这两项指标),以证明该五种物质的超标与己无关,原告境内的水体水质差与被告的排污行为无因果关系。法院仍委托省地勘局赣西北中心实验室进行鉴定,该实验室抽取了上述 5 个地点的水样,作出了检验报告,因被告申请鉴定事项仅限于上述 5 个地点中 5 种物质的含量,故该鉴定报告只给出了数据,而未作出结论性意见。在被告灰场沉淀池所取的水样中,硫化物为 0.41 mg/L(渔业水质标准为≤0.2)、氟化物为 6.66 mg/L(生活饮用水卫生标准和渔业水质标准都为≤1)、凯氏氮为 0 mg/L、砷为 0.084 mg/L(生活饮用水卫生标准和渔业水质标准都为≤0.05)、锰为 0.1 mg/L(生活饮用水卫生标准为≤0.1),硫化物、氟化物、砷、锰的含量沿着沉淀池、涵管口、截流河上游、中游、下游的顺序一路降低,到了最后一个点即截流河下游所抽取的水样中,硫化物、氟化物、砷这三种物质的含量仍超过上述国家标准。

经庭审质证,被告对原告申请所作的水质鉴定的真实性无异议,但对关联性有异议,被告认为仅凭一次鉴定,不能证明原告境内的水源受到了污染。因双方当事人对该鉴定报告的真实性均无异议,故法院对此证据的真实性予以确认,被告虽对关联性有异议,但未提供反驳证据,故法院采信原告的证明主张即原告境内的水体因受污染而不能饮用和从事渔业养殖。

对于被告提供的证据(1)(2),原告对其真实性有异议,且认为两份证据一份是原告自己测量的,一份是原告单方委托环境监测站作出的,没有证明效力。对于被告申请所作的鉴定,原告对数据的真实性无异议,但认为该鉴定不能证明被告的排污行为与原告境内的水源水质差无因果关系,相反该鉴定证明了有因果关系。法院认为,被告提供的证据(1)(2)因是其自行测量和单方委托环境监测站作出的,又无其他证据佐证其真实性,故对其不予采信。对于被告申请所作的鉴定,鉴定所测数值客观真实,双方均无异议,对其真实性予以确认,但该证据不能证明被告的排污行为与原告境内的水源水质差无因果关系。

(二) 审理结果

法院认为,本案争议焦点是原告境内的水源是否受到了污染及该污染是否系被告的排污行为所致。本案应适用证据规则合理分配双方当事人的举证责任,从举证责任上来推定本案关键事实。最高人民法院《关于民事诉讼证据的若干规定》第4条第1款第3项规定"因环境污染引起的损害赔偿诉讼,由加害人就法律规定的免责事由及其行为与损害结果之间不存在因果关系承担举证责任",根据此条规定,本案适用举证责任倒置,原告作为受害人只需证明加害人有污染行为以及损害的事实,被告排放工业废渣、废水的行为是客观事实,且被告并不否认,因此原告只需证明自己受到污染损害,而从原告提交的证据即申请作的鉴定来看,可以认定原告境内的水源不能饮用和从事渔业养殖,原告已证明了自己受到污染损害的后果,被告排污行为与原告受到污染损害之间是否存在因果关系,就应由被告来承担举证责任。而从被告提交的证据来看,被告也申请对其排放的废水及截流河的水质进行鉴定,从鉴定结果来看,不能排除存在因果关系的可能性;被告提供另外两份证据即自测报告和环境监测站的报告的证明目的是要证明其排放的废水达到了国家污水排放标准,而被告所称的污水排标准是我国环保部门收取排污费的标准,达到了污水排放标准并不能证明对环境没有危害,因此该证明目的与争议焦点无关联性。因被告所举证据不能证明自己的排污行为与原告受到污染损害无因果关系,故只能推定确认原告境内的水源水质不适宜饮用和从事渔业养殖系被告排污所致这一事实。

被告排放废水污染环境,造成原告境内的水体受到污染,不能饮用和从事渔业养殖,根据《民法通则》第124条之规定"违反国家保护环境防止污染的规定,污染环境造成他人损害的,应当依法承担民事责任",《环境保护法》第41条之规定"造成环境污染危害的,有责任排除危害,并对直接受到损害的单位或者个人赔偿损失",《水污染防治法实施细则》第48条之规定"缴纳排污费、超标排污费或者被处以警告、罚款的单位,不免除其消除污染、排除危害和赔偿损失的责任",故原告要求被告消除污染、赔偿损失的诉请应予支持。被告应尽快对污水采取净化措施,使之不再污染原告境内的水体,从而使原告境内水体的水质状况恢复到污染前的状态即能饮用和从事渔业养殖。关于原告的第二项诉请即要求被告赔偿恢复水源治理费、解决饮用水供应所需费用及经济损失费、人身伤害治疗及康复等费用50万元,原告未提供具体计算依据和有关证据,但考虑到损害事实存在,故可酌情判决被告赔偿原告10万元。据此,判决如下:

1. 限被告中国国电集团公司九江发电厂在一年之内对废水的净化措施进行整改;

2. 被告中国国电集团公司九江发电厂于本判决生效后十日内赔偿原告 10 万元人民币。

一审案件受理费 10010 元,鉴定费 7950 元,共计 17960 元由被告负担。

(三)案例评析

本案是因水污染侵权造成损害的赔偿责任。相对来说,案情比较简单,污染者也比较容易确认,因而,本案的关键在于是否构成环境污染侵权以及应当承担何种责任的问题。

对于第一个问题,根据 1996 年《水污染防治法》第 60 条规定,水污染是指水体因某种物质的介入,而导致其化学、物理、生物或者放射性等方面特性的改变,从而影响水的有效利用,危害人体健康或者破坏生态环境,造成水质恶化的现象。而水污染侵权,即是因水污染造成人身、财产受损的行为。对于水污染责任的构成,只要存在水污染行为、损害后果以及二者之间的因果关系即可成立。并且,由于水污染侵权实行无过错责任,并不考虑行为人主观上是否具有过错,也不考虑排污是否符合国家相关标准,上述《水污染防治法》第 60 条关于水污染的定义也可以看出,其并未将水污染定义为超过国家标准的从事污染物排放的行为。这一点,在本案中得到了法院的正确适用。受案法院不仅采用了《国家环境保护局关于确定环境污染损害赔偿责任问题的复函》的精神,认为的污水排放标准是我国环保部门收取排污费的标准,达到了污水排放标准并不能证明对环境没有危害,更进一步援引了 2000 年国务院通过的《水污染防治法实施细则》第 48 条的规定,"缴纳排污费、超标排污费或者被处以警告、罚款的单位,不免除其消除污染、排除危害和赔偿损失的责任"[①],也使本案判决在环境污染侵权案例中较为出彩。除此之外,法院还准确适用了最高人民法院《关于民事诉讼证据的若干规定》中关于环境侵权举证责任倒置的规定,对双方的举证责任明确作出了划分,认为受害人只需证明加害人有污染行为以及损害的事实,被告排放工业废渣、废水的行为是客观事实;被告排污行为与原告受到污染损害之间是否存在因果关系,就应由被告来承担举证责任,被告所举证据不能证明自己的排污行为与原告受到污染损害无因果关系,故只能推定确认原告境内的水源水质不适宜饮用和从事渔业养殖系被告排污所致这一事实,更是明确

[①] 超标排污费在我国是一个历史性概念,反映了我国在环境标准认识上的进步;环境标准是一个强制性界限,只有在符合标准的限度内才进行收费,如果违反标准,则要承担相应的行政法上的责任。因而,晚近通过的环境立法均废除了超标排污费的提法。

指出了法院最终从法律上认定的因果关系成立,并非等同于事实上的因果关系,而仅仅是依据举证责任划分后推定的一种结果。

对于第二个问题,涉及《民法通则》中侵权的责任形式和环境立法中排除危害的适用。在本节理论阐释中已经叙明,在环境侵权民事责任的承担方式中,停止侵害、排除妨害、消除危险、恢复原状和赔偿损失均有适用的空间。《环境保护法》等环境立法中规定的排除危害,大致相当于停止侵害、排除妨害和消除危险的概括。鉴于生态环境一旦受到破坏往往会造成不可逆转的伤害,或者虽然可以恢复,但是需要时间的积淀,加之恢复原状往往需要以彻底消除污染源为前提,这在现代化大生产的背景下基本不可能,因而,恢复原状这一责任形式在环境侵权中并不经常运用,对于环境侵权的非赔偿救济,排除危害有更多的适用空间,并且,危害排除后,环境的自我修复能力便可以达到一定程度的恢复。在本案中亦是如此,发电厂发电亦是为了社会福利的增进,具有一定的社会妥当性,而发电过程中亦不可避免地会使生态环境受到一定的影响,如果要彻底恢复原状,只有关闭发电厂才能实现,这在现代社会中显然是无法达到的结果。但是,具有社会妥当性并不意味着可以罔顾人民生命财产安全,水污染排放标准仅仅是最低限度的标准,加之目前我国对环境标准赖以制定的环境基准的研究不足,环境标准对于人身、财产保护并不一定是科学的,即便遵守了环境标准,亦有可能对生态环境本身和健康、财产安全造成损害。因而,达标并不能阻却违法,这样才能促进污染者改进工艺。由此,要求污染者停止侵害、排除妨害和消除危险的责任形式与赔偿损失具有同等的重要性——赔偿很快耗竭,生态的改善却可以受益终身。本案中,法院要求发电厂在一年之内对废水的净化措施进行整改,并且酌情判决被告对原告损失进行赔偿,正是这两种责任形式相协调的体现,可以说是很好地把握了环境立法的精神。

第三节 补救性责任方式

一、恢复原状

自近代以来,大陆法系各国几乎都将侵权损害赔偿作为债的一种类型,而损害赔偿的方法又被区分为金钱赔偿和恢复原状,因此,侵权的责任方式也相应地包括恢复原状和适当条件下的赔偿损失。① 我国《民法通则》并没有借鉴大陆法系国家的通常做法,而是在第 134 条规定了 10 种责任方式,《侵权责任法》则剔除专属于合同责任的两种类型,在《民法通则》的基础上确立了 8 种侵权责任方式,对传统侵权的责任方式作了扩充,也引发了侵权请求权与绝对权请求权的关系论争,已如前述。但无论如何争议,传统的侵权责任方式仍然发挥着重要作用,且其更多着眼于事后救济,即损害实际发生后的责任归属问题。如我国台湾学者曾世雄所言:"损害赔偿之方法,除回复原状外,有金钱赔偿。回复原状为原则,金钱赔偿为例外。回复原状,指重建赔偿权利人受侵害权利法益之原貌,如同损害事故未曾发生者然。金钱赔偿,指给付金钱以填补赔偿权利人权利法益所蒙受之损害,如同损害事故未曾发生者然。"② 恢复原状是直接的赔偿方法,金钱赔偿是间接的赔偿方法。恢复原状关注受害人的具体权益所遭受的事实上的破坏,关注受害人的完整利益,而金钱赔偿关注受害人的总体财产的减少。因此,恢复原状意味着回复到与权益相应的状态,如返还被盗窃的物品、收回诽谤性言论、排除不可量物侵害等,而金钱赔偿意味着增加受害人的一般财产。③

恢复原状的责任形式在环境单行立法中也有体现。如《固体废物污染环境防治法》第 85 条规定,"造成固体废物污染环境的,应当排除危害,依法赔偿损失,并采取措施恢复环境原状",首次将"恢复原状"作为环境民事法律责任之一,更加符合环境法律责任的特点,因为以前的环境法律对造成环境污染危害者仅规定了让其承担排除危害、赔偿损失的责任,而不要求其承担恢复原状的责任。绝大多数的污染者造成污染危害后,仅仅对受害者赔偿一点损失,而造成的环境污染照样存在,比如被污染的水体、土地仍然无法使用。

在环境侵权领域,适用恢复原状应符合以下条件:一是受破坏的环境仍然存在且恢复原状有可能,恢复原状不可能的,受害人只能请求赔偿损失;第二,与财产损害赔偿要求恢复原状是必要的且具有经济上的合理性不同,对于恢复环境原状,并不完全以经济合理性为依据。这是因为环境本身并非财产,其生态价值也无法用财产估量,如果以经济合理性作为限制,并不

---

① 张新宝:《侵权责任法原理》,中国人民大学出版社 2005 年版,第 466 页。
② 参见曾世雄:《损害赔偿法原理》,中国政法大学出版社 2001 年版,第 146—151 页。
③ Erwin Deutsch, Allgemeines Haftungsrecht, 2. Aufl., Kln/Berlin/Bonn/München 1996, S. 496. 转引自周友军:《我国侵权责任形式的反思》,载《法学杂志》2009 年第 3 期。

利于对受害人和生态环境本身予以救济。

二、赔偿损失

赔偿损失是损害赔偿的下位概念,即传统侵权法上所称的金钱赔偿。赔偿损失是指行为人向受害人支付一定数额的金钱以弥补其损失的责任方式。在环境侵权中,赔偿损失是最基本的责任方式,也是运用最为广泛的责任方式,对于所有污染和破坏环境造成他人人身伤害和财产损失的行为,受害人均可以向加害人提出赔偿损失的请求。

(一) 赔偿范围

一般民事违法行为造成损害的,往往是某种行为或物质直接作用于人身或财产导致损害,其过程直接而单纯,违法行为与损害后果几乎同时发生。而环境污染造成的损害非常复杂,表现在损害发生过程的复杂性上,这一过程并非通过污染物质直接作用于人身或财产而完成的,而是往往通过一系列中间环节的作用才完成的。这一复杂的过程可以概括为这样的一个系列程序:污染源产生污染物→排放污染物→污染物进入环境媒介(大气、水、土壤等)→进入受害人领域→造成损害。在这一系列过程中,如果缺少了其中某一环节,就不可能发生最后的损害结果。因而,环境污染损害的认定尤为棘手,事关对受害者的损害进行填补以及对加害者进行惩戒的事实认定问题。而对于环境污染责任的承担,首要的问题即是确定责任的范围问题。

有学者认为,环境侵权赔偿损失分为直接损失的赔偿和间接损失的赔偿。直接损失是因环境损害而导致的法律所保护的现有财产的减少或丧失的实际价值;间接损失是在正常条件下可以得到,但因环境损害而未能得到的那部分利益。具体来说,环境损害赔偿范围包括财产损失的赔偿、人身伤害和致人死亡的赔偿及精神损害赔偿。[①] 有学者则认为,在确定环境损害赔偿范围时,应该将环境的生态效益考虑在内,这是进行环境保护的必然要求,也是环境保护法发展的必然趋势。所以,环境损害的赔偿范围应该包括以下五个方面,分别是:财产损害、人身损害、精神损害、公民环境权益的损害和生态环境自身的损害。[②]

《侵权责任法》明确规定了财产损害、人身损害和精神损害的形式,对于

---

① 王灿发:《环境损害赔偿立法框架和内容的思考》,载《法学论坛》2005 年第 5 期。
② 梁文丽:《环境损害赔偿范围研究》,载《政法学刊》2009 年第 1 期。

环境污染责任来说,在满足一定的条件时加以适用并无问题。问题在于,公民环境权益和生态环境自身的损害在现行法上并没有明确的规定。公民环境权益并不是一个确定的概念,在一定程度上,公民环境权益是一个集体性权益概念,关乎公益;而生态环境本身的损害又不能纳入到人身、财产损害的范畴。鉴于《侵权责任法》是以个人本位、权利救济为核心,责任的归属需以权利的受害为前提,对于环境权益和生态环境的损害,目前《侵权责任法》并不能够容纳。因而,就现行立法来说,环境污染侵权的赔偿范围应当是人身和财产损害。具体来说,主要包含以下内容:(1)因环境侵权造成的财产的直接减少或者灭失;(2)因环境侵权损害人体健康而发生受害人的医疗、护理、交通、营养、误工费等费用;(3)因环境侵权损害致人死亡而发生的医疗、护理、交通、营养、丧葬、死亡赔偿金、被抚养人生活费等费用;(4)环境侵权损害的调查费用,包括环境监测、技术鉴定、损失评估、调查取证等费用;(5)受害人为消除环境侵权危害而实际支出的费用;(6)受害人因环境侵权损害而丧失的正常收益;(7)因环境侵权损害赔偿受害人的精神抚慰金;(8)其他需要赔偿的费用。

(二)赔偿数额

长期以来,我国关于环境侵权民事损害赔偿责任方式,仍然沿用了一般侵权损害赔偿的方法,将损害分为财产损害和人身损害,同时对财产损害进一步分为直接损失和间接损失。《侵权责任法》第2章分别规定了人身与财产损失的赔偿方式。

人身损害赔偿是指行为人侵犯他人的生命健康权益造成致伤、致残、致死等后果,对受害人承担金钱赔偿责任的一种民事法律救济制度。《侵权责任法》第16条规定,侵害他人造成人身损害的,应当赔偿医疗费、护理费、交通费等为治疗和康复支出的合理费用,以及因误工减少的收入。造成残疾的,还应当赔偿残疾生活辅助具费和残疾赔偿金。造成死亡的,还应当赔偿丧葬费和死亡赔偿金。"医疗费"包括挂号费、检查费、药费、治疗费、康复费等费用;"护理费"是指受害人因受到损害导致生活不能自理,需要有人进行护理而产生的费用支出;"交通费"是指受害人及其必要的陪护人员因就医或者转院所实际发生的用于交通的费用;"因误工减少的收入"是指受害人由于受到伤害,无法从事正常工作或者劳动而失去或者减少的工作、劳动收入,其基本计算方法是:单位时间的实际收入乘以误工时间。"残疾生活辅助具费"是指受害人因残疾而造成身体功能全部或者部分丧失后需要配置补偿功能的残疾辅助器具的费用,主要包括假肢及其零部件、假眼、助听器、盲人阅读器、助视器、矫形器等;对于残疾赔偿金,我国现在的司法实践主要采用的是"劳动能力丧失说"。而对于死亡赔偿金的确定问题,多数国家都没有在法律中对人身损害死亡赔偿金的赔偿标准作明确规定,主要由法官在司法实践中根据具体案情自由裁量。因此,目前由法律对死亡赔偿金的标准做统一、具体的规定较为困难,《侵权责任法》也未作出明确规定,留由法官在司法实践中,根据案件的具体情况,综合考虑各种因素后,确定死亡赔偿金的数额。但是,为了便于解决纠纷,使受害人及时有效地获得赔偿,对因同一侵权行为造成多人死亡的情况,本法第 17 条明确规定,可以以相同数额确定死亡赔偿金。

财产损害一般指侵害他人所造成的直接损害,而侵害他人财产除了财产本身的损失外,还可能产生间接损失、纯粹经济损失。间接损失即可得利益的减少,指由于侵权人侵害他人财产的行为,导致被侵权人在一定范围内与财产相关的未来利益的损失。间接损失不是现有财产的减少,而是被侵权人基于财产而可能产生的利益的减少,是被侵权人可能得到的财产利益因侵权行为而丧失的损失。由于财产损害造成间接损失的情况比较复杂,是否赔偿、如何赔偿,无论是在理论界还是在司法实务中都存在争议,但通常来说,实践中的赔偿主要限制在直接损失方面。

对于环境污染损失的具体数额的计算,我国司法实践中通常的做法是,由相关部门或机构对环境污染损害赔偿数额进行评估,人民法院则根据评估结果,对受害人所遭受损害分别进行认定,然后,对各项损害进行累积相加,最后决定加害人最终应承担的损害赔偿数额。这样做的目的,在于法院试图作出公平、合理、科学的判决。因环境侵权行为产生损害,并且,在该损害能够明确区分为直接损失和间接损失的场合,这种计算方法所确定的损害赔偿额不成问题;但是,在环境侵权行为极为复杂,明确区分该损害是直接损害还是间接损害较为困难的场合,采取这种各项损害累积相加的做法,则存在问题,即由于我国立法上没有统一的环境污染损害赔偿数额的评估机构,也没有相关评估规则对有关评估程序、方法、评估标准等进行规定,各评估机构对于这种损失的计算随意性较大,通常会产生不同的评估机构就同一损失所作出的赔偿数额却大相径庭的现象。其结果是,以此为依据决定环境污染损害赔偿数额的人民法院的判决,在损害赔偿数额的认定上,呈现出明显的参差不齐的现象,严重影响了人民法院审判活动的公正性。另外,人民法院决定损害赔偿数额时,通常以受害人提供的证据足以证明损害确实存在、损害大小为前提,如果受害人确实遭受到了损害,但能够证明实际损害的证据不全,或者因外因而无法提供相关证据证明时,人民法院通常不认定受害人的损害。这种处理方法,实质上并未体现填补受害人损失的损害赔偿之目的。

本书认为,在确定环境损害赔偿的数额时,应以环境侵权民事责任的填补受害人功能为指导,即在具体确定损害赔偿数额时,应该坚持"全部赔偿原则"。但是,我国目前的司法实践中采取依据"全面赔偿"与"考虑当事人状况"相结合原则确定损害赔偿数额的方法,没有为完全填补受害人损害、恢复受害人未受损害前的状态提供物质和法律保障,这样,"相结合原则"实质上是忽视乃至背离了环境侵权民事责任制度的宗旨,最终将阻碍环境侵权民事责任复原功能的充分实现,导致实践中常常会出现判决、裁定或行政决定等确定的实际赔偿金额少于环境污染所造成的实际损失的现象。

根据司法实践,对于几类主要的财产损失,其计算标准如下:

1. 因环境侵权造成动植物损害的,赔偿的范围包括:

(1) 动植物具体实物损害或灭失;(2) 动植物长大或成熟后预期可以获得的经济利益;(3) 动植物养殖中,发生的工资、饲料、防病、房租、管理等所有直接支出的费用;(4) 消除环境侵权危害,清理、治理环境而实际支出的费用;(5) 动植物养殖中,因环境侵权损害,致使受害人与他人签订的购销合同不能履行,而依法应承担的经济赔偿;(6) 因调查环境侵权损害事实而实际发生的各种鉴定、检测及检验、经济损失评估等费用。

2. 因环境侵权事故造成水产生物渔业资源损失的,根据农业部1996年制定的《水域污染事故渔业损失计算方法规定》,主要有以下几种计算方法:

(1) 围捕统计法。适用于以鱼、虾、蟹、贝等养殖品种为主的湖泊、水库、外荡及内陆水域,其环境侵权事故水域面积在万亩以下。

水产生物单位面积平均死亡量×环境侵权事故水域总面积+群众捕捞的死亡量=事故水域总死亡量。

(2) 调查测算法。适用难以设点围捕的大面积养殖水域。

由渔政部门根据发票、生产原始记录及有关旁证,核定养殖单位当年投放鱼种的分类放养量。

以粗养为主的应考虑原有自然渔业资源量。

事故水域中尚存的死亡量+群众捕捞的死亡量=事故水域总死亡量。

（3）统计推算法。

① 内陆水域养殖、增殖水面（包括湖泊、水库、外荡）。

（亩放苗种数×成活率〔％〕×起捕规格－已捕产量）×受污水产生物死亡率（％）×受污面积（亩）＝当年放养水产生物的死亡量（公斤）。

② 精养池塘或小面积渔业水域。

当年计划全部产量－已捕捞量＝侵权事故水域×水产生物死亡量；当年计划全部产量＝当年投放的鱼种数量×前三年平均增长率；

前三年平均增长率＝（前三年平均产量÷前三年平均亩放苗种数）×100％。

③ 滩涂养殖和围塘养殖。

（亩放苗种数×成活率〔％〕×起捕规格－已捕产量）×受污面积（亩）×受污水产生物死亡率〔％〕＝受污水产生物总死亡量（公斤）。

④ 虾、蟹、贝、藻的推算方法。

（（系数×受污面积（亩）×亩放苗种数×成活率〔％〕）÷成品规格（只、尾／公斤））－上年剩余水产生物死亡量（公斤）＝受污水产生物总损失产量（公斤）。

（4）专家评估法。在难以用上述公式计算的天然渔业水域，包括江河、湖泊、河口及沿岸海域、近海，可采用专家评估法，主要以现场调查、现场取证、生产统计数据、资源动态监测资料等为评估依据，必要时以试验数据资料作为评估的补充依据。

专家评估法进行的基本程序为：现场调查、确定资源量、确定资源损失量、侵权损失评估。

需要注意的是，该办法规定因渔业环境污染、破坏直接对受害单位和个人造成的损失，在计算经济损失额时只计算直接经济损失。直接经济损失包括水产品损失、污染防护设施损失、渔具损失以及清除污染费和监测部门取证、鉴定等工作的实际费用。

水产品损失额按照当时当地工商行政管理部门提供的主要菜市场零售价格来计算。水产品损失量包括中毒致死量和有明显中毒症状但尚能存活以及因污染造成不能食用的。由于水产品损失量既包括成品，也包括半成品、苗种，而计算损失量，最终以成品损失量表示，因此苗种、半成品与成品损失量的换算比由渔政监督管理机构根据不同种类和当地实际情况而定。网箱、稻田养鱼按实际损失额计算：水产品损失额＝当地市场价格×损失量养殖种类亲本和原种的死亡损失价格,计算时要根据其重要程度按高于一般商品价格的50%—500%计算,具体价格由渔政监督管理机构确定。

污染防护设施损失、渔具损失以及清除污染费用和监测部门取证、鉴定等所需的费用按实际投入计算。

除了传统的财产损失和人身损失外,《侵权责任法》还在立法上首次规定了精神损害赔偿。对此,将在第三节予以讨论。

三、实例解析:恢复原状的责任形式

青云公司与双山街道办事处等环境污染损害赔偿纠纷案[①]

(一)案情简介

2001年,原告某市青云农业开发有限公司(下称青云公司)与被告双山街道办事处(下称双山办事处)、第三人旭升乡旭升村民委员会(下称旭升村委会)签订土地使用权租赁合同,约定向原告出租位于东酒坞村青云岭东侧坡地81亩。合同签订时,该土地东侧南北路以东有旭升煤井正常生产的南、北煤井;南边为东酒坞旧煤井。合同签订后,原告于当年春天种下4535棵中华寿桃,将该土地开发为果园。同年,旭升煤井经原告同意,对东酒坞煤井进行整修,用于帮助果园外东侧南北路以东的煤井排水。2002年下半年,旭升煤井擅自从该煤井内采掘出煤,原告立即制止,煤井答应包赔一切损失,并准备买下这片果园。2003年4月,原告发现其果园内东酒坞煤井附近的桃花开放时花瓣染有一层煤灰,即要求旭升煤井立即停工并赔偿损失。该煤井于当年5月停工3个月后,于8月份又继续采掘生产。该煤井生产期间,原告果园内的桃树不同程度地遭受到煤灰及渣灰的污染。2004年8月,旭升煤井将采矿权转让给被告鑫岳有限责任公司五号煤矿(下称五号煤矿),该矿系被告鑫岳有限责任公司(下称鑫岳公司)的分支机构,不具有法人资格。因资源逐渐枯竭,2005年底东酒坞停止生产。

原告诉称,经省农业厅专家现场鉴定,被告排放的过量含硫粉尘污染果树的花粉、枝叶、树干、空气,同时该煤井大量抽取地下水,造成地下水下降,地面严重塌陷,生态环境恶化,使得树木生长受碍、发病、枯萎致死,产量大幅下降,果实对人体有害。专家指出这种环境已不适合继续种植果树。原

[①] 山东省济南市中级人民法院(2005)济民一初字第58号民事判决。

告多次找被告双山办事处和煤矿负责人交涉未果。故请求判令:(1) 责令被告立即停止对果树的一切污染,将污染煤井从原告承租土地的四界之内搬出;(2) 赔偿原告被占用可耕地的损失以及被拔除果树的损失 29.72 万元;(3) 赔偿原告两年果实减产的损失 56.824 万元;(4) 赔偿原告因果树不能继续种植而遭受的经济损失 109.23 万元;(5) 赔偿原告因果实受污染不能按正常价格销售而遭受的经济损失 6.696 万元。诉讼费由被告负担。

被告双山办事处辩称:原告所诉污染之事缺乏有效证据证实,其主张损害的事实与双山办事处没有关系。请求驳回原告对双山办事处的诉讼请求。

被告鑫岳公司及五号煤矿辩称:五号煤矿作为鑫岳公司的分支机构是于 2004 年 9 月 28 日成立的,自 2004 年 9 月 28 日至 2005 年底在煤矿存续期间,与原告所诉称的侵占土地及污染果树的事实没有任何关系。五号煤矿成立之前是旭升煤井,该煤井具有法人资格,早在原告种植果园之前就已存在,是原告强行在污染环境中种植果园。五号煤矿在经营期间,没有对原告果园产生不良影响,现煤矿已经注销,不再生产,原告的果树仍在正常生长,而原告的果园内杂草丛生,是原告不尽管理之责所致,被告不应承担任何责任。请求依法驳回原告的诉讼请求。

第三人旭升村委会未答辩。

审理过程中,原、被告对原告的桃树是否受到污染、污染原因、有无损失等发生争议,原、被告均申请进行司法鉴定。经法院委托,省科技咨询中心于 2006 年 3 月 21 日出具《鉴定报告》认为:(1) 煤矿井口的出煤、运煤已对中华寿桃园造成污染,污染将导致树势衰弱、病虫害发生,直至树体死亡;(2) 该桃园为盛果期桃园,正常情况下亩产可达 1500—2000 公斤,经济寿命 15—20 年;(3) 青云岭及周边地区的土壤、气候等条件完全适宜中华寿桃的生长发育;(4) 除煤矿外,现场未发现其他对桃树生长发育产生不良影响的因素。根据该鉴定报告,法院又委托某资产评估公司对桃树因污染遭受损失的数额进行评估,于 2006 年 6 月 8 日出具《评估咨询报告书》认为:在评估基准日 2006 年 5 月 12 日,原告 3310 棵中华寿桃年正常净收益为 32.20 万元。

(二) 审理结果

法院认为,原告桃树因旭升煤井采掘挖煤遭受污染的事实清楚,证据充分,应予确认。其果树因污染而造成的损害后果,经有关部门鉴定后已作出鉴定及评估结论,应予采信。原告主张两年果实减产的损失56.824万元及因果实受污染不能按正常价格销售而遭受的经济损失6.696万元,并没有超出《评估咨询报告书》中两年净收益的数额,应予采纳。上述损失均系因遭受煤灰、渣灰的污染所造成的财产损失,应根据客观事实及责任大小,由原、被告合理分担。原告承包土地时,煤井已正常生产,原告应当预见到土地东侧道路运煤及煤井出煤会给其桃树造成一定的污染,原告未能预见污染后果的发生,对污染造成的损失,应自行承担相应的责任;旭升煤井未经原告同意,从2002年下半年擅自在原告承租的土地内开发东酒坞煤井,并大量出煤、运煤,对原告的桃树造成污染,致原告的桃树在2003年大量减产,2004年基本绝产,其应承担相应的赔偿责任;被告五号煤矿于2004年9月成立后,接收了旭升煤井的不动产、经营场所、采矿范围和采矿经营权,并继续采掘旭升煤井开发的东酒坞煤井,对造成原告的桃树2004年基本绝产,并加重污染导致桃树不能继续种植,亦应承担相应的赔偿责任。旭升煤井及被告五号煤矿在原告承租的土地内开采东酒坞煤井,是造成桃树污染的主要原因。该井地处原告的果园南部,系南北风向时的主要污染源头。旭升煤井的南、北井地处果园的东南侧,中间有南北向的生产路相隔,是造成桃树污染的次要原因。因此,对原告因污染所造成的损失,本院确定原告应自行承担35%,旭升煤井承担35%,被告五号煤矿承担30%为宜。

原告主张果树因污染而不能继续种植的事实,已由省农业厅的鉴定意见和省科技咨询中心《鉴定报告》予以证实,本院予以采信。被告主张鉴定报告认定污染将导致树势衰弱、病虫害发生,直至树体死亡,不具有客观真实性,应当重新鉴定。因鉴定报告是由原、被告双方申请,经本院委托具有相关资格的鉴定机构作出的鉴定结论,且与省农业厅为原告出具的鉴定意见相一致,故该鉴定报告对于本案应具有较强的权威性和客观真实性,其证据效力应予确认。虽然被告五号煤矿已于2005年底停止生产,原告的大部分果树现在没有死亡,但煤矿停产前已给原告的果树造成了污染,且污染导致果树死亡应当经过一个较长的过程。故被告要求重新鉴定的理由不足,本院不予支持。

原告要求立即停止污染并将污染煤井从其承租的土地内撤出,实际是要求停止侵害、排除妨碍。因被告五号煤矿已于2005年底关闭了东酒坞煤井,不再进行开采,故原告要求停止污染的目的已经达到,无须作出处理。现东酒坞煤井周围的房屋及院墙尚未拆除,原告要求污染煤井从其承租的土地内撤出,实际是要求拆除东酒坞煤井周围的房屋及院墙并恢复原状。该项请求事实清楚,理由正当,应予支持。被告五号煤矿接收了旭升煤井的经营场所和采矿范围,系东酒坞煤井的后期开采人,其应当承担拆除房屋及院墙并恢复原状的民事责任。

综上所述,原告主张旭升煤井及五号煤矿侵占其租赁土地、开采煤井、污染其果园并造成财产损失的事实清楚,证据充分,本院予以确认。原告在明知承租地附近存在生产煤井的情况下仍栽植果树,未能预见污染后果的发生,其自身存在过错,应减轻侵权人的相应责任。案经调解不能成立。据此,依照《民法通则》第106条第2款、第117条、第124条、第131条、第134条第1款第2、5、7项之规定,判决如下:

1. 限被告鑫岳公司于本判决生效之日起十日内,拆除原告承租土地内东酒坞煤井周围的房屋、院墙及设施、设备,恢复原状;

2. 原告青云公司被拔除果树及被占用土地的损失5.954万元,由被告双山街道办事处赔偿3.5724万元;由被告鑫岳公司赔偿2.3816万元;

3. 原告青云公司因污染造成的两年果树减产损失(56.824万元)和因污染致果实不能按正常价格销售造成的损失(6.696万元)及因污染致果树不能继续种植造成的损失(66.20万元)共计129.72万元,由被告双山街道办事处赔偿45.402万元;由被告鑫岳公司赔偿38.916万元;

上述二、三项,限两被告于本判决生效之日起十日内付清。

4. 驳回原告青云公司的其他诉讼请求。

(三)案例评析

本案有以下几个问题值得关注:

第一,关于专业鉴定的重要性。由于环境案件涉及高度的科技性,对于以专业法律知识进行决断的法官来说,由其来进行环境因果关系及损坏认定是其不可承受之重,因而,法官在进行环境案件裁判时必须倚重专业判断。因而,从本书涉及的绝大多数案例看,专业鉴定都发挥着至关重要的作用,本案中亦是如此。尽管依据环境案件的举证归责,原告只需就被告有排放行为以及自身的损害事实承担举证责任,这一举证责任的实现,通常亦须依赖于鉴定。例如,原告人身或财产遭受了损失,而周围又存在多家企业的情况下,原告要想找到具体的被告,即可能需要专业的鉴定才能找到潜在的责任者,在探寻这一结果的过程中,鉴定机构通常会涉及因果关系的初步判断,尽管原告对于因果关系认定并不负有举证责任;对于原告遭受的损害事实,原告负有举证责任,即便原告可以不经过鉴定机构而通过其他途径加以证明,但是法院在最终进行判断时,通常仍会委托专业鉴定评估机构进行。本案中,原告即委托省农业厅鉴定被告的排放行为对其造成的损害,事实上,即同时涉及了损害后果与因果关系的认定。

第二,关于恢复原状的适用。恢复原状作为《民法通则》和《侵权责任法》规定的侵权责任的承担方式之一,广泛适用于损害的财产修复,即通过修理恢复财产原有的状态,在合同法上,恢复原状主要适用于合同无效、被撤销或部分解除的场合,通过恢复原状使当事人的权利义务状态达到合同订立前的状态;在物权法上,恢复原状作为物权请求权的一种,意在使权利人恢复对物的原有的支配状态;在侵权法上,通过修理、重作、更换等方式使权利人的损失得以补偿。但是在环境侵权领域,由于环境不能作为财产权利对待,加之环境一旦受到损害,往往很难修复或者修复费用极高,如果秉承财产法中恢复原状适用的利益衡量原则,则恢复原状很难有适用的空间。同时,环境侵权的恢复原状往往意味着企业的关闭或者搬迁,影响到地方经济的发展,法院可能屈从于地方保护主义的压力,除了一些相邻污染纠纷和恢复成本较小的领域,极少适用恢复原状的责任方式,遍寻我们收集到的千余个环境侵权案件,适用恢复原状的案例可谓是千里挑一。本案中,原告虽未明确提出停止侵害、排除妨碍和恢复原状的诉求,法院则从其诉讼目的进行了归纳,认为停止污染并从承租土地上撤出实际上是停止侵害、排除妨碍,鉴于被告已关闭煤矿不再开采,故诉讼目的实际上已达到;要求拆除东酒坞煤井周围的房屋及院墙并恢复原状的请求,法院也给予了支持。但是,此处虽然以恢复原状为名,但事实上并未体现出环境侵权中"恢复原状"的特点,即此处仅是拆除相关设施的"原状",而并非是恢复受损害的环境的状态。也正是基于此,恢复原状这一请求才能被法院所支持。

第三,关于原告是否应当承担责任。法院认为,原告承包土地时,煤井已正常生产,原告应当预见到土地东侧道路运煤及煤井出煤会给其桃树造成一定的污染,原告未能预见污染后果的发生,对污染造成的损失,应自行承担相应的责任,故而判决原告应自行承担损失35%的份额。本案属于粉尘污染的范畴,构成环境污染侵权并无疑义,对于环境污染侵权,适用无过错责任,不考虑被告是否主观上具有过错,只要其造成损害,即应当承担相应的民事责任。依据《大气污染防治法》的规定,仅在不可抗力并经采取合理措施仍不能避免损失时才能免责。法院认为原告应能预见到污染后果的产生,显然是加重了原告的损失。《侵权责任法》虽规定了第三人过错,但是,仅在受害人故意的场合才能免责;受害人具有重大过失时才能减轻加害人的赔偿责任。如果受害人仅具有轻微过失,并不能加强加害人的赔偿责任。更何况,本案中,原告损失并非因为土地东侧道路运煤及煤井出煤造成,而是旭升煤井和东酒坞煤井所造成,要求原告承担相应损失是在因果关系认定上的失误。

四、实例解析:间接损失是否予以赔偿

上阳电化一厂等与王某环境污染损害赔偿纠纷上诉案①

(一)案情简介

原告王某于1991年1月向白峰镇下湾村承包淡水鱼塘47亩,从事淡水水产养殖,每亩每年向村里上缴承包费150元,承包期至2004年12月底止。白峰上阳电化一厂(下称电化一厂)和白峰上阳氧化厂(下称氧化厂)位于王某承包鱼塘外的河流上游。2001年4月16日,王某发现承包鱼塘中有鱼、虾、蟹死亡现象。同月18日,王某向北仑区环保局、区海洋与水产局报告,区环保局当日派员到现场抽样取水样化验,于同月23日作出检测报告,结论为氧化厂排放口PH值为2.19、电化一厂排放口PH值为2.31、王某塘外小河PH值为3.10,PH值均超过国家标准。同月28日,区海洋与水产局经过现场调查分析,出具评析报告一份,内容为:(1)事故原因系由于氧化厂、电化一厂将大量尚未达标的酸性废水排放入河,使河水PH值下降,破坏了鱼、虾、蟹的生存环境并造成死亡。(2)损失情况,其中蟹种、鱼种、河鳗、河虾等直接损失共计18155元,生产损失目前约为10000—20000元间(如污染继续,其损失将会扩大)。(3)建议两厂停止生产和终止排放污水,用生石灰化浆提高PH值,尽量储蓄新鲜河水,对造成的损失进行赔偿。嗣后,区水产局召集双方作了协调,但因经济赔偿问题差距太大协调未成。王某于2001年5月29日诉至区人民法院。区人民法院在审理期间根据王某申请,委托区海洋与水产局及区价格认证中心对损失进行评估。2001年11月8日区海洋与水产局作出损害评估报告,内容为:(1)直接损失为4月28日评估的18155元。(2)生产损失,由于污水污染严重且持续

---

① 浙江省宁波市中级人民法院(2002)甬民终字第440号民事判决。

时间长,虽采取一定技术措施提高PH值,但由于两厂还在生产,污水影响继续,养殖生产不能正常进行,影响当年河蟹的产量和成蟹的规格。其中27亩产量较低,约在20斤/亩,另20亩略好在60斤/亩,成蟹规格平均只在1—1.5两/只之间,总产量1740斤/左右,据王某原蟹种放养量其生产产量应在80—120斤/亩,总产量3760斤—5640斤之间,生产成本8元/斤。(3)原因分析,一方面河蟹生长在偏酸性水环境中时间较长,体质下降,影响了成活率及生长速度,另一方面,由于养殖户在受污染后,蟹种大批死亡后,未采取增补放养措施,同时在养殖后中期,见收获无望失去信心投入不足。2001年11月26日区价格认证中心作出仓价认(2001)第207号文件,内容为,根据区水产局提供的数据,以正常收益减去现行收益的方法计算出王某河蟹间接损失在113920元至177840元之间。

原审综合区水产局出具的2份报告,结合淡水养殖的具体情况,分析认为:(1)经水产局评估,因污染造成王某蟹种、鱼种、河鳗、河虾等死亡造成损失18155元,系直接损失,应当列入损失赔偿项目;(2)王某鱼塘承包费损失,处理酸性水文项目,也与水污染直接有影响,但王某除承包费举证充足外,处理费用的相关证明证明力不足,不能证明实际支出费用,该两项费用在计算王某间接损失即生产损失时适当予以考虑;(3)生产损失,水产局对王某河蟹生产损失,两次都作了评估,4月28日评估损失月为1—2万元,第二次评估以正常收益减现行收益方法评估损失在113920元至177840元之间,该评估以正常收益为基础,按一般养殖规律为依据,其结论可以作为计算生产损失的参考依据,加上王某承包的损失及处理酸性水费用以确定为116000元作为损失赔偿项目为宜。

(二)审理结果

一审认为,两被告在生产过程中,违反国家环保法规的规定,排放超标废水,给原告造成财产损害,应当承担民事赔偿责任。在原告的财产损害中,其中鱼种、蟹种、河蟹、河鱼等直接损失应由两被告全额赔偿;生产损失的造成,既有被告废水排放影响蟹的成活率及生长速度的原因,也有原告本人在受污染后,未及时采取增补放养措施及在养殖中后期投入不足等原因,所以该项损失,原、被告双方均应承担,但原告自身过错造成间接损失的一定扩大,应承担主要责任,原告诉请合理部分,本院予以支持,两被告不承担责任的辩驳理由,不能成立。依照《民法通则》第117条第2款、第3款、第124条、第130条、第131条之规定,判决如下:

1. 被告电化一厂与氧化厂应自本判决发生法律效力之日起 10 日内连带赔偿原告王某财产直接损失 13155 元、生产损失 46400 元，共计 64555 元。

2. 驳回原告王某的其他诉讼请求。

两被告不服，提起上诉。

二审认为，根据区环保局检测报告及区海洋与水产局经过现场调查分析，两上诉人排放污水的行为与被上诉人王某承包的鱼塘发生死鱼、死虾、死蟹有直接的因果关系，据此，两上诉人应对被上诉人因鱼塘受污染而造成的经济损失承担民事赔偿责任。被上诉人的经济损失包括直接损失及生产损失，原审结合区水产局的评估及区价格认证中心文件并根据本案的实际情况，由上诉人全额承担直接损失并承担 40% 的生产损失是比较合理的。对于两上诉人关于其排水行为与被上诉人养殖塘内死鱼、死蟹没有因果关系，且区水产局的评估报告不真实的上诉理由，法院认为，因两上诉人在二审期间未能提供证据证明其排放的水质达标及鱼的死因并非河道污染所致，亦未能提供足以推翻区水产局及区价格认证中心文件的证据，故其上诉理由不成立。依照《民事诉讼法》第 153 条第 1 款第 1 项之规定，作出终审判决如下：

驳回上诉，维持原判。

（三）案例评析

水污染侵权作为特殊侵权类型之一，适用无过错责任。无过错责任仅关涉损失分担，并不涉及价值评判，不能用法律上的"过错"概念来衡量。"在过失责任体制下，加害人对其行为所生之损害，所以要负赔偿责任，乃因其行为具有道德上之非难性……无过错责任的基本思想，不在于对具有'反社会性'行为之制裁……无过错责任是为了弥补过失责任的不足而设立的制度。其基本宗旨在于对不幸灾害之合理分配，亦即 Gsser 教授特别强调的'分配正义'。"[①] 既然无过错责任只涉及责任分担，此时，是否属于达标排放就不是构成环境污染侵权应当考虑的因素，换言之，即便未超标废水，如果造成了损失，也应当承担民事责任，这在本书中已屡次叙明。一审法院将超标作为承担责任的条件，与我国现行立法并不符合。

本案中，原告主张其损失既包括直接损失，即承包鱼塘中鱼、虾、蟹的死

---

① 王泽鉴：《民法学说与判例研究》（第 2 册），中国政法大学出版社 1998 年版，第 162 页。

亡;也包括间接损失,即被告的行为对原告后期投入养殖造成的影响和损害。被告需要向原告承担直接损失的责任没有疑问,但是否同时需要承担间接损失的责任?这便涉及本案的焦点问题,即环境污染侵权损害赔偿是否包括对间接损失的赔偿?

这首先得明确损害赔偿的性质,损害赔偿作为承担民事责任的一种形式,其作用在于弥补受损方的损失。因此,只要受损方的损失是可以预期的、必然会遭受的损害,致害方就需要承担责任。可以预期的、必然会遭受的损害不仅包括直接损害,当然也包括可以预期的间接损害。环境污染侵权损害赔偿的目的也在于对受损方的损失进行弥补,因此,环境污染侵权损害赔偿也应包括对间接损失的赔偿,只是需要对可以预期的间接损失进行科学的认定。

本案中,4月28日水产局经过现场调查分析出具了评析报告,认为间接损失为1—2万元,而在法院委托的第二次评估中,其以正常收益减现行收益的方法得出评估损失在113920元至177840元之间。法院在综合判断下最后确定损失为116000元,作为法院行使自由裁量权的范围,并无疑问。但是,法院同时认定原告对其损失的扩大未尽必要的防止义务,应对扩大部分的损失承担责任则值得思考。法院认定受害人具有过错的根据是区海洋与水产局出具的损害评估报告,即养殖户在受到污染,蟹种大批死亡后,未采取增补放养措施,同时在养殖后中期,见收获无望失去信心投入不足。但是,综合本案情况来看,由于被告超标排放污水的行为仍在继续,如果养殖户继续增补放养,只能是造成更大的损失。同时,继续投入与预期损失并非同一概念,海洋与水产局的评估报告认定的间接损失也是针对水中既有蟹种的预期损失,并非是由于受害人未继续投放种苗所造成,也就是说,受害人继续投入力度不足与预期损失之间并不具有因果关系。要认定受害人具有过错,只有从受害人是否消极放任种苗死亡角度考察。从本案判决来看,受害人在发现种苗死亡后,即积极采取措施维护自己的权益,防止损害继续扩大的主动权事实上掌握在被告手中,原告并无能力阻止被告继续从事排污行为。事实上,《水污染防治法》第85条第2款规定:"水污染损害是由受害人故意造成的,排污方不承担赔偿责任。水污染损害是由受害人重大过失造成的,可以减轻排污方的赔偿责任。"该条区分了受害人故意和重大过失的情况,并且同时蕴含了在受害人仅具有轻微过失的场合,并不能免除或者减轻加害人的赔偿责任。本案受害人显然并不具有故意或重大过失的情形,由此认定受害人具有过错,并承担60%的责任,并无法律上的依据。

同时,由本案也可以看出鉴定在环境污染案件中的重要性。无论是污染与损害的因果关系,还是损害额度的计算,都非常复杂,专业技术性强。目前我国有资质的环境污染鉴定评估机构异常缺乏,即使是有资质的机构,也大都是事业单位,通常不愿意接受普通受害者的委托。再加上缺乏统一的技术标准和方法,不同的机构对于同一个案件作出的鉴定结果时常大相径庭,有的甚至截然相反,让法院难以适从。由于我国目前尚无环境污染损害专门的鉴定机构和鉴定方法及赔偿标准,给法院审理案件带来了很大的麻烦。我国在环境诉讼的司法实践中,环境保护部门或法院在处理环境损害赔偿纠纷时,一般都由受理机关委托环境保护监测站或其他科研机关对复杂的科学技术问题进行科学鉴定,提供科学证据。

第四节 精神损害赔偿与惩罚性赔偿

一、环境侵权精神损害赔偿

(一) 精神损害赔偿制度概述

《侵权责任法》第 22 条规定:"侵害他人人身权益,造成他人严重精神损害的,被侵权人可以请求精神损害赔偿。"这是我国首次在法律中明确规定精神损害赔偿制度。

所谓精神损害赔偿,是指民事主体因其人身权利受到不法侵害,使其人格利益和身份利益受到损害或遭受精神痛苦等无形损害,要求侵权人通过财产形式的赔偿等方法,进行救济和保护的民事法律制度。[①] 许多大陆法系国家(地区)如俄罗斯、德国、法国、日本等国和我国台湾地区的民法典中规定,生命、健康或者名誉、隐私等人格权受到侵害的,可以请求精神损害赔偿。如欧盟制定的《欧洲侵权责任法基本原则》第 10 条规定,受到人身伤害,或人格尊严、人身自由以及其他人身权利受到侵犯的,受害人应得到精神损害赔偿。当事人近亲中有人受到致命或虽不致命但极其严重伤害的,此当事人也有权得到精神损害赔偿。我国台湾地区"民法典"第 195 条第 1 款规定,不法侵害他人之身体、健康、名誉、自由、信用、隐私、贞操,或不法侵

---

① 王利明等著:《民法学》(第 2 版),法律出版社 2008 年版,第 877 页。

害他人人格法而情节重大者,被害人虽非财产上之损害,亦得请求赔偿相当之金额。其名誉被侵害者,并得请求为恢复名誉之适当处分。在美国早期的侵权法中,精神损害赔偿请求权依附于身体伤害,只有因身体伤害导致的精神损害才可以请求精神损害赔偿。现在,精神损害赔偿已经发展为一项独立的侵权责任形式。以前美国各州对精神损害赔偿数额没有任何限制,完全由法官或者陪审团根据法官的指示进行自由裁量,为了防止精神损害赔偿数额过大,美国现在已有十二个州对精神损害赔偿设置了上限。

《侵权责任法》制定之前,我国现行法律没有明确规定精神损害赔偿,但也不能说绝对没有精神损害赔偿的法律规定。早在1986年颁布的《民法通则》第120条规定:"公民的姓名权、肖像权、名誉权、荣誉权受到侵害的,有权要求停止侵害,恢复名誉,消除影响,赔礼道歉,并可以要求赔偿损失。法人的名称权、名誉权、荣誉权受到侵害的,适用前款规定。"该条规定的可以要求"赔偿损失",一直被视为"精神损害赔偿"法律基本依据,但如何赔偿,并无明确规定,司法实践操作随意性比较大。2001年2月26日最高人民法院通过了《关于确定民事侵权精神损害赔偿责任若干问题的解释》(法释〔二〇〇一〕七号),对精神损害的赔偿范围、计算参考因素等作出了较为系统的规定,成为司法实践中精神损害赔偿的主要规定。

(二)精神损害赔偿责任的构成

在《侵权责任法》制定过程中,对于是否扩大精神损害赔偿的适用范围;若扩大,扩大到什么范围;是否规定精神损害赔偿额,如何规定等问题存在不同意见。最终,为加强对受害人利益的保护,同时也为了防止精神损害赔偿被滥用,该法规定侵害他人人身权益,造成他人严重精神损害的,被侵权人可以请求精神损害赔偿。因而,根据该法,构成精神损害赔偿制度需具备以下条件:

1. 必须是侵害他人人身权益。根据《侵权责任法》规定,精神损害赔偿的范围是侵害他人人身权益,侵害财产权益不在精神损害赔偿的范围之内。人身权益包括生命权、健康权、姓名权、名誉权、肖像权、隐私权、监护权等。

2. 必须造成了他人严重精神损害。并非只要侵害他人人身权益被侵权人就可以获得精神损害赔偿,"严重精神损害"是构成精神损害赔偿的法定条件,偶尔的痛苦和不高兴不能认为是严重精神损害。

3. 不考虑当事人是否具有过错。从第22条的规定来看,承担精神损害赔偿责任的前提,即在于因侵害他人人身权益造成严重精神损害,并未要求侵权人具有故意或者过失,因而,精神损害赔偿责任应以无过错责任为基础。

4. 精神损害赔偿的请求权主体可以为被侵权人,在被侵权人死亡时,可以为其近亲属。一般来说,请求精神损害赔偿的主体应当是直接遭受人身权侵害的本人;被侵权人由于其人身权益受到侵害造成死亡的,其近亲属也应可以请求精神损害赔偿。例如,《侵权责任法》第18条规定,"被侵权人死亡的,其近亲属有权请求侵权人承担侵权责任",其中赋予近亲属的请求权并没有明确排除精神损害赔偿。

(三)精神损害赔偿的数额

《侵权责任法》并未对精神损害赔偿责任的数额进行规定。精神损害赔偿之所以不能规定具体数额,是因为精神利益损害和精神痛苦并没有财产的价值,确定精神损害制度只是借用财产的形式,对人格关系进行调整。因此,一方面要限制盲目追求高额赔偿金的错误做法,另一方面也要注意运用其他民事责任方式解决此类纠纷。因而,确定精神损害赔偿的数额可以考虑侵权人的主观状态、被侵权人的伤残情况和遭受精神痛苦的情形等,同时可以参照前述司法解释第10条所规定的因素进行考量,即(1)侵权人的过错程度;(2)侵害的手段、场合和行为方式等具体情节;(3)侵权行为所造成的后果;(4)侵权人的获利情况;(5)侵权人承担责任的经济能力;(6)受诉法院所在地平均生活水平。

目前,一些省法院掌握的标准是最高不超过五万元,有的市一般掌握的标准是最高不超过十万元。随着社会经济的发展变化,精神损害赔偿的数额也会随之发生变化。

由于环境侵权亦可能严重侵害人身权益,进而造成精神严重受损,根据体系解释方法,精神损害赔偿适用于环境侵权领域并无疑问。但是,基于环境侵权的特殊性,精神损害赔偿制度的上述规则是否可以不加区分地适用于环境侵权,值得疑问。关于这个问题,将在案例分析时叙明。

二、惩罚性赔偿能否适用于环境侵权

(一)惩罚性赔偿概述

惩罚性赔偿也称惩戒性赔偿,是加害人给付受害人超过其实际损害数额的一种金钱赔偿,是集补偿、惩罚、遏制等功能于一身的赔偿制度。惩罚性赔偿主要适用于英美法系尤其是美国。而大陆法系国家在民事立法、司法实践中一直不接受惩罚性赔偿制度,主要原因是:这些国家严格区分公法与私法,强调公私法具有不同的职能。行政法、刑法等公法的任务是惩罚犯罪和不法行为,维护社会公共利益;私法的任务是协调私人之间的利益纷争,对受害人所受损害进行补偿和救济,维护个体之间的利益平衡,私法责任(即民事责任)具有完全补偿性,不具有惩罚性。惩罚性赔偿制度实质是一种公法责任而非私法责任,将其作为民事责任纳入私法体系,与公、私法的严格划分观念及私法的基本原则不相符。但是,近年来,有的大陆法系国家和地区开始实行惩罚性赔偿。

《侵权责任法》制定前,我国已有惩罚性赔偿的规定,如《消费者权益保护法》第49条、《食品安全法》第96条第2款、最高人民法院《关于审理商品房买卖合同纠纷适用法律若干问题的解释》第8条、第9条等。《侵权责任法》规定了对产品责任适用惩罚性赔偿,该法第47条规定,"明知产品存在缺陷仍然生产、销售,造成他人死亡或者健康严重损害的,被侵权人有权请求相应的惩罚性赔偿",该条要求惩罚性赔偿适用的条件是:(1)侵权人具有主观故意,即明知是缺陷产品仍然生产或者销售;(2)造成了严重损害的事实,即造成他人死亡或者健康受到严重损害;(3)因果关系的存在。为防止滥用惩罚性赔偿,避免被侵权人要求的赔偿数额畸高,本条将惩罚性赔偿的数额确定为"相应",这里的"相应",主要指被侵权人要求的惩罚赔偿金的数额应当与侵权人的恶意相当,应当与侵权人造成的损害后果相当,与对侵权人威慑相当,具体赔偿数额由人民法院根据个案具体判定。

(二)环境侵权中惩罚性赔偿的适用

从《侵权责任法》的体系来看,其适用范围被严格的限定于产品责任领域。对于惩罚性赔偿是否应当适用于环境侵权领域,学界存在不同的声音。有学者认为,以实际损失为赔偿原则的同质赔偿原则,不仅对环境民事侵权受害者的救济严重不足,也使得加害者通过理性的利益衡量,对侵权采取放任态度,因而,有适用惩罚性赔偿的空间。①

首先,同质赔偿对受害者的救济严重不足,并造成环境侵权案件泛滥。在环境民事侵权中,受害人往往是财力和智力与加害人相比均相对较弱的单个的自然人,这与常常成为加害主体的企业形成严重的不均衡,并形成了所谓"加害人恒为加害人,受害人恒为受害人"的局面。这种不平衡使得市

---

① 高利红、余耀军:《环境民事侵权适用惩罚性赔偿原则之探究》,载《法学》2003年第3期。

民社会的理论出现了危机,导致受害人在与加害人形成对抗之时的弱势地位。在请求救济时,诉讼的时间延长,成本增加,胜诉的风险加大,以至于获得赔偿被戏称为"幸运中彩"。单纯的同质赔偿往往使受害人因预期利益与诉讼成本(包括为诉讼付出的时间、精力、财力等)相比,实际获得赔偿较少,甚至得不偿失,而放弃请求法律救济,从而造成环境侵权现象泛滥。

其次,即使受害者得到了法律的救济,在现有的法律框架之内,受害人也仅仅只能获得因为身体或财产受到损害而给予的赔偿,而受害者的精神损害、环境权益损害则得不到补偿。这使得加害人得以以较少的成本来谋取利益,其他因素被排除在加害者进行行为选择时的考虑之外。原本应该由被告承担的代价转由受害的原告承担,加害人对于环境的谨慎程度因此会大大降低,这对相关人的权利和生态环境的保护十分不利。[①]

再次,侵权行为法的功能在于阻止人们危害他人。加害者因为利益驱动,常常对危害后果采取放任态度,这使得我国的侵权行为法几乎在环境侵权方面失去了抑制的功能。侵权责任是以责令责任人支付侵权赔偿金的方式威慑行为人,使之采取更谨慎的行动,从而达到预防事故发生的目的,故必须使得侵权人成为赔偿的主体。只有"个人的财产被认为是赔偿的主要来源",威慑的鞭子才能"结结实实、无可闪避地打在责任人的身上"。[②] "但是,在与商业有关的侵权中,制造商也许发现将补偿性赔偿打入成本比改正缺陷更为有利可图",环境侵权主体多为企业,故可算与商业有关的侵权[③],在这种情况下,加害者作为自利的理性人,自然会选择侵权。采取惩罚性赔偿,可以使环境民事责任真正起到抑制环境侵权的作用。

法律作为抽象的秩序规则,也是在多种价值之间作出平衡的结果,它需要为多种价值提供实现的制度空间。因此,对于生态破坏行为的过度惩罚也是不可取的,它会增加企业的成本,妨碍经济的发展。但是,恶意的、性质严重的污染破坏行为如果得不到遏制,则侵权法在环境保护上就难以发挥相应的作用。因此,在环境侵权领域,应当有条件地适用惩罚性赔偿。

第一,惩罚性赔偿应对严格适用于行为人具有故意或者重大过失的场

---

① 高利红、余耀军:《环境民事侵权同质赔偿原则之局限性分析》,载《法商研究》2003 年第 1 期。
② Dias and Markensinis, Tort Law, 2nd ed., 1989, at 49.
③ 张骐:《产品责任中的损害与损害赔偿——一个比较研究》,载《法制与社会发展》1998 年第 4 期。

合。惩罚性赔偿的主要目的不在于弥补被侵权人的损害,而在于惩罚有主观故意的侵权行为,并遏制这种侵权行为的发生。从赔偿功能上讲,其主要作用在于威慑,不在于补偿。环境侵权已经适用无过错责任,这本身已经是一种利益衡平,是对受害人利益的倾斜保护,如果不考虑侵害人的主观状态,仍然采用一刀切要求侵害人承担精神损害和惩罚性赔偿,有违法律的公平正义。因而,在侵害人主观上无故意或者重大过失情况下,则只承担一般的人身损害赔偿。鉴于侵害人的主观状态较难证明,故采取过错客观化,即将违背法律和行政法规的强制性规定视为具有过错。这一点,在惩罚性赔偿适用频繁的美国亦是如此,美国司法实践中要求行为人需要有故意、恶意、毫不关心他人权利或者具有重大过失方承担赔偿责任。

第二,适用惩罚性赔偿必须是造成了严重的损害后果。这里的损害后果不仅包括人身、财产的严重受损,对生态环境的严重损害亦应当适用。至于严重程度的判断,应参照司法实践中通常的标准由法院加以裁量。

第三,惩罚性赔偿的数额确定和归属上有其特殊性。惩罚性赔偿的本质特征决定了惩罚性损害赔偿金额的不确定性,因此环境侵权惩罚性损害赔偿金额的确定不宜用一个固定的标准或数额来限定,而应当由法官根据案件实际情况在法律规定的范围内斟酌裁量。为避免自由裁量权的滥用,惩罚性损害赔偿金额的确定,须综合考虑加害人的主观过错程度、受害人的损失情况、加害人的获利情况以及经济状况、加害行为发生频率、当地的平均生活水平等因素。需要指出的是,惩罚性赔偿体现了对于加害人行为的否定性评价,惩罚性赔偿并不是为了致被惩罚人于死地,从公平正义的角度考虑,应留有余地,既要考虑被告人的承受能力,又要考虑此种惩罚不至于使他陷于生活困境。必须考虑补偿性赔偿与惩罚性赔偿之间的比率以及被告的财产状况。正如有学者指出的那样,"惩罚性赔偿的根本宗旨在于适度威慑,适度威慑的关键在于赔偿金额既不多,也不少。如果赔偿低于损害,威慑不足即预防成本较低,加害人会过分从事侵权行为;相反,如果赔偿远远高于损害,威慑将会过度,加害人会把他们的行为缩至不适当的程度,即使所得利益超过了损害,他们也不会从事该种行为,结果导致有益行为将被阻止"。[①] 为达成利益的平衡,惩罚性赔偿所得不宜全部支付给受害人,而应当限定在一定的比例,多出部分纳入到专门建立的环境补偿

---

① Mitchell Polinsky, Steven Shave H, Punitive Damage: "An Economic Analysis", *Harvard Law Review*, 1998(4), pp.873—876.

暨整治基金,用于环境保护。这一比例,宜在30%的幅度内由法官自由裁量。

三、实例解析:无过错环境侵权是否应当适用精神损害赔偿

407名小学生诉某化工公司环境污染损害赔偿案[①]

（一）案情简介

原告所在的更楼小学位于A市B镇,共有840名学生,西面紧邻寿昌江,其余三面为田野,东南面150米左右是被告化工公司。该公司于1995年投产,主要生产原料是苯乙烯,生产聚苯乙烯等制成塑料泡沫等产品。苯乙烯是国际公约明文规定的2B类有毒化合物,它主要通过蒸汽或基于其脂溶性通过呼吸道、皮肤吸收,长期大量接触可能致病、致畸、致基因突变等。化工公司在运输和装卸过程中会发生极少量的泄露,并向寿昌江排放包含苯乙烯的含热废水,散发的气味影响到附近的居民及学校,被投诉到相关部门。2001年2月21日,该市环境检测站对化工公司排放的工业废水检测达标。

2001年4月4日上午10时30分,正在上课的更楼小学师生突然闻到很浓的类似油漆的刺鼻异味,该气味很快达到常人难以忍受的地步。到11时左右,气味越来越浓,学生出现头昏、头痛、恶心、腹痛、咳嗽等症状。学校立即前往化工公司交涉,12时以后,气味逐渐消失。学生回家后,家长由于对学生的病情不了解,纷纷给学生服下治疗感冒、腹痛的药物,但学生的病情却不见好转。

环保等单位接到投诉后,赶赴现场调查,当即口头责令化工公司立即停产,接受处理,并将部分有明显反应的学生送到市一院检查。检查结果为轻微不良反应。但部分家长对市一院的检查结果持怀疑态度,分别于4月6日、7日、8日自发带学生到市二院、市三院等医院检查,诊断结果与市一院并无二致,个别学生诊断为"苯乙烯中毒"。家长情绪很激动,于4月9日带上百名学生拥至市一院要求检查,化工公司在负担了先入院的学生的住院费后,不肯负担不断涌入住院的生病学生的费用。

市政府组织的事故调查组查明:4月4日上午约10点30分,化工公司

[①] 案例来源:吕忠梅主编:《环境法案例辨析》,高等教育出版社2005年版,第235—237页。

反应车间一职工违章操作,发生苯乙烯泄漏事故,致使原料苯乙烯直接流入沉淀池内,并外泄流入排水沟约100千克,散发的气体蔓延到附近的小学,造成空气污染引发学生产生刺激反应事件。4月6日,市疾病预防控制中心对化工公司生产现场进行调查,聚苯乙烯生产正常,在聚合、干燥、包装三个工段内未发现跑泡滴漏现象,随即对生产现场进行了采样监测,送市疾病预防控制中心检验,检验结果为聚合釜下端浓度为 $25.4\ mg/m^3$,搅拌区为 $59.8\ mg/m^3$,超出国家最高允许浓度 $40\ mg/m^3$。

4月12日,省疾病预防控制中心、市疾病预防控制中心七位劳动卫生和职业病防治专家先后对更楼小学全部师生和化工公司职工进行了尿常规检查,并对有症状的师生进行体检。检查结果除发现有头昏、头痛、恶心、腹痛、咳嗽外,未发现其他与苯乙烯有关的中毒症状。九个直接参与回收的工人除反映当时咽喉部有不适感外,未发现其他刺激反应。在认真调查的基础上,专家们对更楼小学部分师生因苯乙烯泄漏引起身体反应得出结论,根据流行病学调查及现有资料分析,专家组一致认为:本次更楼小学师生出现的头昏、头痛、恶心、腹痛、咳嗽等症状,系由学校邻近的化工公司苯乙烯泄漏引起的一过性刺激反应,无苯乙烯的急、慢性中毒诊断的依据。专家提出了两点书面建议:第一,化工公司应加强对生产安全的管理,防止再次出现类似事故;第二,要加强污染的监测和管理,根据劳动卫生管理的有关规定,化工企业不宜设在居民生活区、学校和水源附近。

4月14日,市劳动局、B镇政府就此次事故造成更楼小学学生相关医疗等费用的处理组织各方进行协商,并提出具体处理意见为:(1)因本次事故引起更楼小学学生由省、市医疗专家,市一院,市中医院,城南卫生院进行的检查、医疗及住院费用给予报销。(2)因本次事故引起的更楼小学学生到外地医院看病的检查费、医疗费、车费由更楼小学的班主任统计,报学校审核,给予报销。(3)上述两项费用由化工公司承担。

但化工公司在分两次支付了132406.80元医疗费用后,不肯再负担其他费用。4月16日,医院又强令尚在病床上的学生出院,再次激化矛盾,几百名愤怒的家长出现了过激行为,与医院领导和医生发生争执,并聚集在市政府周围反映意见。

虽然化工公司在事故发生后,遵照市环保局、市劳动局等有关部门的要求进行了停产并在企业内部进行了整改,但曾一度恢复生产,于是便发生了家长冲击工厂甚至拦截国道等事件,社会影响再次扩大。

由于无法就赔偿达成一致意见，407名更楼小学学生于2001年6月1日向市中级人民法院起诉，要求化工公司立即停止向寿昌江中排放包含苯乙烯的含热废水，并赔偿因2001年4月4日苯乙烯泄漏给原告造成的经济损失及精神损失共计人民币776万元。赔偿金额的组成是：(1)原告监护人因长期误工减少的收入40.7万元(1000元×407)；(2)原告监护人因带领原告就诊、起诉、出庭所花交通费20.35万元(500元×407)；(3)原告因事故所花医疗费用81.45万元(2000元×407)；(4)原告因事故所遭受的精神损失赔偿费610.50万元(15000元×407)。以上合计782.95万元(未扣除被告已支付的132406.80元医药费)。

法院查明，诉讼中，化工公司经过整改，锅炉压力容器等设备已通过市劳动局论证，市劳动局出具了关于锅炉压力容器检验结果的意见，认为该公司存在的缺陷已基本整改完毕，可以投入运行；企业也对废水排放问题按市环保局要求作了处理。省冶金环境保护研究所对该企业苯乙烯生产线项目出具环境影响报告，认为在正常情况下，化工公司聚苯乙烯生产项目的废水、废气排放量较少，对周围环境的影响不大，在正常生产情况下，企业对周围环境的影响是可以接受的；该企业聚苯乙烯生产线苯乙烯泄漏可能造成的最大危害是引起上呼吸道黏膜刺激反应，不会造成一般中毒和严重急性毒性，更不致引起死亡，属于可接受的风险范围。

（二）审理结果

法院认为，化工公司发生苯乙烯泄漏事故，所散发的气体使周围的环境受到一定程度的危害，致使本案407名原告出现头昏、头痛、恶心、腹痛、咳嗽等过敏性刺激反应，对原告的身体造成一定程度的损害，已构成对原告的侵权。但在原告起诉前通过当地政府及相关部门的行政处理，化工公司已承担了检查费、医疗费、车费等损失。原告在诉讼中要求化工公司承担的家长误工费、交通费、继续检查治疗费等无具体的事实依据，无法认定。本案中，尽管化工公司的侵权行为尚未对原告的身体造成较为严重的损害，但考虑到其污染环境的行为侵害的对象人数众多，并且在一定程度上，其侵权行为影响了407名原告在当地正常的学习、生活秩序，故应视为其侵权行为构成了较为严重的损害后果，因此化工公司应承担相应的精神损害赔偿责任。鉴于化工公司向寿昌江排放工业废水已经当地环保部门的检测属达标排放，并有环保部门颁发的排放许可证，符合环境保护监督管理制度，对原告要求的被告立即停止向寿昌江中排放含热废水的请求不予支持。

法院判决：综合当地的平均生活水平、被告侵权的具体情节、过错程度及承担责任的经济能力，化工公司赔偿407名原告精神损害抚慰金合计203500元（每人500元），驳回原告的其他诉讼请求。

（三）案例评析

本案属于苯乙烯泄漏造成大气污染引发人体刺激反应事件，被告职工违章操作，具有重大过失，但环境污染侵权的构成并不以主观过错和超标排放为前提。本案的特殊性在于，其在污染侵权中适用了精神损害赔偿制度。对此，有以下几个问题需要探讨。

1. 环境侵权精神损害赔偿的归责原则如何确定

《侵权责任法》首次从法律层面上确立了精神损害赔偿制度。鉴于环境污染也可能会造成严重的人身或财产损害，精神损害赔偿亦有适用的空间。但问题是，作为以人身、财产损害为基础和媒介的次侵害形式，精神损害赔偿的构成要件是否与作为其基础行为的一般侵权行为或特殊侵权行为相同？具体到环境污染侵权领域，精神损害赔偿是否必须与污染侵权的归责原则构成相一致？

我国对于精神损害赔偿的规定最早出现在《民法通则》，但该法第120条仅规定精神性人格权（姓名、名誉、肖像、荣誉等）受到侵害才能获得赔偿，而物质性人格权（如生命、健康、身体等）反而不能，这显然是轻重倒置，显失公平。为此，最高人民法院于2001年发布了《关于确定民事侵权精神损害赔偿责任若干问题的解释》，对精神损害的赔偿范围、计算参考因素作出了较为系统的规定，成为司法实践中精神损害赔偿的主要规定。该司法解释第1条、第2条关于精神损害赔偿的构成上，均使用了"非法"、"违反社会公共利益、社会公德"等限制，可知其对于精神损害赔偿的构成上是以过错作为承担责任的前提。因而，学界一般认为，精神损害赔偿是一般侵权行为责任，应当适用过错责任原则。

《侵权责任法》对此作出了变更。从该法第22条规定来看，要求加害人承担精神损害赔偿责任的前提，即在于因侵害他人人身权益造成严重精神损害，并未要求侵权人具有故意或者过失，因而，精神损害赔偿责任应以无过错责任为基础。这被认为与现代社会越来越注重对人格和精神领域的保护相吻合，如果仍固守精神损害赔偿不适用于无过错责任领域的传统思维模式，显然不符合社会发展的需求。无过错责任的成立不以行为人的故意或过失为要件，但行为的结果毕竟侵害了他人的合法权利，这一"权利"当然包括精神权利在内,因此不应区分是由于过失责任的行为或危险责任的行为而作不同的对待。①

从逻辑推演上看,在环境污染侵权中,即使污染者并不具有过错,如果受害人因污染行为造成严重的人身损害,也可以请求精神损害赔偿。有疑问的是,在普通无过错侵权责任领域,由于其因果关系等方面的确定性,允许精神损害赔偿责任的目的在于发挥侵权法的填补功能,实现双方当事人利益的平衡。但对于有着高度科技性与复杂性、因果关系难以确定的环境侵权来说,在污染者不具有过错时,允许精神损害赔偿制度的适用,是否有违法律的正当性?要厘清这个问题,必须对环境侵权的特殊内涵进行考察,具体言之,即环境侵权实行的无过错责任和举证责任倒置原则对于精神损害赔偿的归责和适用有着多大程度的影响。

(1) 过错责任对精神损害赔偿归责的影响

① 无过错责任的价值根源

考察侵权法的历史可以看出,在归责原则上,各国最早实行的是结果责任,不论行为人有无过失和故意,只要造成伤害,就使行为人负损害赔偿责任,它"旨在满足权利受到侵犯时得以恢复和补救的纯粹目标,关注的是侵权行为相对于社会秩序的意义,使侵权行为服从于社会所追求的秩序,通过严厉地制裁而消灭这种有害于秩序维持的行为"。② 但是,结果责任束缚人之自由行动,造成常人在生活中畏首畏尾,故随着人类社会文明之迅速发展,简单而纯粹的结果责任亦随之被击破、淘汰,取而代之的是至今仍在侵权法中有举足轻重地位的过错责任原则,并进而与契约自由、所有权绝对原则并称为近代民法三大基石。但在产业革命之后,尤其是 20 世纪以来,以过错责任原则为指导的各国侵权行为法逐渐显现出其固有的弊端。先进科技在给社会带来巨大贡献的同时,亦导致了危及社会安全的副产品,如环境污染、产品质量问题等,这些问题都使传统的侵权归责原则难以招架,其原因在于这些活动本身是社会发展的需要,通常得到行政许可,具有一定的社会妥当性,且由于行为人通常是企业,很难证明其主观上有什么过错。加之受害人通常处于弱势地位,难以对加害人行为的不法性、主观过错加以举

---

① 陈函:《简析精神损害抚慰金制度》,载 http://www.chinacourt.org/public/detail.php?id=292291,访问日期:2014 年 11 月 12 日。
② 王福友:《侵权行为法归责原则演进的法理学思考》,载《国家检察官学院学报》2003 年第 2 期。

证,从而造成过错责任赖以生存的平等性和互换性的丧失。为实践公平,衡平社会利益,侵权法遂开始确立无过错责任原则作为对过错责任的矫正,环境侵权实行无过错责任正是这种思潮下的产物。

首先,无过错责任符合"利之所附,损之所归"的原则,加害人因其生产、生活或经营行为获得了收益,理应承担其行为引发的负外部性;其次,实行无过错责任有利于强化企业责任,促进其履行法定义务,严格控制和积极治理污染,合理利用环境资源;再次,实行无过错责任符合法律保护弱者的趋势,由于现代工业生产的复杂性和污染过程的错综复杂,环境污染涉及复杂的科技问题,受害者难以证明加害人有无过错。实行无过错责任原则,有利于加强对受害人利益的保护,减轻受害人证明加害人过错的举证责任;最后,实行无过错责任加大对弱者保护并不会对侵害人造成特别的负担,譬如原告可以通过环境责任保险等制度分散和化解风险,从而也体现了救济社会化的趋势。

② 无过错原则对精神损害赔偿归责原则的影响

由环境侵权实行无过错责任的制度根源来看,无过错责任适用的根源不在于行为的可谴责性,也不在于行为意思的瑕疵(故意或者过失),而在于源于人们法律意识的一个基本观念,即对于所享受的特殊权利所造成的不幸事件,权利人应当承担责任,危险责任寻求的是对允许从事危险行为的一种合理的平衡。① 这一归责原则本身即是在纠正主义和功利主义之间进行利益衡平的结果,是在风险社会下基于原告弱势地位,通过降低证明责任、扩大救济范围而对其进行的倾斜保护,以实现对平等性和互换性的矫正。

但是,对受害人进行特殊保护,并不意味着可以无视污染者的利益。作为社会化大生产的一种负外部性,在生产过程中产生环境污染已是不可避免,所谓"零排放",实是难以企及的目标。在这种背景下,在标准幅度内的污染排放,不仅不具有违法性,还具有一定的社会妥当性,对在排污标准幅度内的排放造成的损害实行无过错责任,并不具有价值评判的作用,而仅仅是一种损失分担的手段。如果此时不加区分,在行为人无过失或仅基于轻微过失时,要求其除了承担人身和财产损害赔偿责任外,另要承担具有惩罚性功能的精神损害赔偿,明显有违法律的公平正义观念和环境法的利益衡

---

① 〔德〕马克西米利安·福克斯:《侵权行为法》(第4版),齐晓琨译,法律出版社2006年版,第256页。

量功能。尤其是在举证责任倒置的背景下,加之环境侵权多为多数人侵权,排污行为与损害后果的因果关系殊难认定的情况下,适用精神损害赔偿,极有可能会"株连无辜",尽管存在着认为排污即与损害发生有关的"污染原罪说",但亦不应矫枉过正。因而,在环境侵权领域,有必要对精神损害赔偿制度的适用应加以限缩。

(2)举证责任倒置对精神损害赔偿归责的影响

① 环境侵权因果关系的特殊性

在环境侵权中,污染行为与损害发生之间的因果关系具有不同于其他侵权的特殊性。

首先,环境侵权因果关系的判断具有复杂性。环境侵权的发生,通常有着复杂的过程,不仅加害人和受害人突破了传统的直接侵权,进入大规模侵权的范畴,而且由于行为与损害之间经过了环境媒介,损害后果的发生通常具有较长的潜伏期,因而,在因果关系判断上具有复杂性。诚如我国台湾学者邱聪智教授所言:"传统之侵权行为,其加害之原因事实,与受害人受损害之内容、程度、经过、均甚为单纯具体、直接而确定,当事人对此等事实,亦有较深切之认识。因此,在实体法上,以事实与结果间具有相当因果关系为责任成立要件,并且在诉讼上,要求受害人就此等事实之存在,负担严格之举证责任。但是,环境侵权之原因事实与危害发生之程度内容及经过之关系,往往甚不明确,欲就其彼此间寻求单纯,直接具体之关系锁链,甚为困难。"①

其次,环境侵权具有科学不确定性。由于现代生产活动越来越具高度的科技性,大规模采用先进的高科技手段所进行的生产活动,其所带来的环境负作用的有无以及大小之证明,即使是有最新而且是最高的自然科学知识、经验,但要想得出确定性的判断性认识,也是非常困难的。甚至在一些时候,在现在的科学技术条件下,环境侵权的因果关系根本无法认定,如果仍按照传统的因果关系理论进行认定,受害人根本没有胜诉的希望,法律对于环境侵权损害的调整功能也将丧失殆尽。

环境侵权的上述特征,使得环境侵权的因果链条变得十分复杂,而要证明这些因果链条则更为复杂,甚至绝大多数是无法证明的,因此,如果处理环境侵权案件仍要求严格的和科学的因果关系证明,就会陷入因果关系的

---

① 邱聪智:《公害法原理》,台湾三民书局股份有限公司1984年版,第20—21页。

考证和证明之中,导致无休无止的拖延诉讼时间,使受害人得不到及时有效的救济,也使侵权行为不能得到及时有效的制止。为实现侵权法的救济功能,各国往往在因果关系上实现推定或举证责任倒置。

《侵权责任法》因袭最高人民法院《关于民事诉讼证据的若干规定》等司法解释和《固体废物污染环境防治法》、《水污染防治法》等法律的做法,规定因环境污染发生纠纷,污染者应当就法律规定的不承担责任或者减轻责任的情形及其行为与损害之间不存在因果关系承担举证责任,从而确立了环境侵权因果关系的举证责任倒置原则。

② 举证责任倒置要求对精神损害赔偿予以限缩

如上所述,环境侵权的发生原因十分复杂,并且技术性强,且在发生过程中行为人常常处于持有或垄断案件主要证据的地位。在此情况下,如果固守传统侵权法的过错责任和"谁主张谁举证"的举证责任规则,确实不能为当事人的权利提供充分的救济,这就在侵权法和证据法上都提出了一个如何对危险责任以及事故责任中的受害人进行有效的救济和全面的保护问题,无过错责任原则和举证责任倒置正是适应这一需要而产生的。无过错责任不考虑加害人的主观过错和违法性,降低了受害人的举证责任,但由于因果关系的复杂性,对因果关系承担举证责任仍是受害人不可承受之重。若不实行举证责任倒置,可能会造成极不公正、极不合理的结果,也不符合"享受的特殊权利的权利人应当承担因之产生的不幸结果"的法律理念。

由于举证责任倒置是在原告就其他要件事实举证之基础上,直接规定由被告就因果关系承担举证责任,原告无须对因果关系承担举证责任,这与因果关系推定中要求原告承担提供表象的证据承担初步的证明责任有所不同。因而,举证责任倒置对受害人提供了更为倾斜的保护,如果严格执行这一制度,辅以无过错责任原则,污染者基本上没有胜诉的可能。

但问题在于,受害人的人身损害往往是多种原因作用的结果,其是否由环境污染所造成,并不能从科学上予以确定,甚至加害人也无法确定其行为是否与损害具有因果关系,遑论由其证明二者之间不具有因果关系。并且,由于环境侵权多为数人侵权形式,即使其中存在真正的加害人,但其他排污者也必须证明其行为与损害不存在因果关系,很难阻却责任的承担。在这种情况下,举证责任倒置已有"有责推定"的偏向,如果严格执行,受害人的直接损失通常能够从"法律上的加害人"(不一定是事实上的加害人)处得到弥补,如果再由排污者承担精神损害赔偿,显然是排污者难以承受之重。

因而,应当对精神损害赔偿的适用范围予以限缩,实现双方利益的平衡。

(3) 环境侵权精神损害赔偿的归责原则认定

① 环境侵权精神损害赔偿应实行过错责任

综上,由于环境污染在经济发展过程中的不可避免性,出于发展经济与保护环境总体平衡的考虑,国家必须允许排污行为的存在,并制定相关的国家标准,在价值判断上,很难认定环境侵害是一种无价值的事实或行为,环境侵害虽然是侵害他人权益的现象,但也具有相当程度的"社会妥当性",属于"可允许的危险"。① 因此,在环境诉讼中,必须对环境侵害进行利益衡量,避免绝对化的救济思路。无过错责任和举证责任倒置作为对受害人"有责推定"的手段,从制度根源上对受害人进行倾斜保护,如果仍不加区分地要求污染者承担损害赔偿责任,将打破这种利益平衡。

因而,精神损害赔偿的适用应限定在污染者具有故意或者重大过失等恶意侵权造成受害人精神严重受损的场合,如果污染者并无过错或者仅具有轻微过失,则不应承担精神损害赔偿责任,但不承担精神损害赔偿责任并不意味着免除了作为基础损害的人身与财产损害,也就是说,环境侵权精神损害赔偿的归责原则与环境侵权基础损害的归责原则具有独立性,尽管环境侵权基础损害适用无过错责任,但并不影响作为人身权益次级损害形式的精神损害适用过错责任。

② 过错客观化与过错推定

传统民法对过错的认定采取主观过错理论,认为过错指的是行为人主观心理状态的欠缺,但在环境侵权中,环境污染多是由企业等社会组织体所造成,尽管社会组织体与自然人同为法律主体,但其并不具有与作为生物体的个人那样的内心心理状态,以对个人主观心理状态进行道德伦理非难为内核的传统过错观念似乎很难适用于社会组织体。② 同时,作为具体的个体判断,主观过错由于缺乏一般的判断标准,对于法律的适用亦造成困顿。因而,在过错的认定上逐渐产生了两种判断标准,一是违法视为过错,一是过错的客观化。前者是将过错与违法性进行融合,后者则统一采纳某种基于社会生活共同需要而提出的客观标准即"合理的人"或"善良管理人"的标准。从广义上看,违法视为过错亦是过错客观化的类型之一。

---

① 张俊者:《环境污染民事纠纷实践之困境》,载 http://tjdgfy.chinacourt.org/public/detail.php? id=73,访问日期:2014 年 11 月 12 日。
② 程啸、张发靖:《现代侵权行为法中过错责任原则的发展》,载《当代法学》2006 年第 1 期。

对于环境侵权来说,由于环境侵权的原因行为差异较大,诸如大气污染、水污染、固体废物污染、放射性污染等,同一污染介质如水污染的原因行为又会因排放不同的污染物质而有所差别,对于这些污染物质,很难有一个统一的标准,对企业是否是"合理的人"或者"善良管理人"进行判断。因而,在环境侵权领域,违法视为过错是更为适当的选择,其中,违法的判断则以国家或者地方污染物排放标准为参照,超标排放视为违法,作为承担精神损害赔偿的条件。

尽管以超标作为加害人过错的判断标准为精神损害赔偿的适用提供了一个客观标准,但由于环境侵权的高度技术性,且排放情况也只有加害人本身或者监管机关了解,受害人碍于知识、资金等多方面的原因,很难获知加害人的排污情况,如果由受害人来证明加害人超标排放,对受害人来说仍然难以承受。作为"利益矫正的再矫正"(即精神损害赔偿的实行过错归责是对环境侵权无过错责任和举证责任倒置的矫正,而过错推定则是对这种矫正的再次矫正),应在过错认定上实现举证责任倒置,推定加害人具有过错,而加害人只有证明其属于达标排放,才能不承担精神损害赔偿责任。

概言之,在环境侵权精神损害的归责原则上,应将其从环境侵权基础损害及人身和财产损害所秉承的无过错责任原则中独立出来,适用过错原则,并且将违反国家和地方污染物排放标准作为加害人具有过错的判断标准,且加害人需对其达标排放承担举证责任。在这个问题上,法院不能"杀富济贫"或"惩强扶弱",而应当基于公平正义的理念达成环境正义的目标。同样,每一项制度都有其适用的特定范围,也不能希冀一个制度解决所有的问题,在损害不能完全得到救济时,应通过建立环境损害补偿基金等制度加以实现。

2. 本案应否适用精神损害赔偿

本案是因环境污染行为造成人身损害的类型,属于典型的环境侵权造成健康受损的情形,被告应依法承担医疗费、误工费等并无异议,关键在于精神损害的认定。如前所述,精神损害赔偿责任的成立,需以被告具有故意或者重大过失为前提,并且需要造成严重的精神损害后果。没有过错虽然不影响人身损害责任的承担,却直接阻却精神损害的适用。本案中,被告职工违章操作,可以认定为具有重大过失,具备适用精神损害赔偿的条件。但对于是否构成严重损害,则有可加衡量的空间。

苯乙烯泄露造成原告的严重刺激性反应,是对原告健康权的侵犯,虽在某种程度上给原告造成了肉体痛苦,但并未引起死亡或伤残,尚不能构成严重后果。原告于此只能依据精神痛苦和其他不良情绪来主张精神损害赔偿,证明被告行为导致的恐惧等情绪已经给学习和生活造成严重影响。法院亦是据此裁判的,其面临的最关键问题是如何认定"后果严重",虽说在此种类型下法院具有较大自由裁量权,但其仍需受社会观念约束,将原告的个体境况与社会上类似情况结合起来综合衡量。依此精神,本案适用精神损害赔偿虽理由不甚充分,而法官发挥自身自由裁量权作出认定,并无明显违背法律之处。但是,法院将侵害人数众多,社会影响大,对原告学习、生活造成影响作为"严重后果"的衡量标准,则需加以考量:被告因过失造成原告发生一定程度损害,仅仅是造成原告的刺激反应,尚未对身心造成难以弥补的损害,短时间内即能恢复。精神损害因人而异,并不因为人数众多即变成更严重,社会影响大并不等同于后果严重,且被告在诉讼前已经履行部分赔偿义务。即便适用,法院不考虑原告的个体差异,实施"一刀切"(每人赔偿500元)仍需要斟酌。

3. 停止侵害的艰难抉择

如何协调环境保护与经济发展并非法院所能承担的议题,事实上也是摆在整个社会面前的重大问题。居民希望污染工厂撤离,即如工厂希望居民撤离一样迫切。每位居民乃至许多法人和其他组织,都希望污染企业"不要建在我家后院"(not in my back yard),但污染企业却因担负着我们的国计民生而须臾不可或缺,从而具有高度的社会妥当性,要求污染"不要建在每个人家后院"(not in everybody's back yard),虽是最优的状态,却是我们无法企及的目标。但是,这并不意味着污染者可以罔顾周围居民的健康和财产安全,正是因为健康保障的重要性,污染者需尽量提高技术防止污染的发生,并且在发生损害后承担相应的责任。既然冲突在所难免,在损害发生之后,法律的作用便是定分止争,达至相对公平。在环境侵权责任中,法律赋予受害人停止侵害、排除妨害和赔偿损失的请求权,但事实上,停止侵害远比赔偿损失更难以企及,这从本案中也可以看出。赔偿损失,无论是财产损失还是精神损失,虽在一定程度上能抚慰受害人因污染行为而导致的伤痛,但远不能解决后续污染所带来的问题。在人权高扬的年代,生命、身体、健康等被看做比物质更重要的权利,它们意味着生存的基本条件。在健康和发展之间,法院将面临越来越难以抉择的关口。

第六章 环境侵权纠纷解决机制

第一节 非诉讼解决方式

一、理论阐释

环境纠纷的非诉讼解决解决机制又称为替代性解决机制,泛指法院审判程序之外的争议解决机制,依照我国现行法律,环境纠纷的非诉讼解决途径主要包括民间解决、行政解决以及诉讼和解与调解几类。

(一)民间解决

民间解决途径是指在公权力未介入的状态下,由民间力量促进纠纷解决的一种方式,如当事人通过谈判自行协商、人民调解委员会进行调解或者其他民间力量进行调解等。

当事人协商解决。在发生环境纠纷之后,当事人通常希望通过双方平等协商,在分清是非的基础上,互相让步,最终达成一个双方都能接受的协议,以实现环境纠纷的解决。协商方式简便、易行、及时而又经济,有利于人民团结和社会安定。在实践中,也有大规模的受害民众主动与污染企业协商解决纠纷的情形。不过,这种通过协商解决大规模环境纠纷的方式,在我国仍处于制度之外,尚无法律加以确认、引导和规范,从而严重地影响了协商和谈判本应具有的强大功能。特别是由于我国的环境保护团体力量薄弱,社会影响力不大,环保行政机关又没有因势利导地促使受害者积极运用集体谈判和协商手段维护合法权益,造成我国在利用协商方式解决环境纠纷方面的效果甚微,亟须加强。

民间调解。民间调解是指在人民调解委员会或其他组织主持下,自愿进行协商,通过教育疏导,促成各方达成协议、解决纠纷的办法。这里的调解包括了行政调解和司法调解之外所有的调解方式,在这种方式下,当事人享有充分的自主权,可以自行决定调解的进程。人民调解委员会主持的调解通常称为人民调解,其中人民调解委员会是乡镇(街道)及村民委员会和居民委员会下设的调解民间纠纷的群众性自治组织,在基层人民政府和基层司法行政部门指导下进行工作。2002年9月26日,司法部和最高人民法院分别出台了《人民调解工作的若干规定》,在制度上对民事调解给予充分的肯定。但是,由于民间调解是当事人自行达成的协议,并不具有法律强制力,因而,民间调解的作用也会受到一定的限制。

(二) 行政解决

行政机关介入是环境纠纷解决的一个重要途径。1989年《环境保护法》第41条第2款规定:"赔偿责任和赔偿金额的纠纷,可以根据当事人的请求,由环境保护行政主管部门或者其他依照法律规定行使环境监督管理权的部门处理;当事人对处理决定不服的,可以向人民法院起诉。当事人也可以直接向人民法院起诉。"修改后的《环境保护法》虽对环境民事责任不再具体规定,但前述条文的规范意旨并未改变,且其他单行环境立法也有着类似规定。根据这些规定,我国环境法学者一般认为,环境民事纠纷的行政处理是指环境保护行政主管部门(以下简称环保部门)或者其他依据法律规定行使环境监督管理权的部门,应纠纷当事人的请求,依法对当事人之间因环境侵权的民事责任问题而产生的纠纷进行处理的活动。

行政处理在解决环境纠纷方面之所以具有优越性,是因为环境纠纷的行政处理具有独特的优势:其一,环境行政机关拥有其他主体所不具备的专业优势;其二,环境行政机关处理环境纠纷高效、及时;其三,环境行政机关处理环境纠纷可以克服当事人举证能力不足的问题;其四,环境行政机关处理环境纠纷能实现个别救济和一般救济的结合,实现环境纠纷处理和坏事故预防的有效结合;其五,环境行政机关处理纠纷有利于公众参与原则的落实,能够顾及公共利益的保护。

通常意义上的行政处理包括行政调解、行政裁决以及行政仲裁机制。

行政调解是指环境保护主管机关针对环境纠纷的当事人,在通过耐心的说服教育,使纠纷的双方当事人互相谅解,在平等协商的基础上达成一致协议,从而合理地、彻底地解决纠纷矛盾的一种方式。行政调解与人民调解一样,属于诉讼外调解,所达成的协议均不具有法律上的强制执行的效力,但对当事人均应具有约束力。

行政裁决是指行政机关或法定授权的组织,依照法律授权,对平等主体之间发生的、与行政管理活动密切相关的、特定的民事纠纷进行审查,并作出裁决的具体行政行为。行政裁决是依申请的行政行为,具有准司法性,当事人对裁决决定不服的,可以提起行政诉讼。

行政仲裁是指纠纷双方当事人按事先或事后达成的协议,或者依据法律的直接规定,将有关争议提交仲裁机构,仲裁机构以第三者的身份对争议的事实和权利义务作出判断和裁决,以解决争议,维护正当权益,当事人有义务履行裁决的一种制度。行政仲裁目前在我国主要是人事争议仲裁、劳动争议仲裁以及农村土地承包仲裁等,其余的仲裁统一适用《仲裁法》的规定。

由于对《环境保护法》及相关立法中"处理"性质的认识分歧,理论和实践中均产生行政机关是否可以进行行政裁决的争议。但目前,实践中行政机关基本上排除了行政裁决的适用,并且,晚近修订的立法也直接排除行政机关裁决的可能性,而将行政解决机制限定为行政调解制度,如 2008 年修订的《水污染防治法》第 86 条规定,"因水污染引起的损害赔偿责任和赔偿金额的纠纷,可以根据当事人的请求,由环境保护主管部门或者海事管理机构、渔业主管部门按照职责分工调解处理;调解不成的,当事人可以向人民法院提起诉讼。当事人也可以直接向人民法院提起诉讼",即为适例。关于行政调解、裁决和仲裁的关系分析,请见本节案例。

实践中,环境纠纷调解处理的流程如图 6-1 所示:

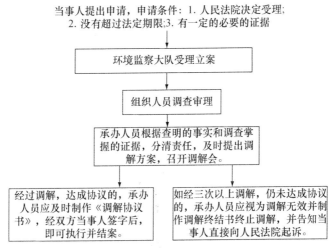

图 6-1 环境污染损害赔偿纠纷调解流程简图

(三) 诉讼和解与调解

广义上的诉讼调解包括和解和调解,亦称司法调解,是指当事人双方在人民法院法官的主持下,通过处分自己的权益来解决纠纷的一种重要方式。司法调解以当事人之间私权冲突为基础,以当事人一方的诉讼请求为依据,以司法审判权的介入和审查为特征,以当事人处分自己的权益为内容,实际上是公权力主导下对私权利的一种处分和让与。在诉讼过程中达成的和解,人民法院可以根据当事人的请求,对双方达成的和解协议进行审查并制作调解书送达当事人;调解达成协议的,当事人各方同意在调解协议上签名或者盖章后生效,经人民法院审查确认后,应当记入笔录或者将协议附卷,并由当事人、审判人员、书记员签名或者盖章后即具有法律效力。当事人请求制作调解书的,人民法院应当制作调解书送交当事人。当事人拒收调解书的,不影响调解协议的效力。一方不履行调解协议的,另一方可以持调解书向人民法院申请执行。

由于环境案件具有专业性,不具有专业背景的法官可能并不能准确把握环境案件的特质,因而,实践中有法院在诉讼调解中开始吸收专业人员的介入。例如,江苏省高级人民法院与江苏省环境保护厅联合发布的《关于环境污染损害赔偿纠纷案件调解工作的意见(试行)》(苏高法[2009]135号)即注重"诉调对接"体制,以发挥环境保护部门在处理环境污染损害赔偿纠纷民事案件中的独特作用,规定人民法院审理环境污染损害赔偿纠纷民事案件,可以根据审理案件的需要邀请环境保护部门协助调解。

二、实例解析:行政解决与司法审查

卞某诉临安县环保局环境纠纷行政处理案[①]

(一) 案情简介

1991年初,浙江省临安县临天乡平山村农民史晓泉向临安县环境保护局反映,称其种植的二亩葡萄园因受同村农民卞贤海开办的铸造厂排放的氟化物的污染,葡萄叶片和果实脱落,造成葡萄减产,要求临安县环境保护局前往调查处理。接到史晓泉的情况反映之后,临安县环境保护局于当年的8月和9月,曾先后两次派人前往史晓泉的葡萄园和卞贤海的铸造厂现

[①] 案例来源:解振华主编:《中国环境典型案例与执法提要》,中国环境科学出版社1994年版,第269—270页。

场调查。经现场调查和采样分析,办案人员确认史晓泉的葡萄园氟污染症状明显。另外,临安县环境保护局根据临安县农业技术推广站、临安乡政府及平山村村民委员会提供的情况,以及以前卞贤海因其铸造厂排放的污染物质对平山村的水稻和竹园造成污染而曾作过经济赔偿的事实,认定农民史晓泉的葡萄园严重减产系卞贤海的铸造厂在生产过程中排放含氟废气所致。据此,临安县环境保护局先后三次召集双方当事人协商解决污染赔偿问题,但终因卞贤海或拒绝到场或到场后中途退场而使调解失败。最终,临安县环保局根据案件的实际情况作出处理决定:由卞贤海一次性赔偿史晓泉1991年葡萄园减产损失人民币3920元。卞贤海不服此处理决定,遂向临安县人民法院提起行政诉讼,请求法院撤销临安县环保局的处理决定。

临安县人民法院受理了卞贤海的起诉,并于1992年9月21日对此案进行了开庭审理,但临安县环境保护局未到庭应诉。该局认为,其对史晓泉与卞贤海环境污染损害赔偿纠纷所作的处理,在性质上属于行政管理机关居间对当事人民事权益纠纷的调解处理,当事人不应以其为被告向人民法院提起诉讼。同时,临安县人民法院也不应以行政案件受理此案。

(二) 审理结果

临安县人民法院作出了缺席判决。法院认为,民事赔偿争议经过行政机关处理后,对当事人权益发生实质性影响,性质已转变为行政纠纷,因而,根据最高人民法院《关于贯彻执行〈行政诉讼法〉若干问题的意见》第4条规定,"公民、法人或者其他组织对行政机关就赔偿问题所作裁决不服的,可以向人民法院提起行政诉讼",而在行政诉讼中,"被告未向本庭提供作出上述处理决定的任何证据材料,故无法证明其作的处理决定是合法的",依照《行政诉讼法》第48条和第54条第2款的有关规定,判决撤销临安县环保局的处理决定。

(三) 案例评析

本案争议焦点在于行政机关对因环境污染损害所引起的赔偿责任和赔偿金额纠纷作出的"处理决定"的性质认定问题。

尽管法律规定行为人应对因其行为产生的损害负责,但行为人并不会主动履行其责任,因而需要公权力介入以保障法律得到执行和遵守。在很多专业领域,为保证纠纷的及时解决,法律往往允许行政机关先行对民事纠纷予以涉足,然后由法院进行司法保障。在环境纠纷领域,由于环境问题的产生往往具有高度的技术性特征,因而,为尊重行政机关的专门才干,法律往往赋予行政机关应对环境民事纠纷的权限。如1987年通过的《大气污染防治法》第36条规定:"造成大气污染危害的单位,有责任排除危害,并对直接遭受损失的单位或者个人赔偿损失。赔偿责任和赔偿金额的纠纷,可以根据当事人的请求,由环境保护部门处理;当事人对处理决定不服的,可以向人民法院起诉。当事人也可以直接向人民法院起诉。"1989年通过的《环境保护法》第41条也规定:"赔偿责任和赔偿金额的纠纷,可以根据当事人的请求,由环境保护行政主管部门或者其他依照法律规定行使环境监督管理权的部门处理;当事人对处理决定不服的,可以向人民法院起诉。当事人也可以直接向人民法院起诉。"平山村农民史晓泉正是据此请求县环境保护局予以处理,而县环境保护局也是基于此作出了责任的认定。但是,由于法律未对"处理决定"的性质予以明确,也未对"向人民法院起诉"的类型作出明确规定,因而产生了争议。

法院将"处理决定"的性质认定为行政裁决,从法理上说并无问题。所谓行政裁决,是指行政机关或法定授权的组织,依照法律授权,对平等主体之间发生的、与行政管理活动密切相关的、特定的民事纠纷(争议)进行审查,并作出裁决的具体行政行为。一般认为,对于环境赔偿责任和赔偿金额纠纷的处理,包含了行政调解和行政裁决两种方式,行政调解由于没有对当事人实体权利义务关系产生实质影响,因而属于不可诉的行为;而行政裁决则属于具体行政行为,当事人对裁决不服的,可以提起行政诉讼。

但是,将环保机关的"处理"认定为包含行政裁决程序,存在一些不周延之处:

首先,确立环境行政裁决并允许当事人对裁决不服时提起行政诉讼并不能最终解决纠纷。行政裁决作为一种具体行政行为,当事人对其不服时的救济途径主要有行政复议和行政诉讼。依据《行政复议法》第28条的规定,行政复议的结果包括维持;责令履行职责;撤销、变更和确认具体行政行为违法并可视情形责令重新作出具体行政行为等几种类型,但行政复议并非具有终局性效力,对复议不服仍可以提起行政诉讼。而行政诉讼仅是对具体行政行为合法性进行的审查,其结果主要有维持判决、撤销或部分撤销并可责令重新作出具体行政行为、责令限期履行职责以及在显失公正时的变更判决,除了维持和变更,其余判决最终均是重新回到了重新作出行政裁决的轨道,不仅会占用有限的司法资源,更违背了行政解决机制及时高效、节约成本的制度初衷。

其次,行政裁决虽是依申请而为的具体行政行为,但其在实践中并非单一的由环境保护行政机关居中裁判的行为,在行政机关确定当事人双方的责任时,往往伴随着一系列调查取证,在发现污染行为人有违法违规行为时,行政机关又会采取相应的行政处罚措施,如罚款、限期治理、责令停产停业甚至予以关闭,而实践中对当事人赔偿责任和赔偿金额的处理又通常与行政处罚在同一文书中作出,这使得行政机关居中裁判民事纠纷的角色与纯粹的行政管理行为相混同,不仅使行政处罚行政相对人难以认同,亦使行政机关有"球员兼裁判"之嫌,违背了行政裁决中立性、公正性的制度初衷。

再次,在处于转型时期的当代中国,环境纠纷大量发生,加之其又具有长期性、复杂性和影响广泛性等特征,由行政机关直接居间裁判民事纠纷不仅会占用以环境行政管理为主的行政机关较多的精力和资源,而且确立行政裁决又使得行政机关成为行政诉讼被告的潜在可能性大大增加,这又会使行政机关的积极性受到冲击,并在某种程度上将这种"怠工"情绪反映在其后处理的民事纠纷中,人为增加了行政裁决的难度和成本。这虽然有为行政机关脱责的嫌疑,却不是可以忽略的因素。

正基于此,国家环境保护局于1991年11月26日就关于如何正确理解和执行《环境保护法》第41条第2款向全国人大常委会法制工作委员会作了请示。全国人大常委会法制工作委员会于1992年1月31日作出答复认为:"因环境污染损害引起的赔偿责任和赔偿金额的纠纷属于民事纠纷,环境保护行政主管部门依据《中华人民共和国环境保护法》第41条第2款规定,根据当事人的请求,对因环境污染损害引起的赔偿责任和赔偿金额的纠纷所作的处理,当事人不服的,可以向人民法院提起民事诉讼,但这是民事纠纷双方当事人之间的民事诉讼,不能以作出处理决定的环境保护行政主管部门为被告提起行政诉讼。"这一答复暗含的意蕴也是显而易见的:如果行政机关在调解不成时依法作出"处理决定",其显然是对当事人权利义务造成实质影响的具体行政行为,当事人可以提起行政诉讼;而行政机关若不愿做被告,亦只有对"处理"做限缩解释,将其视为不可诉的调解行为。而本案法院在此答复之后仍将其作为行政诉讼受理,在社会上产生了较大反响。

受此影响,随后制定或修改的《环境噪声污染防治法》(1996年)第61条、《大气污染防治法》(2000年)第62条、《固体废物污染环境防治法》(2005年)第84条、《水污染防治法》(2008年)第86条等直接将相关部门的权限规定为"调解处理",直接从法律上进行限缩,完全排除了行政机关作为行政诉讼被告的可能性。因而,在环境污染民事纠纷领域,环保机关目前的权限主要是行政调解。

但是,这种限缩的不利影响也是明显的,由于行政调解不具有实质性效力,对于当事人纠纷解决发挥的作用非常有限,从而使大量纠纷涌入法院,使得行政纠纷解决机制的作用大打折扣。因而,探索适合我国的行政解决机制,适当平衡行政机关和司法机关的资源,以充分保障当事人权益即尤为亟需。

三、实例解析:环境侵权纠纷的诉讼调解

胡某等与向塘机务段等环境污染损害赔偿案[①]

（一）案情简介

2001年6月20日,南昌县向塘镇黄堂村村民胡某发现自家饲养的183只种鹅,在河内放养时被回水湾河面上的油污污染,被污染的种鹅全身羽毛都变成了黑褐色,不愿进食,且不断撕毛,随后有163只死亡。胡某顺着油污污染的水面逆流而上,发现污染源来自向塘机务段的一个排污口。之后,该村邓某等7位村民饲养的种鹅也出现生病、死亡的情况,向塘镇浃溪余某等31位村民的水稻田、莲藕塘也出现大面积减产。据受害人初步估算,胡某直接经济损失32107.60元,邓某等7位村民的损失106933.60元,余某等31位村民的损失78771.20元。

2001年6月25日,南昌县环保局接到胡某等报告后,会同向塘机务段、向塘镇政府、黄堂村委会、沙潭村委会、浃溪村委会的有关人员对污染现场进行勘查,并于7月24日在向塘机务段召开了由南昌铁路局、南昌县环保局、向塘镇政府及黄堂、沙潭、浃溪三村委会有关人员参加的污染事故协调会。会议商定,成立由南昌县环保局、南昌铁路局、向塘机务段、向塘镇政府等单位组成的污染事故调查组,同时要求调查组再次对造成污染的原因、污染受损情况进行调查。调查组于7月27日重新对污染现场进行勘查,并对造成污染原因、污染受损情况进行了多方调查取证。2002年4月14日,南昌县环保局经调查认定:(1)6月20日,向塘铁路排污口,大量未经完全处理的含油废水直接向堂墅港河排放,造成水体严重污染,致使在下游沙潭港

---

① 案例来源:易河明:《对一起环境污染损害赔偿案的分析》,载南昌市中级人民法院网站,http://nczy.chinacourt.org/article/detail/2005/06/id/1196358.shtml,访问日期:2014年10月10日。

头村河段两个较大的回水湾内存积了一层厚厚的油污,胡某饲养的 183 只种鹅在河内放养时被污染,产生的直接经济损失 16470 元,而堂墅港河南岸的黄堂村邓某等七村民的种鹅 1178 只,也遭受了不同程度的损害,直接经济损失 10602 元;(2) 6 月 22 日,向铁折返段内几台保养检修的内燃机车,工作人员在用水冲洗时正遇大雨,致使大量含油废水渗流到周边浃溪村部分水稻田和莲藕塘中,造成水稻、莲藕不同程度污染,受污染面积 174.6 亩,造成直接经济损失 39295 元。南昌县环保局在认定上述事实的基础上,提出如下要求:(1) 向塘铁路部门要加强环境保护工作,增强环境意识,提高防污治污能力,减少对环境的污染。(2) 向塘铁路部门应一次性赔偿胡某直接经济损失 16470 元,赔偿邓寿平等七人直接经济损失 10602 元,赔偿向塘镇浃溪村民直接经济损失 39295 元,三项赔偿金额共计人民币 66367 元。如果南昌铁路局对处理意见有异议,请在十五日内与南昌县环保局商洽。南昌铁路局对此意见表示不同意。胡某、邓寿平等八人及南昌县向塘镇浃溪村委会在得不到赔偿的情况下,于 2002 年 6 月 19 日向南昌县人民法院依法提起民事诉讼,要求南昌铁路局、南昌铁路局向塘机务段赔偿经济损失 217812.40 元。

南昌县人民法院受理此案后,被告南昌铁路局在答辩期限内提出管辖异议。认为该案属与铁路运输有关的侵权纠纷,依照铁路运输法院专属管辖的原则,依法应当由南昌铁路运输法院管辖。同年 7 月 15 日,南昌县人民法院以本案侵权行为地为向塘镇范围内为由,裁定驳回南昌铁路局的管辖异议。南昌铁路局不服裁定,依法上诉至南昌市中级人民法院。上诉称:最高人民法院《关于适用〈中华人民共和国民事诉讼法〉若干问题的意见》第 30 条明确规定:"铁路运输合同纠纷与铁路运输有关的侵权纠纷,由铁路运输法院管辖。"本案的性质是因向塘机务段对火车头进行维修、保养过程中,因渗油造成环境污染引起的侵权,而对火车头进行维修、保养是铁路运输的重要组成部分,因而不能将该案作为因渗油引起环境污染的侵权案件。2002 年 9 月 11 日,南昌市中级人民法院作出终审裁定,认为南昌铁路局上诉理由不能成立,本案作为侵权纠纷,不属于铁路运输法院的管辖范围,驳回了南昌铁路局的上诉,维持原裁定。

在管辖权的争议解决之后,南昌县浃溪村委会村民余某等 31 位村民提出申请,请求参加诉讼,并推举了代表人。2002 年 12 月 18 日,南昌县人民法院公开开庭审理了本案。

（二）审理结果

庭审中，双方争议焦点集中在以下几方面：（1）原、被告的主体是否适格；（2）水体被污染的事实是否存在；（3）原告财产损失是否与被告的行为存在因果关系；（4）原告的损失计算是否合法；（5）被告是否存在免责事由。为支持各自的观点，原告向合议庭提供了向塘兽医站、向塘农技站、向塘工商所、向塘粮管所、向塘统计站、向塘镇浃溪村委会及胡某等人的证据材料，并提供向塘文化站的录像资料，证明其损害事实及损害事实与被告排放污水之间的关系。被告则提供了省市两级环境监测机构及其自行检测的多份检验报告，证明其排放的水质属达标排放。被告还提出，原告与被告的主体均不适格，原告个人没有提供承包经营权证，浃溪村委会与本案没有事实上的利害关系，且浃溪村委会、余瑞卿等31人水稻田、莲藕塘受污水源是向塘折返段所致，而向塘折返段属萍乡机务段管辖，故原、被告均不是适格的诉讼主体。对于原告提供的一系列证据材料，被告均一一提出异议，认为作证的主体资格不符，证明内容在形式上、内容上均有缺陷，没有证明力。对于被告提供的一系列证据，原告亦均表示异议：首先，被告的一系列检测报告均是被告方单方所为，不能作为认定事实的依据，并且，依照国家环保局《关于确定环境污染损害赔偿责任问题的复函》的有关规定，赔偿条件是只要给受害人造成了损害，是否达标排放不是被告免责的理由。庭审调解未达成任何一致意见。

庭审结束后，法院再次组织双方当事人调解，原、被告双方于2003年1月2日达成协议：

1. 南昌铁路局向塘机务段同意补偿胡某经济损失18700元，邓某等7人经济损失15800元，浃溪村委会及余某等31人经济损失35000元；

2. 南昌铁路局对给付上述款承担连带责任。

本案诉讼费用由原告承担。

协议达成后，南昌铁路局向塘机务段已向各原告支付了上述各项款。

（三）案例评析

本案案情相对来说较为简单，但同时涉及环境纠纷的行政调解和诉讼调解，从而使得本案具有一定的典型意义。

如前已述，环境纠纷行政解决机制具有专业性、便捷性、及时性等特征，从而具备其他纠纷解决方式所没有的优势。从各国情况来看，对于环境纠纷的行政解决，其多采取行政调解与行政仲裁相结合的方式。我国《环境保护法》规定的行政机关的"处理"由于有使行政机关成为行政诉讼被告的可能性,因而立法和司法实践中逐渐将其限缩为单纯的行政调解。由于行政调解需以当事人自愿为基础,并不具有强制性,即便当事人达成协议,亦可以随意反悔。而在大多数情形下,由于环境纠纷多涉及群体性纠纷和数人侵权问题,要想达成调解协议,殊为困难。由于行政调解之后无行政机关的裁决存在,使得环境纠纷的行政解决机制陷入名存实亡的境地,对于环境纠纷的有效解决并无助益。因而有必要建立行政调解与行政仲裁相结合的环境纠纷行政解决机制。这一点,在本案的前期处理程序中亦有体现。南昌县环保局作出的要求被告减少污染以及赔偿责任和赔偿金额的处理意见,从程序上来说并非当事人自愿协商的结果,而类似于环保局作出的行政裁决。但是,从该处理意见的效力来说,其并不具有确定力,一方不予同意,实质上即回到原点,受害人仍需回到民事诉讼的途径。

诉讼调解则与行政调解不同。诉讼调解以司法审判权的介入和审查做后盾,具有以下优点:(1)时间上,有利于迅速解决纠纷,化解各方当事人的矛盾。(2)在程序上,具有简便性、灵活性,可以口头传唤,电话通知,而解决纠纷的地点虽一般要求在就地进行,不受限制。(3)在效果上,首先提高了办案效率,节约了司法资源,且有利于当事人之间权利义务的实现,有利于促进各方当事人之间团结、减少对立。(4)在效力上,与人民法院判决具有同等法律效力,一方当事人可依生效调解书申请人民法院强制执行,达到与判决追求的相同结果。正是由于诉讼调解的上述特征,使得其相较于判决和其他调解方式具有不可比拟的优点,且当事人服判率较高,调解协议的执行也较为容易。但同时亦应警惕变相违背自愿基础的"调而不判",或者违背法律规定损害当事人的利益。

此外,对于调解协议中使用"补偿"而非"赔偿"一词,亦有疑问的空间。所谓补偿,是指一方没有法律上的义务,而给予另一方一定的金钱或承担一定的义务。所谓赔偿,是指一方基于法律上的规定,给予另一方一定的金钱或承担一定的义务。两者的根本区别在于是否在法律规定上要承担责任。调解协议使用"补偿"一词,事实上是认为被告承担的不是法律上的责任,而是道义上的责任,这显然与案件事实并不相符,因为根据环境侵权的无过错责任和举证责任倒置原则,被告理应承担环境污染侵权责任,这对于诉讼调解来说,不能不说是本案留下的一个遗憾。

第二节 传统环境民事诉讼

一、理论阐释

(一) 环境民事诉讼的特征

环境民事诉讼是指自然人、法人或其他组织在其人身、财产权利因环境污染或者生态破坏行为受到损害或者有损害之虞时,依民事诉讼程序提出诉讼请求,由人民法院依法进行审理和裁判的活动。依环境民事责任承担方式的不同,传统的环境民事诉讼可以划分为停止侵害之诉、排除妨害之诉、消除危险之诉、恢复原状之诉和环境损害赔偿之诉,其中前三种又可以称之为排除危害之诉。根据本书前五章的案例,基本可以得出传统环境民事诉讼的以下特征:

第一,环境民事诉讼的原因行为主要是环境污染致人损害。依据最高人民法院发布的《民事案件案由规定》(法发〔2008〕11号),涉及环境类的案由主要有五类:(1)相邻通风、采光和日照纠纷;(2)相邻污染侵害纠纷;(3)环境污染侵权纠纷;(4)船舶污染损害赔偿纠纷;(5)海上、通海水域污染损害赔偿纠纷。其中,第(1)、(2)类属于物权纠纷中的所有权纠纷;第(3)类属于特殊类型的侵权纠纷,其下又细分为大气污染、水污染、噪声污染和放射性污染四项;第(4)、(5)项属于海事海商纠纷。其中第(1)类通常并不作为环境侵权对待,而其余四项基本都是因环境污染引发的诉讼。从实际案例看,水污染侵权纠纷最为常见,噪声污染也日趋增多。此外,新型的污染侵权类型也不断出现,如光污染、热污染、辐射污染等。实践中亦出现将生态破坏致人损害认定为环境侵权的案例,但无论在理论和实践中都存在巨大的争议。

第二,环境民事诉讼的主体具有特殊性。这种特殊性主要在三个方面:其一,现代社会已是风险社会,人们在享受科技进步带来的巨大成果的同时,技术进步与创新也成为最大的风险来源之一,甚至诸如恶劣天气等自然灾害已经不再是单纯的自然事件,其背后可能隐藏着人类破坏自然的恶劣行为。在这种背景下,以受害人众多、大范围损害、高频率发生为显著特征的大规模环境侵权不断涌现,使环境民事诉讼成为群体性诉讼的典型;其二,加害人多为生产性企业,并且加害人在多数情形下并非单一,无意思联络的数人环境侵权越来越多,数个加害人之间的责任认定较为困难;其三,与多数人侵权与多数人受害相伴随的是作为传统民法基础的平等性和互换性特征丧失,加害人多为占据优势地位的企业,垄断信息和证据,拥有资金、技术和人才优势,而受害人多为贫困或者弱势群体,出现了"加害人恒为加害人、受害人恒为受害人"的状态,当事人这种诉讼地位的不平等导致环境民事诉讼关系的失衡。

第三,诉讼围绕的利益争执点呈现社会化倾向,涉及多种利益的衡量。与一般的民事诉讼相比,环境民事诉讼往往并非单一考量当事人的利益,诉讼过程中出现利益的多元化。由于环境污染在经济发展过程中的不可避免性,出于发展经济与保护环境总体平衡的考虑,国家必须允许排污行为的存在,并制定相关的国家标准,在价值判断上,很难贸然认定环境侵害是一种无价值的事实或行为。在法律的价值判断上,环境侵害虽然是侵害他人权益的现象,但也具有相当程度的"社会妥当性",属于"可允许的危险"。因此,在环境诉讼中,必须对环境侵害进行利益衡量,避免绝对化的救济思路。

第四,环境民事诉讼的责任形式具有多元化,不仅包括损害赔偿和恢复原状等事后救济途径,还包括排除危害等预防性形式,精神损害赔偿的地位也日益突出。从实践来看,对于环境侵权造成的人身、财产损害等财产性赔偿,通常可以得到全部或者部分实现,但是对于预防性责任形式,基于利益衡量以及体制外的因素诸如地方保护和部门利益等,往往很难实现。此外,对于生态环境本身的损害,实践中尚未有加以考虑的案例。

第五,由于环境案件的上述特征,在环境民事诉讼中逐渐确立了一些特殊的规则,以倾斜保护受害人,这些规则主要包括:(1)归责原则实行过错(推定)责任原则和无过错责任原则相结合的归责体系,在拟制型污染侵权中适用过错推定原则,超标视为有过错;在实质型污染侵权中适用无过错责任原则,排除主观过错和违法性;在精神损害赔偿和惩罚性赔偿的适用上以过错责任为基础,以故意或者重大过失造成严重损害为前提。(2)实行举证责任倒置,由加害人就其排污行为与损害后果之间不存在因果关系以及存在不承担责任或者减轻责任的事由承担举证责任。(3)诉讼时效延长。基于环境侵害的潜伏性、长期性,环境案件的诉讼时效应当比一般民事诉讼长,根据《环境保护法》的规定,因环境污染损害赔偿提起诉讼的时效期间为3年。

第六,环境诉讼严重依赖科学鉴定,法官裁量权较大。从环境侵权纠纷案件的判决来看,其着力点多集中于损害后果和因果关系两个层面,法官对于这两个问题的认识基本会归结到对于科学证据的认定,而科学证据的认定又非常依赖中立机构的鉴定结论。同时,在对于鉴定结论是否采纳方面,法官拥有较大的裁量权,法官对于环境诉讼特殊性的认识,直接关系到案件的正确审理。

(二) 传统环境民事诉讼存在的主要问题及其成因①

1. 主要问题

经过30年发展,司法机关采取的各种应对措施对环境诉讼的顺利展开起到积极的促进作用。尤其是最高人民法院发布的几个司法解释,极大地推动了环境案件的审理,并且这些较为成熟的经验被直接纳入《侵权责任法》的范畴。但是,司法在处理环境民事案件时,仍存在不少问题,综合本书相关案例来看,这些问题集中反映在环境民事案件的受理难、审理难、判决难、执行难。

受理难主要体现在,一些环境权益受到侵害的当事人起诉到法院,被以无法律依据为由不予受理;或者因为地方保护、地方经济利益等原因也可能被法院拒之门外。

审理难体现在对环境案件的特殊规则认识分歧,如在归责原则上到底是过错原则还是无过错原则?违法性是否作为构成要件?举证责任倒置与因果关系推定是什么关系?双方当事人证明程度应达到什么样的标准?实际损害如何认定?无意思联络的共同侵权如何处理?……由于这些规则具有高度抽象性,加之法官整体素质达不到应用司法技术弥补法律漏洞的程度,很多法官在面临环境民事案件时会发生极大争议,往往对环境民事案件的特殊性认识不足,从而运用传统民事规则加以处理,使环境案件得不到正确审理。

判决难体现在一些案件虽然不存在法律上的障碍,并且法官也正确适用了环境案件的特殊规则,但是由于一些案外或者体制外的因素,往往不能得到正确的判决,受害人利益、环境利益由于地方经济发展、社会稳定乃至部门利益得不到有效保护。

执行难除了整个社会执行难的大背景外,更有环境民事案件的特殊原因。例如,环境侵害通常受害人众多,而加害人行为又不具有社会责难性,

---

① 本部分内容主要参考吕忠梅:《环境法学》(第2版),法律出版社2008年版,第189—193页。

并且涉及就业、税收等多种利益,法院判决往往会受到多种阻力。另外,在一些案件尤其是重大或特大的环境污染侵权案件中,责任人往往缺乏相应的执行能力,如在沱江污染案中,加害人造成直接经济损失2亿多元,间接经济损失5亿多元,但法院最终判决只赔偿2000万元。①

2. 环境民事诉讼难的成因分析

出现以上问题的原因是多方面的,其中一些问题固然非环境司法所特有,但环境诉讼较之其他诉讼更为艰难却是不争的事实。究其原因,主要有以下几方面:

第一,环境立法的不完善是环境诉讼难的主要原因。中国环境立法虽然走过了30年的历程,但从总体上看,环境法制的完善远非一日之功,许多重要的制度尤其是环境民事责任制度不够健全。环境立法主要关注环境行政管理职权的配置,对于民事责任的规范重视不够,已有的规定甚至存在不一致乃至矛盾之处;最高人民法院通过司法解释的方式作出了很多努力,但囿于司法解释的效力、功能,其不可能担当起建立完善制度的重任;《侵权责任法》专章规定了环境污染责任,显示了传统民法对环境问题的应对,但是,对于这部法律,我们并不能寄予太高的期望,毕竟,其只有四个条文,具有高度的概括性,并未超出环境立法和司法解释规定的范畴。严格来说,其甚至不如晚近修订的环境立法中的民事责任规范更具体、更能贴近环境案件的特殊性。更关键的是,对于环境案件的诸多特殊性,如环境侵权的原因行为、归责原则、违法性、因果关系、举证责任、环境公共利益与个人权益的协调保护等等,学界的认识一直存在分歧,从来没有真正从理论和实践的结合上进行透彻的研究。立法上的欠缺必然带来法律适用的混乱,进而造成一些案件被拒之门外或者误判。

第二,环境诉讼机制缺陷是环境诉讼难的直接原因。目前,我国按照传统的三大诉讼设立审判机构,并且严格分工。但是,环境案件的特殊性使得任一诉讼程序对环境案件的审理都难以达到最优的结果,并且一些新类型的案件也简单地按照传统诉讼原则进行审理,不能综合考虑私权和公益、权利与权力、个人与社会、政府与社会的关系。如环境诉讼到底由哪个庭进行审理、按照什么程序审理、对公权力介入的民事行为应如何判断、对私益性环境纠纷应如何考虑公共利益保护等问题,需要审判组织、审判机制、审判

---

① 《沱江特大水污染事故案终审》,载http://news.sina.com.cn/s/2005-12-25/14367813180s.shtml,访问日期:2014年11月12日。

技术、审判技巧等方面的综合保障。而目前,我国在这方面还非常薄弱。

第三,法官素质与水平不高是环境诉讼难的主观原因。现代社会一般都承认司法的能动性,承认法官通过依法行使自由裁量权弥补法律漏洞、维护法律秩序的功能,这种功能的发挥需要法官具有良好的法律素养和对法律与社会生活的高超驾驭技术,需要法官对法律的精神与使用技术的透彻理解与把握。但是,目前从总体上看法官的法律思维还有待提高,对于比普通案件更为特殊和复杂的环境案件来说,不经过系统的训练,很难把握环境法的精神和特质,从而也就很难使环境案件得到很好的处理。

第四,司法环境不好是环境诉讼难的客观原因。这一点已无须赘述。

(三) 环境侵害救济的因应之道

环境侵害的复杂性、变动性及不确定性,决定了对其救济不能孤立对待,而需要建立多元而全面的环境责任机制加以实现。于此,很多国家如德国、芬兰、丹麦、墨西哥、瑞典乃至欧盟都制定了专门的《环境责任法》或者《环境损害赔偿法》作为该国民法典或债法的特别法。但如前所述,环境侵害面临公益与私益的交融,单一部门法难以提供完整救济,为使环境侵害救济更具有可操作性,并通过明确责任影响各方行为,制定专门的《环境侵害救济法》即尤为必要。通过专门立法,对环境公益和私益、民事和行政、实体和程序等作出规定。具体设想如下:

1. 总则:主要是纲领性规定。其关注点在于:(1) 科学界定环境侵害的概念,将环境污染行为和生态破坏行为均纳入侵害范畴,在侵害后果上纳入对人的损害和对环境的损害,并将侵害类型化;(2) 分配国家、企业和个人在环境侵害救济中的权责,明确国家的补充责任;(3) 明确信息公开对于环境侵害救济的重要地位;(4) 构建健康环境风险评估鉴定体系;(5) 明确本法的优先适用地位等。

2. 民事救济:对《侵权责任法》作出延伸和补充,明确环境侵权的民事救济方式。其关注点在于:(1) 归责原则:根据拟制型污染侵权、实质型污染侵权、生态破坏型侵权以及精神损害的特点,确立不同的归责原则;(2) 请求权人的延伸:明确环境公益受损时法律授权机关的特殊民事主体地位;(3) 数人环境侵权的责任划分;(4) 因果关系推定;(5) 责任形式的确立;(6) 精神损害赔偿的适用;(7) 惩罚性赔偿的适用;(8) 修复环境的费用;(9) 不承担责任和减轻责任的细化;(10) 侵害人和受害人的减损义务等。

3. 社会化救济:赔偿责任的社会化是环境责任法发展的趋势所在,社会化赔偿建立在民事责任明确的基础上,通过责任保险、共同基金或者特定财务安排来分散、转移或者特定化责任人赔偿责任,目标是保护受害人获得及时、充分的赔偿。其关注点在于:(1)通过环境责任保险"避免因损害数额过巨导致污染制造者无法赔偿损害"[1];(2)通过一定范围内企业自愿协议组成环境共同基金,弥补环境责任保险不能承保的行政罚款、惩罚性赔偿等惩戒性责任,以及不符合保险经营技术的故意侵权等赔偿责任;(3)通过强制从企业税后利润中提取的环境公积金作为环境损害赔偿或者履行替代责任的专项准备金等。

4. 行政救济:主要涉及政府的补充责任,即在无法找到侵害人、侵害人赔偿能力不足或者政府对损害发生负有责任时如何对人身、财产损害和环境损害进行救济的问题。其关注点为:(1)环境损害补偿基金:主要填补受害人的损害,包括基金设置、来源、标准和程序、追偿和返还、时间效力等;(2)政府赔偿:政府行为导致损害发生时的直接赔偿义务、代赔偿义务等;(3)政府环境整治:对环境本身损害的修复,主要涉及整治基金。

5. 救济程序:主要涉及因环境侵害纠纷的解决途径和程序,涉及诉讼机制和非诉机制的沟通和协调。其关注点为:(1)民间调解和行政调解及其效力问题;(2)专门环境仲裁机制的构建;(3)专门环境诉讼的构建:设立专门环境审判组织,受理环境诉讼案件,实行行政权和民事权利主张的双重审查;(4)公益诉讼的提起主体、程序、诉讼费用分担、赔偿金归属等;(5)举证责任倒置;(6)诉讼时效等。

二、实例解析:传统环境民事诉讼的规则

张某等1721人与榕屏公司环境污染损害赔偿纠纷上诉案[2]

(一)案情简介

榕屏化工有限公司(以下简称"榕屏公司")于1992年作为招商引资项目在P县城南路建设化工厂,因环境污染损害赔偿纠纷,P县溪坪村、后龙林、古厦村、酒厂等1721人以张某等5人为诉讼代表人,向N市中级人民法院提起诉讼。

---

[1] 陈慈阳:《环境法总论》,中国政法大学出版社2003年版,第438页。
[2] 福建省高级人民法院(2005)闽民终字第349号民事判决书。

张某等诉讼代表人以榕屏公司第一期工程投产后,对周边地区陆续造成污染,1998年建设第二期工程时,对污染防治设施没有验收即投入使用,排放的废水、废气、废渣严重超标,对环境和人体造成严重损害,特别是排放的氯气,造成大片树林、竹林、果树、庄稼被污染枯死、鱼虾不能生存为由,请求法院:(1)判令榕屏公司立即停止侵害;(2)判令榕屏公司赔偿原告的农作物及竹、木等损失人民币10331440元;(3)判令榕屏公司赔偿原告精神损害人民币3203200元;(4)清除厂内及后山废渣。

榕屏公司辩称,其从建厂开始就重视环保工作,至目前已投入500多万元。工厂环保设备齐全、先进、规章制度健全,每年均两次委托省、市有关环保检测机构进行检测,"三废"全部达标排放,而且绝大部分是在国家最高允许排放限值的一个数量级以下。因此,工厂的达标排放不会造成原告农作物减产绝收,也不会造成人体任何损害。原告树木植被死亡,是附近一座机砖厂排出的废气所致,与公司的达标排放无关。且原告中只有三人对树木、植被的死亡具备索赔的资格,其余的原告均没有林权证,公司为搞好周边关系,在2001—2002年度,已向原告所在的村支付434415.2元的补偿费。因此,原告对该段时间的损失不再具有求偿权,对2000年1月1日以前的损失赔偿已超过诉讼时效。要求驳回原告的全部诉讼请求。

一审判决认为:根据原告提供的证据,原告存在林木、毛竹、果树、农作物受损的事实可以认定,被告虽然提供证据证明其公司环保设备先进,经省地环保部门监测废气、废水排放达标,但达标排放,并不等于不会造成污染,达标排放只解决行政责任问题,并不排除民事责任。被告厂旁边机砖厂排放的废气也会在一定程度上对周边环境造成损害,但由于机砖厂规模小,其排放的废气不可能造成原告大片山场林木、毛竹死亡,因此,被告主张原告损失是机砖厂排放的废气所致依据不足,被告提供的证据不能证明被告公司不会对原告山场造成损害,因此,被告举证不足。根据最高人民法院《关于民事诉讼证据的若干规定》第4条第1款第3项的规定,应当推定为被告的排污对原告的损害存在因果关系。原告主张成立,应予支持。

关于损失范围和损失金额问题。鉴于N市林业局高级工程师唐青山于2004年10月28日(包括11月11日毛竹死亡为8.5亩)对山场林木等损害情况所作的调查报告,是客观的、准确的(根据军用地图结合山场受损情况进行标绘),真实地反映了凭肉眼所能看到山场的受损情况,该调查报告可以作为本案的定案依据;P县屏城乡政府2004年9月30日出具的证明是根据 2001 年县政府农业、经委等六部门组成的调查组的调查,也可以作为计算受损赔偿范围的依据。江西惠普会计师事务所以上述两个调查报告以及当事人的自报损失以不同方法对损失进行评估,认定损失金额为 61 万元。由于提供鉴定的受损范围未包括宝石厂征用前的受损损失,因此,征地前的损失亦应计算,包括征地前的损失金额,共计损失金额应为 684178.2 元。由于被告自 2001 年 1 月 11 日至 2002 年 3 月 5 日先后付给溪坪村树苗损失补偿款 146000 元,于 2001 年 1 月 13 日、2002 年 2 月 6 日又付给屏城乡财政所 94263.2 元和 194152 元,用于溪坪村农田及树木补偿,因此,从 2001 年 1 月至 2002 年 2 月榕屏公司共支付给原告赔偿款计 434415.2 元,对此应在本次补偿中扣除。原告以"从 1985 年起癌症死亡人数表"及"村民 1987 年 3 月征兵情况表",证明因污染使应征青年逐年减少,原告身体受到损害,要求赔偿精神损失。由于原告没有提供相应的证据,因此,原告的该项主张依据不足。且根据《最高人民法院关于审理人身损害赔偿案件适用法律若干问题的解释》和《最高人民法院关于确定民事侵权精神损害赔偿责任若干问题的解释》,精神赔偿只适用于精神损害和身体受到严重侵害的情况,原告的主张不符合该规定的要求,故其主张不予支持。

至于诉讼时效和原告的主体问题,鉴于原告提供证据可证明从 1995 年被告投产以来,原告山地陆续出现毛竹等死亡时,就陆续向有关部门反映,要求榕屏公司赔偿损失。因此从本案实际情况出发,诉讼时效可从 1995 年开始计算。原告主张按 8 年计算(前 5 年按 30%,后 3 年按 100% 计算)有理可予支持。被告主张原告诉讼时效超过,依据不足,不予采纳。原告起诉时人数为 1643 人,其中有非农业人口和农业人口,有主张农作物赔偿损失,有主张精神赔偿损失。举证期届满后新增加的 97 人,新增当事人的诉讼主张与已起诉的原告主张是一致的,也没有增加新的证据材料,同时被告也同意一并解决,因此 97 人的诉讼请求可与 1643 人的诉讼请求合并审理。

综上,依照《环境保护法》第 41 条、第 42 条、最高人民法院《关于民事诉讼证据的若干规定》第 2 条第 2 款的规定,判决:

1. 榕屏公司应立即停止对原告的侵害;
2. 榕屏公司在本判决生效后 10 内赔偿原告山场林木、果树、毛竹和农田等损失人民币 249763 元;
3. 榕屏公司应在 P 县政府批准的废渣堆放场建立后或榕屏公司与福州大学废渣无害处理成果投入生产后或环保部门允许的其他处理方法确定

之日起六个月内清除厂内工业废渣和后山工业废渣;

4. 驳回原告的其他诉讼请求。

宣判后,双方均不服。

(二) 审理结果

二审认为,上诉人张某等人提供的部分农、林、果作物受污染的照片、有关部门的调查报告、处理意见等,可以证明原告所种植的林木、果以及农作物、植被等受污染的事实。被告认为原告农作物等受损与其无关,没有充分的证据证明。根据最高人民法院《关于民事诉讼证据的若干规定》和《国家环境保护局关于确定环境污染损害赔偿责任问题的复函》精神,上诉人榕屏公司虽然提供了其厂环保验收合格、机械设备先进、"三废"排放达标、没有污染物泻漏事故以及相关专家论证等证据,但污染物排放标准不是确定排污单位是否承担赔偿责任的界限。其虽提供当地的气象数据说明燃煤机砖厂排放的气体是造成原告林木、果树及农作物损害,但未提供燃煤机砖厂排放的气体与原告林木、果及农作物受污染存在因果关系的鉴定依据,也不能提供榕屏公司的废气排放、废渣堆放与上诉人张某等人种植的农作物等受污染没有因果关系的证据,故应承担举证不能的法律责任。原审认定张某等人的林木、果树及农作物受损与榕屏公司的废气排放、废渣堆放之间存在因果关系,判决上诉人榕屏公司对上诉人张某等人种植的山场树木枯死、农作物歉收等应承担民事赔偿责任并无不当。

原审委托唐青山对损失范围进行勘察是经双方当事人同意,惠普会计师事务所具有对资产评估的资格,其对损失金额的计算程序上是合法的。张某等人要求惠普会计师事务所应具备环境污染的鉴定资质,才有权对损失金额进行评估缺乏依据。因此,张某等人上诉请求重新勘察受损赔偿范围、重新计算损失金额既存在不可操作性,也缺乏正当理由。且张某等人已向本院表示不缴纳委托费用,根据谁主张谁举证的原则,张某等人要求重新确定损失范围和损失金额缺乏依据。原审以唐青山第一次的现场勘察(包括第一次勘察时遗漏的毛竹受损面积)、屏城乡的调查报告确定的农作物及山场林木受损范围,以惠普会计师事务所的计算标准确定损失数额,并无不当,法院依法应予维持。

鉴于榕屏公司不能举证证明其于2001年1月11日至2002年3月5日支付给屏城乡政府及屏城乡财政所434415.2元,是用于补偿本案唐青山所勘察的受损山场林木或用于补偿2001年联合调查组所确定的溪坪村农作物的损失,也不能证明该款已支付给原告。因此,原审将榕屏公司付给屏城乡政府及屏城乡财政所434415.2元充抵本案的补偿金额缺乏依据,上诉人张某等人提出原审认定榕屏公司于2001—2002年已向原告支付了434415.2元的补偿是错误的主张有理,依法应予更正。鉴于张某等人对榕屏公司的污染情况曾于1998年起就多次进行了反映,P县政府及有关部门也对该问题进行了联合调查。因此,上诉人榕屏公司提出上诉人张某等人关于污染损害赔偿的诉讼请求超过诉讼时效与事实不符,依法不能采纳。

关于榕屏公司提供《林权证》系发放给溪坪村委会,主张部分原告不具备本案的诉讼主体资格,没有求偿权问题。虽然《林权证》系发放给溪坪村委会,但有证据证明原告是山场、农地的实际种植者。因此,榕屏公司对求偿权主体资格提出异议亦没有正当理由,其主张依法不能采纳。原审判决第一项榕屏公司停止侵害是基于上诉人张某等人的诉讼请求作出,该判决内容具有确定性,张某等人要求改判原审第二项判决没有依据。原审判决第三项存在履行期限不明的问题,且省环保局对废渣堆放问题已于2002年11月22日要求榕屏公司于该年年底前对原一期工程堆存在后山的含铬废渣进行清理,按规范对废渣进行处置,并对原后山堆场进行封场。因此,可按该意见对原审判决第三项进行变更。双方当事人对上述争议的问题,经本院多次组织调解未能达成协议。

依照《民事诉讼法》第153条第1款第1、3项、《环境保护法》第42、42条以及根据最高人民法院《关于民事诉讼证据的若干规定》第2条第3款的规定,作出终审判决如下:

1. 维持N市中级人民法院(2003)宁民初字第1号民事判决第一项;

2. 变更N市中级人民法院(2003)宁民初字第1号民事判决第二项为:榕屏公司应于本判决生效之日起十日内赔偿张某等人的山场林木、果树、毛竹和农作物等损失人民币684178.2元;

3. 变更N市中级人民法院(2003)宁民初字第1号民事判决第三项为:榕屏公司应于本判决生效之日起一年内对厂内及后山的含铬废渣进行清理,并按规范进行处置。对原后山的堆场进行封场;

4. 驳回榕屏公司的上诉请求;

5. 驳回张某等人的其他上诉请求。

(三) 案例评析

本案基本涉及了环境侵权民事责任的所有重大问题。

1. 群体诉讼

群体诉讼制度是指由处于相同情况且有共同利害关系的当事人组成的临时集合体,作为诉讼主体,并由其代表人进行诉讼活动,该诉讼的裁判对所有共同利害关系人都发生效力的一种诉讼制度。群体诉讼可以节约诉讼成本,提高诉讼效率,可以极大地方便对环境侵权案件的审理,更为有效地保护人们的环境权益。作为一种典型的扩大诉权的诉讼形式,群体诉讼在环境诉讼中得到广泛运用,事实上,近年来许多环境侵权案件都是通过群体诉讼方式来加以解决的。我国对于群体诉讼采用代表人诉讼的形式。如《民事诉讼法》第53条规定:"当事人一方人数众多的共同诉讼,可以由当事人推选代表人进行诉讼。代表人的诉讼行为对其所代表的当事人发生效力,但代表人变更、放弃诉讼请求或者承认对方当事人的诉讼请求、进行和解,必须经被代表的当事人同意。"人民法院对代表人诉讼作出的裁判,不仅对参加登记的全体权利人发生效力,而且也适用于未参加登记但在诉讼时效期间提起诉讼的权利人,但是,必须由法院认定其请求权是否成立。《水污染防治法》第88条也规定,"因水污染受到损害的当事人人数众多的,可以依法由当事人推选代表人进行共同诉讼"。这里的"众多",通常是指10人以上。本案即是代表人诉讼的典型,由1721名原告推选出张某等5人作为诉讼代表人,从而达到诉讼的便利性。当然,本案还同时涉及原告诉讼资格的认定,被告主张部分原告不具备诉讼主体资格,法院认为,村民的林权证未发放,并非其过错,因而认定了原告的诉讼资格。值得注意的是,群体诉讼和共同诉讼在实践中往往会被人为分割成单一的诉讼形式,并不合并审理,从而失去群体诉讼制度的初衷。

2. 环境污染侵权的构成

对于实质型污染侵权,其构成须具备排污行为、损害事实以及二者之间的因果关系,并不以加害人具有主观过错或者行为违反国家污染物排放标准为前提。本案中,原、被告均执着于排放是否达标的争论。法院则认定,根据《国家环境保护局关于确定环境污染损害赔偿责任问题的复函》的精神,榕屏公司虽然提供了其厂环保验收合格、机械设备先进、"三废"排放达标、没有污染物泄漏事故以及相关专家论证等证据,但达标排放并不等于不会造成污染,达标排放只解决行政责任问题,并不排除民事责任,从而认定了榕屏公司的水污染侵权责任。

3. 举证责任倒置

最高人民法院《关于民事诉讼证据的若干规定》第 4 条规定:"因环境污染引起的损害赔偿诉讼,由加害人就法律规定的免责事由及其行为与损害结果之间不存在因果关系承担举证责任。"法院据此对原被告双方的举证责任进行了划分,认为根据原告提供的证据可以认定损害事实的成立,而被告提供的证据不能证明被告公司不会对原告山场造成损害,因此,被告举证不足,应当推定为被告的排污对原告的损害存在因果关系。

4. 不承担责任和减轻责任的事由

1996 年《水污染防治法》确定了三种免责事由,分别是水污染是由第三者故意或者过失所引起、由受害者自身的责任所引起以及完全由于不可抗拒的自然灾害,并经及时采取合理措施,仍然不能避免造成水污染损失的,被告可以不承担责任。《水污染防治法》和《侵权责任法》对此予以限缩,已在第四章叙明,此处不赘。本案中,并不存在不可抗力的情形。被告提出损害是附近机砖厂所排废气造成,与被告所排放的气体无关,属于第三人责任的范畴,被告应当对其提出的主张承担举证责任,被告未提供燃煤机砖厂排放的气体与原告林木、果树及农作物受污染存在因果关系的鉴定依据,因而其主张不能成立;被告同时主张废渣未及时处理,是因为原告对被告投资 107 万元建成的废料堆放场不让使用造成的,属于受害人自身责任所引起。但是,这一免责事由应以受害人故意为前提,原告之所以不让使用废料堆放场,正是因为原告认为废料场对居民健康有害,不属于免责的范畴。

5. 诉讼时效

诉讼时效是指民事权利受到侵害的权利人在法定的时效期间内不行使权利,当时效期间届满时,人民法院对权利人的权利不再进行保护的制度。《环境保护法》第 66 条规定:"因环境污染损害赔偿提起诉讼的时效期间为三年,从当事人知道或者应当知道受到污染损害时起计算。"之所以在环境侵权实行长期诉讼时效,其原因在于环境污染侵权具有长期性、潜伏性的特征。由于诉讼时效的起算是从知道或者应当知道时起算,对受害人保护并无很大影响,但是根据《民法通则》第 137 条规定,"从权利被侵害之日起超过 20 年,人民法院不予保护",对于 20 年的最长诉讼时效,则可能使得潜伏期较长或者发现受害情况较晚的情形得不到有效保障,因而,尚有改进的空间。

本案中,被告主张原告对 2000 年 1 月 1 日以前的损失主张已经超过诉讼时效,法院则认定原告提供证据可证明从 1995 年被告投产以来出现毛竹等死亡时,就陆续向有关部门反映,要求榕屏公司赔偿损失,故诉讼时效可从 1995 年开始计算。这显然是将诉讼时效起算日与损害发生时间相混淆。事实上,本案属于持续性侵害,原告在其间不断反映情况,已造成诉讼时效的中断,诉讼时效一再重新起算,与法院认定的损害发生时间在性质上不同的。

6. 责任形式

从原告的诉讼请求来看,涉及停止侵害、排除妨碍(清除厂内及后山废渣)和赔偿损失(包括精神损害赔偿),同时涉及预防性责任和赔偿性责任。从法院判决来看,其虽然对原告提出的停止侵害、排除妨碍和赔偿损失都给予了部分支持,但事实上与原告的诉讼请求差异很大,再一次显示出损失认定的困难。

7. 精神损害赔偿

原告同时以污染造成癌症频发,应征青年逐年减少,身体受到伤害为由请求精神损害赔偿。法院认为原告没有提供相应的证据,故对其不予支持。对于精神损害赔偿,应坚持以被告故意或重大过失造成严重后果方可构成,但被告应证明其没有过错。本案同时反映了一个普遍问题,即环境污染造成了其他原因也可能引发的健康或疾病问题时,法院往往在举证责任倒置的问题上就发生了转向,不再要求由被告承担损害与其行为之间不存在因果关系的举证情况。这事实上也是一个悖论,在事实因果关系难以认定的情况下,法官作出法律上的判断,亦必须考虑判决的政策形成功能以及对社会的潜在影响。企业抑或居民,谁应承担这"莫须有"的因果关系的责任,实在是难以解决的问题。

8. 鉴定

本案同时反映了中立的鉴定机构的必要性。鉴于环境案件的专业性,法官不能也不可能对全部案件事实作出认定,而只有在中立的、权威的鉴定机构作出的事实认定的基础上,根据法律规则作出判断。鉴定的作用尤其体现在损失认定、因果关系等方面,这些也是环境侵权构成和责任承担的关键因素,同时也为两造争执的焦点所在。因而,鉴定机构的资质和信誉,对于案件的审理至关重要。这在本案中有非常明显的体现:损失基本上是由个人在短期内认定,并为法院采纳,因而,当事人不予认可也是可想而知的。

综上，可以说本案作为环境民事案件，基本体现了我国环境民事审判的现状，并基本涉及了环境民事诉讼的所有要素。事实上，本案同时涉及经济与环保的角力，被告作为亚洲最大氯酸盐生产商，对地方的经济发展至为关键，原告也因此走上了一条漫长的环保维权路，虽经两审认定，维权迄今却仍未停歇。

第三节　环境民事公益诉讼

一、理论阐释

司法的被动性与滞后性决定了其并非解决环境问题的制胜法宝，但环境纠纷出现后，司法机制却是解决纠纷并使环境法律制度落到实处的重要途径。相较于传统的私益诉讼，环境公益诉讼更是因应环境纠纷特质、发动社会力量保护环境的一大利器，并且能够用较少的司法投入保护更大范围的利益，通过具体的裁判推动社会公共政策的发展，拓展社会公共利益的内容，促使国家机关、企事业单位依法行为，从而以一种柔和的方式推动社会进步，节约社会变革成本，促进制度文明。而原告资格则是私益诉讼和公益诉讼的分界线之一。

传统上，我国《民事诉讼法》和《行政诉讼法》及相关司法解释对民事诉讼和行政诉讼分别确立了"直接利害关系"和"法律上利害关系"的原告资格。这种规定对于防止滥诉、维护社会秩序发挥了重要作用。但随着环境问题日趋严重，作为"公共品"的环境却难以得到传统以保护私人财产权和人身权为中心的诉讼模式的保护。对于环境污染造成私人人身财产损害，依据传统的私益诉讼可以得到解决；但环境公益受到损害时，"直接利害关系"便成为社会力量保护环境的一道门槛，司法在环境保护中的作用受到很大限制。

考察国外立法例可以发现，无论是大陆法系还是英美法系，各国纷纷修改法律放宽原告起诉资格，反倒是固守传统诉讼资格或者在这一问题上步调不大的做法受到批评。在荷兰和葡萄牙，提起环境公益诉讼无须证明有任何利益受损①;美国在几乎所有联邦环境立法中赋予公民提起公民诉讼以对抗污染者或行政机关的权利②,将原告资格由传统的"法律上利害关系"放宽至"事实上利害关系"即可成立,并且,法院更关注的不是应不应该赋予原告诉讼资格,而是原告有没有能力进行诉讼。这实际上体现了如下理念:为达成环境保护之目的,即需穷尽一切可能之手段,而不应人为在主体上设置障碍。

在引入公益诉讼制度过程中,我国主要存在着三种不同的观点:一是在法律没有规定的情况下,首先以试点的方式推动。例如,2000 年以来,我国多个省份出现了由检察机关提起环境公益诉讼的案件,尤其是 2007 年以来,随着贵阳、无锡、昆明等地环保法庭的设立,环境公益诉讼更是成为实践中的一个热点问题。二是主张由最高人民法院和最高人民检察院作出支持环境公益诉讼的司法解释,以开放环境公益诉讼的管道。三是主张立法机关创制环境公益诉讼条款。鉴于环境问题的紧迫性不容通过漫长的立法途径来解决,前两种方式似乎更容易实现,但其不可避免地与《立法法》所规定的"诉讼与仲裁制度由法律规定"的强制性条款相抵触,尤其是第一种做法难以在各地普遍推行,且容易导致各地规定不统一的弊端。因而,在坚持以试点推进公益诉讼的同时,仍有必要通过修订法律明确确立这一制度。同时,鉴于公益诉讼并不局限于环境领域,且其范围亦不断扩大,难以在一部法律中予以尽举,因而宜由《行政诉讼法》和《民事诉讼法》作出授权性规定,再由环境立法予以具体化。具言之,即是在《行政诉讼法》或《民事诉讼法》关于诉讼资格的条款下加入但书,规定"法律另有规定的除外",再由《环境保护法》等作出具体规定。

从立法进程来看,环境公益诉讼制度的发展基本上是沿着上述第三种道路发展。2012 年 8 月 31 日,第十一届全国人大常委会第二十八次会议修订的《民事诉讼法》第 55 条首次打破了"直接利害关系"的束缚,规定"对污染环境、侵害众多消费者合法权益等损害社会公共利益的行为,法律规定的机关和有关组织可以向人民法院提起诉讼"。但同时第一次审议的《环境保

---

① See Michel Prieur, Complaints and Appeals in the Area of Environment in the Member States of the European Union: Study for the Commission of the European Community (Brussels: Directorate General X1, 1998), p.92.

② See Charles C. Steincamp, Citizenship: A Discussion of Environmental Citizen Suits. Washburn Law Journal, Vol. 39(1999), pp.79—78.

护法修正案》则并未对环境公益诉讼进行具体规定。二次审议稿虽纳入了环境公益诉讼条款,但其将公益原告限定为"中华环保联合会以及在省、自治区、直辖市设立的环保联合会"则广遭诟病,认为由法律规定单独授权一家公益诉讼主体,违反了立法的抽象原则和普适性原则,还违反了"法律面前人人平等"原则,形成针对个别组织(而非某类型或达到某条件的组织)的"特权条款"。① 第三次审议稿进行了有限扩大,规定"依法在国务院民政部门登记,专门从事环境保护公益活动连续五年以上且信誉良好的全国性社会组织可以向人民法院提起诉讼",但仍被认为限定过窄。多数学者主张,环保机关、检察机关以及合法登记的环保组织均可提起环境民事公益诉讼。② 有学者进一步将之分为公益性环境权诉讼、自然资源所有权诉讼和环境权信托诉讼三大类型,在不同类型中环保机关、检察机关、公民及环保组织的起诉顺位有所区别。③ 但也有学者否定行政机关的主体资格,认为其本质上是将原来的行政法律关系硬性扭转为民事法律关系,有违宪法的一般原理和制度框架。④ 最终通过的《环境保护法》第58条规定:"对污染环境、破坏生态,损害社会公共利益的行为,符合下列条件的社会组织可以向人民法院提起诉讼:(一)依法在设区的市级以上人民政府民政部门登记;(二)专门从事环境保护公益活动连续五年以上且无违法记录。符合前款规定的社会组织向人民法院提起诉讼,人民法院应当依法受理。提起诉讼的社会组织不得通过诉讼牟取经济利益。"

二、实例解析:检察机关提起环境民事公益诉讼

番禺区人民检察院诉卢某水域污染损害赔偿纠纷案⑤

(一)案情简介

2005年1月17日,被告卢某在其承租的广州市番禺区东涌镇励业路9

---

① 孙佑海:《〈环境保护法〉修改的来龙去脉》,载《环境保护》2013年第16期。
② 别涛:《环境公益诉讼立法的新起点——〈民诉法〉修改之评析与〈环保法〉修改之建议》,载《法学评论》2013年第1期。
③ 杨朝霞:《论环境公益诉讼的权利基础和起诉顺位——兼谈自然资源物权和环境权的理论要点》,载《法学论坛》2013年第5期。
④ 沈寿文:《环境公益诉讼行政机关原告资格之反思——基于宪法原理的分析》,载《当代法学》2013年第1期。
⑤ 广州海事法院(2009)广海法初字第247号民事判决书。

号,经工商登记后独资开设东泰皮革染整厂(以下简称"东泰厂"),从事皮革生产染整业务。卢某本人长期定居香港,很少回番禺,其雇用何某为东泰厂厂长,工厂的运作包括生产、销售和后勤等,均由何某全权处理。

东泰厂主要对客户提供的羔羊皮、兔皮、黄狼皮等动物皮进行染色加工成熟皮,生产工艺包括复浸、脱脂、浸酸、漂洗、染色等环节,生产过程中使用铬粉、红矾钾、高锰酸钾、纯碱、染料等化学物质。东泰厂持有排污许可证,废气处理能力6000立方/小时,废水处理能力70吨/日,其中工业污水量为38吨/日。东泰厂目前有染槽46台,脱水机3台,其中20台染槽经环保部门审批许可,后来增加的26台染槽的审批手续尚在办理当中。

2008年1月至7月期间,东泰厂采用污水处理设施的抽水管变换阀门的方法,先后5次将55吨未经净化处理的污水通过塑胶管直接排入工业区下水道后流入番禺区东涌镇官坦村虾导涌。由于污水没有经过净化处理,导致排放的污水中CODcr、色度、重金属含量均严重超标,严重污染排水口附近河道地表水和周围环境生态。2008年7月13日16时许,广州市环境监察支队番禺大队接到群众投诉反映,位于东涌镇官坦村虾导涌交警中队第九分队北面的排水口处发现大量的红色废水。执法人员于17时许到现场检查发现,上述河涌存在宽约9米,水深1.5米的红色废水带,水带长度约为100米。经过对该区域内工厂逐一进行排查,最后发现污染源为东泰厂。现场发现东泰厂两台水泵正在抽水,执法人员现场采集水样,即时制止其偷排废水的行为。事故发生后,广州市环境监察支队番禺大队、番禺区环保局对东泰厂厂长何某、污水处理工卢某某进行询问。何某确认2008年7月13日在番禺区东涌镇官坦村虾导涌交警中队第九分队北面的排水口处发现的大量红色废水是东泰厂排放的,该红色废水没有经过污水处理设备进行净化,是生产后直接排放。卢某某在询问笔录中也承认前后有5次将未经净化处理的工业污水偷排到市政管道。

2008年7月13日,广州市番禺区环境监测站受广州市环境监察支队番禺大队的委托,分别在厂内偷排口和河涌排水口抽取废水进行监测,监测项目和结果如下:PH值6.28和7.18、CODcr266和57.2、氨氮6.15和6.48、色度800和400、硫化物0.088和1.84。

广州市番禺区人民检察院作为原告向广州海事法院提起民事诉讼,并委托广州市番禺区环境科学研究所对东泰厂废水偷排造成水体污染的环境经济损失进行评估,出具了《量化分析报告》,报告对东泰厂的排污所造成的环境损害进行了科学的量化研究,指出了违法排污和环境损害的因果关系,并对具体的环境经济损失总量进行了评估,从保守的角度估算,东泰厂废水偷排造成的环境经济损失包括直接损失 27500 元,其中农业生产损失 16500 元和环境生态损失 11000 元;间接损失 35000 元,其中水生态系统被损害时影响其他生产和消费系统所造成的经济损失 22000 元,环保部门、水利部门、农业部门等为应对本次污染危害采取措施产生的防御费用 13000 元,上述损失和费用合计在 62500 元以上。

被告未对广州市番禺区人民检察院作为原告提起本案诉讼提出异议。但辩称该厂在 2005 年经过环保方面的评估、认证和相关部门审批后才设立,污水经过污水处理池处理后才排出,整个流程有专人管理。2008 年期间的水域污染是卢某某的个人行为,该厂应承担的是管理不善责任。

原告请求法院判令被告:(1) 立即停止违法排放污水等一切破坏水域环境的行为;(2) 承担将未经处理的污水直接排入广州市番禺区东涌镇官坦村虾导涌造成的环境影响经济损失费等各项费用,共计 62500 元;本案诉讼费由被告承担。广州海事法院于 2009 年 4 月 20 日立案受理后,依法组成合议庭,于 6 月 11 日公开开庭进行了审理。原告委托代理人詹欣鸿、万炳权,被告委托代理人何某到庭参加诉讼。鉴定人李俊飞到庭接受了质询。

(二) 审理结果

法院经审查后认为,本案为通海水域污染损害赔偿纠纷。《水法》第 3 条规定:"水资源属于国家所有。"《民法通则》第 73 条规定:"国家财产属于全民所有。国家财产神圣不可侵犯,禁止任何组织或者个人侵占、哄抢、私分、截留和破坏。"国家所有的水资源不容许任何单位或个人的违法行为加以滥用或破坏。水资源被滥用或破坏,国家有权通过司法程序向违法行为人要求赔偿,弥补水资源遭受的损害。检察机关作为国家的法律监督机关,其检察权包括保护国家财产和资源免遭违法行为侵害,以及在国家财产和资源遭受违法行为侵害时有权代表国家提起诉讼。本案受污染的东涌镇官坦村虾导涌水域属于国家所有的水资源,该水域位于原告的辖区,也属于本院的管辖范围,因此,原告有权就被告的违法行为造成的损害向本院提起诉讼。

原告提供的询问笔录、调查笔录、现场检查笔录、环境监测站监测结果、现场取证照片等证据形成完整的证据链,证明了卢某某是东泰厂的职工,专门负责污水处理工作。由于个人贪图方便,私自增设管道,将未经处理的污水直接偷排到市政管道,造成水域遭受污染的后果。东泰厂在管理上存在疏忽,卢某是东泰厂的业主,应承担相应的民事侵权责任。根据广州市番禺区环境科学研究所的《量化分析报告》,东泰厂违法排放污水已经严重危害了东涌镇官坦村虾导涌水质。根据最高人民法院《关于民事诉讼证据的若干规定》第4条第3款的规定,因环境污染引起的损害赔偿诉讼,由加害人就法律规定的免责事由及其行为与损害结果之间不存在因果关系承担举证责任。被告未举证证明其行为与水质的污染之间没有因果关系,应承担举证不能的后果,认定东涌镇官坦村虾导涌水质污染与被告的违规排放污水行为之间存在因果关系。根据《民法通则》第106条和第124条的规定,被告应对其违规排污行为造成的环境损害承担民事责任。

广州市番禺区环境科学研究所是对建设项目环境影响评价具有资质的鉴定机构,对其鉴定结论予以采信。该报告认定的损失中,直接损失27500元和间接损失22000元是被告的侵权行为所造成的,被告应予赔偿;防御费用13000元系因被告的违法行为,并为应对本次污染危害而产生的必要费用,应由被告负担。原告系代表国家提起本案诉讼,原告受偿的款项应如数上交国库。

综上,依照《民法通则》第73条、第124条、第134条第1、2款,《环境保护法》第41条第1、2款,《水污染防治法》第85条第1款的规定,判决如下:

1. 被告卢某立即停止违法排放污水等一切破坏水域环境的行为;
2. 被告卢某赔偿环境污染损失和费用共62500元,由原告受偿后上交国库。

本案案件受理费1363元由被告负担,被告应于本判决生效之日起7日内向本院缴纳以上给付金钱义务,应于本判决生效之日起十日内履行完毕。如果未按本判决指定的期间履行给付金钱义务,应当按照《民事诉讼法》第229条的规定,加倍支付迟延履行期间的债务利息。

原被告均未提起上诉,判决已经发生效力。

(三)案例评析

检察机关提起环境公益诉讼是近年来理论研究和司法实践中的热门话题。据不完全统计,至2012年,各地检察机关直接起诉的公益诉讼案件共计15起,并均取得胜诉。[①] 尽管党的十八届四中全会提出"探索建立检察机

---

① 王社坤:《检察机关提起环境公益诉讼实践考察报告》,载《2012中达环境法论坛论文集》,第152页。

关提起公益诉讼制度",但并不意味着检察机关提起环境公益诉讼就具有了法律正当性。

1. 基础之辩:解释论无法为检察机关提起公益诉讼提供依据

(1) 检察机关并非环境公共利益的直接代表

拥护者认为,检察机关的公共性特征使其最适合担当公共利益的代表,检察机关是为了维护公共利益而设立的,其与生俱来的公共性特征决定了它在履职责时不仅是国家权利和国家利益的代表,而且是公共利益的最好代表。在公共利益受到损害的时候,检察机关为了维护和恢复公共秩序,必须有所作为。

检察机关是公共利益的代表,并无疑问,但是,公共利益的直接代表却并非检察机关。依据现代法治理念,公共利益实际上公众意志的聚合,然后这种聚合的公众意志经过代议制形式下民意机构形成立法,政府则作为立法所确立的公益的执行者和卫护者,并通过专门的行政机关加以实现。例如,我国《宪法》第26条确立了国家的环境保护责任,《环境保护法》等法律则进一步确立了国家环境保护的代表是环境保护行政主管部门,资源管理的代表是法律授权的代表国家行使国家所有权的机关。由此可见,在环境领域,公共利益的直接代表者是环境保护职能部门,将检察机关作为"最高法律秩序的代表"和"社会公益的维护者"并无法律授权。由检察机关直接应对公益损害,绕开现行法律已经设定的由各个相应的管理机关执行法律的体制而直接对应私人,不仅有越俎代庖之嫌,而且还会造成权力体系的混乱。①

事实上,检察机关在现行立法中的定位是刑事犯罪领域的直接公益代表以及其他领域公益代表的监督者。在后一角色中,检察机关是作为公益的次级代表,是直接公益代表缺位时的"替补"。明确检察机关在环境领域的这一地位,即可为检察机关在公益诉讼中的角色定位奠定基础。

(2) 现行立法不能解释检察机关的法源依据

拥护者认为,根据我国现行法律规定,检察机关是国家的法律监督机关,检察机关通过行使检察权,对国家机关及其工作人员和公民、组织是否遵守宪法和法律进行监督,法律监督本身包含对民事违法行为的公诉权,对环境违法行为提出公益诉讼是法律监督的应有之义。这些规范主要包括

---

① 吕忠梅:《环境公益诉讼辨析》,载《法商研究》2008年第6期。

《宪法》《人民检察院组织法》《民事诉讼法》《行政诉讼法》《环境保护法》等。如本案即是以原《环境保护法》第 6 条和《人民检察院组织法》第 4 条作为支撑。但事实上,通过法释义学方法并不能从现行立法中获得检察机关提起公益诉讼是"应有之义"。

我国《宪法》第 129 条规定:"中华人民共和国人民检察院是国家的法律监督机关。"第 131 条规定:"人民检察院依照法律规定独立行使检察权,不受行政机关、社会团体和个人的干涉。"《人民检察院组织法》对此进行了具体化,该法第 4 条规定:"人民检察院通过行使检察权,镇压一切叛国的、分裂国家的和其他反革命活动,打击反革命分子和其他犯罪分子,……,保护社会主义的全民所有的财产和劳动群众集体所有的财产,保护公民私人所有的合法财产,保护公民的人身权利、民主权利和其他权利,保卫社会主义现代化建设的顺利进行。"拥护者认为,检察机关"保护公民私人所有的合法财产,保护公民的人身权利、民主权利和其他权利"的权力正是检察机关提起公益诉讼的依据之一。但从文义来看,这些内容仅是行使检察权所要达到的目标,而非权力的授权。检察权和其他权力一样不仅是法定的权力,而且也是有边界的权力,对宪法、法律未授权的事项,检察机关无权行使检察权,否则权力就不具备合法性。而从第 5 条列举的检察权的五项权能来看,均针对的是刑事案件,也就是说,检察机关的起诉权局限于刑事领域;在民事和行政领域,其职能是法律监督,也就是提起抗诉的权利。至于《刑事诉讼法》第 99 条第 2 款"如果是国家财产、集体财产遭受损失的,人民检察院在提起公诉的时候,可以提起附带民事诉讼"的规定,一是要求必须是构成刑事犯罪,二是环境难以归入"国家、集体财产"的范畴,也不能为检察机关的诉讼资格提供支撑。

在环境立法领域,1989 年《环境保护法》和相关单行立法均规定"一切单位和个人都有保护环境的义务,并有权对污染和破坏环境的单位和个人进行检举和控告"。有学者认为,其中"一切单位"从文义上应当包括检察机关、环境行政机关以及其他企事业单位;"控告"一词,应当包括向环境行政机关和人民法院起诉两个内容。① "一切单位"解释为包含检察机关并无问题,但"控告"则难以认为包含了向法院提起诉讼的权利:首先,从学理上看,检举和控告并非严格的法律用语,"控告"在不同的立法中具有不同的指向,

---

① 张式军、谢伟:《检察机关提起环境公益诉讼问题初探》,载《社会科学家》2007 年第 5 期。

但一般是指公民的合法权益受到国家机关及其工作人员的侵害,向有关国家机关揭发侵害机关及其侵害人员的侵害并要求依法处理的行为,如《宪法》第 41 条和《人民检察院组织法》第 6 条均作出明确规定,《环境保护法》亦应当作此解释;其次,从文义上看,"起诉"与"控告"是在同一立法中并存,如原《环境保护法》第 40 条和第 41 条又规定在当事人对行政处罚和行政处理不服时可以向人民法院提起诉讼的权利。同一立法中不会采用不同的概念来表示同一面向;再次,从体系上看,《民事诉讼法》和《行政诉讼法》分别规定了起诉应当满足"直接利害关系"或者"法律上的利害关系",如果"控告"包含诉讼的权利,则会使传统诉讼作为前提的原告资格虚化,从而使整个民事和行政诉讼解体;最后,从历史解释看,《环境保护法(试行)》等早期立法即已规定控告,在公益诉讼概念尚未萌芽的彼时,可以推定在立法者眼中,诉讼是未包含于控告之中的,也正是基于控告概念的模糊性,在 2008 年新修正的《水污染防治法》中,已删除了关于"控告"的规定。

尽管修改后的《民事诉讼法》和《环境保护法》从法律上解决了环境民事公益诉讼制度的障碍,但由具体条文来看,这两部法律也并未直接授予检察机关提起环境公益诉讼的权利。《民事诉讼法》第 55 条对于"机关"采取了一种限定式规定,即哪些机关能够提起公益诉讼,必须由法律规定;而《环境保护法》第 58 条则仅仅规定了环保组织的原告资格,并未对检察机关的原告资格有所涉及。因而,尽管检察机关提起公益诉讼的案例在实践中已屡屡出现,但要取得法律上的正当性,必须通过修法的方式进行。

2. 逻辑之辩:现行环境民事公益诉讼程序的结构性失衡

检察机关作为公益诉讼原告,更多的是被认为具有天然的优势:有国家做后盾,具有强大的财力;拥有专门的法律知识人才和办案经验;享有的侦查权有利于其对环境事件及其损害调查取证。但是,这些优势同时也可能造成检察机关在环境民事公益诉讼中的角色困顿。

(1)对程序公正价值的损害

传统的民事诉讼作为纠纷解决机制,是由争议双方的自然人、法人等社会个体分别充任原、被告及第三人,而法院居中裁判。按照程序公正的最低限度要求,法官在审判中不得存有任何偏私,而且须在外观上使任何正直的人不对其中立性抱有任何合理的怀疑;法官必须给予所有与案件结局有着直接利害关系的人有充分陈述意见的机会,并且对各方的意见和证据平等对待,否则他所制作的裁判就不具有法律效力。由于检察机关在公益诉讼中兼有诉讼发动者和法律监督者的双重角色,在诉讼过程中具有原告无可比拟的优势,从而可能打破民事诉讼所遵从的当事人诉讼权利平等原则。

首先,诉讼权利平等原则要求法院在诉讼完结以前,完全撇开双方是否"有理",任何一方在裁判之前所主张的权利都是"拟制"性的。检察机关启动诉讼时以"公益代表人"自居,容易引起法院和公众先入为主的支持印象,使被告一开始即处于不利的地位。

其次,检察机关作为法律监督者拥有被告不具有的权利,如检查权、调卷权、否决权、调查取证权、列席合议庭和审委会会议权,而且,检察机关是有国库做后盾的国家机关,其拥有的这些"特权"会使远离法院的被告难以抗拒,而且检察机关对法院享有的监督权使法院可能在审判时有所偏向,再加上无过错责任、举证责任倒置和因果关系推定等不利于被告的制度设计,会使民事诉讼中的"平等武装原则"遭受极大的损害。①

因而,若赋予检察机关提起公益诉讼的权力,必须将其角色当事人化,通过适当的制度设计维护民事诉讼赖以生存的程序公正性。

(2) 诉讼程序的冲突

作为反对检察机关提起公益诉讼的最大理由,不在于是否具有现行法上的依据,而在于其作为民事原告和法律监督者的双重角色冲突,具体来说,在检察机关败诉时,其究竟应当是上诉还是抗诉?如果是抗诉,则与其民事原告相冲突;如果是上诉,则降低了其在诉讼中的地位。只要现行将检察机关作为司法机关定位的宪政体制没有改变,检察机关这一角色冲突是无法解决的。因而,尽管检察机关提起公益诉讼可能具有很多优势,但为维护我国的司法体制,排除检察机关也是无奈的选择。

本书认为,这种观点是基于检察机关在民事诉讼的传统定位产生的,而忽视了公益诉讼的特质。依据诉权理论看来,无论是民事诉讼,还是行政诉讼,其本质上都是私益诉讼,目的是维护受害人自身的利益,尽管这一过程中使其他人受益而产生正外部性问题。而公益诉讼本质上是"私人"保护公益的行动,私人因勾连公益而具有"公"的属性,类似于刑事领域内的"公

---

① 有人认为,污染环境、破坏资源者一般是企业、公司等生产经营性单位,拥有深厚的政治、经济、技术和人力资源,事实上已经打破了平等武装原则,由检察机关提起公益诉讼正是对这种失衡的纠正(参见王学成:《论检察机关提起环境民事公益诉讼》,载《人民检察》2009 年第 11 期)。但由于环境诉讼领域采用的无过错责任、举证责任倒置、因果关系推定等一系列偏向受害人的制度设计,已经是对这种事实偏差的纠正。

诉"。检察机关在民事诉讼中的角色定位也类似于其在刑事诉讼中的角色分工,即作为法律监督的主体是从宏观上界定检察机关作为环境公益保障的监督者,而诉的主体则是在公益维护者缺位时实现检察机关公益监督功能的途径,也就是说,在环境公益诉讼中,检察机关的监督功能是抽象的,这一抽象功能在公益诉讼启动后被吸收,不再作为一种独立意义上的存在。环境民事公益诉讼虽具"民事"之名,但除了程序上的相似性,其本质已发生了根本的变化。

3. 根源之辩:社会脉络的考察

通过上文释义学和逻辑学的分析可见,检察机关在环境领域并非公益的直接代表,其提起公益诉讼也缺乏法律上的支撑。即使克服这些局限,检察机关提起公益诉讼在逻辑上也有不周延之处。究其根源,则在于现行理论和实践忽略了公益诉讼的功能和权力配置的理念,以及同一制度在不同法律制度下的内在差异。

(1) 忽略公益诉讼的功能和权力配置的理念

从公益诉讼的发生学上考察,其是作为执行环境法律的补充,是对传统诉讼模式在公共利益保护上的不足而产生的。如美国公民诉讼产生的背景即是源于人们认识到有限的资源、不充分的信息以及政治上的压力经常使政府机构的环境执法不力,因而通过公民诉讼激励责任机构更积极地落实污染控制标准,并在这些机构未能勤政的情况下提供另外的执行机制[①];同时,同时,通过提前告知程序,保证该制度设立不至于取代政府的执法。因而,在功能定位上,环境公益诉讼应当是作为政府环境执法的补充或不足,而不是替代或取代。如果允许检察机关透过传统的制度设计直接介入环境民事诉讼,去起诉一个个污染源停止侵害或者赔偿损失,不仅可能使其自身耗费大量的人力、财力,同时也会造成法院负荷的加重,更重要的是,对污染源的威慑是有限度的,因而只是一种"头痛医头"的方式,在制度上不是最优化的配置。因而,寻找更有效的方式,迫使政府严格执行环境法律,远比取缔个别污染源更有意义。

其次,检察机关直接提起民事公益诉讼也不符合权力配置的原则。如前所述,行政机关作为社会公共生活的直接决策、组织、管理和调控者,立法已赋予其广泛的行政执法权,有权直接对特定的行政相对人采取措施,追究

[①] 王立德:《现行环境公益诉讼:三个美国案例》,载吕忠梅主编:《环境公益诉讼:中美之比较》,法律出版社2009年版,第132—134页。

违法造成国家和社会公共利益者的法律责任。如 2010 年 3 月 1 日施行的《环境行政处罚办法》第 10 条规定的处罚种类有:(1) 警告;(2) 罚款;(3) 责令停产整顿;(4) 责令停产、停业、关闭;(5) 暂扣、吊销许可证或者其他具有许可性质的证件;(6) 没收违法所得、没收非法财物;(7) 行政拘留;(8) 法律、行政法规设定的其他行政处罚种类等,分别由环保机关、公安机关或者同级人民政府执行。如果现行执法手段能够落实,环境治理目标是可以达成的;而现行环境问题的加剧,在一定程度上是由行政不作为造成的。如果由检察机关径行对污染者提起民事公益诉讼,不仅侵害了行政机关的执法权,同时也是检察机关没能履行自身监督法律实施的职责。退一步说,即使检察机关能够向法院提起诉讼,在我国目前的司法体制下,又如何确保法院能够在环境保护问题上比行政机关走得更远?因而,检察机关提起公益诉讼的定位必须与行政不作为的边界结合起来考察。

(2) 忽略中外法律制度的内在差别

作为支撑检察机关提起民事公益诉讼的重要论据之一,是认为世界上绝大多数国家和地区,诸如美国、英国、德国、法国、日本、印度、我国澳门地区等都规定了检察机关可以提起公益诉讼。这种在"外国有,我们就应该有"的僵硬法律移植心态下忽略中外法律制度内在差异的做法,是造成检察机关在环境民事公益诉讼中角色困顿的重要原因之一。

以美国为例。美国秉承三权分立理念,由民意代表聚合公众意志组成国会立法保护环境,并在联邦主义原则下由联邦环保局或者州环保局以及其他环境保护职能机关进行公益管制。但由于英美法系国家具有崇尚司法权、轻视行政裁判权的倾向,其行政执法权相对弱小,联邦政府及相关行政机关并没有关闭企业的权力,这一权力由法院专有,美国环保局只有向法院起诉违法者获得禁令后才能关闭污染企业,因而,公民或者美国政府均可代表公益提起诉讼。此时,所谓的检察总长(attorney general,即司法部长)是政府的法律实务首脑,通俗说即美国政府的律师,在公益受损而行政机关又不具有相应的执法权限时,检察总长或者环保局均可作为民事诉讼的启动机关。在其他西方国家,检察机关也是政府的组成部分,是专门设立的代表政府进行诉讼的部门,并不是法律监督机关,检察机关以原告的身份提起民事公益诉讼,不存在角色的混同。

而在我国,检察机关是作为具有法律监督职能的司法机关出现。同时,由于政府具有拥有强大的行政执法权,在社会公共利益受到侵害时,大多可以通过行政执法获得救济。如果不考虑中外检察机关的性质和角色定位，则会出现制度设计上的错乱。

4. 路径之辩：检察机关在环境公益诉讼中的定位

法理上的逻辑和理念一致性，是法律人信奉的天条。必须明确的是，公益诉讼本身不是目的，而是维护公益的一种途径。尤其是，公益诉讼作为对环境执法和传统诉讼模式的补充，其定位必须具有备位性。

如前所述，环境公共利益的直接维护者是政府和环境保护职能部门，环境公共利益受到损害而没有通过行政权力得以纠正，要么相关部门怠于行使权力；要么是囿于行政权的界限使环境监管出现真空。如何将尊重行政机关专业才干与检察机关的监督功能相结合，是构建环境公益诉讼必须考虑的问题。

行政机关在环境公益的维护上，可能有三种情形：一是积极运用行政权对发现的（包括相关单位和个人的检举和控告）违法行为进行监管，使公益得到充分维护；二是未依法履行监管职责，使环境公益未得到维护；三是行为人达标排放但是仍然造成损害，或者积极履行职责后，仍未能使损害得到充分救济。

相应的，检察机关在环境公益诉讼的角色也可能有三种：一是直接对违法行为提起诉讼；二是针对行政机关不作为提起行政公益诉讼；三是督促行政机关对穷尽行政权仍不能得到救济的情形提起诉讼。

第一种情形是我国已有案例的主要表现形式，但是，从我国目前的权力配置体系、程序公正价值的维护以及公益诉讼的优化配置等方面来看，这种方式都是存在重大问题的。而第二和第三种方式相结合的方式，则有着充分的正当性和可行性。

（1）这种方式符合我国的权力划分体制，即行政机关作为公益的直接代表，而检察机关作为公益的补充保障。

（2）这种方式能够使公益得到充分保障，即先行穷尽行政救济，在行政救济客观不能时，再由环保职能部门提起民事公益诉讼。而环保职能部门在环境领域的专业性显然比检察机关更强，且由于环保职能部门不具有法律监督功能，法院的中立地位更能得到保障。因此，通过督促起诉的方式，检察机关对于公益保障的作用能够得到更好发挥。

（3）这种方式能够最大限度发挥环境公益诉讼的功能。公益诉讼功能在于补充执法，而检察机关通过行政公益诉讼监督环保职能机关勤勉执法，再通过督促执法使弥补行政执法的不足。

(4) 在这种方式下,第一种情形也能够被吸收。检察机关通过种种途径获知的环境损害行为,同样可以划分为第二种和第三种方式,并不会有所遗漏。

同时需注意的是,环境公益诉讼是对经济发展和环境保护进行利益衡平的结果,公益诉讼的适用范围亦应受到一定的限制,否则,可能会对社会正常的经济秩序造成困扰。

三、实例解析:行政机关提起环境民事公益诉讼

两湖一库管理局诉天峰化工有限公司环境污染侵权案①

(一) 案情简介

原告贵阳市"两湖一库"管理局系经省机构编制委员会及贵阳市委、市人民政府批准设立的,旨在从事两湖一库(红枫湖、百花湖、阿哈水库)水资源保护及环境保护行政管理工作的市人民政府工作部门。2007年12月10日,新成立的贵阳市"两湖一库"管理局作为原告,向清镇市人民法院环境保护法庭提起环境污染损害诉讼,起诉位于安顺地区平坝县境内的贵州省天峰化工有限公司(下称"天峰化工"),认为被告在红枫湖饮用水源保护区内排放大量超过国家标准的污水,严重污染了作为贵阳市几百万市民饮用水源的红枫湖,危害了广大民众的身心健康。原告作为专门保护红枫湖水源不受污染的单位,通过包括民事诉讼在内的各种措施保护红枫湖环境责无旁贷。为此,原告诉请判令:(1) 被告立即停止对贵阳市红枫湖及其上游河流羊昌河环境的侵害,并排除妨碍、消除危害;(2) 诉讼费用由被告承担。

被告贵州天峰化工有限责任公司是一家生产化肥(磷胺)的化工企业,其生产厂区位于平坝县高峰镇(属红枫湖饮用水源保护区范围内)。在1990年代开始,被告征用位于平坝县高峰镇白头村民组鸡窝坡的土地作为其在生产磷胺过程中产生的大量磷石膏废渣的堆放场(即被告的磷石膏尾矿库),该尾矿库距被告生产厂区以北约3公里,距贵阳市红枫湖上游的羊昌河直线距离约800米左右,该尾矿库所处位置属于红枫湖饮用水源保护区范围内。被告的磷石膏尾矿库自投入使用以来,每年大约有20万至30

---

① 贵州省清镇市人民法院(2007)清环保民初字第1号民事判决。

万吨磷石膏废渣堆放其中,目前堆放在磷石膏尾矿库的磷石膏废渣大约有200万至300万吨。由于被告没有修建相应配套的防水、防渗及相应的废水处理设施,该磷石膏尾矿库的渣场渗滤液通过地表、地下排入羊昌河内。2007年5月17日,省人民政府下发通知,明确要求被告在2008年6月之前,完成对上述渣场的综合整治并建设渗滤液回收装置。2007年12月10日,省环境保护监测中心站出具监测报告,载明根据省环保局相关领导和部门的指示,于2007年9月与10月分别对被告渣场渗滤点与羊昌河天峰段地表水进行较为详细的排查与监测,得出监测结果显示:被告渗滤液的PH值为2.25(呈酸性),总磷(TP)浓度高达50060毫克/升,氟化物浓度高达536毫克/升。被告磷石膏尾矿库的渣场渗滤液渗入羊昌河渗点下游10米处,总磷(TP)浓度2.15毫克/升,氟化物浓度1.14毫克/升,均超过了《地表水环境质量标准》中的Ⅲ类水质标准(总磷超标9.8倍,氟化物超标0.14倍)。羊昌河水在流经被告所在地前,被监测项目均达到《地表水环境质量标准》中的Ⅲ类水质标准,被告磷石膏尾矿库的渣场渗滤液渗入羊昌河后,羊昌河水质总磷和氟化物均超标,且总磷为劣五类。

被告辩称:磷石膏尾矿库形成及污染有其历史原因,该磷石膏尾矿库是合法使用的,只需进一步治理,就可达到现行的环保要求。被告高度重视磷石膏尾矿库的污染治理,正积极开展三个方面的治理工作,力争在省政府限定的2008年6月前实现治理目的。但治理需要一定的时间和过程,原告的起诉与省政府限期治理的通知是有冲突的。被告正在积极开展治理工作,承诺立即停止新增磷石膏废渣的排放,并立即进行原存磷石膏尾矿库的治理。被告认为应当在不给环境造成侵害的情况下,给予企业一个生存的机会。

(二) 审理结果

法院认为,环境是人类社会持续协调发展的必要前提,水资源保护则是环境保护中一项极其重要的环节。原告是负有依法管理红枫湖水资源的社会公共职责的政府职能部门,红枫湖是贵阳市百万市民的主要饮用水源。在不特定的人群遭受环境污染侵权损害的情况下,为维护民众利益,原告有权提起环境公益诉讼,寻求法律的救济。本案中,原告已经在举证期限内提供足够证据形成证据链,证明被告磷石膏尾矿库渣场堆放的磷石膏废渣通过渗滤对红枫湖的上游来水羊昌河造成重大污染,进而直接影响到贵阳市的主要饮用水源红枫湖的水质,是红枫湖水质总磷超标的一个重要原因。

水质中总磷的超标将导致水体的富营养化,导致蓝藻类水生物的孳生,从而严重影响水质,威胁到人民群众的健康安全。贵州省人民政府也针对被告磷石膏尾矿库渣场污染问题下发通知,明确要求被告限期进行整治,被告亦不予否认,并表示将积极进行治理。省政府是行政管理行为,而原告是代表环境利益受到侵害的民众提起公益诉讼,二者的目的并不矛盾,故被告辩称原告的起诉与省政府限期治理的通知有冲突的理由不能成立。被告虽辩称原告所提供的省环境监测中心站检测报告无委托方,并不足以证明被告磷石膏尾矿库渣场堆放的磷石膏废渣污染红枫湖的情况,因该监测报告已经载明是应贵州省环保局的要求作出,监测单位也是贵州省省级环保监测单位,且被告对其磷石膏尾矿库渣场堆放的磷石膏废渣通过渗滤对羊昌河及红枫湖产生污染的事实亦不予否认,其在举证期限内亦未提交证据证明其磷石膏尾矿库渣场堆放的磷石膏废渣与羊昌河及红枫湖产生的总磷等指标超标污染之间并无因果关系,故被告应当对此承担举证不能的责任,被告的上述辩称亦不能成立,对于省环境监测中心站出具的监测数据报告本院予以采信。被告在未修建相应配套环保设施的磷石膏尾矿库渣场堆放磷石膏废渣的行为侵害了磷石膏尾矿库渣场以下羊昌河流域附近居民以及将红枫湖作为重要饮用水源的广大人民群众的利益,其行为构成了侵权。原告诉请被告立即停止对环境的侵害并排除妨碍,消除危害应当予以支持。被告作为生产企业,其在庭审中也承认保护环境是其应尽的社会义务,因此,被告应当立即停止向上述未修建相应配套环保设施的磷石膏尾矿库渣场堆放新的磷石膏废渣。同时,被告应当立即采取相应措施,建设相应的渗滤液回收装置,以尽可能地阻挡磷石膏废渣向外产生新的渗滤;此外,被告还应当在确保环境不受污染的前提下,组织好生产,尽快按照已经制定的整治方案将剩余废渣及被严重污染的泥土进行清运,保持水土稳定,防止水土流失,尽快排除该废渣场对环境的妨碍,消除废渣场对环境的危险。考虑到被告的现状,结合该废渣场长期存在,进行治理需要一定时间的实际情况,法院酌定被告排除妨碍、消除危险的期限为 3 个月。据此,依照《环境保护法》《水污染防治法》《固体废物污染环境防治法》《民法通则》的相关法律规定,判决如下:

被告贵州天峰化工有限责任公司在本判决生效之日立即停止其磷石膏尾矿库废渣场对环境的侵害,立即停止该磷石膏尾矿库废渣场的使用,并在 2008 年 3 月 31 日之前采取相应措施,排除该磷石膏尾矿库废渣场对环境的妨碍、消除对环境的危险。

该案判决后,原被告双方均未上诉,该判决书已发生法律效力。

(三) 案例评析

本案是清镇市人民法院环境保护法庭自 2007 年 11 月 20 日正式揭牌成立以来受理的首起环境公益诉讼案例,也是贵州省第一起环境公益诉讼案例。与国内多数公益诉讼的启动主体不同,本案的原告是负有监管职责的行政机关,并且是被贵阳市中级人民法院《关于贵阳市中级人民法院环境保护审判庭、清镇市人民法院环境保护法庭案件受理范围的规定》直接指定的环境公益诉讼的原告。2010 年,贵州省人大常委会通过的《贵阳市促进生态文明建设条例》以及贵阳市中级人民法院《关于大力推进环境公益诉讼、促进生态文明建设的实施意见》再次确认环境资源管理机构可以作为原告提起公益诉讼,从而使本案能够成为考察行政机关作为公益诉讼原告的样本。

事实上,以行政机关作为原告提起公益诉讼的并非仅此一例。2001 年,陕西省丹凤县人民政府诉枣阳市金牛公司等环境污染案一审胜诉获赔 860 万元;2003 年,塔斯曼海轮因溢油污染海洋环境,天津市海洋局和天津市渔政渔港监督管理处分别就海洋生态损失和渔业资源损失提起诉讼,天津海事法院判决"塔斯曼海轮"船东及伦敦汽船船东互保协会连带赔偿两原告各 1000 余万元和 1500 余万元人民币。与前一个案例不同,天津市海洋局提起诉讼有着明确的法律依据:《海洋环境保护法》第 90 条第 2 款规定,对破坏海洋生态、海洋水产资源、海洋保护区,给国家造成重大损失的,由依照本法规定行使海洋环境监督管理权的部门代表国家对责任者提出损害赔偿要求。抛却法源之争,从法理上考察,行政机关可否作为公益诉讼的原告呢?

要考察环境公益诉讼的原告类型,必须首先明确环境公益诉讼产生的根源与功能。

环境公益诉讼之所以出现,根源在于传统诉讼模式的失灵。传统诉讼模式包括三类,民事、刑事、行政。刑事诉讼实行罪刑法定,在行为人不构成犯罪的时候不能适用,不是讨论重点。而对于民事与行政诉讼,在诉讼资格上都要求直接的利害关系或者法律上的利害关系,以防止滥诉。但这种规定并不能有效保护作为公共品的环境,在没有具体受害人而生态环境又受到损害的场合,就需要有人代表公益来提起诉讼,所以环境公益诉讼产生的第一个原因就是弥补传统诉讼体制的不足。

第二点可以从权力分立来说,每一个国家都承认权力属于人民,公共利益归结于人民。而人民是一个抽象整体,抽象的人民不可能直接来行使权力、保护公益,因而需要通过权力的委托和让渡来促进公益的实现。具体来说,通过代议机构代表抽象的人民从立法上确立权力的归属和公益的范围,但是立法也只是确定行为准则,立法确立的标准需要落实到实践,即通过行政来执行和实现公益,最后经由司法来保障公益的实现。其间有着先后的运行程序:人民在权力委托后不能再径行勾连公益,司法也不允许直接代替行政。正是因为公益的实现和保障是有先后顺序的,所以应当是立法先确定公益的执行者,在公益执行者怠于执行或不能执行时再进入到司法保障程序。如果允许公益直接勾连司法,会打破这种权力配置体制。因而,公益诉讼的第二个特点在于其目的是弥补行政手段的不足。

所以,从我国已有实践看,对上述两个价值层面上的误解可以说是其问题的症结所在,即公益诉讼本来是对行政和传统诉讼模式的补充而非取代,但是我们目前的做法,恰恰是相反,取代而非补充。同时,明确公益诉讼这两个根源,对于公益诉讼的定位和制度构建都有很重要的意义。公益诉讼和私益诉讼是合作共生而不是非此即彼,私益诉讼可以产生正外部性,公益也可以产生反射性利益,不能因为有私益就排除公益,公益诉讼是补充而不是替代。能通过私益诉讼解决就不通过公益诉讼。

具体到行政机关来说,如前所述,行政机关是公益的直接维护者,负有采取种种手段保障环境的职责。在检察机关提起公益诉讼的案例中已经叙明,行政机关在环境公益的维护上,可能有三种情形:一是积极运用行政权对发现的(包括相关单位和个人的检举和控告)违法行为进行监管,使公益得到充分维护;二是未依法履行监管职责,使环境公益未得到维护;三是行为人达标排放但是仍然造成损害,或者积极履行职责后,仍未能使损害得到充分救济。

第一种情形自然是理想状态;第二种情形下,行政机关构成不作为,有行政公益诉讼存在的空间;而第三种情形最为复杂,此时,行政机关是否可以作为原告针对其职权以外的环境损害提起公益诉讼?本书认为,如果不加区分,可能造成对企业正常活动的阻碍,此时提起公益诉讼应当限定在对环境造成重大损害的前提下。可见,行政机关提起环境民事公益诉讼应当具备以下两个条件:(1)须为穷尽行政权救济不能实现;(2)须造成重大损害。如此,才能既尊重行政机关才干,又不至于对法院资源造成浪费,且不会与传统诉讼模式相违背。

在本案中,两湖一库管理局是主管贵阳市红枫湖、百花湖、阿哈水库的水资源保护的市人民政府工作部门,通过授权和委托具有广泛的权力,能够行使综合执法权①,如果是其辖区内企业违法,该局能够通过种种手段行使职权;问题是,本案被告位于原告辖区以外,原告并无执法权,从理论上说无法行使行政权,但是,该局没有执法权并不意味着被告所在地环保部门亦无执法权,事实上,由于被告违法排污,当地环保局具有法定职责予以处理,如果其未予处理,即具有不作为之嫌,可以针对其提起行政公益诉讼。两湖一库管理局直接针对违法企业提起诉讼,并不满足"穷尽行政权救济"的原则。也许有人认为,允许针对违法企业提起,从程序上较为节约,问题是,这种观点不仅违背权力配置体系,更重要的是,针对企业的诉讼虽具有一定程度的政策形成机能,但始终解决的是"点",而针对职能机关提起行政诉讼,促进其依法履行职权,不仅符合权力配置的本意,亦可达到"由点及面"的功效,毕竟,目前环境保护最大的问题不在于司法,而在于环境法规定的制度未能落到实处。

四、实例解析:环保团体提起环境民事公益诉讼

朱某、环保联合会与集装箱公司环境污染侵权纠纷案②

(一) 案情简介

原告朱某、某环保联合会诉称,被告某集装箱公司在黄田港口作业过程中产生铁矿粉粉尘污染,严重影响了周围的空气质量和居民的生活环境,并将含有铁矿粉的红色废水非经处理直接冲洗排入下水道,经黄田港排入长江,影响附近居民饮用水安全,同时,集装箱公司在作业过程中产生的噪声影响了周围居民生活。请求判令被告停止侵害,使港口周围的大气环境符合环境标准,排除对周围居民的妨碍;判令被告立即对铁矿粉冲洗进行处理,消除对饮用水源地和取水口产生的危险;判令被告立即将黄田港和港口附近的下水道恢复原状,铁矿粉泥做无害化处理。

被告辩称,集装箱公司码头是该市港口公共码头的重要组成部分,于

---

① 贵阳市两湖一库管理局机构设置情况,载 http://lhyk.gygov.gov.cn/lhyk/72341268037894144/20081117/144231.html,访问日期:2014 年 11 月 12 日。
② 江苏省无锡市中级人民法院(2009)锡民初字第 0021 号民事判决。

1987年建成,主要接卸煤炭、黄沙、花岗岩等货种。2001年企业改制后,根据该市钢铁企业的原料状况,从2004年下半年期,增加了以接卸铁矿石为主的货种。接卸铁矿石(粉)对环境的确存在一定的影响,主要问题是粉尘对周围居民的影响,集装箱公司对此采取了一些应对办法。2009年5月以后,由于居民反映情况,市政府召开了协调会议,就解决环境污染问题做了全面部署,公司根据地方政府协调处理意见,进一步完成了一些整改措施,公司党支部也对附近生活困难的居民进行家访慰问,取得了居民的谅解。

经审理查明:集装箱公司于2001年12月26日进行企业改制,经工商行政管理部门核准经营范围为"码头和其他港口设施经营;在港区内从事货物装卸、驳运、仓储经营;国际集装箱运输、普货运输、货场、货物联运;建材的销售等"。现有职工人数803人。2004年下半年起,集装箱公司自行增设铁矿石(粉)货种接卸作业,且已经作为该公司的主要经营项目。集装箱公司自行增设的铁矿石(粉)项目,未经企业所在地环境保护行政主管部门环境影响评价和建设行政主管部门立项审批,在从事铁矿石(粉)作业过程中,采用露天接卸作业,造成了铁矿石粉尘直接侵入周边居民住宅;同时,对散落在港区路面和港口外道路上的红色粉尘,采用冲洗方式,冲洗的污水直接排入到周边河道和长江水域,在河道中积淀,并致河面呈红色。原告朱某等周边居民以影响其生活为由,多次向该公司反映情况,自发组织拦堵运输货车,要求其消除环境污染。为消除环境影响,集装箱公司采取了相应改善措施。2009年5月14日,市人民政府召开了解决集装箱公司港口接卸铁矿石(粉)作业环境污染问题协调会议,并于5月16日形成"专题会议纪要",要求集装箱公司进行整改。集装箱公司根据会议纪要再次就铁矿石(粉)粉尘污染和污水污染作出了整改,修建了污染处理池,封堵了污染排往外河水域的管口;在港口铁矿石(粉)堆上加盖防尘网,拦截粉尘扩散。集装箱公司采取的改善环境污染措施,虽然缓解了环境污染程度,但仍未彻底消除污染现象。原告朱某等周边80多位居民向环保联合会信访反映集装箱公司在从事铁矿石(粉)接卸、驳运过程中产生的污染。该环保团体根据信访反映情况进行了实地调查,认为集装箱公司在江阴黄田港从事铁矿石(粉)作业,已经造成了周边环境大气污染、水污染,严重影响了周边地区空气质量、长江水质和附近居民的生活环境,为此,原告朱某代表周边居民与原告环保联合会共同于2009年7月6日向法院提起环境民事公益诉讼。

法院受理后,于2009年7月7日对被告集装箱公司作业现场和周边环境进行了现场勘验,裁定责令被告集装箱公司立即停止实施污染侵害行为。法院随即召集双方当事人进行听证,责成被告集装箱公司在案件未审结之前,采取切实可行方案和措施,迅速改善环境质量状态。为此,集装箱公司再次对以前整改措施进行全面检查,彻底封堵污水排放管口,调整风向作业时间,减少粉尘对周边居民的污染,同时,对周边紧邻河道进行了清淤,改善了水体质量。

另查明:环保联合会是由国务院批准设立、隶属于环保部管理的一个非营利社团组织,主要职能是从事全国范围内环境投诉案件调查、代理诉讼、代理投诉人与地方政府协调处理环境案件等。

(二) 审理结果

法院认为:自然生态环境是人类赖以生存的基础,是人类提高生存能力和生活质量的最基本的因素,其中包括大气环境和水环境。人类在利用自然资源创造财富的过程中必须首先保持人与自然的和谐状态,才能极大提升人类的生存能力和健康指数,才能实现和谐、富裕、幸福的生活目标。因此,合理利用自然资源、保护生态环境安全是人民最基本的社会责任和法律责任。《宪法》第26条规定,国家保护和改善生活环境和生态环境,防治污染和其他公害。为了实施可持续发展,预防因规划和建设项目实施后对环境造成的不良影响,促进经济、社会和环境的协调发展,《环境影响评价法》规定了在中华人民共和国领域内的一切建设对环境有影响项目,实行严格的事前环境影响分析、预测和评估等行政许可制度,未经法定的环境影响评价审查通过,未经建设项目主管部门审查批准,任何企业和个人均不得实施对环境有影响的项目。根据《国务院建设项目环境影响评价分类管理目录》的规定,增加的铁矿石(粉)的装卸、驳运、仓储经营项目属于建设项目。本案被告集装箱公司未依法申办环境保护行政主管部门作出环境影响评价,未经建设项目行政主管部门依法行政审查批准,于2004年自行增设铁矿石(粉)的港口接卸作业,属于违法行为。被告集装箱公司在从事港口铁矿石(粉)接卸作业过程中,对港口周边大气环境和地表、水域造成了污染侵害,影响了周边居民正常的时候,原告朱某作为居民之一依法有权代表受到被告集装箱公司港口作业环境影响的全体居民主张被告集装箱公司停止实施污染环境的行为。环保联合会作为非营利的社团组织,依据国家批准的主要职能,为维护生态环境和周边居民的生活环境有权提起民事公益诉讼。

本院在受理本案前,被告集装箱公司已针对港口铁矿石(粉)所造成的污染情况采取了一定的防治措施,本院在审理过程中,被告集装箱公司又采取了对周边河道清淤以恢复水体质量、继续封堵排污口以防止污水流入周边水域、加盖防尘网以防止粉尘扩散等措施。被告集装箱公司据此向本院申请调解处理。

经审查原告朱某、环保联合会的诉讼请求以及被告集装箱公司申请调解的理由,结合本案实际情况,根据《环境影响评价法》关于"建设项目必须经过环保部门环境影响评价后方可建设;已经建成的建设项目未经环境影响评价的,如符合行业准入条件,责令限期补办手续"的规定,依法主持调解,双方当事人达成如下协议:

1. 被告集装箱公司在本调解协议签订之日起15日内向企业所在地行政主管部门申请补办港口铁矿石(粉)装卸作业的环境影响评价、建设项目立项审批等相关的行政许可审批手续;在90日内仍未获得行政许可的,必须立即停止铁矿石(粉)的接卸、储运业务。

2. 被告集装箱公司自本调解协议签订之日起90内申办期内,在港口铁矿石(粉)装卸过程中,必须做到无尘化作业,不得向周边河流、水域排放任何影响水体质量的污染物,不得产生超过国家规定标准的噪声。

3. 被告集装箱公司自本调解协议签订之日起每30天向法院书面报告本调解协议上述两条协议的履行情况,并附当地环境保护行政主管部门的环境监测报告。

(三)案例评析

本案是我国第一例环境保护社会团体提起环境公益诉讼的案例。

2008年5月6日,受太湖蓝藻事件直接催发,经江苏省高级人民法院批准同意,江苏省首个环境保护审判庭在无锡市中级人民法院挂牌,江阴、宜兴、滨湖区、锡山区和惠山区法院同时设立环境保护合议庭。其主要职责是保护和改善生态环境,防止污染和其他公害,为地方政府和行政管理部门依法行政提供司法保障,实行刑事、民事、行政"三合一"的审判模式。无锡市中级人民法院发布的《关于环境保护审判庭审理案件管辖的若干规定》规定了环保公益诉讼案件的受理范围和原告主体资格:案件受理范围为环保自然生态规划区域内发生影响自然生态环境保护的公益诉讼案件;居民居住社区范围内影响生活环境质量的环境公益诉讼案件;沿太湖案件;重点风景旅游区环境保护规划带范围内发生的影响环境保护的公益诉讼案件。原告主体资格为各级检察机关、各级环保行政职能部门、环境保护社团组织、居民社区物业管理部门。在环境保护审判庭设立后的很长一段,时间内,环境公益诉讼都无人问津,直到本案发生才实现零的突破。同一时间,贵州省清镇市人民法院环境保护法庭对环保联合会再次以公益诉讼原告人的身份起诉贵州省清镇市国土资源管理局一案也予以立案。作为环保社团的"破冰之旅",两起案件被赋予了特别的意义。

从目前实践情况来看,均排除个人作为环境公益诉讼的主体资格,其理由是"因自然人在举证能力上处于劣势,同时也为防止以个人私利或带有违背社会公序良俗的目的,利用公益诉讼滥诉情况的出现"。①

但是,以能力不足或者滥诉为由排除个人作为公益诉讼主体,则可能是因噎废食。在当下,我国要考虑的主要不是滥诉,而是如何促进诉讼。而事实上,滥诉亦完全可以通过有效的制度设计加以避免。公民及社会团体尤其是环保非政府组织作为环境公益诉讼原告的做法,既是各国的通行做法,亦是公益诉讼本身的需要。

其一,确立公民及非政府组织原告地位,是发挥公益诉讼价值之需要。

"首先,违法行为最容易由直接受其影响的人发现;其次,比起背着预算包袱的政府行政机关,更多情况下是私人较易提起诉讼。"②将公民作为原告,可以最大限度地发挥公众参与的力量保护。同时,鉴于个人力量的有限性,缔结非政府组织成为必要。由于有这些组织作后盾,人们害怕遭到报复的恐惧感会得到缓解,因而在自身受到影响时更可能采取主动行动。通过与同一组织中其他成员的联合,公民能够发出更有力的声音。此外,结社能够形成规模效应,因为资金、技术和劳力成本在成员中进行分担,使得因成本昂贵而无法个人参与时能够集体行动。而且,非政府组织可以聚焦一个问题,按需要将成员组织起来,从而使个人在依靠自身力量无法实现其利益时能够通过这种方式得以弥补。正是这些优势,使得环保非政府组织成为各国环境公益诉讼的中坚力量。

其二,确立公民及非政府组织原告地位,是弥补检察机关和行政机关局限性的需要。

将检察机关和行政机关作为公共利益的代表,是基于三个基本预设:第

---

① 云南省高级人民法院《全省法院环境保护审判建设及环境保护案件审理工作座谈会纪要》,载环境法研究网,http://www.enlaw.org/xwdt/200905/t20090523_20392.htm.

② 〔日〕田中英夫、竹内昭夫:《私人在法实现中的作用》,载梁慧星主编:《为权利而斗争》,中国法制出版社 2000 年版,第 383 页。

一,这些机关是全知全能的,拥有充分的信息;第二,这些机关是"仁慈的君主",除了全体人民的利益之外,绝无私心,代表它的公务人员也都是大公无私的"公仆";第三,这些机关是言而有信的,具有完全承诺的能力。① 然而,这些预设并非总是成立的,这些机关出于部门利益考虑,或受地方保护主义的影响,不主动履行法定职责,对破坏环境的行为经常采取放任的态度而不去起诉;甚至其本身基于部门利益,故意违法或者滥用职权的情况,亦时常发生。在此情况下即面临"公权失灵"的问题。而赋予公民和非政府组织原告地位,可以对这些情况起到补充和监督的作用。

但同时亦需注意到我国环保组织的薄弱现状。截至 2008 年 4 月,我国共有各类环保民间组织 3539 家,其中政府发起成立的民间组织 1309 家、学校环保社团 1382 家、草根环保民间组织 508 家、国际环保组织驻中国机构 90 家。② 我国环保社团无论在人力、财力和专业上都较为薄弱,不仅数量较少,分布亦极不平衡,加之体制上的约束,目前尚难以如国外环保组织一样成为环境公益诉讼的"顶梁柱",但这只能说明我们要着力培育非政府组织生存的土壤,而不能成为限制其提起公益诉讼的理由。也正是由于目前环保社团先天孱弱、后天乏力的状况,赋予公民提起环境公益诉讼的资格在当前显得更为必要。

在《环境保护法》修订中,备受社会关注的环保公益诉讼主体资格,也经历几次调整修改:2012 年 8 月,草案一审时,公益诉讼并未列入。2013 年 6 月第二次审议稿则将公益诉讼主体限定为"中华环保联合会以及在省、自治区、直辖市设立的环保联合会",招致激烈批评。在此背景下,2013 年 10 月第三次审议时则将环保组织界定为"依法在国务院民政部门登记,专门从事环境保护公益活动连续五年以上,且信誉良好的全国性社会组织",仍然被指责为对环境公益诉讼的原告限定过窄。最后草案通过时则将环保团体扩大为"设区的市级以上政府民政部门登记的相关社会组织"。据统计,目前符合此起诉标准的组织约为 300 家。③

但是,从环境公益诉讼作为传统诉讼模式的补充以及权力配置体系两

---

① 张维迎:《信息、管制与中国电信业的改革》,载张昕竹主编:《中国规制与竞争:理论与政策》,科学文献出版社 2000 年版,第 245 页。
② 《2008 年中国环境民间组织的调查》,载《法制日报》2008 年 10 月 31 日。
③ 《新京报:300 余家社会组织可提环保公益诉讼》,http://www.bjnews.com.cn/news/2014/04/25/314445.html,访问日期:2014 年 10 月 10 日。

个价值层面来看,本案仍然存在问题。被告在从事铁矿粉的装卸、驳运的经营过程中,产生大气污染、环境噪声污染,并且冲洗过铁矿粉的水未经任何处理,直接排入河道,严重影响周围空气质量、长江水质和附近居民的生活环境,不仅如此,企业在变更经营项目时,未经环境影响评价。有这么多的违法行为,并没有见到职能机关的身影。原告直接绕过职能机关,径行对被告提起诉讼,同样存在上述两湖一库管理局诉天峰化工环境污染案中面临的问题。

此外,本案是否属于真正意义上的环境民事公益诉讼亦值得疑问。被告在生产过程中,一直有周围居民在投诉,并且屡次采取自力救济的方式,由此证明本案并非没有具体受害人存在。在存在私益损害时,公益诉讼如何协调也是必须关注的问题。被告行为在对周边居民产生影响的同时,也对空气、河流、植被造成了污染,同时出现私益损害和公益损害。而原告起诉时,也采取了被称为"双保险"的措施,即设立了两个原告,一是黄田港村村民朱某,一是环保联合会,由此可见,原告也认为此处可以归属于"直接利害关系"的利益。将私益和公益掺杂,带来的直接后果是难以区分不同的诉讼请求。从本案看,其诉讼请求并无民事赔偿,基本上是要求被告承担预防性责任,是否剥夺了直接受害人的诉讼权利,值得疑问。社团代理律师曾明确向村民指出:"我们这是公益诉讼,不包括对你们的民事赔偿。你们的赔偿要求,应该通过另外的诉讼来解决。"如此,问题即出来了:既然直接受害人的赔偿请求应当通过另行诉讼实现,为何又将村民代表作为原告?村民代表作为原告后,其诉讼请求并未得到体现,可否再行诉讼?重要的问题是,如果村民直接提起民事诉讼,要求赔偿损失、排除危害,是否可以达到相同的目的?如果能够通过私益诉讼达成公益保护的目的,再提起公益诉讼是否是对司法资源的浪费?很显然,本案对这些问题都未解决。按照法理,本案的处理途径也许应该是:村民要求环保职能机关处理,环保职能机关未勤勉执法时,村民可以针对职能机关提起行政不作为之诉;村民亦可直接起诉污染企业,要求其排除危害、赔偿损失,而社团则以支持起诉的形式出现。在传统诉讼模式能够发挥作用时,以"公益启蒙"为名绕过传统诉讼,虽在短期内能够发挥作用,却忽略了环境公益诉讼的本来功能:弥补行政执法和传统诉讼的不足。既然是弥补,当然需要既有模式失灵为前提。

另需提及的是,近两年来发生的环境公益诉讼多是依托新成立的环境保护审判机构,其究竟是个案,还是可以作为普遍推行的范例,亦需拭目以待。